CONSUMER PSYCHOLOGY AND BEHAVIOR

직무능력중심
소비자심리 및
행동의 이해

· 김영두 저 ·

박영사

머리말

소비자 심리 및 행동은 학문의 이론적 구성이나 저자의 직간접적인 경험을 바탕으로 생각할 때 여러 가지 측면에서 매우 유익한 학문 분야라고 판단되는데 그 이유는 다음과 같다.

첫째, 저자도 소비자이며, 소비자로서 자신의 소비 생활에 대한 지침을 소비자 심리 및 행동을 이해함으로써 발견할 수 있다는 점이다. 소비자는 자신의 소비 행동을 돌아보고 합리적인 소비 생활을 영위함으로써 소비 만족, 소비 행복 그리고 더 나아가 삶의 질을 개선할 수도 있을 것이다.

둘째, 기업의 생존과 성장 및 발전 그리고 지속가능한 기업이 되기 위한 매우 유용한 정보를 제공하고 있다는 점이다. 기업은 기본적으로 자사의 제공물을 소비자가 구매함으로써 매출과 이익을 달성할 수 있는데, 이러한 목적을 달성하는 데 소비자 심리 및 행동에서 밝혀진 여러 가지 이론 및 실무적 시사점들은 기업이 마케팅과 관련된 목표 수립 및 관리 과정에 유용한 정보를 제공하고 있다.

셋째, 소비자의 소비생활을 이해하는 것은 공공정책을 효과적으로 수립하는 데 있어서 유용한 정보를 제공하고 있다는 점이다.

본서는 기업의 마케팅 관리자 혹은 소비자 관련 정책 입안자들이 소비자 관련 직무를 적절히 수행할 수 있는 능력 및 역량을 배양하는 것에 일차적인 목적을 두고 집필되었으나 소비자 자신이 소비자로서의 자신의 소비 심리 및 행동을 이해하도록 함으로써 만족스러운 소비 생활을 통해 삶의 질을 개선할 수 있도록 하는 데에도 목적을 두고 집필되었다.

본서는 크게 본서 전체를 이해하는 개요 부분, 소비자 심리 및 행동을 이해하는 틀로서 소비자 정보처리 및 소비자 의사결정을 이해하는 부분, 소비자의 개인적 및 심리적 영향 요인을 다루는 부분, 소비자의 사회문화적 영향 요인을 다루는 부분 그리고 소비자 심리 및 행동이 멀티채널 혹은 옴니채널 환경하에서 소매 상황에 적용되는 부분으로 구성되어 있다.

본서의 특징으로는 다음과 같다.

첫째, 마케팅과 관련된 직무를 수행하는 사람들의 역량을 제고하기 위하여 소비자 심리 및 행동과 관련된 이론적 기초뿐 아니라 실무적 시사점을 가능한 한 많이 제공하고자 하였다. 특히 NCS에서 다루고 있는 소비자 혹은 고객과 관련된 주제들은 가능한 한 포함하여 기술하고자 하였다. 이러한 취지에서 고객만족 및 고객불평관리, 지각과 포지셔닝, 범주화와 포지셔닝, 고객 욕구, 브랜드 개성, 자기(self), 인구구조와 1인가구 등과 관련된 내용을 깊이 있게 다루고자 하였다.

둘째, 마케팅 직무를 수행하는 사람들은 해외 소비자를 대상으로 직무를 수행하기도 하지만 대다수는 국내 소비자들 대상으로 직무를 수행할 것이다. 따라서 글로벌 스탠다드로서 해외에서 밝혀진 소비자 심리 및 행동과 관련된 내용뿐 아니라 국내 소비자를 대상으로 연구하여 밝혀진 내용들을 비교적 많이 다루고자 하였다.

셋째, 소비자 심리 및 행동에서 다루고 있는 주제들을 가능한 한 폭넓게 다루고자 하였다. 이러한 취지에서 소비자 정서, 소비자 경험, 멀티채널 혹은 옴니채널 하에서의 소비자 심리 및 행동 등의 내용을 수록하였다.

넷째, 최근에 소비자 심리 및 행동 분야에서 부각되는 내용들을 가능한 한 폭넓게 포함하여 다루고자 하였다. 감각 마케팅, 정보기술을 활용한 마케팅, 행동 경제학(행동 재무학) 분야, 뇌과학 분야, 관계 마케팅 등의 분야에서 최근에 밝혀진 소비자 심리 및 행동과 관련된 내용을 가능한 한 많이 수록하였다.

다섯째, 글로벌화 추세에 맞추어서 문화와 관련된 내용을 심도있게 다루고자 하였다.

본서를 집필하는 데 있어서 여러 사람들로부터 도움을 받았다. 먼저 본 저서를 집필하도록 동기를 부여한 한세대학교 학생들, 본 저서에 대해 흔쾌히 출판을 허락해 주신 박영사 안종만 회장님, 원고가 완성되는 데 있어서 오랫동안 묵묵히 기다려 준 김한유 대리님 그리고 원고를 독자 시각에서 가독성을 높이고 시각적으로도 아름답게 편집해 주신 전채린 과장님께도 감사하다는 말씀을 드리고 싶다.

저자에게 마케팅과 소비자 행동의 세계가 얼마나 신비로운 곳인지를 깨닫게 해 주시고 지금까지 마케팅을 흥미롭게 연구할 수 있도록 이끌어주신 서강대학교 하영원 교수님, 마케팅과 관련된 연구 활동을 마음껏 할 수 있도록 지원해 주시는 한세대 김성혜 총장님, 아들이 훌륭한 인재를 양성하고 좋은 스승이 되도록 늘 기도해 주시고 격려를 해 주시는 어머님과 가족들 그리고 천국에 계신 아버님과 이 저서의 출간의 기쁨을 함께 하고자 한다.

2019년 5월

김 영 두

차 례

01

• • •

소비자 심리 및 행동 개관

    소비자 심리 및 행동을 이해하는 첫걸음은 소비자 지향성, 시장 지향성, 혹은 소비자 지향적 마인드를 갖는 것에서 출발한다고 보는 것이 옳을 것이다. 소비자 지향성 혹은 소비자 지향적 마인드의 중요성이 담겨져 있는 몇 가지 (사례) 내용들을 소개해 보면 다음과 같다.

- Peter Drucker는 1954년 그의 저서 「The practice of management」에서 기업의 목적에 대한 정의를 내리고 있고, 1973년 출간된 「Management: Tasks, responsibilities, practices」에서도 기업의 목적과 관련된 일관된 정의를 내리고 있는데, 그는 기업의 목적에 관하여 유일하게 유효한 정의는 고객(소비자)을 창출하는 것이며, 경영은 고객(소비자) 욕구를 만족시키는 것을 목표로 삼아야 한다고 하였다(Wind, 2009; Uslay et al., 2009).

- 식료품 소매점인 스튜 레오너드(Stew Leonard)는 2011년 Fortune에서 선정한 일하기 좋은 직장에 18위로 선정될 정도로 훌륭한 회사이다. 그런데 이 회사가 더 유명해진 것은 이 회사의 고객 서비스 정책 때문이다. 이 회사 고객 서비스 정책의 제1원칙은 "고객은 항상 옳다"이고 제2원칙은 "고객이 잘못한 경우 제1원칙을 다시 읽어볼 것"이다. 그리고 이 정책은 홈페이지의 메인 화면에도 그대로 기술되어 있다(Fortune, 2011; Stew Leonard Homepage, http://www.stewleonards.com/).

- 쇠락해 가던 워싱턴포스트는 아마존 창업자인 제프 베조스에 의해 2013년 8월 인수된 이후 고객방문자 수 등이 급격히 증가한 것으로 알려졌다. 이러한 변화는 워싱턴포스트가 그에게 인수된 이후 독자(reader)란 말 대신에 고객(customer)이란 말이 사용되었다는 점에서 볼 때 소비자 지향적 마인드를 가짐으로써 변화가 시작되었다고 볼 수 있다.

- 노키아는 휴대폰 시장에서는 강자였으나 스마트폰 시장에 적응하지 못함으로써 쇠락하고 말았다. 노키아는 소비자의 욕구 변화에 적절히 대응하지 못하였다고 할 수 있다.
- 한국마케팅학회에서 발간하는『마케팅연구』에 게재된 논문들 중 가장 많이 연구된 분야는 "소비자행동" 분야이다(하영원 등, 2016).

 ## 제1절 소비자, 소비자 심리, 소비자 행동

마케팅의 중심 사고가 소비자 지향성 혹은 시장지향성으로 정착이 됨에 따라 마케팅에서 소비자를 이해하려는 노력이 지속되어 오고 있다. 소비자는 제품 혹은 서비스를 구매하기 때문에 소비자가 기업의 매출, 수익, 이익을 좌우한다는 생각 이외에도 평생가치라는 개념을 통해 기업의 가치에도 영향을 크게 미치고 있다.

기업이 소비자를 이해하는 것, 특히 소비자들이 자사의 제품 혹은 서비스를 구매하는 것(혹은 구매를 하지 않는 것)을 이해하는 것은 기업이 소비자에게 제품 혹은 서비스에 대하여 원하는 반응을 이끌어 내는 데 기초가 되므로 기업으로서는 매우 중요한 의미를 지닌 활동이라고 할 수 있다. 또한 소비자 이해의 출발점이 소비자의 필요 혹은 욕구를 이해하는 것에서 출발해야 한다는 것은 마케팅의 기본 신조로 자리잡고 있으며, 소비자의 필요와 욕구를 이해하는 것이 기업의 마케팅 성과를 좌우하는 출발점이 된다는 생각에 대해서는 이론의 여지가 없을 것이다.

소비자를 더 잘 이해하려는 시도는 소비자의 행동을 이해하려는 시도와 소비자의 심리를 이해하려는 시도로 이어지고 있다. 이것은 마치 바람과 나뭇가지의 비유와 같은 원리라고 판단된다.

소비자 심리 및 행동을 종합적으로 이해해야 하는 이유는 바람과 나뭇가지의 흔들림을 이해하는 것과 비슷하다. 바람이 불어서 나뭇가지가 흔들리고 있는데, 나뭇가지가 흔들리는 것은 관찰이 가능하지만(행동) 나뭇가지가 흔들리도록 원인을 제공한 바람을 관찰하기 어렵다(심리)는 것이다. 그러나 바람이 부는 원리(심리)를 알게 된다면 나뭇가지가 어떻게 흔들릴 것인지(행동)를 예측하는 것은 상대적으로 용이해질 가능성이 높다.

소비자 심리와 소비자 행동은 교차적으로 사용하는 경우도 있지만 구분하여 사용되는 경우도 있다. Jacoby(1975)는 소비자 행동을 생활 단위(예컨대 개인, 가족, 기업)가 제품, 서비스, 시간, 아이디어를 획득, 소비, 처분하는 것이라고 본 반면 소비자 심리는 심리학의 분야로서 독특한 심리적 컨셉과 방법을 활용하여 소비자 행동의 기저에 놓여 있는 동태성을 이해하고 소비자 행동에 영향을 미치는 요인들을 포함하여 소비자 행동을 결정하는 것들을 이해하는 것이라고 보았다. Jacoby가 명시적으로 말하고 있지는 않지만 소비자 행동은 결국 소비자의 (관찰가능한) 행동에 초점을 맞추어 소비자를 이해하려는 시도라고 한다면 소비자 심리는 소비자 행동이 발생하는 소비자 내면의 (관찰불가능하지만 일정한 원리, 규칙 혹은 절차가 있을 것으로 예상되는) 심리적 메커니즘을 이해하는 데 초점을 맞춘 것이라고 할 수 있다. 기존의 소비자행동에서는 행위를 통해 관찰된 소비자 행동 뿐 아니라 이러한 소비자 행동이 나타나게 되도록 영향을 미친 모든 것을 연구 주제로 삼아왔기 때문에 실질적으로는 소비자 행동 속에서 소비자의 행동 및 심리가 모두 포함된 내용을 담고 있었다. 그러나 소비자 심리의 중요성이 날로 증가함에 따라 소비자 심리를 중점적으로 다루는 교재들도 등장(Haugtvedt et al., 2008)하고 있다.

본서에서는 앞에서 언급한 소비자 심리와 소비자 행동을 모두 명시적으로 포괄하는 개념으로 소비자 심리 및 행동을 다루고 있다. 그리고 소비자 심리와 행동을 이해하려는 목적은 마케터 혹은 소비자 심리 및 행동에 관심을 가지고 있는 사람들이 소비자 관련 직무를 수행하게 될 때 그 직무를 적절하게 처리할 수 있는 역량, 능력을 제고할 수 있는 토대를 마련해 주는 데 두고 있다.

소비자 심리 및 행동의 구체적인 내용을 다루기 전에 소비자, 소비자 심리, 소비자 행동에 대한 정의를 미리 살펴보는 것은 앞으로 소비자 심리 및 행동을 이해하는 데 중요한 역할을 수행하게 되므로 각각의 정의에 대해서는 면밀히 살펴보는 것이 필요하다.

소비자는 제품 혹은 서비스를 구매하는 것과 관련된 활동들에 관여된 의사결정 단위, 의사결정자 혹은 사람을 의미한다. 이러한 의미를 소비자 심리 관점에서 보자면 소비자 심리는 실질적으로 의사결정 단위, 의사결정자 혹은 사람의 심리를 소비와 연관지어 다루는 전문야와 관련이 있다고 할 수 있다.

미국마케팅학회에서는 소비자를 "전통적으로는 최종 소비자 혹은 제품, 아이디어 그리고 서비스의 소비자를 의미하지만 구매자 혹은 의사결정자를 의미하는 것으로 활용되기도 함"으로 설명하고 있으며, 소비자 행동은 "인간이 살아가는 데 있어서 교환을 수행함으로써 정서와 인지, 행동 그리고 환경이 동태적으로 상호작용하는 것" 혹은 "제품과 서비스 시장에서 소비자 혹은 의사결정자의 행동"을 의미하는 것으로 설명하고 있다(AMA, https://www.ama.org/resources/Pages/Dictionary.aspx?dLetter=C). 이학식 등(2015: 8)은 소비자행동을 "의사결정자가 어떤 시점에서 제공물의 소비와 관련하여 내리는 의사결정들의 집합"으로 보고 있다. 이러한 정의는 소비자를 의사결정자 관점에서 접근하고 있는 것으로 보인다.

본서에서는 소비자 심리 및 행동을 "소비자로서의 의사결정 단위, 의사결정자 혹은 사람의 심리 및 행동"을 다루는 것으로 포괄적으로 정의를 내리며, 세부적으로는 "제공물의 획득, 소비, 사용, 경험, 처분과 관련하여 환경과의 상호작용을 포함하여 소비자로서의 의사결정 단위, 의사결정자 혹은 사람으로부터 이루어지는 인지, 정서, 행동을 포함하는 모든 심리적, 행동적 과정 및 결과"로 정의를 내리고자 한다. 이러한 정의 속에는 몇 가지 구조가 담겨 있다. 첫째, 소비자 심리 및 행동은 제공물(offerings)과 관련된다는 점이다. 제공물은 소비자에게 기업 등으로부터 교환의 대상으로 제공되는 것을 의미한다. 둘째, 소비자 심리 및 행동은 과정과 관련된다는 점이다. 대상물의 획득, 소비, 처분은 통상 순차적으로 발생한다. 셋째, 소비자 심리 및 행동은 소비자가 외적으로 표현한 것과 관련이 있을 뿐 아니라 소비자 내적으로 이루어지는 모든 과정들도 소비자 심리 및 행동의 대상이 된다는 의미이다. 넷째, 소비자 심리 및 행동은 소비자를 둘러싸고 있는 환경, 소비자가 처해 있는 상황, 자극이 주어지는 맥락, 자극 그 자체가 복합적으로 소비자 심리 및 행동에 영향을 미친다는 점이다.

 제2절 소비자 심리 및 행동에 영향을 미치는 요인

도입질문 1.1

질문 1: 오늘 학교 혹은 직장을 오는 데 버스/전철/자전거/승용차를 타고 왔습니까? 그러면 어제는 어떤 교통수단을 이용하여 학교 혹은 직장을 왔습니까?
- 왜 그 교통수단을 이용하였습니까?
- 그 교통수단을 이용하는 것으로부터 얻은 편익(유익한 점, 장점)은 무엇이며, 비용 (불편한점, 단점)은 무엇입니까?
- 그 교통수단 이외에 다른 교통수단을 이용하신다면 무엇을 이용하시겠습니까?
- 만일 앞으로 어떤 교통수단이 나온다면 지금 이용하고 있는 교통수단을 새로운 교통수단으로 대체하시겠습니까?

질문 2: 어제 점심에는 어떤 음식을 드셨습니까? 오늘은 무엇을 드실 예정이십니까?
- 어제와 오늘 점심에 동일한(혹은 다른) 음식을 드셨다면 어떤 이유 때문입니까?
- 어제와 오늘 점심에 동일한(혹은 다른) 점포를 이용하셨다면 어떤 이유 때문입니까?

질문 3: 오늘 저녁에 남자(여자)친구와 함께 식사를 할 예정이라면 어떤 식당에서 어떤 음식을 드시고 싶으십니까?
- 질문 2에서와 같은(혹은 다른) 음식을 드실 예정이라면 어떤 이유 때문입니까?
- 질문 2에서와 같은(혹은 다른) 점포를 이용하실 예정이라면 어떤 이유 때문입니까?

소비자 심리 및 행동에 영향을 미치는 요인들은 매우 많으며, 소비자들이 이러한 영향 요인을 받아서 나타나는 소비자의 반응도 매우 다양(예컨대 인지, 호감, 관심, 태도, 구매의도, 구매/선택 등)할 뿐 아니라 이러한 반응도 소비자에 따라서 달라진다. 소비자 심리 및 행동에 영향을 미치는 요인이 많고 소비자 심리

및 행동이 복잡하고 복합적이라는 것은 마케팅이 그만큼 어려울 수도 있다는 것을 의미하는 반면 소비자 심리 및 행동을 더 잘 이해하고 이에 대응 혹은 적응해 나가는 기업 및 마케터는 좋은 성과를 낼 가능성이 더 높아질 것임을 의미하기도 한다.

소비자 심리 및 행동과 관련되어 영향을 미치는 요인들은 여러 가지가 있으나 이를 몇 가지 유형으로 나누어 보면 다음과 같다.

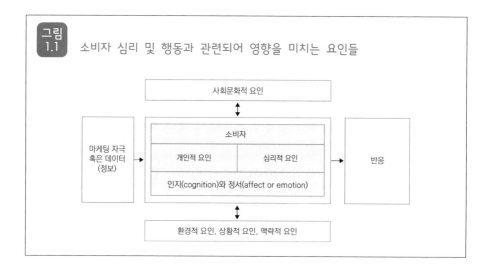

그림 1.1 소비자 심리 및 행동과 관련되어 영향을 미치는 요인들

첫째는 소비자 자신이다. 소비자 자신은 크게 두 가지 유형, 즉 개인적 요인(개인의 사회인구통계적 요인)으로는 연령, 성별, 직업, 학력, 소득수준, 결혼 여부, 가족생애주기 등이 있으며 개인의 심리적 요인으로는 소비자 자신이 가지고 있는 욕구, 구매 목표, 동기, 가치, 신념 및 태도, 개성, 라이프스타일, 기억, 학습, 감정 등은 소비자 반응에 영향을 미칠 것이다. 또한 구매량, 구매빈도 등과 같이 소비자의 반응적 요인에 해당하는 행동적 요인은 개인의 사회인구통계적 요인과 심리적 요인과 더불어 마케팅 전략에서 핵심을 이루고 있는 시장세분화의 주요한 기준들로 활용되고 있다.

둘째는 소비자를 둘러싸고 있는 사회문화적 요소들이 영향을 미칠 수 있다. 사회문화적 요소는 비교적 포괄적인 요소로서 타인과의 상호작용 혹은 관찰 등을 통해 형성되는 것이며, 문화, 사회계층, 준거집단, 동료집단, 가족, 다른 소비자, 구전 등이 여기에 해당될 수 있다. 소비자들이 사회적 지위를 생각해서 어떤 것을 구매한다든지 사회적 역할을 고려해서 구매를 하지 않는 것은 사회문화적 요소가 개인의 심리적 요소에 영향을 미쳐 나타난 결과일 가능성이 높다.

셋째, 소비자를 둘러싸고 있는 환경적인 요소가 영향을 미칠 수 있다. 소비자 환경을 광의로 해석하면 소비자를 둘러싸고 있는 모든 외부적인 요인들을 의미한다. 즉, 마케팅 환경에서 언급되고 있는 경제적 환경, 정치적/법적 환경, 기술적 환경뿐 아니라 제품, 광고를 비롯한 마케팅 자극들, 상황적 요인, 맥락적 요인 등이 모두 포함된다. 그러나 마케팅 자극들, 상황적 요인, 맥락적 요인 등은 별도로 설명하도록 하여 여기에서는 마케팅 환경에서 언급하는 거시적 환경 요인에 대해서 간략히 소개하도록 하겠다.

먼저 경제적 환경은 경제성장률, 금리 등 경제 요인과 관련된 환경을 말한다. 예를 들면 경제 상황이 좋지 않은 경우에는 소비를 줄이는 것이 여기에 해당된다.

정치적·법적 환경은 정치 혹은 법률 요인과 관련된 환경을 말한다. 소비자기본법, 제조물책임법, 방문판매법, 할부거래법, 전자상거래 등에서의 소비자보호에 관한 법률, 약관의 규제에 관한 법률 등은 소비자 심리 및 행동과 관련이 깊은 법적 환경에 해당된다고 할 수 있다(http://www.kca.go.kr/wpge/m_50/info5000.do). 한편 화장품 전성분 표시제와 같이 특정 제품군에 대해서만 중점적으로 영향을 미치는 법률적 환경도 있다. 법적 환경의 변화는 소비자 행동에 영향을 미친다. 예를 들면 1987년에는 소비자보호에 초점을 맞춰 시행된 소비자보호법은 소비자를 둘러싼 환경 변화에 따라 2007년 소비자기본법으로 바뀌게 되었는데, 바뀐 법은 소비자 권익 증진에 초점을 맞추고 있고, 소비자 피해구제가 강화된 형태로 나타났다(김시월, 2017). 그리고 강력한 소비자 피해구제를 위해 2010년에는 1372소비자상담센터가 구축되었다(김정숙, 2017). 소비자기본법 이후 소비자상담센터 구축 등으로 인하여 소비자 상담 건수와 소비자피해 구제 건수는 모두 증가한 것으로 나타났는데(김정숙, 2017), 이러한 변화의 기저에는 법률적 환경의 변화가 일정한 역할을 하였다고 보는 것이 타당할 것이다.

기술적 환경은 기술 요인과 관련된 환경을 말한다. 예컨대 스마트 TV, 인공지능, 사물인터넷, 스마트 폰 앱, 드론 등과 같은 정보통신기술은 소비자 심리 및 행동에 크게 영향을 미치고 있으며, 4차 산업혁명과 같이 현재 및 미래 소비 환경에서 그 중요성이 더욱 부각되고 있는 요인이기도 하다. 소비자 심리 및 행동은 환경과의 상호작용을 통해 일어나는 경우가 많으므로 이상에서 언급한 환경적 요인들은 소비자 심리 및 행동을 이해하기 위해서는 반드시 고려해야 할 환경적 요인들이다.

넷째, 상황적 요인이 소비자 심리 및 행동에 영향을 미칠 수 있다. 상황적 요인은 상황적 특성과 상황 유형을 기준으로 분류해 볼 수 있다.

소비자 심리 및 행동에서 많이 언급되는 상황 특성으로는 다음과 같은 것들이 있다(Belk, 1975).

① 물리적 환경(physical surrounding): 자극 대상과 관련하여 소비자행동에 영향을 미칠 수 있는 인적 요소를 제외한 대부분의 요소들은 물리적 환경의 영역에 포함된다. 예를 들면 점포의 지리적 위치, 장식, 음향, 냄새, 채도, 날씨, 진열, VMD 등이 여기에 해당된다.

② 사회적 환경(social surrounding): 소비자행동에 영향을 미칠 수 있는 인적 요소를 의미한다. 예를 들면 타인이 있는지, 타인의 특성, 타인이 수행하는 역할, 타인과 일어나는 상호작용 등은 여기에 해당된다.

③ 시간 혹은 시계(temporal perspective): 소비자들이 지각하는 시간 혹은 시계를 의미한다. 예를 들면 하루 중 어떤 시간인지(시리얼은 아침 대용식으로 인식되므로 시리얼은 아침에 소비될 가능성이 높음), 일년 중 어떤 계절인지, 시간 제약은 어떠한지 등은 여기에 해당된다.

④ 수행과업(task definition): 소비자들이 수행하는 과업의 성격을 의미한다. 과업의 성격에 따라 필요한 정보와 역할이 달라진다. 예를 들면 청소기를 구매하더라도 자신이 사용할 목적으로 구매할 때와 결혼한 친구에게 선물하려고 구매할 때는 구매 목적도 상이할 뿐 아니라 각자의 주택 상황을 고려하여 구매하는 것 등은 여기해 해당된다.

⑤ 선행상태(antecedent states): 특정 대상과 조우하기 직전에 소비자가 가지고 있는 일시적인(momentary) 기분 혹은 조건들을 의미한다. 기분의 예로는 기쁘다 혹은 우울하다 등이 있으며, 조건의 예로는 지갑에 돈이 넉넉히 있다 등을 들 수 있다.

한편 대표적인 상황유형으로는 구매상황, 소비상황, 커뮤니케이션 상황 등

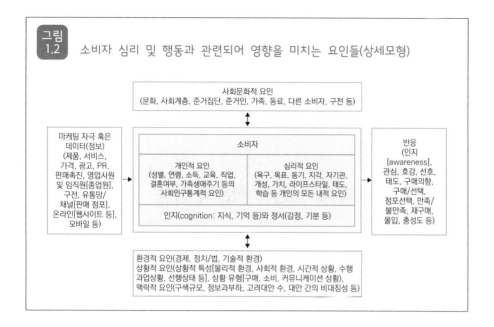

그림 1.2 소비자 심리 및 행동과 관련되어 영향을 미치는 요인들(상세모형)

이 있다. 이와 관련된 내용은 구매 부분에 자세히 기술되어 있다.

다섯째, 자극이 인지되는 맥락을 들 수 있다. 구색의 규모, 정보과부하, 고려되는 대안의 수, 대안 간의 비대칭성 등이 소비자 심리 및 행동에서 언급되는 대표적인 맥락에 해당된다. 구색의 규모와 정보과부하는 소매상황 부분에 자세히 기술되어 있으며, 고려되는 대안의 수와 대안 간의 비대칭성은 소비자의사결정 과정 부분에 자세히 기술되어 있다.

마지막으로 소비자가 외부로부터 받아들이는 자극물이 영향을 미칠 수 있으며, 대표적인 유형으로는 기업의 마케팅 자극을 들 수 있다. 기업이 제품, 서비스, 가격, 광고, PR, 판매촉진, 영업사원 및 임직원(종업원), 유통망(판매 점포), 웹사이트 등이 여기에 해당될 것이다.

이상의 요인들을 반영한 소비자심리 및 행동 모형을 제시하면 <그림 1.2>와 같다.

이와 같이 소비자 심리 및 행동에 영향을 미치는 요인들이 많음에도 불구하고 소비자들이 구매 혹은 선택 행동을 할 때 이 모든 것들이 동시에 반영되기보다는 해당 제품, 브랜드 혹은 서비스를 구매하는 것과 관련하여 결정적인 영향을 미치는 요소들이 있을 가능성이 높다. 따라서 마케터는 소비자 심리 및 행동에 영향을 미치는 여러 가지 요인들 중에 자사 제품, 브랜드, 서비스 등에 대해 기업 혹은 마케터가 원하는 소비자 반응에 영향을 미치는 요인들이 무엇인지를 파악하는 역량은 마케터의 직무능력에서 차지하는 역할이 매우 중요하다고 판단된다.

 ## 제3절 소비자 심리 및 행동의 학문적 성격

기업 경영에 있어서 비전 및 사명이 중요하듯이 소비자 심리 및 행동의 정체성에 관한 논쟁들이 지속적으로 있어 왔다. 이러한 논쟁은 소비자 심리 및 행동이 지향하는 바를 명확히 하고자 하는 작업의 일환으로 보인다. 소비자 심리 및 행동의 과거와 현재 그리고 미래를 아는 것은 소비자 심리 및 행동과 관련하여 이 분야에 관심을 가지고 있는 사람들이 어떠한 학문적 정체성을 가지고 소비자 심리 및 행동을 발전시켜 나갈 것인지와 관련이 깊다고 하겠다. 본 교재에서 다루고 있는 소비자 심리 및 행동의 학문적 성격은 다음과 같은 원칙을 반영하고 있다(Macinnis and Folkes, 2010; Simonson et al., 2001).

(1) 소비자 심리 및 행동은 마케팅과 관련되어 있다.

소비자 심리 및 행동의 학문적 성격 및 발달 과정은 마케팅의 학문적 성격 및 발달 과정과 함께 하고 있다(Kernan, 1995). 마케팅의 관심사는 초창기에는 마케팅 관리자가 해야 할 것이 무엇인지를 이해하는 것에 초점이 맞추어졌던 반면 시장지향성 개념의 대두와 더불어 소비자들이 왜 그리고 어떻게 행동하는지를 이해하는 것으로 초점이 이동하였다(Kernan, 1995; Wilkie and Moore, 2003). 이러한 이유로 1960년부터는 소비자를 이해하려는 실무적 접근뿐 아니라 이론적 접근도 활발히 진행되었다. 초창기에 소비자 행동은 구매자(buyer)로서 소비자에 초점이 맞추어져 개념화되었다. 따라서 소비자 행동을 구매자 행동으로 이해하는 측면이 강하였다.

오늘날 소비자 행동은 경제적 교환을 통해 획득하는 차원(예컨대 초창기 정의인 구매자 행동 차원)을 넘어 소비와 처분 그리고 경험의 차원까지 포함하여 개념화가 이루어지고 있다.

획득뿐 아니라 소비와 처분을 강조하는 것은 마케팅이 단순히 기업의 한 기능으로 보는 것이 아니라 마케팅을 제도(institution)로 보는 시각과 맥을 같이 한다. 소비자 심리 및 행동 분야의 핵심사항으로 이러한 주제 영역을 가지고 있다는 것은 소비자와 사회에 획득, 소비, 처분이 가져다주는 긍정적인 편익에 대한 연구를 조성하게 된다. 예를 들면 목표를 충족하는 것, 연계성을 발전시키는 것, 다양성을 제고하는 것, 즐거움을 제공하는 감각적이고 교육적이며 예술적인 경험을 창조해 내는 것 등은 소비자 심리 및 행동의 연구 영역이 획득, 소비, 처분, 경험 영역으로까지 확대됨으로써 제공할 수 있는 연구 분야가 될 것이다.

(경제적) 교환을 통한 획득은 소비자 심리 및 행동을 다른 학문 분야와 구별되도록 이끌었는데, 이것은 교환이 마케팅을 다른 학문 분야와 구별되도록 한 것과 같은 논리이다. (경제적) 교환을 통한 획득은 중심적인 역할을 수행하는데, 그 이유는 소비자들이 경제적 시장에서 영향력을 행사하고 개인적으로 경제적 선택을 할 뿐 아니라 집단적으로도 경제적 선택을 함으로써 시장을 구성하고 있는 각 기관들이 잘 발전해 나가도록 하려고 하기 때문이다.

최종 사용자가 제품, 서비스를 획득, 소비, 경험, 처분하는 것은 소비자 심리 및 행동 분야에 상당히 유익한 지식을 제공해 줄 수 있다. 왜냐하면 소비자 심리 및 행동은 사람들의 자원을 최종 사용자의 획득, 소비, 처분 선택의 차원과 이러한 선택에 영향을 미치는 요인들에 집중하기 때문이다.

(2) 소비자 심리 및 행동은 이해관계자들의 복지 혹은 웰빙(well-being)을 증대시키는 데 목적을 두고 있다.

현대 마케팅은 이해관계자들(예컨대 기업, 공급업자, 중간상, 소비자, 금융기관, 매체, 정부기관, 사회 등)과의 협력을 통해 이해관계자들의 복지 혹은 웰빙을 향상시키는 데 목적을 두고 있다(Bhattacharya and Korschun, 2008; Laczniak and Murphy, 2012). 이러한 경우 마케팅과 소비자 행동은 여러 이해관계자들에게 영향을 주기도 하고 여러 이해관계자들로부터 영향을 받으면서 전체적인 웰빙을 향상시키는 것과 관련된 모든 것을 다루는 학문이라고 할 수 있다.

(3) 소비자 심리 및 행동은 학제간(interdisciplinary) 및 다학제적(multidis-
ciplinary) 성격을 가지고 있다.

소비자 심리 및 행동은 고유의 학문적 영역을 유지하는 동시에 인접 학문
분야(심리학, 경제학, 사회학 등)와 상호작용적으로 영향을 미치고 있다. 이러한 상
호작용적 영향은 경우에 따라서는 융합을 통해 새로운 영역을 개척하는 경우도
있으며, 경우에 따라서는 다른 인접 학문분야에서의 원리를 적용하여 소비자
심리 및 행동의 원리를 밝혀 내기도 한다. 따라서 소비자 심리 및 행동은 인접
영역과의 상호작용을 통해 새로운 영역을 개척한다는 점에서 학제간 성격을 가
지고 있기도 하며, 각각의 학문이 고유한 영역을 유지하면서 인접 학문의 원리
를 적용하여 소비자 심리 및 행동 고유의 영역에서 새로운 원리를 찾아간다는
측면에서 다학제적 성격(MacInnis and Folkes, 2010)을 가지고 있기도 하다.

초창기 소비자 심리 및 행동 연구자들은 경제학적 접근방법을 도입하여 소
비자를 완전한 정보에 기초하여 효용을 극대화하려는 합리적인 의사결정자 관
점에서 소비자를 바라보기도 하였고, 프로이드의 심리분석이론을 도입하여 특
정 제품 혹은 브랜드가 소비자에게 주는 심리적 의미 혹은 동기조사에 초점을
맞추기도 하였으며, 사회학에 근거한 사회계층, 가족 등에 관심을 기울이기도
하였으나 1960년대 후반 이후에는 인접 학문에서 중요한 원리들을 소비자 심리
및 행동 분야에 도입하여 소비자 심리 및 행동 분야의 전문화를 시도하였다
(Sternthal and Zaltman, 1974). 예컨대 소비자 정보처리는 초창기 대표적인 전문
화 분야라고 할 수 있다(Bettman, 1979). 1980년대 이후에는 쾌락적·경험적 관
점이 소비자 심리 및 행동 분야에서 본격적으로 연구가 이루어졌다. 예컨대 소
비자들이 소비 과정에서 경험하는 즐거움 등을 포함하는 정서적 측면이 소비
생활에 미치는 연구가 이루어지기 시작한 시기이다. 최근에는 행동주의적 의사
결정 분야, 소비자 문화이론 등이 이러한 전문화를 선도하고 있다(Simonson et
al., 2001).

소비자들은 특정 맥락(context)[1]에서 의사결정을 하거나 정보처리를 한다.

---

1 표준국어대사전에서는 맥락을 "사물 따위가 서로 이어져 있는 관계나 연관"(http://stdweb2.
korean.go.kr)으로 기술하고 있다.

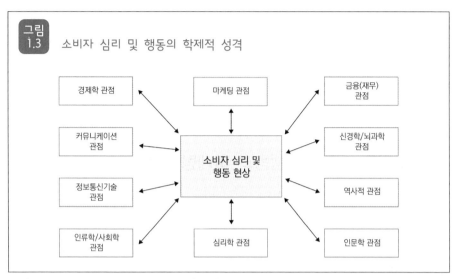

그림 1.3 소비자 심리 및 행동의 학제적 성격

출처: MacInnis and Folkes(2010)을 수정 보완.

소비자 맥락에 관한 지식은 몇 가지 측면에서 소비자 심리 및 행동이 인접 학문 영역과 차별적 성격을 갖도록 만들고 있다.

첫째, 소비자 맥락은 소비자 연구자들이 색다른 현상을 발견하는 위치에 있도록 만들어 준다. 즉, 인접 학문 영역에서는 나타나지 않던 현상이 소비자 맥락에서는 나타날 수도 있고, 인접 학문 영역에서는 나타나던 현상이 소비자 맥락에서는 나타나지 않을 수도 있다는 점이다. 예컨대 보유 효과(endowment effect)는 소비자 심리 및 행동 영역에서 뚜렷하게 나타나는 현상이다.

둘째, 소비자 맥락은 소비자 역할이 인간 행동으로 어떻게 변화하는지를 이해할 수 있도록 함으로써 인접 학문 분야의 지식 발전에 기여할 수도 있다.

셋째, 소비자 맥락은 소비 특유의 원칙들을 보여주고 소비자의 역할을 확인하도록 만들어 준다.

소비자 심리 및 행동과 관련된 연구 영역이 사회적 영역(예컨대 교육, 빈곤 등)으로까지 확대되고 있으나 각 영역에서도 핵심적인 사항은 그대로 유지되고 있는데, 이러한 핵심적인 사항은 바로 소비자의 역할을 강조한다는 점이다. 즉, 소비 심리 및 행동은 최종 사용자가 제품 및 서비스를 획득, 소비, 경험, 처분하는 것 그리고 이러한 활동에 의해 영향을 받거나 주는 요인들을 반영한 것이다.

따라서 소비자 심리 및 행동 분야는 핵심적 관심사, 즉 소비자 역할을 수행하는 사람들에 의해 시장의 제공물들을 획득하고 소비하며 처분하는 것과 관련된 핵심적 관심사로 결속될 수 있다.

 제4절 소비자 심리 및 행동과 마케팅 전략

마케팅 전략의 핵심은 시장을 세분화하고 세분화된 시장의 프로파일을 파악한 후 세분화된 시장 중 표적시장을 어디로 할 것인지에 대한 우선순위를 정한 다음 공략 대상이 되는 표적시장과 어떻게 커뮤니케이션할 것인지와 관련된 포지셔닝 전략을 수립하고, 이를 바탕으로 하여 마케팅 믹스 전략, 마케팅 커뮤니케이션 전략을 수립, 실행, 통제 및 피드백하는 과정을 거치는 것이다. 시장을 세분화할 때 마케터는 여러 가지 기준들을 가지고 할 수 있으나 대부분의 시장세분화 기준은 소비자의 욕구, 심리, 행동 혹은 소비자의 사회인구통계적 요소들을 기준으로 하고 있다. 따라서 소비자에 대한 이해는 기업 혹은 마케터가 마케팅전략을 수립하고 실행하며 통제하는 관리 과정에서 중요할 뿐 아니라 마케팅전략의 성과를 좌우할 수 있다는 측면에서 매우 중요한 과업이라고 할 수 있다.

마케팅 전략 수립의 기초가 되는 소비자 심리 및 행동을 이해하기 위해서는 소비자의 유형을 분류해 보는 것이 필요하다. Szmigin and Piacentiti(2015)는 Gabriel and Lang(1995, 2006)의 문헌을 인용하여 소비자를 9가지 유형으로 분류한 것을 소개하고 있다. 이러한 유형 분류는 소비자로서의 사람의 유형을 분류하기보다는 소비자들이 소비를 하는 방법 혹은 소비를 하는 트렌드를 묘사하고 있는데, 한 소비자가 하나의 방법 혹은 트렌드에 속하는 것은 아니며 상황에 따라서 서로 다른 유형에 속할 수 있다. 소비자 유형을 분류하는 것의 중요성은 마케터 입장에서 소비자를 명확히 규정하는 데 도움을 줄 수 있는 개념이라는 데 있다. 즉, 마케터는 소비자들을 자사 제품의 소비 유형 혹은 소비 트렌드에 따라 분류할 수 있어야 이에 따른 마케팅 전략을 올바로 수립할 수 있을 것이다. Szmigin and Piacentiti(2015)가 Gabriel and Lang(1995, 2006)의 문헌을 인용하여 소개한 소비자의 9가지 유형은 다음과 같다.

① 선택자(chooser): 합리적 문제 해결자로서의 소비자
② 의사소통자(communicator): 제품을 (지위 혹은 취향을 나타내려는) 의사소통하기 위한 것으로 활용하는 소비자
③ 탐색자(explorer): 중고품매매 탐색부터 인터넷탐색까지 탐색을 증가하는 소비자
④ 아이덴티티 추구자(identity-seeker): 소비를 통해 개인적 아이덴티티와 사회적 아이덴티티를 창출하고 유지하려는 소비자
⑤ 쾌락주의자/예술가(hedonist/artist): 즐거움으로서의 소비를 하는 소비자
⑥ 소외자(victim): 사회경제적 상황으로 인하여 선택대안이 제한된 소비자
⑦ 대항자(rebel): 의식적으로 제품을 새로운 방법으로 사용하려는 소비자
⑧ 활동가(activist): 협동조합운동, 윤리적 소비를 추구하는 소비자
⑨ 시민(citizen): 권한과 책임이 부여된 시민으로서의 소비자

소비자 유형을 분류한 예시로서 식품 구매와 관련하여 소비자 상(image)을 분류한 연구가 있다(Dagevos, 2005). 이 연구에서는 식품 소비자를 분류하는 두 가지 중요한 기준으로 물질주의와 자기중심성에 대한 태도를 들고 있다. 물질주의는 물질주의와 비물질주의를 하나의 축으로 하고 있는데, 물질주의는 가격 중심과 제품 중심, 즉 영양 가치, 맛, 질감에 초점을 맞추는 반면, 비물질주의는 감성, 윤리, 생태계에 초점이 맞추어진다. 다른 하나의 축인 자기중심성에 대한 태도는 개인주의와 집단주의 차원으로 구분된다. 개인주의 차원은 개인의 욕구 충족에 목표를 두고 있는 반면, 집단주의 차원은 사회적 혹은 문화적 구조와 관련된다. 집단주의는 사회적 환경과 물리적 환경을 고려하여 행동하는 것을 의미한다. Dagevos(2005)는 물질주의와 자기중심적 태도에 따라 4가지 유형의 소비자 이미지, 즉 ① 계산적(calculating) 소비자 이미지, ② 전통적(traditional) 소비자 이미지, ③ 독특한(unique) 소비자 이미지, ④ 책임감있는(responsible) 소비자 이미지 등으로 구분된다.

소비자 심리 및 행동에 영향을 미치는 요인들은 매우 많으며, 소비자들이

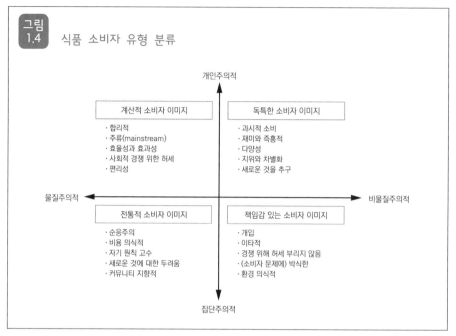

그림 1.4 식품 소비자 유형 분류

출처: Dagevos(2005)

이러한 영향 요인을 받아서 나타내는 반응이 다양할 뿐 아니라 반응도 소비자에 따라서 달라진다. 마케터는 이 많은 것들을 동시에 다 고려하여 최적의 마케팅 프로그램을 설계하기란 쉽지 않다. 그러나 소비자들이 정보처리에 한계가 있듯이 기업 역시 제한된 범위 내에서 최적의 마케팅 프로그램을 설계할 수밖에 없을 것이다. 마케터의 역량은 이와 같이 제한된 범위를 넓혀서 더 많은 요인들을 고려할 수 있는 능력을 배양하는 것이 필요하며, 제한된 범위 내에서 선택을 해야 하는 경우에는 최적의 대안을 선택할 수 있는 전략적 선택 능력도 필요할 것이다.

제5절 소비자 심리 및 행동과 직무능력

소비자 심리 및 행동을 이해하는 것이 마케팅을 이해하는 것의 출발점이 되므로 마케터는 소비자 심리 및 행동을 이해한 것을 바탕으로 하여 마케팅 전략을 수립하거나 마케팅 정책을 실행하여야 할 것이다.

그러므로 기업에서 마케팅 직무를 수행함에 있어서 소비자 심리 및 행동을 이해하는 것은 마케팅 직무 수행의 출발점 혹은 기초적인 요건에 해당된다고 할 수 있다. 따라서 마케팅 직무를 수행하는 데 필요한 능력 혹은 역량은 소비자 심리 및 행동을 이해하는 직무에 필요한 능력 혹은 역량과 상당히 비슷하다고 할 수 있다.

소비자 심리 및 행동의 이해를 통해 마케팅과 관련된 직무 능력과 역량을 제고하기 위해서는 직무능력 혹은 역량이 무엇인지에 대한 이해가 필요하다. 우리나라에는 국가직무능력표준(National Competency Standards: NCS)이 있는데, 국가직무능력표준에서는 특정 직무를 수행하기 위해서 필요한 능력을 기술하고 있다. 국가직무능력표준에서는 직업과 관련된 기초능력으로 의사소통능력, 수리능력, 문제해결능력, 자기개발능력, 자원관리능력, 대인관계능력, 정보능력, 기술능력, 조직이해능력, 직업윤리 등의 10가지를 직업기초능력으로 보고 있다(2017년도 NCS 개발 매뉴얼). 또한 특정 직무를 수행하기 위해서 필요한 능력을 산업별, 직종별 구분을 기준으로 각 직무를 수행하는 데 필요한 능력단위 요소들을 상세하게 기술하고 있다. 마케팅 분야에서는 소비자 심리 및 행동이 마케팅과 관련된 요소로 인식되고 있으나 국가직무능력표준에서는 경영·회계·사무의 기획사무 중 마케팅 직무가 있고, 마케팅의 하위 능력단위 중 한 가지로 고객관리가 있으며 소비자 심리 및 행동과 관련된 내용은 각 산업별, 직종별 직무에서 소비자 심리 및 행동과 관련된 내용이 개별적으로 포함되어 있다(부록 참조). 이것은 소비자 심리 및 행동을 이해하는 것이 각 산업, 직종에서 모두 필요함을 보여주는 것이다.

국가직무능력표준에서 소비자 심리 및 행동과 관련하여 주로 언급되고 있는 직무능력으로는 시장세분화, 소비자(고객)니즈 이해, 소비자(고객)조사, 고객만족, 고객불만처리, 라이프스타일의 이해, 트렌드의 이해, 포지셔닝 등이 있다(부록 참조). 본 교재에서는 다양한 산업 및 직종에서 마케터가 소비자와 관련된 직무를 수행함에 있어서 필요한 능력과 역량 요소들을 반영하기 위해 노력하였다.

표 1.1 직무능력 요소와 소비자 심리 및 행동 영역 간의 관계

직무능력요소	본 교재 주요 관련 주제 영역 (비고)
시장세분화	전체 (시장세분화 기준 파악)
표적시장 선정	전체 (시장세분화와 연계)
포지셔닝	지각, 범주화, 포지셔닝
트렌드 분석	라이프스타일 파악
소비자(고객) 니즈 분석	전체 (특히 욕구 분석 파악)
소비자(고객) 요구사항 분석	욕구, 만족/불만족/VOC
소비자(고객) 분석	전체 (소비자 분석 기준 파악)
소비자(고객) 성향	전체 (소비자 성향 분석 기준 파악)
소비자(고객) 만족	고객만족, 고객불평관리
소비자(고객) 불만/불평	고객만족, 고객불평관리
방문동기	욕구, 동기
소비유형	동기, 멀티채널/옴니채널
재구매	충성도

주) 주요 주제 영역은 해당 직무와 관련되어 보편적으로 언급되는 주제에 한해 표시한 것임.
   각 산업 특유의 직무 영역들은 해당 산업의 특성을 추가적으로 고려해야 함.

직무역량 향상을 위한 토론 주제

■ 각 업종별로 소비자 정의를 내리고 소비자 유형을 분류해 본다.

몇 가지 유형의 업종을 선정하여 각 제품군(예컨대 휴대폰, TV 등), 서비스(테마파크 등), 유통업체(백화점, 대형할인점, 복합쇼핑몰 등) 혹은 온라인 소매업체(전자상거래업체 등) 관점에서 소비자에 대한 정의를 내려보시고, 소비자의 유형을 나누어 보십시오. 그리고 제품, 서비스, 유통업체, 온라인 소매업체 관점에 따라 내려진 소비자 정의 및 소비자 유형의 공통점과 차이점을 논의해 보십시오. 그리고 차이점이 있다면 왜 이러한 차이점이 발생하였는지를 토론해 보십시오.

참고문헌

2017년도 NCS 개발 매뉴얼(2017), NCS 국가직무능력표준, www.ncs.go.kr

김시월 (2017), 소비자기본법 10년, 소비자교육 평가와 전망, 소비자문제연구, 48(2), 87−119.

김정숙 (2017), 소비자상담과 소비자피해구제의 현황과 평가, 소비자문제연구, 48(2), 121−160.

이학식·안광호·하영원 (2015), 소비자행동: 마케팅전략적 접근, 학현사.

하영원·정재학·석관호 (2016), 『마케팅연구』 30년: 게재논문의 특성과 연구주제 추세분석, 마케팅연구, 31(1), 5−29.

NCS능력단위 및능력단위요소 정보데이블(2017. 4. 28기준), NCS 국가직무능력표준, www.ncs.go.kr

Belk, Russell W.(1975), Situational variables and consumer behavior, *Journal of Consumer Research*, 2(3), 157−164.

Bettman, James R. (1979), *An information processing theory of consumer choice*, Reading, MA:Addison Wesley.

Bhattacharya, C. B. and D. Korschun (2008), Stakeholder marketing: beyond the four Ps and the customer, *Journal of Public Policy & Marketing*, 27(1), 113−116.

Dagevos, H. (2005), Consumers as four−faced creatures: looking at food consumption from the perspective of contemporary consumers, *Appetite*, 45(1), 32−39.

Haugtvedt, Curtis P,, Paul M. Herr, and Frank R. Kardes (2008), Handbook of consumer psychology (edited). New York:Psychology Press.

Jacoby, J. (1975), Consumer psychology as a social psychological sphere of action, *American Psychologist*, 30(10), 977−987.

Kernan, Jerome B. (1995), Declaring a discipline: reflections on ACR's silver anniversary, *Advances in Consumer Research*, 22, 553-560.

Laczniak, Gene R. and Patrick E. Murphy (2012), Stakeholder theory and marketing: moving from a firm-centric to a societal perspective, *Journal of Public Policy & Marketing*, 31(2), 284-292.

Macinnis, Deborah J. and Valerie S. Folkes (2010), The disciplinary status of consumer behavior: a sociology of science perspective on key controversies, *Journal of Consumer Research*, 36(6), 899-914.

Simonson, I., Z. Carmon, R. Dhar, A. Drolet, and Stephen M. Nowlis (2001), Consumer research: in search of identity, *Annual Review of Psychology*, 52, 249-275.

Sternthal, B. and G. Zaltman (1974), Broadening the concept of consumer behavior, *Advances in Consumer Research*, 1(1), 488-496.

Szmigin, I. and M. Piacentini (2015), *Consumer behavior*, UK:Oxford University Press.

Uslay, C., Robert E. Morgan, and Jagdish N. Sheth (2009), Peter Drucker on marketing: an exploration of five tenets, *Journal of the Academy of Marketing Science*, 37(1), 47-60.

Wilkie, William L. and E. Moore (2003), Scholarly research in marketing: exploring the "4 eras" of thought development, *Journal of Public Policy & Marketing*, 22(2), 116-146.

Wind, J. Y. (2009), Rethinking marketing: Peter Drucker's challenge, *Journal of the Academy of Marketing Science*, 37(1), 28-34.

[1장 참고 인터넷 기사 및 자료]

국립국어원, 표준국어대사전, http://stdweb2.korean.go.kr/

한국소비자원, 소비자법령, http://www.kca.go.kr/wpge/m_50/info5000.do

American Marketing Association(AMA), Dictionary, https://www.ama.org/resources/Pages/Dictionary.aspx?dLetter=C

Fortune (2011), 100 Best Companies to Work For: 18. Stew Leonard's, 2011. 02. 11, http://archive.fortune.com/magazines/fortune/bestcompanies/2011/snapshots/18.html

NCS능력단위 및능력단위요소 정보데이블('17.4.28기준), www.ncs.go.kr

Stew Leonard Homepage, http://www.stewleonards.com/

부 록

소비자 심리 및 행동 관련 국가직무능력분류

대분류	능력단위	능력단위요소
경영 · 회계 · 사무	브랜드 기획	브랜드 포지셔닝 전략 수립하기
	브랜드 자산관리	브랜드 포지셔닝 전략 파악하기
	STP전략 수립	시장세분화 하기
		목표시장 선정하기
		포지셔닝하기
	STP전략 타당성 분석	시장세분화 분석하기
		목표시장 분석하기
		포지셔닝 분석하기
	고객분석과 데이터 관리	고객유형 결정하기
	고객지원과 고객관리 실행	고객요구사항 대응하기
		고객요구사항 관리하기
	지속적개선활동	고객불만 파악하기
	고객관리	고객 불평 처리하기
		불량고객 응대하기
금융 · 보험	펀드 세일즈	고객성향 분석하기
	방카슈랑스 세일즈	고객니즈 분석하기
	고객창출	대상고객 분석하기
	고객정보수집 · 분석	투자성향 파악하기
	고객관리	고객불편사항 확인하기
	시장기회 탐색	트렌드 분석하기
		고객니즈 분석하기
	여수신상품개발 타당성 검토	타깃 조사하기
	아이디어 수집	고객니즈 분석하기
	투자수요 분석	타깃 결정하기
	투자상품 사후관리	투자성향 관리하기
	연금시장 분석	인구통계 분석하기
	연금고객 수요분석	고객니즈 파악하기
		고객 세분화하기
		고객 분석하기
	카드상품개발 타당성 검토	타깃 고객 설정하기
		상품 포지셔닝 하기

대분류	능력단위	능력단위요소
	카드상품 모니터링	소비자 민원 분석하기
	펀드기획	니즈 조사분석하기
	투자시장 분석	투자시장 트렌드 분석하기
	신탁상품 기획	고객 분석하기
	증권거래 투자상담	투자성향 분석하기
	외환·파생 고객관리	고객니즈 파악하기
		고객성향 분석하기
	보험 소비자 수요 분석	인구 구조 분석하기
	보험 상품 마케팅 전략 수립	포지셔닝 전략 수립하기
	상품관련 보험회사의 사회적 책임	상품 출시 관련 소비자 인식 변화
	시장 니즈 분석	시장니즈 파악하기
	고객 상담	니즈(Needs) 정보 수집하기
	불완전판매예방	소비자불만 처리하기
교육·자연·사회과학	평생교육 요구분석	요구조사 계획하기
	학습시스템 제안	고객요구사항 정의하기
	학습시스템 프로젝트 관리	요구사항 관리하기
	학습시스템 시범운영	학습시스템 사용자 만족도 측정하기
보건·의료	병원마케팅관리	환자 만족도 조사하기
사회복지·종교	욕구조사	욕구조사 계획하기
	사회복지프로그램 욕구조사	욕구조사 설계하기
		욕구조사 분석하기
	산후서비스 관리	고객 요구파악하기
문화·예술·디자인·방송	시각디자인 전략 수립	포지셔닝 전략 분석하기
	시각디자인 전략 수립 운용	포지셔닝 전략 도출하기
	환경디자인 프로젝트 기초조사분석	요구사항 분석하기
	디지털디자인 프로젝트 분석	요구사항 분석하기
	텍스타일 디자인 리서치 수행	트렌드 조사하기
		소비자 정보 수집하기
	텍스타일 디자인 리서치 분석	트렌드 분석하기
		소비자 정보 분석하기
	텍스타일 디자인 기획 타깃과 아이템	시장 세분화하기
		타깃 선정하기
	색채디자인 요소분석	요구사항 분석하기
		소비자 분석하기
	문화콘텐츠 이용자 소비시장 분석	소비대상 선정하기
		소비 유형 분석하기
		소비대상에 맞는 시장 분석하기

대분류	능력단위	능력단위요소
	광고 전략 수립	소비자 트렌드 분석하기
	시장 분석	트렌드 분석하기
	방송콘텐츠 구매	방송구매 트렌트 분석하기
	광고 시장조사	소비자 트렌트 조사하기
	만화콘텐츠 소비시장 조사	소비대상 정하기
	만화콘텐츠 출판물 유통	고객 재구매 유도하기
	캐릭터 상품 사업화 조사(라이선서)	캐릭터 상품 소비자 조사하기
	캐릭터 상품 유통시장 분석 (라이센서)	캐릭터 상품 소비자 분석하기
	캐릭터 상품유통 사후관리 (라이센시)	캐릭터 상품 만족도 조사하기
	스마트문화앱콘텐츠 고객지원 관리	고객 요구사항 응대하기
운전·운송	수송포장 고객 요구사항 처리	고객 요구사항 접수·확인하기
		요구사항 내용 분석 처리하기
	경량항공기 레저관광 비행	고객만족관리하기
	항공여객서비스 고객 응대	불만고객 대처하기
	영업 외부환경분석	고객 분석하기
	영업 고객불만관리	불만 사항 수집하기
		불만 사항 분석하기
		불만 사항 해결 방안 마련하기
		불만 사항 해결 과정 점검하기
	영업 고객유지관리	고객 세분화하기
		고객 반응 분석하기
	해외고객 관리	고객 요구 분석하기
		고객 평가하기
영업판매	주택하자관리	고객만족성과 관리하기
	상업용건물 고객관리	방문고객만족도 관리하기
	부동산 이용 상담서비스	고객 필요사항 접수 상담하기
		고객 필요사항 자문하기
	통신판매 시장환경분석	고객 분석하기
	통신판매 상품개발기획	목표고객 설정하기
	통신판매 전략수립	목표고객 판매방식 설정하기
	시장환경 분석	고객 요구사항 분석하기
	고객관리	고객 클레임 관리하기
	사후관리	고객만족도 조사하기
	매장판매 상담	고객 니즈 파악하기

대분류	능력단위	능력단위요소
경비·청소	고객요구 관리	불만고객 관리하기
		고객의 소리(VOC) 관리하기
	방문고객 발굴	고객 세분화하기
	방문고객 불만대응	고객불평 파악하기
		불만처리 매뉴얼 작성하기
		불만처리 대응 후 고객관계 유지하기
	경비고객관계관리	고객 요구사항 대응하기
	기계경비기획	고객요구사항파악하기
	경호고객관계관리	업무고객요구사항대응하기
	경호운용지원	고객요구사항 처리하기
	청소현장 현황파악	고객 요구 파악하기
	청소품질검증	고객불만 대응하기
	고객상담	요구사항 파악하기
이용·숙박·여행·오락·스포츠	불만족 고객관리	불만족 고객 상담하기
		불만족 고객 대처하기
		불만족 고객 모니터링하기
	피부미용 고객 상담	방문동기 파악하기
	메이크업 고객 서비스	불만 고객 응대하기
	트랜드 메이크업	트랜드 조사하기
	고객 서비스	불만족 고객 대처하기
	웨딩고객 창출	타깃 고객 선정하기
	웨딩고객관리	고객만족 분석하기
		불만족고객 관리하기
	결혼예식 소비자 분쟁 관리	불만고객 유형 분석하기
		불만고객 대응전략 수립하기
		불만고객 응대 매뉴얼 개발, 교육하기
	장례식장 종사자교육	고객만족 교육하기
		장례식장이용자 만족도 조사하기
	여행상품 STP전략	시장세분화하기
		목표시장 설정하기
		시장포지셔닝하기
	상품 추천	고객 욕구 파악하기
	국내여행고객 만족관리	만족도 조사하기
		고객 불편 처리하기
	국외여행 행사관리	고객요구사항 지원하기
	국외여행고객 만족관리	만족도 조사하기
		고객 불편 처리하기

대분류	능력단위	능력단위요소
	객실승무 관리	불만 승객 대처하기
	고객만족 서비스	불만고객 대처하기
	호텔 판촉	고객의 소리 관리하기(VOC)
	재실고객 관리	고객 요청 사항 처리하기
		고객 불평 접수하기
	식음료 고객 관리	고객 기호 파악하기
		고객 불평 처리하기
	연회 행사 사후관리	연회 행사 고객 만족도 확인하기
		연회 행사 고객 불평·불만 처리하기
	당직	고객 컴플레인(complain) 처리하기
	카지노 고객서비스전략수립	고객만족 교육하기
	스포츠시설 고객관리	고객만족 교육하기
음식서비스	식음료 고객 관리	고객 기호 파악하기
		고객 불평 처리하기
	요구사항분석	요구사항 파악하기
	동력전달장치설계	요구사항 분석하기
기계	고객기술지원	고객 요구사항 분석하기
	고객기술지원	고객 요구사항 대응하기
	기계품질 개선 관리	고객불만 대응하기
	기본설계	요구사항 분석하기
	냉간압연제품 고객 품질대응	고객불만 대응하기
재료	열처리 생산계획 파악	고객요구사항 파악하기
	강관제품 고객 품질 대응	고객불만 대응하기
	금속도장 설계	고객요구사항 파악하기
	분석계획수립	요구사항 파악하기
	연구개발 계획수립	고객 요구사항 분석하기
화학	고객 요구사항과 시장분석	고객요구사항 파악하기
	품질관리	고객불만 대응하기
	압출작업 준비	고객요구사항 파악하기
섬유·의복	패션시장 현황분석	소비자 분석하기
	의류 유통전략수립	포지셔닝 전략 수립하기
	제어·보호통합제어기(HMI)설계	요구사항 분석하기
	시스템제어·보호기설계	요구사항 분석하기
	전자제품 시장분석	목표시장 선정하기
전기·전자	전자부품 시장동향분석	시장세분화 하기
	전자제품 영업시장분석	시장세분화하기
	기구 개발타당성 분석	목표시장 선정하기

대분류	능력단위	능력단위요소
정보통신	정보통신기기 기구 개발계획수립	요구사항 분석하기
	전자부품 기구 요구사항 분석	고객 요구사항 분석하기
	조직 경영환경 분석	고객 요구사항 분석하기
	SW제품 사양 정의	요구사항 분석하기
	SW제품 마케팅 계획 수립	고객 요구사항 분석하기
	애플리케이션 요구사항 분석	요구사항 분석하기
	UI/UX 환경 분석	트렌드 분석하기
	IT마케팅 STP 전략 수립	시장 세분화하기
	무선통신망구축 기획	요구사항 분석하기
	기업고객관리	고객만족도 조사하기
	사업 관리 수립	고객 요구사항 분석하기
	이동통신서비스 기획	요구사항 분석하기
	콘텐츠사용자서비스 고객지원관리	고객요구사항 관리하기
	콘텐츠네트워크서비스 고객관리	고객요구사항 관리하기
	무선초고속인터넷서비스 설계	요구사항 분석하기
	특수이동통신서비스 고객관리	고객 요구사항 분석하기
	인터넷지원서비스 주문관리	고객요구사항 관리하기
	인터넷지원서비스 고객지원관리	고객요구사항 관리하기
	무선데이터통신서비스 기획	요구사항 분석하기
	무선데이터통신서비스 시스템 품질 관리	고객만족도 조사하기
인쇄·목재·가구·공예	출판목표 계획 수립	트렌드 분석하기
	출판 시장분석	목표시장 설정하기
농림어업	체험상품 개발전략	시장세분화하기
사업관리	해외취업자 모니터링	해외취업 만족도 지원하기

출처: NCS능력단위 및 능력단위요소 정보데이블(2017. 4. 28기준)(국가직무능력표준, www.ncs.go.kr)

주 1) NCS능력단위 및 능력단위요소 중 소비자 혹은 고객과 관련된 사항 중 소비자 심리 및 행동에서 보편적으로 다루고 있는 내용을 중심으로 발췌함.

02

• • •

감각, 주의, 기억, 추론:
소비자 정보처리의 이해

 제1절 소비자 정보처리 개요

1.1 소비자 정보처리의 전반적인 과정

유기체로서의 소비자들은 소비자 내·외부로부터 여러 가지 자극 혹은 의사결정 단서(이를 통칭하여 정보라고 함) 등을 받게 되며, 이 자극 혹은 단서에 대해 적절한 유형의 반응(무반응 포함)을 보이게 된다. 이러한 과정들을 일목요연하게 이해할 수 있는 틀로서 가장 많이 활용되는 것이 소비자 정보처리과정이다. 정보처리이론은 소비자뿐 아니라 개인들의 의사결정을 이해하는 데 매우 유용한 접근법으로 활용되어 왔다(하영원, 2000; Bettman, 1979; Newell et al., 1958; Slovic et al., 1977). 소비자를 문제해결자로 보고 문제인식, 탐색, 평가, 선택과 같이 문제 해결을 범주로 나누어서 생각해 보려는 시도 역시 문제해결자가 과업 관련 정보를 처리하는 방법에 기초하여 범주별로 구분한 것으로 볼 수 있다.

Ungson et al.(1981)에 의하면 정보처리라는 용어는 Shannon and Weaver (1949)이 커뮤니케이션 이론에서 처음 사용한 것이기는 하지만 이 용어가 대중적으로 활용되기 시작한 것은 Simon과 그의 동료들이 문제를 해결하려는 사람들에 의해 활용된 인지적(사고) 과정에 관한 컴퓨터 시뮬레이션을 개발(Newell et al., 1958; Simon, 1969)하면서부터라고 보고 있다.

인지 연구에서 정보는 자극 혹은 단서로 정의되는데, 이를 좀 더 구체적으로 살펴보면 개인들은 문제해결 혹은 의사결정과 관련되어 어떤 기대를 하게 되고 기대를 바탕으로 평가를 하게 되는데 자극 혹은 단서, 즉 정보는 개인들이 문제 해결 혹은 의사결정을 하는 데 있어서 기대와 평가에 변화를 줄 수 있는 것으로 보고 있고, 정보처리 전략은 정보가 선택되고, 결합되며, 가중치가 부여되고 변형되는 특정한 인지 과정을 말한다(Ungson et al., 1981).[1]

1.2 소비자 정보처리 모형

정보처리 모형은 규범적 모형과 기술적 모형으로 구분되는데, 규범적 모형 접근법은 의사결정자의 가치와 신념에 매우 근접하게 확신을 주는 등 규범을 묘사하는 것과 관련되는 반면 기술적 모형 접근법은 개인들이 결정에 다다르기 위하여 정보를 어떻게 처리하는지, 즉 의사결정 과정에서 정보를 처리하는 방법에 초점을 맞춘다(Ungson et al., 1981). 개인들이 규범적 정보처리모형에서 묘사하고 있는 방식대로 정보를 처리하지 않는 경우가 다수 있음을 많은 연구들이 보여줌(Kahneman and Tversky, 1979; Tversky and Kahneman, 1974)에 따라서 소비자들의 정보처리에 대한 접근방법 중 기술적 모형 접근방법이 각광을 받게 되었다. 정보처리이론은 소비자들이 의사결정을 하기 위해 정보를 어떻게 수집하고 정리하여 의사결정에 반영하는지를 가장 잘 표현해주고 있는 모형이므로 아직까지도 소비자들의 심리 및 행동을 이해하려는 틀로서 많이 활용되고 있다.

---

1 표준국어대사전에서는 자극을 "어떠한 작용을 주어 감각이나 마음에 반응이 일어나게 함. 또는 그런 작용을 하는 사물" 혹은 『심리』에서 "유기체에 작용하여 반응을 일으킬 수 있거나 일으킬 가능성이 있는 사상. 좁은 뜻으로는 유기체의 수용기에 작용하는 물리적 에너지를 이른다"(http://stdweb2.korean.go.kr)로 설명하고 있다. 그리고 인지를 "어떤 사실을 인정하여 앎", 『심리』에서 "자극을 받아들이고, 저장하고, 인출하는 일련의 정신 과정. 지각, 기억, 상상, 개념, 판단, 추리를 포함하여 무엇을 안다는 것을 나타내는 포괄적인 용어로 쓴다"(http://stdweb2.korean.go.kr)고 설명하고 있다.

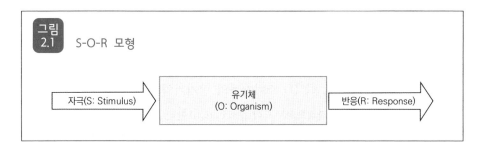

그림 2.1 S-O-R 모형

자극(S: Stimulus) → 유기체 (O: Organism) → 반응(R: Response)

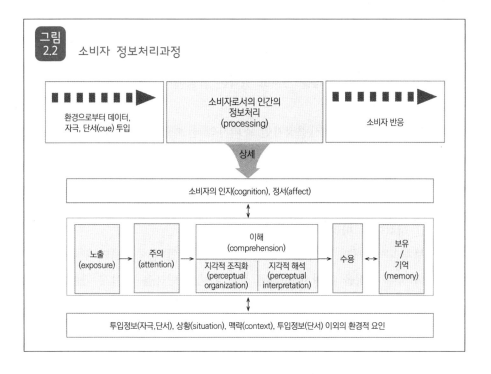

그림 2.2 소비자 정보처리과정

환경으로부터 데이터, 자극, 단서(cue) 투입

소비자로서의 인간의 정보처리 (processing)

소비자 반응

상세

소비자의 인지(cognition), 정서(affect)

노출 (exposure) → 주의 (attention) → 이해 (comprehension) / 지각적 조직화 (perceptual organization) / 지각적 해석 (perceptual interpretation) → 수용 ↔ 보유 / 기억 (memory)

투입정보(자극,단서), 상황(situation), 맥락(context), 투입정보(단서) 이외의 환경적 요인

　　소비자 심리 및 행동에서 다루고 있는 정보처리접근은 소비자의 의사결정 능력을 향상시키기 위한 틀로서 활용되고 있다. 즉, 소비자 심리 및 행동은 의사결정자로서의 소비자의 의사결정을 향상시키기 위해 정보처리자로서 소비자를 바라보고 있다. 의사결정자로서의 소비자는 그 중심에 선택(choice)이 놓여 있어서(Bettman, 1979) 소비자들의 의사결정은 소비자 선택을 중심으로 선택의 질을 향상시키는 데 주안점을 두고 있었으나 현재는 의사결정 과정에 주로 초점을 맞추는 경향이 있다. 그리고 의사결정을 향상시키기 위한 접근방법으로서 정보처리모형을 활용하고 있다.

1.3 소비자 정보처리의 특징

소비자 심리 및 행동에서 다루고 있는 정보처리자로서의 의사결정자는 다음과 같은 몇 가지 특성, 즉 ① 소비자들의 단기기억과 계산 용량에는 제한이 있다, ② 소비자들은 (주관적으로) 지각(perception)한다, ③ 소비자들의 정보처리와 의사결정은 과업환경과 상호작용한다, ④ 소비자들의 선호도는 사전에 잘 정의된 경우도 있지만 선택이 필요한 경우에 구성될 수도 있다는 특성을 가지고 있다(Bettman et al., 1998; Payne and Bettman, 1992). 이러한 특성의 기저에는 정보처리자로서의 인간은 제한된 합리성(Simon, 1955), 즉 정보처리자로서의 인간은 정보처리 용량에 한계를 가지고 있다는 관점에서 소비자를 바라보고 있다는 점을 들 수 있다.

정보처리자로서의 의사결정자인 소비자의 선호도가 선택 상황에서 구성되어 결정될 수도 있다는 것은 소비자 심리 및 행동을 이해하는 것이 그만큼 복잡해졌다는 의미를 내포하고 있기도 한 반면 마케터에게는 자사 혹은 자사 제품 및 브랜드에 대한 소비자 선호도를 높일 수 있는 기회가 그만큼 증가했다는 긍정적인 시각에서 바라볼 수도 있을 것이다.

정보처리자로서의 소비자는 환경[2]으로부터 유입되는 정보와 관련하여 일정한 정보처리 과정을 거쳐서 유입된 정보에 대한 반응을 보이게 되는데, 이러한 과정을 소비자 정보처리과정이라고 한다. 소비자 정보처리과정은 일반적으로 노출, 주의, 이해, 수용, 보유 등의 과정으로 구성되어 있다고 보고 있으나 노출, 주의, 지각, 기억 등과 같이 소비자 심리 및 행동에서 주요하게 다루는 주제 중심으로 과정을 분류하는 경우도 있다.

노출은 특정 자극에 소비자가 물리적으로 접근하는 것을 말하는데, 소비자의 감각기관에서 특정 자극을 탐지하고 등록하는 것과 관련된다. 주의는 특정 자극에 집중하는 것을 말하는 데, 소비자가 자극을 지각하고 범주화하는 것을 유도한다. 이해는 자극을 지각하고 범주화하여 의미를 부여하는 것과 관련된다.

---

2 여기서 환경이란 표준국어대사전에서는 환경을 "생물에게 직접·간접으로 영향을 주는 자연적 조건이나 사회적 상황"(http://stdweb2.korean.go.kr)으로 기술하고 있고, 상황은 "일이 되어 가는 과정이나 형편"(http://stdweb2.korean.go.kr)으로 기술하고 있다.

수용 혹은 거부는 소비자들이 선택 기준을 고려하고 수령한 정보를 받아들일 것인지 받아들이지 않을 것인지를 결정하는 것과 관련된다. 보유는 수용 혹은 거부와 같은 학습 정보들을 미래에도 활용하기 위하여 기억에 저장하는 것을 말한다.

 제2절 감각, 노출, 감지

> **소비자 정보처리 예시**
>
> ■ 던킨 도너츠는 제일기획과 함께 flavor radio라는 캠페인을 2012년에 진행하였고, 이 캠페인은 광고제에서 수상을 하기도 하였다. 이 캠페인은 우리나라에서는 주로 도너츠로 인식되고 있었던 던킨에게 커피 이미지를 함께 심어주는 역할을 한 것으로 보이며, 바이럴 마케팅을 통해 마케팅 분야에 관심을 가지고 있는 사람들에게는 향기 마케팅의 사례로 널리 알려져있다. 이 캠페인의 의도는 브랜드 인지도 제고, 고객의 잠재적 구매 욕구를 실제 구매로 연결시키는 것으로 알려져 있으며, 이러한 목적을 달성하기 위해 공간 혹은 물리적 위치(버스정류장 인근에 위치한 점포), 시각적 요소(버스정류장에 던킨도너츠 옥외광고물 설치), 향기(버스에 설치된 방향제 분사 기기에서 던킨도너츠만의 독특한 향기가 분사됨), 그리고 청각(라디오에서 흘러나오는 광고 소리)이 유기적으로 연결되어 좋은 성과를 보인 것으로 보인다. 마케팅 프로세스는 매장 인근에 있는 버스정류장에 버스가 다다르면 먼저 던킨도너츠 관련 광고가 라디오를 통해 나온 후 던킨도너츠만의 독특한 커피향이 버스에 설치된 방향제에서 분사되도록 하였으며, 이러한 향기를 맡고 내린 사람들은 던킨도너츠의 옥외광고를 접하게 되고, 해당 점포를 방문하여 구매가 이루어지는 프로세스로 구성되어 있었다. 그 결과 캠페인이 진행된 3개월 동안 캠페인 대상 매장은 방문객 수에서는 16%, 커피판매에서는 29% 이상 증가하는 효과가 나타난 것으로 보고되었다.
> 출처: Hilton(2015).
>
> ■ 백화점의 메인 매장에는 화장품, 향수 등과 같은 제품들이 많이 위치하고 있고, 대형할인점 매장 입구와 가까운 위치에는 과일 코너가 있는 경우를 많이 볼 수 있다.
> ■ 샴푸를 이용하려고 하다 보면 각 브랜드마다 독특한 샴푸 향기가 느껴지는 것을 알 수 있을

것이다.

■ 청각을 이용하는 마케팅 중 jingle의 성공사례로는 Intel Inside 캠페인을 들 수 있다. 인텔 제품은 컴퓨터 안에 내장되므로 일반 소비자들이 해당 제품을 볼 수는 없다. 그러나 인텔이 활용한 징글로 인하여 Intel Inside라는 스티커가 붙어있으면 인텔 부품이 내장된 컴퓨터라는 것이 자연스럽게 연상이 되도록 하였다.

정보처리자로서의 소비자는 외부로부터 투입되는 정보를 받아들이고, 이 투입된 정보를 바탕으로 처리 과정을 거친 후, 특정한 반응을 나타내는 절차를 거치는 것으로 보고 있다. 이러한 절차들을 지금까지 밝혀진 과정으로 간략히 다시 정리해 보면 소비자들은 정보로서의 특정 자극(단서)에 노출되고, 투입 자극(단서)이 감지 과정을 통과하면 그 자극(단서)에 대하여 주의를 기울이게 되며, 주의를 이끌어 낸 자극에 대해서는 이해과정, 즉 기존에 소비자가 가지고 있던 정보 등과 결합하여 지각적 조직화 과정을 거쳐서 해당 자극(단서) 정보를 (필요한 경우 추론 과정을 거쳐서) 해석한 후, 해석한 정보를 기억 속에 저장하는 과정을 거치는 것으로 알려져 있다.

2.1 노출

(1) 감각기관과 노출

소비자는 특정 자극에 물리적으로 접근을 하게 되는데 이를 노출(exposure)이라고 한다. 노출은 인지적 과정에 해당되기도 하지만 사람들은 통상적으로 감각기관을 통해 외부 자극과 만나게 되는데, 이러한 감각기관을 통해 유입되는 정보는 감정에 직접적으로 영향을 미치기도 하고, 사고에 영향을 미쳐 의사결정에 반영되기도 한다. 후자의 경우를 설명할 때에는 체화된 인지(embodied cognition)라는 개념을 많이 활용한다. 최근에는 이러한 감각기관을 활용한 마케팅이 소비자 심리 및 행동 분야에서 주목을 받고 있다.

감각기관에서 노출된 정보를 받아들이는 것은 통상적으로 다섯 가지 감각, 즉 시각, 청각, 후각, 미각, 촉각을 통해서이다. 연구는 주로 시각 처리과정 혹은 청각 처리과정에 집중되었고, 대부분의 마케팅 커뮤니케이션은 이들 방법 중 한 가지(예컨대 인쇄, 라디오) 혹은 두 가지(예컨대 TV)를 이용하는 형태가 주로 활용되고 있었으나(Lowe and Haws, 2017) 최근에는 후각(예컨대 향기)과 관련된 연구들이 활발히 이루어지고 있다.

❶ 시각

시각(sight)은 시각적(visual)으로 제시되는 모든 것과 관련된다. 예컨대 색상, 제품의 용기, 진열 등은 모두 시각과 관련된 것이다. 정보처리에서는 시각적 정보처리와 문자(text)의 정보처리에 대한 비교 결과들이 많이 제시되어 있다. 사람이 지각하는 것의 약 80%는 시각과 관련된 것임을 주장한 경우도 있다. 시각이 머무르는 시간은 그 제품에 대한 관심도를 나타내기도 한다. 예컨대 수퍼마켓에서 점포의 매대에 놓여 있는 패키지에 시각이 머무르는 시간을 측정하여 그 패키지에 얼마나 주목하고 있는지를 살펴본 연구가 있다(Russo and Leclerc, 1994).

시각에 의한 지각에 영향을 미치는 요인으로는 ⓐ 대상에 대한 표현 방식(그래프 대 문자), ⓑ 제품의 크기와 제품이 놓여 있는 주변 환경, ⓒ 색상과 관련된 문화 등이 있다. 예컨대 서양에서는 남자 아동의 경우 푸른색, 여자 아동의 경우 핑크색을 선호하는 나라도 있다. 색상은 여러 가지 감정을 불러일으키기도 한다. 예컨대 붉은 색은 열정을 의미하기도 한다.

한편 공간(spatial) 지각에 대한 연구도 점차적으로 많이 진행되고 있다(Raghubir and Krishna, 1996).

❷ 청각

소리(sound)와 같은 청각은 지각에 영향을 미치고 있다. 청각과 관련된 연구는 주로 음악에 집중되어 있다. 주변 환경의 음악은 소비자 지각에 영향을 미치는 것으로 나타났다(Kellaris and Altsech, 1992; Milliman 1982, 1986). 예컨대 Milliman(1982)은 빠른 음악에 비해서 느린 음악이 나오는 경우 쇼핑하는 사람들은 식료품점에 평균 38% 더 머물러 있었던 것으로 나타났다. 징글(jingle)은 청각과 관련되어 있다.

❸ 후각

후각(smell)은 정보처리에 영향을 미치는 것으로 나타났다(Mitchell et al., 1995). 후각을 이용한 연구에서는 향기, 불쾌한 냄새 등을 활용하고 있다. Spangenberg et al.(1996)의 연구에서는 냄새가 시간에 대한 지각에 영향을 미치고 있음을 보여주고 있다. 즉, 소비자들이 실제로 있었던 시간에 비해 향기를 맡고 있지 않던 소비자는 더 많은 시간을 점포에서 보냈다고 지각한 반면 향기를 맡고 있던 소비자는 이러한 차이가 나타나지 않았다. 이를 다른 시각에서 보면 소매 상황에서 향기를 맡고 있던 소비자는 향기를 맡고 있지 않던 소비자에 비해 점포에 있는 시간이 더 적었다고 지각하는 것임을 의미한다. 이와 같이 시간에 대해 지각하는 것이 향기에 따라 달라질 수 있다는 것을 확장하면 소비자들이 소매 상황에서 어떠한 경험을 하였는지에 따라서 소비자들의 시간에 대한 지각이 달라질 수 있음을 의미한다. 사람들은 최적의 경험(예컨대 온라인에서의 플로우)을 하는 경우 시간 감각을 왜곡(더 짧게 느낌)하는 경향이 있다(Spangenberg et al., 1996).

향기와 관련된 소비자들의 최적 경험은 마케팅에도 응용될 수 있다. 예컨대 제품 구색을 검토하는 경우, 줄을 서서 기다리는 경우, 도움을 요청하기 위해 기다리는 경우 소비자들은 시간을 보내야 하는데, 이때 주변 환경에 향기를 도입하는 경우 소비자들의 주관적 경험을 향상시켜서 소비자들은 실제 시간 보다 더 적은 시간을 보냈다고 지각할 가능성이 있으며(Spangenberg et al., 1996), 이것은 소비자들의 쇼핑 체류시간을 향상시키는 데에도 도움을 줄 수 있을 것이다.

❹ 미각

미각(taste)은 개인적 취향과 문화적 영향을 많이 받는 것으로 보인다(Lowe and Haws, 2017). 예를 들면 KitKat 중 녹차 맛은 유럽보다는 일본에서 판매가 잘 되는 것으로 나타났다. 미각은 연령과도 관계가 있어 보인다. 미각은 음식료 제품의 경우 특히 중요하며, 미식가들의 욕구를 충족시킨다는 측면에서도 중요성이 부각되고 있다.

타르틴 베이커리(Tartine Bakery)

타르틴 베이커리는 미국 샌프란시스코 미션 지구에 위치한 베이커리이다. 이 베이커리의 채드 로버트슨은 자신의 빵 만드는 기법을 공개하기로 유명한 CEO이다. 이 베이커리는 자갓 서베이, 뉴욕타임즈 등에 소개되었다고 한다. 타르틴에서는 레스토랑에서 음식을 주문하면 방금 조리한 따뜻한 음식을 먹을 수 있듯이 빵도 갓 구운 빵을 소비자들이 먹어야 한다는 철학을 가지고, 판매하는 빵은 1시간 간격으로 나오는 것으로 알려졌다. 손님이 점포에 들어와서 바삭 소리가 나는 빵과 눅눅한 빵을 먹는 것을 상상해 보라는 것이다.

출처: 윤예나(2017), Tartine Bakery Homepage(www.tartinebakery.com), Lenzer(2014).

❺ 촉각

촉각(touch) 혹은 감촉(texture)은 온라인보다는 오프라인에서 그 중요성이 강조된다고 할 수 있다. 촉각 혹은 감촉과 관련된 연구는 아직 많이 이루어지지는 않았다. 그러나 사람들의 촉감에 최적화된 제품 용기는 소비자 만족을 높이는 결과를 가져 올 수 있다(Lowe and Haws, 2017).

(2) 노출의 유형

소비자 정보처리 예시

■ 다음의 가상의 스토리를 읽어 보십시오.

스포츠를 좋아하는 A씨는 TV에서 야구 중계를 보고 있었다. 투수가 포수와 사인을 주고 받을 때 화면은 투수의 뒤편에서 포수를 클로즈업하고 있는데, 포수 뒤편에 있는 'OO기업 후원 2017 리그'라는 문구가 A씨 눈에 띄었다. 이제 투수가 드디어 투구를 하였고 타자는 이 투구를 정확히 맞추어 3루 펜스 가까운 편으로 홈런을 쳐냈다. 이때 A씨 눈에 '△△기업 후원 파랑새 존'이라는 문구가 눈에 들어왔고, 이것이 무슨 의미인지를 찾아보았더니 이곳으로 홈런 볼이 통과하면 '△△기업'이 일정한 금액을 후원하는 프로그램임을 알게 되었다. 이후 A씨는 '△△기업'이 사회적 책임을 다하는 기업이라는 좋은 이미지를 갖게 되었다.

■ 다음의 가상의 스토리를 읽어 보십시오.

B씨 오늘도 자신이 늘 다니던 길을 가고 있었다. 12시쯤 그 길을 지나게 되었는데, 지금까지

는 맡아보지 못했던 달콤한 냄새가 나는 것을 알게 되었다. 눈을 들어보니 어제 새로 개점한 빵집에서 직접 만든 빵이 나오는 시간이었고, 그 빵의 냄새가 열린 문 틈 사이로 나와서 B씨가 그 냄새를 맡게 된 것이다. B씨는 평상시 빵을 좋아하고, 아직 점심을 먹지 않은 상태여서 그 냄새가 빵에 대한 흥미를 더욱 갖게 만들었다. B씨는 문을 열고 해당 점포 안으로 들어갔다. 거기에는 다양한 빵들이 놓여있었다.

소비자들이 물리적 자극을 접하는 것을 노출이라고 한다. 노출은 소비자들이 주어진 자극에 대한 정보처리을 어떻게 할 것인지에 영향을 많이 미칠 수 있다. 노출은 감지 과정을 거쳐 주의단계로 정보가 이동하는 데 있어서 정보를 걸러내는(filtering) 역할을 한다.

노출의 유형은 통상적으로 우연적(incidental) 노출, 의도적(intentional) 노출, 선택적(selective) 노출로 구분된다(이학식 등, 2015).

① 우연적 노출은 소비자가 의도하지 않게 혹은 원하지 않은 상태에서 자극을 접하는 것을 말한다. 예컨대 골프 프로그램을 시청하는데, 골프선수가 쓰고 있는 모자에 표시되어 있는 특정기업의 로고가 눈에 보이는 경우가 여기에 해당된다.

② 의도적 노출은 목적지향적 노출에 해당되는 것으로 소비자가 자극에 의지를 가지고 의도적으로 노출되는 것을 말한다. 예컨대 소비자가 세탁기를 구매할 필요가 있는 경우 이 소비자가 인터넷 혹은 모바일로 세탁기 정보를 검색하거나 가전제품 대리점을 방문하여 세탁기를 직접 살펴보는 행동이 여기에 해당된다. 소비자의 의사결정 관여가 높은 경우 발생할 가능성이 높다.

③ 선택적 노출은 노출 자체를 소비자가 원하는 것에 한해서 이루어지도록 조절하는 것을 말한다. 소비자들은 일상생활 속에서 여러 제품과 광고가 자극으로 유입되므로 자신이 높게 관여된 제품일수록 선택적 노출을 할 가능성이 높다. 예컨대 금연을 하는 사람이 흡연구역을 우회해서 가는 행동이 여기에 해당된다.

마케터 입장에서는 소비자들이 자사 브랜드, 제품, 광고, 영업사원 등에 대해 긍정적인 의도를 가지고 선택적으로 노출되거나 의도적으로 노출되는 것이 바람직할 것이다. 왜냐하면 선택적 노출과 의도적 노출은 이미 소비자들의 마음 지향성이 자극에 대해 평가하려는 의도를 가지고 있을 가능성이 높은데, 이러한 자극을 긍정적으로 바라본다는 것은 추후에 이루어질 평가에도 긍정적으로 영향을 미칠 가능성이 있음을 의미하기 때문이다.

그러나 현실세계에서는 이와 같은 상황보다는 소비자들이 자사 브랜드 등에 대해 우연히 노출되는 경우가 더 많다고 보아야 할 것이다. 따라서 마케터는 소비자들이 자사 브랜드 등에 우연히 노출된 경우일지라도 이를 바탕으로 자사 브랜드 등을 호의적으로 평가하고 이러한 평가 내용을 기억 속에 저장하는 것을 촉진하는 방안을 파악하고 있는 것은 중요하다고 하겠다. 소비자들이 자극에 우연히 노출된 상황에서도 호의적으로 반응하도록 하는 몇 가지 방법들이 소개되어 있다.

첫째는 반복노출이다. 소비자들을 우연히 노출된 상황에서도 단순히 반복적으로 노출이 된 것만으로도 대상물을 호의적으로 평가할 수 있음이 밝혀졌다 (Zajonc, 1968, 1980, 2001). Zajonc는 이를 단순반복노출 패러다임이라고 명명하였다. 단순반복노출효과는 개인이 특정 자극 대상에 반복적으로 노출되는 경우 그 대상에 대한 선호도는 높아진다는 것이다. 이러한 단순반복노출효과는 고전적 조건화과정과 비슷한 것으로 설명하고 있다.[3] 단순(반복)노출효과는 우연히 노출된 광고 상황에서 주의분산 효과가 있는 경우에도 효과가 있는 것으로 나타났다.

단순(반복)노출효과는 동기부여에 영향을 받는 것으로 보인다. Kruglanski et al.(1996)은 최초노출 시 긍정적인 예감을 갖거나 평가에 대한 시간 압박을 받지 않는 경우에는 단순(반복)노출효과가 나타났으나 최초노출 시 부정적인 예감을 갖게 되거나 시간 압박이 있는 경우에는 단순(반복)노출효과가 오히려 부정적인 효과를 초래하거나 나타나지 않는 것을 보여주었다.

둘째는 긍정적 언어를 활용하는 것이 더 효과적일 수 있다는 점이다. 언어

---

3 Zajonc는 회피하려는 이벤트가 없는 것은 비조건화 자극에 해당된다고 보았다. 또한 반복에 대한 관대한 경험은 긍정적 정서를 제고하고, 제고된 정서는 노출된 자극에 연결될 뿐 아니라 이전에 노출된 적이 없는 유사한 자극에 연결되어 전체적으로 차별화된 자극이 된다고 보았다. 학자들에 따라서는 이와 다른 의견을 제시하는 경우도 있다. 고전적 조건화에 대해서는 학습에서 상세하게 다루고 있다.

에 있어서 긍정적 의미를 담고 있는 단어가 부정적 의미를 담고 있는 언어보다 더 많은 빈도로 활용된다(Zajonc, 1968).

우연적 노출에 의한 마케팅 효과성을 높이기 위해서는 표적시장 소비자들이 주로 이용하는 매체를 확인하여 해당 매체에 표적시장 소비자들이 선호하는 정보를 제공하거나 광고를 실시하는 것이 바람직할 것이다.

소비자들의 선택적 노출을 증가시키기 위해서는 소비자의 필요성 혹은 관심과 연계되어 있는 자극물(광고 등)을 개발하여 제공하는 것이 효과적일 것이다. 예컨대 고속도로 휴게소에서 음식물만 팔던 곳이 주유소를 함께 배치하는 것은 운전자의 선택적 노출을 증가시키는 한 방법이 될 것이다.

한편 소비자들의 의도적 노출을 높이기 위해서는 소비자들의 접근가능성이 높은 채널(예컨대 인터넷에 관심있는 자료 공개, 검색엔진을 통한 링크, 자주 방문하는 지점, 대표번호를 활용한 콜센터 등)에 소비자들이 의도적으로 노출될 수 있도록 소비자 욕구에 적합한 정보 등을 제공할 필요가 있다.

(3) 감지

소비자들이 자극에 노출이 되었다고 하더라도 바로 주의 단계로 가는 것은 아닌 것으로 보이며, 통상적으로는 노출된 자극을 감지(sensation)할 수 있어야 주의 단계로 넘어 갈 수 있다고 본다. 감각기관이 자극을 감지할 수 있는 최소한의 강도를 절대 식역(absolute threshold)이라고 한다. 감지 과정의 예외로서 식역하(subliminal) 자극을 들 수 있다. 즉, 의식적으로 느끼지는 못하는 자극일지라도 무의식적으로 노출되는 경우 이러한 자극에 반응을 보일 수 있다는 견해이다.

식역하 자극에 대한 논의를 제외하는 경우 소비자들이 특정 자극을 감지할 수 있는지의 여부는 마케터에게 일정한 의미를 지닌다고 하겠다. 감지와 관련하여 일반적으로 알려진 사항은 웨버의 법칙을 들 수 있다(Miller, 1962). Weber는 1830년대 물리적 자극의 강도를 구분하는 인간의 능력에 관한 실험을 진행한 것으로 알려져 있으며, 이러한 실험을 통해 Weber는 두 가지 강도의 자극을 구분하는 능력은 절대적 강도보다는 자극 그 자체에 비례한다는 것을 발견하였다고 한다(Miller, 1962). 이러한 것을 웨버의 법칙이라고 부른다. 즉, 웨버의 법칙에서는 사람은 두 가지 강도의 물리적 자극을 자극 그 자체의 강도에 비례해서만 구분할 수 있는 반면 절대적 양으로 구분하는 것은 아닌 것(Miller, 1962)으로 보고 있다. 웨버의 법칙에서는 이러한 상대적인 차이를 개인이 식별할 수 있는 최소 기준치에 대해서 설명하고 있는데, 이를 개인에 의해 지각될 수 있는 최소식별차이(Just Noticeable Difference: J.N.D), 즉 차이식역(differential threshold)이라고 한다(Britt, 1975). 웨버의 법칙은 다음과 같은 수식으로 표현될 수 있다.

$$\frac{\Delta I}{I} = K$$

이 수식에서 K는 일정한 비율을 의미하며, I는 자극, ΔI는 최소식별차이(즉, 차이식역)를 의미한다. 이 수식이 의미하는 바는 사람이 자극들을 구분하는 데에는 절대적 차이보다는 일정한 비율(K)이 중요하며, 이 일정한 비율은 감각기관에서 자극을 차별화하여 지각하는 최소 수치로서 의미를 갖는데, 이 수치는 초기 자극(I)에 따라 달라질 수 있다는 점이다.

웨버의 법칙은 마케팅 상황에서 자주 활용되고 있는데, ① 절대치와 비율에 대한 지각, ② 자릿수 효과(left-digit effect) 등이 있다. 행동경제학에서 많이 응용되는 예를 들어보자. 이 지문을 보고 있는 사람은 다음의 두 가지에 대해서 한번 생각해 보기 바란다. 먼저 같은 제품이지만 A점포에서는 102,000원에 팔고 B점포에서는 100,000원에 판매한다고 가정하자. 그리고 B점포까지 가서 구매하기 위해서는 30분 정도 소요된다고 가정하자. 그러면 이러한 상황에서 B점포까지 구매할 사람은 몇 퍼센트나 될까? 이제 다른 구매 상황을 가정해 보자. A점포에서는 3,000원에 팔고 B점포에서는 1,000원에 판매한다고 가정하자. 그리고 B점포까지 가서 구매하기 위해서는 30분 정도 소요된다고 가정하자. 그러면 이러한 상황에서 B점포까지 구매할 사람은 몇 퍼센트나 될까? 유사한 조건에서 실험한 결과에 의하면 B제품이 100,000원일 때보다 1,000원일 때 B점포에서 구매하려고 하는 사람의 비율이 더 높았다는 것이다. 이것은 모두 2,000원의 차이임에도 불구하고 소비자 선택에 차이가 발생하였다는 것인데, 이러한 현상을 웨버의 법칙을 통해 설명이 가능하다. 즉, 102,000원은 약 2%가 가격이 인하되었다고 지각하는 반면 1,000원은 약 67%가 가격이 인하되었기 때문에 이 제품을 획득하고자 하는 욕망이 더 크다고 해석할 수 있다.

한편 자릿수효과도 소비자 행동에 유효하게 영향을 미치는 것으로 나타났다. 소비자들은 100,000원에 비해 99,000원이 상당히 저렴하다고 지각할 가능성이 있는데, 그 이유는 100,000원은 여섯 자리 숫자인 반면, 99,000원은 다섯 자리 숫자이기 때문에 숫자의 길이에서 나타나는 지각적 차이를 활용한 경우에 해당된다. 또한 3.00달러, 2.99달러, 2.00달러, 1.99달러를 가지고 서로 짝을 지어서 가격의 저렴성에 대한 실험을 실시한 결과에 의하면 3.00달러와 1.99달러의 차이에 비해 3.00달러와 2.00달러의 차이를 주관적으로 더 작게(덜 저렴하다고) 지각하며, 3.00달러와 2.00달러의 차이보다는 2.99달러와 2.00달러의 차이를 주관적으로 더 작게(덜 저렴하다고) 지각하는 것으로 나타났다(Manning and Sprott, 2009).

브랜드 아이덴티티는 유지하면서 브랜드 로고를 바꾸고자 하는 경우 소비자들이 감지하기 어려운 부분부터 일정 기간을 두고 변화시켜 나가는 경우가 있는데, 이러한 것이 웨버의 법칙을 응용한 것에 해당된다.

웨버의 법칙은 가격민감성 등과 같이 가격 분야에 많이 활용된다. 예컨대 Mackiewicz and Falkowski(2015)은 조사대상자들이 가격은 20% 낮추어야 가격이 낮아진 것으로 인식하지만 가격이 8%만 오르는 경우에도 가격이 높아진 것으로 인식하는 것으로 나타났다.

한편 소비자들이 차이를 많이 느끼도록 하는 데 웨버의 법칙이 응용되기도 한다. 단수가격정책(odd pricing)은 차이식역을 높여서 감지를 원활하게 하기 위한 가격정책 중 하나로 활용된다.

앞에서 언급한 식역하 자극은 식역하 광고(subliminal advertising)에 관한 연구가 발표된 이후 주목을 받은 바 있다. 식역하 광고 연구에서는 자극의 강도가 절대적 식역수준에 미치지 못하는 경우 일지라도 소비자가 그 자극을 무의식 중에 지각할 수도 있음을 보여 주었다. 예컨대 Vicary의 야외영화관에서 "Eat Popcorn and Drink Coca Cola" 자막을 매 5초마다 1/3,000초 동안 45,000명의 영화관람객에게 노출시킨 결과 Popcorn의 매출액은 58%, Coca Cola의 매출액은 18%가 증가한 것으로 나타났다(이학식 등, 2015). 이 실험은 실험 절차상 윤리적인 측면에서 비판을 받기도 하였다. 그리고 이론적 근거가 미약하다는 점을 지적받기도 하였는데, 이러한 현상을 증식효과이론(incremental effect theory)을 통해 이론적으로 설명하고자 한 경우도 있다(이학식 등, 2015).

주의

- TV에서 스포츠 중계를 보다보면 광고 게시물들이 눈에 띈다. 그런데 이 광고 게시물들이 과거에는 고정된 것들이 많았으나 최근에는 광고 게시물들이 움직이는 것을 볼 수 있다. 이것은 사람들이 움직임에 더 주의를 기울이기 때문에 주의를 더 끌기위한 방법이라고 할 수 있다.
- TV에서 월화드라마 혹은 수목드라마와 같은 드라마를 보면 화요일 혹은 목요일 프로그램이 끝나기 전에 새로운 궁금증을 불러일으키는 새로운 스토리를 진행하거나 갈등이 유발되는 듯한 상황을 제시한 후 드라마가 끝나는 경우들이 있다. 이것은 시청자들로부터 궁금증을 유발하여 다음 주 시작하기 전까지의 기간 동안 주의가 유지되도록 하는 기법이라고 볼 수 있다.
- 티저광고는 궁금증 혹은 호기심을 유발하기 위한 기법으로 볼 수 있다.

일상생활에서 'ㅇㅇ제품이 이목을 끌고 있다' 혹은 'ㅇㅇ서비스가 주목을 받고 있다', 'ㅇㅇ매장에 눈길이 간다' 등과 같은 말을 많이 하거나 들었을 것이다. 이것은 모두 소비자 정보처리 과정에서 주의와 관련된 것들이다.

마케터 혹은 환경으로부터 소비자들이 자극을 받았고, 이를 감지하였다고 하더라도 소비자들은 여전히 많은 정보에 노출된 상태이며, 소비자의 정보처리 용량에는 한계가 있어 모든 정보에 관심을 기울이기는 쉽지 않다. 따라서 마케터는 소비자들이 주의(attention) 혹은 주목을 할 수 있는 것(소비자들로부터 주의 혹은 주목을 받을 수 있는 것)을 제시하여야 한다. 또한 경우에 따라서는 주의분산(distraction)과정을 통해 경쟁사가 주목을 받는 것을 약화시킬 수도 있다.

주의는 특정한 자극에 정보처리 용량(capacity)을 순간적으로 집중하는 것(Jacoby et al., 1998)을 말한다. 주의와 관련하여 연구가 많이 이루어진 분야는 광고와 관련된 것이다. 예컨대 zipping(광고를 하는 동안 내용을 빨리 앞으로 진행시키는 것)과 zapping(광고 시간 동안 채널을 바꾸는 것)은 주의에 영향을 미칠 수 있는데, Zufryden and Pedrick(1993)은 zapping을 할 때 방영된 광고는 연속적으로 이어진 광고에 비해 오히려 더 효과적인 것으로 나타남을 발견하였는데, 그 이유는 zapping을 하는 과정에 주의가 증가하였기 때문이라고 보았다. Janiszewski(1993)는 예비 주의 광고 정보처리(pre-attentive ad processing)가 브랜드명에 대한 정서적 반응에 미치는 영향을 연구하였다.

과거에 비해 최근에는 소비자들에게 더 높은 빈도로 노출이 되어야 소비자들이 브랜드를 재인하는 것으로 알려졌다. 이와 같이 소비자들로부터 자사 브랜드를 기억하도록 하기 위하여 자사 브랜드를 노출시켜야 하는 횟수가 높아졌다는 것은 마케팅 비용의 증가를 의미한다. 또한 노출되었다고 하더라도 주의를 기울이지 않으면 그 정보는 소비자의 기억 속에 저장되지 못할 것이다. 따라서 최근에는 단기간 내에 소비자들의 주의 혹은 주목을 받으려는 마케팅 노력을 많이 하고 있는 것으로 보인다.

소비자들은 정보처리 능력의 한계 때문에 모든 현상에 대해 주의를 기울이지는 못한다. 소비자들은 자신이 수신한 정보의 다양한 측면(aspects)에 대해서 서로 다른 정도의 주의를 기울인다. 즉, 소비자들은 주의를 선택적으로 하게 되는데 이를 선택적(selective) 주의라고 한다.

소비자들이 자극에 주의를 기울이는 데 영향을 미치는 요인들이 있다. 마케터는 이러한 요인들을 파악하여 소비자들이 주의 단계로 신속히 진입할 수 있도록 하는 것이 필요하다.

① 관여도: 소비자들은 저관여 상황 보다는 고관여 상황에서 주의를 더 기울일 가능성이 높다. 예컨대 피규어에 관심이 있는 사람은 이와 관련된 광고가 나오는 경우 주의를 기울일 가능성이 높다.

② 욕구와 동기: 소비자들은 지각적 경계(perceptual vigilance)를 통해 자신의 욕구 혹은 동기와 관련성이 높은 정보에 주로 주의를 기울인다.

③ 목표: 목표(goal)는 선택적 주의에 영향을 미친다. 정서(affect) 등이 있다. Pieters and Wedel(2007)은 소비자들이 브랜드 정보를 처리하는 목표가 브랜드 평가인 경우에는 브랜드와 관련된 시각적 정보보다는 브랜드와 관련된 문

자 정보에 더 많은 주의를 기울여서 정보처리를 하는 것을 발견하였다. 또한 이러한 현상은 주로 최초 구매일 때 발생하는데, 소비자들이 브랜드에 대한 친숙성이 증가함에 따라서 이러한 효과는 완화되었다.

④ 기존의 신념과 태도: 소비자들은 자신의 기존 신념과 태도에 일치하는 정보에 더 주의를 기울이며, 불일치 정보에 대해서는 지각적 방어(perceptual defence)를 통해 정보를 왜곡시킴으로써 자신의 기존 신념과 태도를 보호하려는 경향이 있다.

⑤ 적응: 특정 자극에 반복적으로 노출되는 경우에는 그 자극에 적응(adaptation)을 하므로 주의를 기울이지 않으려는 경향이 있다.

⑥ 정서적 상태: 사람은 자신의 기분에 일치하는 정보에 주의를 기울이려는 경향이 있다. 이를 기분일치성효과라고 한다. 일반적으로는 긍정적 기분인 경우에는 긍정적 정보, 부정적 기분인 경우에는 부정적 정보에 더 주의를 기울이는 경향이 있다.

소비자들로부터 주의를 이끌어내는 몇 가지 기법들이 있다. 이러한 기법들로는 움직임(movement), 위치 혹은 장소(place), 소리(sound), 특정한 이미지, 놀라움(shock) 등이 있다(Pieters and Wedel, 2007).

소비자와의 관련성을 높이는 것, 쾌락적 욕구에 소구하는 것(예컨대 유머광고), 참신한 자극(예컨대 호기심 유발 광고) 등도 소비자의 주의를 이끌어 내는 방법이 될 것이다.

한편 소비자들이 자극을 쉽게 처리할 수 있도록 제시해 주는 것, 즉 정보처리의 유창성(fluency)을 높이는 것은 소비자의 주의를 이끌어 내는 데 효과적인 방법으로 알려져 있다. 예컨대 크기, 색상, 대조, 강도 등의 기법을 활용해서 자극을 두드러지게 보일 수 있도록 하는 것과 소비자에게 친숙한 자극을 제시하는 것은 정보처리의 유창성을 효과적으로 제고하는 방안이다.

제4절 이해(지각, 범주화 및 포지셔닝)[4]

　이해(comprehension)는 "유입된 정보의 내용을 조직화하고 그 의미를 해석하는 것"이며 지각(perception)은 "개인이 자극물의 요소들을 통합하여 조직화하고 나름대로 해석하는 과정"(이학식 등, 2015: 166)으로 볼 수 있다. 소비자 심리 및 행동에서는 초창기에는 이해라는 용어를 많이 활용하였으나 최근에는 지각이라는 용어를 더 많이 활용하고 있는 것으로 보인다. 본 교재에서도 두 용어는 상호 교차적으로 사용하고 있다.

　Graeff and Olson(1994)은 이해를 소비자들이 환경변화를 해석하기 위해서 외부 자극(예컨대 광고)과 내적 정보(예컨대 기억)를 구성하는 과정으로 보았다. 즉, 구성적 이해는 사람들이 특정 환경에서 나타내는 정보를 능동적으로 처리하여 어떤 (새로운 혹은 기존의 것을 강화하는) 지식, 의미, 신념을 창출하거나 형성하는 것을 의미한다. 여기에서 의미란 메시지의 문자에만 있는 것은 아니다. 오히려 사람들은 이전 지식을 가지고 와서 메시지의 의미를 능동적으로 구성하거나 창출하는 것을 의미한다(Bransford et al., 1972). 이러한 의미에서 보면 이해는 해석을 위해 정보를 구성하는 과정과 구성된 정보를 해석하는 과정으로 나누어 볼 수 있으며, 이 두 과정 모두 소비자들이 기존에 가지고 있던 지식, 의미, 신념 등이 정보를 구성하고 해석하는 과정에 영향을 미치게 된다. 이것은 지각적 과정이 지각적 조직화와 지각적 해석으로 구성되어 있는 것과 거의 유사하다.

---

4 지각, 범주화 및 포지셔닝은 소비자 심리 및 행동 그리고 마케팅에서 중요성이 매우 높으므로 3장에서 별도로 다루고 있다.

기억

소비자 기억 예시

■ 다음의 글 다음에 들어갈 말은 무엇입니까?

① 사나이 울리는 (   )

② 손이 가요 손이가 (   )

③ 간 때문이야 (   )

④ 말하지 않아도 알아요 (   )

혹시 ①에는 신라면, ②에는 새우깡, ③에는 우루사, ④에는 오리온 초코파이라고 하였다면 그 사람은 이미 광고 메시지에 많은 영향을 받았거나 광고에서 음악을 활용한 마케팅에 친숙한/익숙한 사람이라고 볼 수도 있습니다.

5.1 기억구조 및 기억과정

소비자들의 심리와 행동은 소비자들의 이전 경험에 영향을 많이 받기 때문에 기억은 소비자 심리 및 행동에서 중요한 연구 영역이 되어 왔다. 기억(memory)은 사람들의 개인적인 과거사에 대한 기록이라고 할 수 있으며, 기억은 말하기, 개념적 지식, 숙련된 활동들, 사회적 상호작용 그리고 소비자 선호도 등과 같은 많은 인간 행동을 통제하는 역할을 수행한다(Szmigin and Piacentini, 2015).

그림
2.3 기억구조 및 기억과정

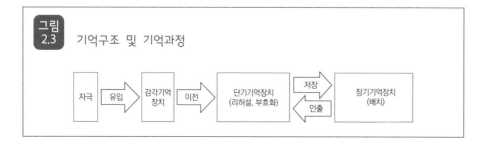

기억은 정보가 수신되고, 분류되며, 조직화되고, 저장되며, 인출되는 과정과 관련된 시스템이다(Szmigin and Piacentini, 2015). 기억구조는 감각기억, 단기기억, 장기기억으로 구성되어 있고, 기억의 작동원리는 외부로부터 들어오는 정보를 ① 부호화(encoding)하고 ② 저장(storage)하고 ③ 인출(retrieval)하는 것으로 단순화시킬 수 있다.

감각기억은 오감각을 통해서 정보를 사람이 받아들이는 것을 말한다. 감각기억의 정보는 단기기억으로 이전된다. 단기기억은 정보처리 용량에 제한이 있다는 것이 널리 받아들여지고 있다. Miller(1957)는 단기기억의 경우 '7±2 원리'를 주장하였는데, 그것은 단기기억은 7개(5개~9개 사이) 정보단위(chunk) 정도만 동시에 처리할 용량을 갖추고 있다는 가설이다. 여기서 정보단위는 개별단위 정보일 수도 있고 묶음단위 정보일 수도 있다. 그리고 이러한 정보단위는 인지적 구조에 해당되는데 친숙성의 영향을 받을 수 있다(Bettman, 1979). 또한 정보단위를 장기기억으로 전환하는 데에는 시간이 필요하다. Newell and Simon(1972)은 한 정보단위를 장기기억으로 전환하여 배치하는 데 필요한 시간은 5초에서 10초 사이인 것으로 보고하였다.

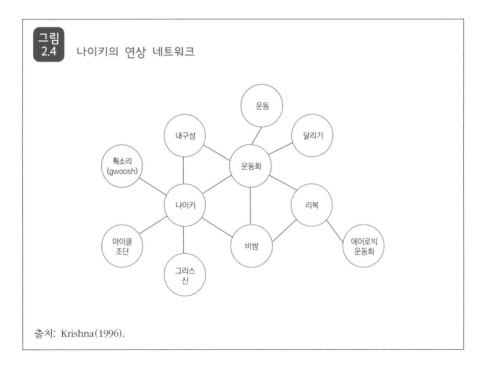

그림 2.4 나이키의 연상 네트워크

출처: Krishna(1996).

장기기억은 단기기억과는 달리 저장 용량에 제한이 없고 영구적으로 저장이 가능하고 보는 견해가 있다. 장기기억에 무엇이 저장되어 있는지와 관련하여 중요한 요인으로 어의적 개념(semantic concept)과 저장되어 있는 것 간의 연상(association)을 들 수 있다. 장기기억에서 어의적 개념은 네트워크 형태를 이루고 있으며, 이러한 네트워크는 노드(node)와 연결(link)로 설명할 수 있다. 즉, 어의적 개념은 노드의 네트워크이며, 이러한 노드들은 연결되어 조직화되어 있다는 것이다. 여기서 노드는 개념을 의미하고 연결은 개념들 간의 관계를 의미한다. Collins and Loftus(1975)는 각각의 연결은 그 연결이 개념의 의미와 얼마나 중요하게 연관되어 있는가에 따라 강도가 다르다고 보았다. 한 개념의 활성화는 연결된 다른 개념의 활성화를 가져오므로 활성화는 기억구조를 통해 확산되는 경향이 있다.

부호화는 정보가 기억으로 유입되는 방법과 관련된 것이다. 예컨대 광고에서는 우아한 광고모델과 특정 브랜드가 각각 등장하지만 소비자는 광고모델의 이미지가 브랜드에 전이되어서 우아한 브랜드로 통합적으로 받아들일 수 있다. 저장은 부호화된 정보가 기억에 보유되는 것을 말한다. 기억은 장기기억구조에 저장되는 것이 가장 바람직하다고 할 수 있다. 인출은 저장된 기억들을 상기하고 접근하는 과정을 말한다. 정보를 인출하는 방법은 재인(recognition)과 회상(recall)이 있는데, 재인은 기억 속의 저장된 정보와 관련된 것을 다시 경험하는 것을 말하는 반면 회상은 기억 속의 여러 정보들을 재구성하는 것을 말한다(Szmigin and Piacentini, 2015). 예컨대 호랑이가 수저를 들고 우유가 담겨 있는 그릇에서 무엇인가를 먹는 듯한 패키지를 보여주고 이 그림을 본 적이 있는지를 묻고, 소비자가 이에 대해서 응답하는 것은 재인에 해당된다. 한편 아침에 밥 대용으로 무엇을 먹고 싶은지를 물어 본 질문에 영양성분-간편함-신속함 등과 같은 정보를 결합하여 ○○○콘프레이크 혹은 ○○코코볼, ○○○뮤즐리라고 응답하였다면 이것은 회상에 가깝다고 볼 수 있다.

기억은 명시적(explicit) 기억과 묵시적(implicit) 기억으로 구분하는 경우도 있는데, 명시적 기억은 경험을 의식적으로 재수집(recollection)하는 것인 반면 묵시적 기억은 의식적 인식 없이 상기되는 것을 말한다.

5.2 기억관련 이론

기억에 관해서는 몇 가지 서로 다른 연구 흐름이 있다(Szmigin and Piacentini, 2015). 1970년대에는 연상기억(associative memory)이라는 개념이 도입되었고, 1980년에는 기억에 대해 분리 시스템(separate systems) 접근방법이 보편화되었다.

기억에 대한 분리시스템 접근방법을 이해하기 위해서는 먼저 기억과 지식 간의 관계에 대해서 알 필요가 있다.

지식은 서술적(declarative) 지식과 절차적(procedural) 지식으로 구분할 수 있다. 서술적 지식은 일상생활에서의 경험을 참조하는 반면 절차적 지식은 소비자들이 특정의 목적을 추구하기 위하여 수행하는 행동에 관한 일련의 절차들과 관련된 지식을 말한다. 기억에 대한 분리시스템 접근방법은 소비자들이 가지고 있는 제품 혹은 서비스에 대한 지식이 구획화되어 있는 것, 즉 지식들은 일정한 기준에 따라 묶음형태로 존재하고, 이러한 묶음형태의 지식들은 여러 가지가 있으며, 서로 다른 영역을 차지하고 있다는 것을 설명하는 데 유용하게 활용되어 왔다. 기억시스템에서 인출집합을 지식집합과 분리한다거나 고려대안집합을 인지집합과 분리하는 것은 기억에 대한 분리시스템 접근방법을 적용한 것이다(Szmigin and Piacentini, 2015). 이것이 소비자행동에서 차지하는 의미를 구분해 보면 인출집합과 고려대안 집합은 본질적으로 단편적인(episodic) 성격을 가지고 있는 반면 지식집합과 인지집합은 의미론적(semantic) 성격을 가지고 있다. 의미기억에서 연결 마디(nodes)가 활성화된다는 것은 브랜드 범주 혹은 특질에 대해 신호 혹은 자극을 주는 것을 말한다.

기억에 관한 연구는 주로 광고 분야에서 이루어져 왔으나 브랜드 자산, 고려대안집합 형성 등의 분야에서도 이루어졌다(Broniarczyk and Alba, 1994; Keller, 1993). 예컨대 Broniarczyk and Alba(1994)는 브랜드 특유의 연상은 브랜드 감성과 제품 범주 유사성이 브랜드 확장에 대한 소비자 평가를 조절하는 것을 발견하였다.

5.3 기억 통제과정(memory control process)

소비자들은 감각기억과 단기기억 그리고 장기기억 간에 정보처리를 어떻게 할 것인지 그리고 무엇을 할 것인지, 장기기억에는 무엇을 저장할 것인지 그리고 무엇을 인출할 것인지 등과 관련된 전략을 세울 수 있는데 이것을 기억 통제과정이라고 한다. 즉, 기억 통제과정은 소비자들이 기억 속으로 정보를 흘려보내는 것 그리고 기억 속에서 인출하는 데 활용하는 것이다. 이러한 과정은 소비자에 의해 통제될 수도 있고 자동으로 처리될 수도 있다. 기억 통제과정은 리허설, 부호화, 이전, 배치, 인출, 반응생성과 같은 여섯 가지 유형으로 구분해 볼 수 있다(O'Donnell & Brown, 2011).

(1) 리허설(rehearsal)

리허설은 정보를 정신적으로 반복하는 것 혹은 장기기억을 통해 정보를 인출하여 재생하는 것과 관련이 있다. 리허설은 소비자의 부호화 전략과도 관련된다. 리허설에는 단기기억에서의 정보 유지(maintenance), 장기기억으로의 정보 이전과 같은 두 가지 역할이 있는데, 이러한 역할을 촉진하는 요인들은 다음과 같다.

① 시각적 커뮤니케이션과 언어적 커뮤니케이션을 함께 최적으로 배합하는 것은 회상을 증대시키는 데 효과적이다.

시각적 커뮤니케이션인 그림(picture)은 언어적 커뮤니케이션인 단어(word)보다 일반적으로 더 쉽게 기억될 수 있고, 더 쉽게 인출될 수도 있다. 이러한 것을 '그림우위효과'라고 한다. 그림우위효과는 인쇄 광고물에서 제품에 대한 소비자의 지각에 변화를 가져오고 회상을 높이기 위해 자주 활용된다.

그러나 언어적 커뮤니케이션을 활용한 메시지는 수용자들이 메시지 처리에 대한 동기가 부여되어 있고 메시지의 내용을 처리할 능력이 있는 경우에는 효과적일 수 있다.

한편 언어적 메시지의 구체성(concreteness)은 회상과 긍정적 관계에 있는 경우가 있다. 몇몇 소수의 단어만 사용하는 경우 추상적인 단어 보다는 구체적인 단어가 더 선호되는 경향이 있다. Paivio(1979)는 추상적 단어 사용 → 구체적 단어 사용 → 그림만 제시 → 그림과 단어를 함께 제시한 순서로 정보 인출이 증가한다고 언급하였다.

② 정보처리에서 심상형상화(imagery)는 부호화와 인출을 촉진한다. 예컨대 심상형상화는 광고에서 태도에 긍정적인 영향을 미친다. 심상형상화는 여러 가지 방법으로 활용되는데, 시각 심상형상화, 후각 심상형상화, 청각 심상형상화, 촉감 심상형상화, 미각 심상형상화 등이 있다.

③ 기억증대기법(mnemonic device)은 부호화와 인출을 강화한다. 기억증대기법으로는 운율 등이 있다. 이것은 소비자들이 브랜드를 쉽게 기억하는 데 효과적이다.

④ 광고를 반복적으로 시행하는 것은 부호화와 인출에 도움을 준다. 단순노출효과에 의하면 소비자들이 대상물에 대해 최초 노출되었을 때 거부감을 가지지 않는 한 해당 대상물에 반복적으로 노출되는 경우 해당 대상물에 대한 호의도는 증가하는 것으로 나타났다.

(2) 부호화(encoding)

부호화는 소비자들이 리허설을 위해 정보가 구조화되는 방법을 말하며, 리허설을 한 정보와 장기기억으로부터의 데이터 간의 연상(association)과 관련된다. 예컨대 친환경제품이 장기기억에 녹색제품으로 저장되어 있는 소비자는 어떤 제품을 보았을 때 그 제품에 유기농이라는 표시가 있는 경우 그것을 친환경제품, 녹색으로 부호화하고 이 정보를 장기기억에 있는 녹색제품과 연관시켜 해당 제품이 녹색제품으로 기억하게 되는 것이다.

(3) 이전(transfer)

이전과정은 장기기억에 무슨 정보를 저장할 것인가에 대한 결정과 장기기억 안에 어떤 형태로 저장할 것인가에 대한 결정과 관련된 것이다. 소비자들은 인지적 구두쇠이므로 쉬운 이전전략이 채택될 것이다. 이전전략의 정확성은 소비자들이 그 정보로부터 재인을 하는 것보다는 회상을 하고자 할 때 더 클 것이다.

(4) 배치(placement)

장기기억에서 정보의 배치는 기억과정에서 중요한 의미를 지닌다. 배치는 어떤 항목이 처리되는 동안 만들어지는 연상 구조와 관련된다.

(5) 인출(retrieve)

기억으로부터 정보를 인출해 내는 것은 기억과정에서 가장 중요한 과정 중 하나이다. 인출은 재구성과 관련된다. 망각(forgetting)은 인출 과정에서 장기기억에 있는 정보를 가져오지 못함으로써 발생할 수도 있다. 그러므로 기억해 내기(remembering)는 구성적 과정으로서 장기기억에 저장되어 있는 항목들이 유입될 때와 달리 정확하게 저장되어 있지 않아서 필요할 때 온전하게 회상을 하지 못함으로써 왜곡을 가져올 가능성이 있다. 한편 장기기억으로부터 정보를 인출하는 동안 상황적 맥락이 장기기억으로 저장하는 과정에서 기대된 추출 맥락과 일치하는 경우에는 장기기억으로부터 정보를 추출하는 것이 용이해진다는 연구가 있다.

(6) 반응(response)

반응은 장기기억으로부터 추출 결과 나타나는 것으로 인지적 반응과 정서적 반응으로 구분할 수 있다.

추론

> 다음 주제에 대해 생각해 보십시오.
>
> ■ 해외에서 수입되는 제품 중에는 '영국왕실에서 사용하는 제품' 등의 메시지로 마케팅을 하는 경우가 있습니다. '영국왕실에서 사용하는 제품'이라는 메시지를 들었을 때 귀하의 머릿속에서 떠오르는 것들 혹은 이미지 혹은 이 제품이 가지고 있을 것으로 기대되는 혜택(편익), 장단점 등을 얘기해 보십시오.

소비자들은 다양한 상황에서 추론(inference)을 한다. 예컨대 소비자들은 어떤 진술문이나 주장이 진실일 가능성에 대해서 추론을 하기도 하고, 특정한 이벤트가 어떤 빈도로 발생할 것인지에 대해서 추론을 하기도 한다. 그리고 소비자들은 어떤 이벤트가 미래에 일어날 가능성을 평가하기도 하고 어떤 정세가 일어났거나 일어날 가능성에 대해서도 추론을 하곤 한다.

소비자들은 제한된 정보 혹은 불완전한 정보에 기초하여 판단과 의사결정을 하는 경우가 종종 발생한다. 소비자들은 때때로 제품 혹은 브랜드와 같은 어떤 대상물(objects)이 특정한 속성을 가지고 있을 것임을 추론을 하여 그 대상물(제품 혹은 브랜드)을 호의적 또는 비호의적으로 평가하기도 한다.

소비자들은 어떤 주어진 속성 혹은 차원에 따라서 복수의 대상물(제품 혹은 브랜드)과 이벤트들을 비교하여 판단을 하거나 하나의 대안을 다른 대안과 비교하여 선호도를 산출해 내기도 한다.

제품 정보의 간접적인 원천에 해당하는 것들(예컨대 광고, 촉진, 구전으로부터의 정보)은 전형적으로 제품의 성질(properties)과 특성에 대한 정보(예컨대 제품 속성과 혜택/편익)를 제공하지만 주어진 정보 내에서 추출할 수 있는 성질과 특성 이외의 다른 성질과 특성에 대해서는 주어진 정보의 범위를 넘어서기 때문에 소비자들이 이러한 성질과 특성에 대한 지식을 갖고자 하는 경우에는 추론에 의존할 수밖에 없는 경우들이 생긴다.

추론은 소비자 심리 및 행동을 이해하는 데 중요한 요소이다. 소비자 행동에서는 추론을 제품을 평가하기 위해서 혹은 여러 브랜드들 중에서 선정하기 위해서 제품 속성에 대한 누락된 정보를 채우는 과정(Gaeff and Olson, 1994)으로 보고 있다. 소비자들의 추론에 영향을 미치는 요인들이 몇 가지 있다.

첫째, 소비자 지식이다. 소비자들이 추론을 하기 위해서는 기억으로부터 활성화된 자신의 기존 지식을 활용하여야 한다. 만일 추론의 유형이 서로 다르다면 추론에서 요구되는 정보도 다를 것이므로 활성화되는 지식도 달라질 것이다. 누락정보 패러다임에 기초한 소비자 지식 연구에서는 소비자 지식이 속성 추론에 미치는 영향에 초점을 맞추어 연구가 진행되었었다. 소비자 지식과 속성 추론 간의 관계는 일반적으로 제품 친숙성과 전문성이 높은 경우 속성 추론에 긍정적인 영향을 미친다고 보고 있다. Kardes et al.(1992)은 상대적으로 전문성을 갖춘 사람들의 지식구조는 속성 간의 연계성에 대한 지식을 많이 가지고 있으므로 전문가들은 초심자에 비해서 누락된 속성 정보에 대해서 더 잘 알고 있을 가능성이 있음을 제안하였다.

둘째, 관여도를 들 수 있다. Johar(1995)는 관여도가 높은 소비자는 광고에 대한 정보처리를 하는 시점에서 비교광고에서의 주장으로부터 추론을 하려고 하고 있음을 보여준 바 있다. 그러나 관여도가 낮은 소비자들은 측정 시점에서 이러한 추론을 하려고 하고 있다.

셋째, 정보원천의 의도를 들 수 있다. Campbell(1995)은 소비자들의 주의를 얻기 위한 기법으로 브랜드명을 광고의 후반부에 식별할 수 있도록 하는 광고주의 의도에 대해 소비자들이 부정적인 추론을 하는지를 검토한 바 있다(Broniarczyk and Alba, 1994; Kardes et al., 2004).

 ## 제7절 정보처리 전략

정보처리이론에서는 개인들이 새로운 정보를 처리하는 방법은 휴리스틱 (heuristic) 방법을 활용하거나 체계적인(systematic) 방법을 활용하는 것으로 제안하고 있는데, 이러한 정보처리 방법을 정보처리 전략이라고 한다(Chaiken, 1980; Petty and Cacioppo, 1986). 정보처리 전략은 소비자들이 의사결정을 하는 전 부분에 영향을 미치는 것으로 알려져 있는데, 이러한 영향의 기저에는 소비자들이 정보처리를 하는 전략에 따라서 인지, 정서, 행동의 순서가 변화될 수도 있고, 인지 혹은 정서의 수준 혹은 내용에도 변화가 올 수 있다. 인지, 정서, 행동의 순서에 변화가 올 수 있다는 것은 소비자 의사결정이 인지와 정서 중 어디에 더 영향을 받아서 이루어지는지에 차이가 있을 수 있음을 의미하여, 인지 혹은 정서의 수준 혹은 내용에 변화가 올 수 있다는 것은 소비자 의사결정이 어떠한 자극 혹은 단서에 영향을 받아 의사결정이 이루어지는지를 의미한다.

휴리스틱 정보처리는 어떤 상황을 판단하는 데 있어서 손쉬운 방법, 단서, 대리지표, 고정관념에 기초하여 정보처리를 하는 것을 말한다. 휴리스틱 처리방법은 효율적이고 인지적 자원을 덜 필요로 한다는 점에 있어서는 체계적인 정보처리 방법에 비해 장점을 가지고 있다(Chaiken,1980; Cian et al., 2015; Petty and Cacioppo, 1986). 휴리스틱 처리방법의 단점은 정보처리가 상세하게 이루어

표 2.1	휴리스틱 대 체계적 정보처리 방법 비교	
기준	휴리스틱 정보처리	체계적 정보처리
정보처리 기준	단서, 대리지표, 고정관념	정보, 지식
장점	인지적 자원 덜 필요함	정확한 결과
단점	부정확한 결과	인지적 자원 많이 필요함 과다한 정보 수집
동기부여	시간 절약, 인지적 자원 절약	중요성, 연관성, 결과 의존성, 기분, 인지 욕구, 통제에 대한 욕망
기분 관련 조건	긍정적 기분	부정적 기분
단서 관련 조건	긍정적 단서	부정적 단서

출처: Bettman et al.(1998), Chaiken(1980), Petty and Cacioppo(1986).

지지 못하므로 정보처리 결과의 정확성이 떨어질 수 있다는 점이다. 특히 필요한 정보는 수집하지 못하는 불완전한 정보 수집 가능성을 가지고 있다(Chaiken, 1980; Petty and Cacioppo, 1986). 체계적인 정보처리는 평가를 정확하게 할 수 있고 적절한 결론을 도출할 수 있다는 장점이 있는 반면 정보를 과다하게 수집할 가능성이 있으며, 과다한 정보를 바탕으로 어떤 결론에 도달할 수도 있다. 이 정보처리 방법은 휴리스틱 처리방법에 비해 시간이 많이 소요되고, 노력이 수반되며, 인지적 자원이 많이 필요하다.

정보처리모형은 개인이 새로운 정보를 휴리스틱하게 처리하는지 아니면 체계적으로 처리하는지를 결정할 때에 본질적으로 인지적 자원을 절약하는 방향으로 결정하려는 성향을 가지고 있다고 보고 있다(Taylor and Fiske, 1978). 이러한 보존적 접근방법은 사람들이 시간, 인지적 자원 등을 투입하여 체계적인 정보처리를 하려고 동기부여가 되어 있지 않는 경우에는 사람들은 가능한 한 휴리스틱 처리방법으로 하게 만든다. 체계적인 정보처리와 관련한 동기부여 요인으로는 중요성, 연관성, 결과 의존성, 기분, 인지 욕구, 통제에 대한 욕망 등을 포함하고 있다(Fiske et al., 1987).

긍정적 단서는 휴리스틱 정보처리를 하게 하는 반면 부정적 단서는 체계적 정보처리를 가져온다. 예컨대 기분이 좋은 상태 혹은 긍정적인 환경에서는 세부적인 사항에 대해서는 주의를 덜 두고 창의적인 평가, 단순화된 평가, 특성화된 평가를 하게 된다(Schwarz et al., 1991). 긍정적 단서는 모든 것이 잘되고 있으며 상황에 대해서 추가적으로 평가할 필요가 없다는 신호를 보냄으로써 소비자들이 휴리스틱 정보처리를 통해 결론에 도달하더라도 크게 문제될 것이 없는 것으로 지각하게 된다. 반면에 부정적 기분, 부정적 환경, 부정적인 것이 발생하는 경우에는 체계적인 처리를 하도록 만드는 경향이 있다(Schwarz et al., 1991). 부정적인 단서는 환경으로부터 위협 혹은 위험이 있다는 신호를 보내는 것을 의미하므로 사람들이 신중하게 정보탐색을 하도록 장려한다. 그 결과 사람들은 상세한 정보를 수집하고 문제 해결을 위해서 그 정보들을 비판적인 시각에서 분석하도록 만든다(Schwarz et al., 1991). 부정적 단서는 무엇인가 잘못되었다 혹은 위험할 가능성이 있다는 신호를 보내는 것이므로 소비자들은 체계적 처리방법을 통해 잘못된 결론 혹은 위험할 수 있는 결론에 도달할 가능성을 최소화시키고자 한다.

직무역량 향상을 위한 토론 주제

■ 당신이 속해 있는 조직에서 활용 가능한 감각 마케팅 전략을 수립해 보십시오.

■ 당신이 속해 있는 조직에서 제공하는 제품 혹은 서비스가 소비자의 기억 속에 어떤 이미지와 연계되어 있는지를 도식으로 표현해 보십시오. 그리고 해당 이미지를 활용하여 가장 적합성이 높은 광고 메시지를 작성해 보십시오.

참고문헌

이학식·안광호·하영원 (2015), 소비자행동: 마케팅전략적 접근, 학현사.

하영원 (2000), 소비자 의사결정 – 정보처리적 접근을 중심으로, 소비자학연구, 11(2), 1 – 38.

Bettman James R. (1979), *An information processing theory of consumer choice*, Reading, MA:Addison Wesley.

Bettman, James R., Mary F. Luce, and John W. Payne (1998), Constructive consumer choice processes, *Journal of Consumer Research*, 25(3), 187 – 217.

Bransford, John D., J. Richard Barclay, and Jeffery J. Franks (1972), Sentence memory: a constructive versus interpretive approach, *Cognitive Psychology*, 3(2), 193 – 209.

Bransford, John D. and Marcia K. Johnson (1972), Contextual prerequisites for understanding: some investigations of comprehension and recall, *Journal of Verbal Learning and Verbal Behavior*, 11(6), 717 – 726.

Britt, Steuart H. (1975), How Weber's law can be applied to marketing, *Business Horizons*, 18(1), 21 – 29.

Broniarczyk, Susan M. and Joseph W. Alba (1994a), The importance of the brand in brand extension, *Journal of Marketing Research*, 31(2), 214 – 228.

Broniarczyk, Susan M. and Joseph W. Alba (1994b), The role of consumers' intuitions in inference making, *Journal of Consumer Research*, 21(3), 393 – 407.

Campbell, M. C. (1995). When attention – getting advertising tactics elicit consumer inference of manipulative intent: the importance of balancing benefits and investments, *Journal of Consumer Psychology*, 4(3), 225 – 254.

Chaiken, S. (1980), Heuristic versus systematic processing and the use of source message cues in persuasion, *Journal of Personality and Social Psychology*, 39(5), 752 – 766.

Cian, L., A. Krishna, and N. Schwarz (2015), Positioning rationality and emotion: rationality is up and emotion is down, *Journal of Consumer Research*, 42(4), 632−651.

Collins, Allan M. & Elizabeth F. Loftus (1975), A spreading−activation theory of semantic processing, *Psychological Review*, 82(6), 407−428.

Fiske, Susan T., Steven L. Neuberg, Ann E. Beattie, Sandra J, Milberg (1987), Category−based and attribute−based reactions to others: some informational conditions of stereotyping and individuating processes, *Journal of Experimental Social Psychology*, 23(5), 399−427.

Graeff, Timothy R. and Jeny C. Olson (1994), Consumer inference as part of product comprehension, *Advances in Consumer Research*, 21(1), 201−207.

Hilton, K. (2015), Psychology the science of sensory marketing, *Harvard Business Review*, 93(3), 28−30.

Jacoby, J. and G. V. Johar, and M. Morrin (1998), Consumer behavior: a quadrennium, *Annual Review of Psychology*. 1998, 49, 319−344.

Janiszewski, Chris (1993), Preattentive mere exposure effects, *Journal of Consumer Research*, 20(3), 376−392.

Johar, G. V. (1995), Consumer involvement and deception from implied advertising claims, *Journal of Marketing Research*, 32(3), 267−279.

Kahneman, D., and A. Tversky (1979), Prospect theory: an analysis of decision under risk, *Econometrica*, 47(2), 263−292.

Kardes, Frank R., J. Kim and J.−S. Lim (1992), Consumer expertise and the perceived diagnosticity of inferences, *Advances in Consumer Research*, 19, 409−410.

Kardes, Frank R., Steven S. Posavac, and Maria L. Cronley (2004), Consumer inference: a review of processes, bases, and judgment contexts, *Journal of Consumer Psychology*, 14(3), 230−256.

Kellaris, James J. and Moses B. Altsech (1992), The experience of time as a function of musical loudness and gender of listener, *Advances in Consumer Research*, 19, 725−729.

Keller, Kevin L. (1993), Conceptualizing, measuring, managing customer−based brand equity, *Journal of Marketing*, 57(1), 1−22.

Krishnan, H. S. (1996), Characteristics of memory associations: A consumer−based brand equity perspective, *International Journal of Research in Marketing*, 13(4), 389−405.

Kruglanski, Arie W., T. Freund and D. Bar−Tal (1996), Motivational effects in the mere−exposure paradigm, *European Journal of Social Psychology*, 26(3), 479−499.

Lowe, Michael L. and Kelly L. Haws (2017), Sounds big: the effects of acoustic pitch on product perceptions, *Journal of Marketing Research*, 54(2), 331−346.

Mackiewicz, R. and A. Falkowski (2015), The use of weber fraction as a tool to measure price sensitivity: a gain and loss perspective, *Advances in Consumer Research*, 43, 384−387.

Manning, Kenneth C. and David E. Sprott (2009), Price Endings, Left−Digit Effects, and Choice, *Journal of Consumer Research*, 36(2), 328−335.

Miller, Richard L. (1962), Dr. Weber and the consumer, *Journal of Marketing*, 26(1), 57−61.

Milliman, Ronald E. (1982), Using background music to affect the behavior of supermarket shoppers, *Journal of Marketing*, 46(3), 86−91.

Milliman, Ronald E. (1986), The influence of background music on the behavior of restaurant patrons, *Journal of Consumer Research*, 13(2), 286−289.

Mitchell, D. J., B. E. Kahn, and S. C. Knasko (1995), There's something in the air: effects of congruent or incongruent ambient odor on consumer decision making, *Journal of Consumer Research*, 22(2), 229−238.

Newell, A., J. C. Shaw, and Herbert A. Simon (1958), Elements of a theory of human problem solving, *Psychological Review*, 65(3), 151−166.

O'Donnell, E. & S. Brown (2011), The effect of memory structure and function on consumers' perception and recall of marketing messages: a review of the memory research in marketing, *Academy of Marketing Studies Journal*, 15(1), 71−86.

Payne, John W. and James R. Bettman (1992), Behavioral decision research: a constructive processing perspective, *Annual Review of Psychology*, 43, 87−131.

Petty, Richard E. and John T. Cacioppo (1986), The elaboration likelihood model of persuasion, *Advances in Experimental Social Psychology*, 19, 123−205.

Pieters, R. and M. Wedel (2007), Goal control of attention to advertising: the Yarbus implication, *Journal of Consumer Research*, 34(2), 224−233.

Raghubir P. and A. Krishna (1996), As the crow flies: bias in consumers' map−based distance judgments, *Journal of Consumer Research*, 23(1), 26−39.

Russo, J. Edward and F. Leclerc (1994), An eye−fixation analysis of choice processes for consumer nondurables, *Journal of Consumer Research*, 21(2), 274−290.

Schwarz, N., H. Bless, G. Bohner (1991), Mood and persuasion: affective states influence the processing of persuasive communications, *Advances in Experimental Social Psychology*, 24, 161−199.

Simon, Herbert A. (1955), A behavioral model of rational choice, *Quarterly Journal of Economics*, 69(1), 99−118.

Simon, Herbert A. (1969), *The sciences of the artificial*, Cambridge, MA: MIT Press.

Slovic, P., B. Fischhoff, and S. Lichtenstein (1977), Behavioral decision theory, *Annual Review of Psychology*, 28, 1−39.

Spangenberg, E. R., A. E. Crowley, P. W. Henderson (1996), Improving the store environment: do olfactory cues affect evaluations and behaviors?, *Journal of Marketing*, 60(2), 67−80.

Szmigin, I. and M. Piacentini (2015), Consumer behavior, UK: Oxford University Press.

Taylor, Shelley E. and Susan T. Fiske (1978), Salience, attention, and attribution: top of the head phenomena, *Advances in Experimental Social Psychology*, 11, 249−288.

Tversky, A. and D. Kahneman (1974), Judgment under uncertainty: heuristics and biases, *Science*, 185(4157), 1124−1131.

Ungson, Gerardo R., Daniel N. Braunstein, and Phillip D. Hall (1981), Managerial information processing: a research review, *Administrative Science Quarterly*, 26(1), 116−134.

Zajonc, Robert B. (1968), Attitudinal effects of mere exposure, *Journal of*

Personality and Social Psychology, 9(2), 1-27.

Zajonc, Robert B. (1980), Feeling and thinking: preferences need no inference, *American Psychologist*, 35(2), 151−171.

Zajonc, Robert B. (2001), Mere exposure: a gateway to the subliminal, *Current Directions in Psychological Science*, 10(6), 224−228.

Zufryden, Fred S. and James H. Pedrick (1993), Zapping and its impact on brand purchase behavior, *Journal of Advertising Research*, 33(1), 58−66.

[2장 참고 인터넷 기사 및 자료]

국립국어원, 표준국어대사전, http://stdweb2.korean.go.kr/

윤예나(2017), '죽기 전에 맛봐야 할 빵' 비법 다 공개한 이유 … 스스로 혁신하고 더 좋은 빵 만들기 위해, 조선비즈, 2017.02.04, http://biz.chosun.com/site/data/html_dir/2017/02/03/2017020301639.html#csidx4d2b0841c12d6e7b305cc25a452fb18

Lenzer, S. (2014), Tartine's Country Bread: Be Patient, Perfection Is Near, New York Times, 2014.04.22, https://www.nytimes.com/2014/04/23/dining/be−patient−and−make−tartines−country−bread−your−own.html?_r=0

Tartine Bakery Homepage, www.tartinebakery.com

03

• • •

지각, 범주화 및 포지셔닝

■ 브랜드 분야의 권위자인 David Aaker 교수는 기업이 지속적으로 이익을 낼 수 있는 방법으로 브랜드 연관성(brand relevance)을 소개한 바 있다. 이 개념 속에는 브랜드 확장과 범주화(categorization)가 들어있는 데, 범주화를 중심으로 이 개념을 설명해 보면 기업은 새로운 범주(category)를 창출하고, 그 범주 안에 소비자들이 'must have'라고 인식하는 것을 담아야 하며, 일정한 장벽을 통해 그 범주를 보호할 수 있어야 지속적으로 이익을 창출할 수 있다는 것이다.

출처: 강유현(2011), 박수찬(2011)에서 발췌 및 수정.

■ 태양의 서커스(Cirque du Soleil)는 '아트 서커스'라는 새로운 범주(영역)를 개척한 공연으로 평가받고 있다. 태양의 서커스는 '서커스'라는 명칭을 유지하면서도 기존에 서커스 하면 떠오르는 동물 공연 등과 같은 요소를 과감히 없앤 대신 음악, 무용 그리고 '꿈'과 같은 스토리텔링 등 '아트'적인 부분을 서커스와 접목시켜 기존 서커스와는 차별화를 시도하였다. 즉, 태양의 서커스는 서커스와 현대 공연을 융합한 새로운 범주를 개척한 사례에 해당된다. 전통적인 서커스에 비해 태양의 서커스는 찾아오는 고객층도 다른 것으로 보인다. 전통적인 서커스가 아동(혹은 아동이 부모님과 함께 오는 형태)이 주요 고객층이었다면 태양의 서커스는 성인이 주요 고객층인 것으로 보인다.

출처: 이새봄(2011a, 2011b)에서 발췌 및 수정.

- 동서식품의 카누는 '인스턴트 원두커피'라는 새로운 제품범주(category)를 개척하였다고 볼 수 있다. 카누의 광고 컨셉은 '세상에서 제일 작은 카페'를 중심으로 전개되었다.
- 샴푸의 유형에는 퍼퓸케어 샴푸가 있는데, 이것은 향기를 기반으로 하여 샴푸의 하위 범주를 개척했다고 볼 수 있다.
- 아모레퍼시픽의 '설화수'는 한방화장품으로 포지셔닝이 되어 있는 반면 LG생활건강의 '후'는 궁중화장품으로 포지셔닝되어 있다.
- 페브리즈는 방향제보다는 탈취제로 포지셔닝이 되어 있었다.
- 샘표식품의 연두는 제품 출시 초기 기업의 의도와는 다르게 간장으로 포지셔닝되어 샘표식품에서는 재포지셔닝을 통해 소비자들이 연두를 요리 에센스로 지각하도록 마케팅을 하였다.
- 광고 메시지 중에 연성과즙음료인 2%는 '나를 물로 보지마'라는 메시지를 통해 소비자들로부터 연성과즙음료로서 주목을 받은 적이 있다.

제1절 지각적 조직화

지각은 포괄적으로는 환경으로부터 소비자들이 받는 정보로서의 자극이 감각기관을 통해 선별되고 조직화되며 해석되는 과정을 의미한다.[1] 예를 들어, 대형차들은 검정색 계통이 많은 것을 볼 수 있다. 이것을 지각과정으로 해석해 보면 소비자들이 검정색 대형 자동차를 보면 자신이 기존에 가지고 있는 색상에 대한 관념(검정색은 중후한 느낌이 든다)과 대형 자동차가 통합되어 중후한 대형 자동차로 해석된다는 것이다. 지각을 넓은 의미로 해석하는 경우 지각은 노출, 감지, 주의, 이해, 수용 및 보유 등 정보처리 전반에 걸쳐 영향을 미치지만 지각을 좁은 의미로 해석하는 경우에는 주로 이해(comprehension)와 관련하여 유입되는 정보를 조직화하고 해석하는 것과 특히 관련이 깊다고 하겠다. 이해를 구성하는 중요한 부분은 유입된 정보를 지각적 조직화와 지각적 해석이 있

---

1 표준국어대사전에서는 지각을 "알아서 깨달음. 또는 그런 능력", "사물의 이치나 도리를 분별하는 능력", "『심리』에서 감각 기관을 통하여 대상을 인식함. 또는 그런 작용. 그 작용의 결과로 지각체가 형성된다"(http://stdweb2.korean.go.kr)로 설명하고 있다.

다. 지각적 조직화(perceptual organization)는 소비자가 투입된 자극물과 관련된 여러 가지 요소들을 통합하여 하나의 객체를 형성하려는 과정으로 볼 수 있다 (이학식 등, 2015). 예컨대 소비자가 여러 속성을 가지고 있는 어떤 제품에 대해 지각을 할 때 동일한 제품일지라도 여러 속성을 가지고 있는 제품을 백화점이 라는 점포 환경에서 지각할 때 그 제품의 여러 가지 속성을 조직화하는 것과 편의점이라는 점포 환경에서 지각할 때 그 제품의 여러 가지 속성을 조직화하 는 것은 차이가 있을 가능성이 높다.

사람들의 지각적 조직화 과정과 해석 과정을 정확하게 파악하는 것은 마케 터의 역량에서 매우 중요한 위치를 차지하고 있다. 마케터는 기업이 활용 가능 성 마케팅 자극 요인들(예컨대 제품, 가격 등)을 활용하여 소비자에게 정보 단서 를 제공하고 소비자는 이러한 정보 단서들을 자신이 가지고 있는 정보와 통합 하여 이해하고 해석하게 되는데, 자극 단서가 소비자들이 가지고 있는 어떠한 정보 혹은 지식을 활성화시키는지에 따라서 소비자들이 해당 정보를 통합하여 이해하고 해석하는 데 크게 영향을 미치기 때문이다. 또한 경우에 따라서는 마 케터의 자극 단서가 소비자에게 오해를 일으켜 부정적으로 해석하는 경우들도 발생하기 때문에 마케터에게 있어서 소비자의 지각과정을 이해하는 것은 특히 중요하다.

사람들이 지각적 조직화를 하는 과정에는 여러 가지 정보들을 통합하는 것이 핵심적인 과정인데, 사람들이 여러 정보를 통합하여 하나의 객체로 인식 하는 방법을 이해하는 것은 사람들의 지각적 조직화 과정을 이해하는 데 중요 한 주제이다. 지각적 조직화 방법을 설명하는 주요 이론적 틀로서 가장 많이 언급되는 것은 Gestalt 심리학이다. Gestalt는 통합되고 응집된 구조 혹은 형태 를 말하는 것이며, 전체는 부분의 합과는 다르다는 것을 강조한다(Wagemans, Feldman et al., 2012). Gestalt 심리학에서는 사람들이 환경으로부터 유입되는 정 보를 개별적으로 받아들이기보다는 자신의 기억과 경험 등을 활용하여 지각적 조직화 과정을 거쳐서 완성된 통합적 정보로서 받아들이고, 통합적으로 받아들 인 이미지에 대해서 의미를 부여하고 해석하려는 경향이 있다고 보고 있다. Gestalt 심리학에서는 자극을 완성된 통합적 정보로서 받아들이기 위해서 적용 되는 몇 가지 원리들을 제시하고 있다. 이러한 원리들에는 유사성, 근접성, 완

표
3.1 Gestalt 지각 원리

원리	내용 및 마케팅 적용	예시	마케팅 적용
유사성 (similarity) 원리	사람들은 물리적으로 유사한 특성을 가지고 있는 대상들을 그룹으로 나누어서 보려는 경향을 말함. 예시에서 원형은 전체 이미지의 중앙에 위치하면서 서로 비슷한 모양으로 되어 있고, 서로 교차되는 모습을 보여주고 있으며, 다른 모양과는 구분되는 모습을 보이고 있음.		브랜드 확장 진열 기억 방해
근접성 (proximity) 원리	사람들이 시각적 자극물을 볼 때 함께 가까운 곳에 제시되어 있는 것들은 한 그룹으로 배정하려는 경향을 말함. 예시에서 네모 모양이 여덟 개가 있으나 근처에 있는 것들을 묶어서 두 그룹으로 구성되어 있는 것으로 보임.		교차판매 진열
공동운명 (common fate) 원리	다른 것이 동일하다면 동일한 방향으로 움직이는 요소들을 같은 그룹으로 함께 지각하려는 경향을 말함. 공동운명(common fate)과 근접성은 유사성에 기초한 그룹화의 특수 사례. 유사성에 공동운명은 속도(velocity), 근접성은 위치(position) 특성을 가지고 있음.		동일범주 내에서의 차별화
대칭 (symmetry) 원리	다른 것이 동일하다면 좌우 혹은 상하 혹은 대각선으로 대칭되는 것들을 같은 그룹으로 지각하려는 경향을 말함.		비대칭 원리 적용: 유인효과
병렬 (parallelism) 원리	다른 것이 동일하다면 같은 패턴으로 움직이는 것들을 같은 그룹으로 지각하려는 경향을 말함.		동선 진열 돌출진열
연속성 (continuity) 원리	양호한 지속성(good continuation) 원리라고도 함. 연속적으로 곡선을 형성하는 대상물을 함께 그룹화하려는 경향을 말함.		버전 업드레이드 제품 브랜드

	예시를 보는 사람들은 정점이 한 점에서 만나는 두 개의 원형으로 지각하기보다는 두 개의 연속으로 교차하는 선으로 지각하게 됨		확장
완결 (closure) 원리	사람들은 완성되지 않은 자극을 보았을 때 이것을 완성된 것으로 지각하려는 경향을 지님. 예시에는 불완전한 삼각형 두 가지가 그려져 있으나 사람들은 삼각형 두 가지가 있다고 지각하는 경향이 있음.		광고 동기부여
형상과 배경 (figure and ground) 원리	자극과 배경이 제시될 때 두드러진 요소는 형상이 되고 형상이 보여지는 맥락은 배경이 됨. 형상이 친숙할수록 형상이 주목받을 가능성이 있으나 때로는 어떤 부분이 형상이고 어떤 부분이 배경인지 불분명할 때가 있음. 예시에서는 찻잔과 마주보는 얼굴이 보는 시각에 따라 달리 부각될 수 있음.		광고 (브랜드와 광고모델) 브랜드와 디자인

출처: Wagemans, Elder et al.(2012)에서 원리부분 발췌

결, 연속성, 방향성, 단순성 등이 있다. 이러한 원리들은 마케팅에서 적용되어 활용되고 있다(Szmigin and Piacentini, 2015; Wagemans, Elder et al., 2012).

(1) 유사성

유사성(similarity) 원리는 서로 유사하게 보이는 것들은 유사하지 않게 보이는 것들에 비해 관련성이 높다고 지각하는 것을 설명하고 있다. 사람들은 색상, 크기, 위치, 모양 등을 가지고 유사성을 판단하는 경향이 있다. 마케팅에서는 제품라인을 확장할 때 동일한 패키지 디자인을 유지하려고 하는데 이것은 신제품이 기존제품과 같은 제품범주에 속하는 것을 표시함으로써 소비자들이 그 제품을 쉽게 범주화시킬 수 있도록 하는 방법으로 활용되기도 한다. 또한 브랜드 확장을 하는 경우에도 확장 제품에 브랜드 로고를 소비자들이 쉽게 동일 브랜드임을 지각할 수 있도록 가시성이 좋은 위치에 부착하는 것도 유사성을 적용

한 것으로 볼 수 있다. 한편 경쟁사가 신제품을 출시하는 경우 기업에서는 경쟁 브랜드와 유사한 브랜드명을 출시하여 소비자들로부터 경쟁사 신제품에 대한 주의 분산을 시도하는 경우들이 있는데, 이것은 유사성 효과를 역으로 이용한 것으로 볼 수 있다.

(2) 근접성

근접성(proximity) 원리는 시각적으로 근접해서 함께 제시되어 있는 것들은 멀리 떨어져서 제시되어 있는 것에 비해서 관련이 더 깊다고 지각하는 것을 말한다. 마케팅에서는 소매업자들이 전통적으로 동일한 제품범주에 속하는 제품들을 근처에 위치시켜서 소비자들이 동일한 제품범주에 속해 있는 제품임을 신속히 알 수 있도록 하였으나 최근에서 교차판매(cross-selling)와 같이 서로를 보완해 줄 수 있는 성격을 가지고 있는 제품들(예컨대 신발과 양말, 핸드백과 시계)을 서로 가까운 위치에 진열하는 경우를 볼 수 있다.

마케터가 근접성의 원리를 활용하려고 하는 경우에는 동화-대조효과의 원리(Cunha, Jr. and Shulman, 2011; De Bruyn and Prokopec, 2017; Wilcox et al., 2011)를 정확하게 인식하고 있어야 하는데, 그 이유는 근접성의 원리에 따라 자사 제품이 더 호의적인 평가를 받을 수도 있고 더 비호의적인 평가를 받을 수도 있다. 예컨대 명품 매장 옆에 자사 매장이 위치하고 있는 경우 동화효과가 발생하면 명품매장과 자사매장을 동등한 수준으로 지각을 하는 반면 대조효과가 발생하면 명품매장과 자사매장을 동등하지 않은 수준으로 지각을 하게 될 것이다. 대조효과가 발생하는 경우 자사매장을 기준으로 명품매장을 비교하는 경우와 명품매장을 기준으로 자사매장을 비교하는 경우에는 자사매장에 대한 평가는 달라질 가능성이 높다.

근접성의 원리를 점검한 연구가 있다(Morales and Fitzsimons, 2007). 이 연구에서는 평가 대상 제품을 메스꺼움을 유발할 수 있는 제품이 접촉하는 형태로 진열이 되어 있었는데, 연구 결과에 의하면 표적 제품이 메스꺼움을 유발하는 제품과 접촉되는 방식으로 진열이 되어 있는 경우가 접촉이 되지 않는 방식으로 진열이 된 경우에 비해 제품에 대한 호의적 평가가 감소하였다.

(3) 완결

완결(closure)은 사람들이 불완전한 그림(형상)의 누락된 요소를 채우려는 경향을 말한다. 마케팅에서는 완결의 원리를 적용하는 경우도 있는데, 예를 들면 광고에서 단어의 초성, 중성, 종성 등을 생략하여 이를 채워넣을 경우 자사의 제품명 혹은 브랜드명이 완성되는 경우도 있고 생략된 것들을 연결하면 브랜드명의 이니셜과 일치하도록 구성하는 경우도 있다. 또한 문장 중 특정 부분을 공란으로 비워 둔 상태에서 소비자들로 하여금 이러한 공란을 채우도록 하는 것도 완결을 이용한 마케팅의 예시에 속한다. 완결의 경우 소비자들에게 정보처리에 대한 동기부여를 제공한다는 점에서는 긍정적이지만 완결이 어렵거나 소비자들의 정보처리의 능력이 제한된 경우에는 기업에서 원하는 결과를 얻지 못할 수도 있다.

(4) 형상과 배경의 원리

형상과 배경(figure and ground)의 원리는 개인들이 자극을 조직화함에 있어서 환경 안에서 두드러진 것들을 구분하는 경향이 있음을 반영한 원리이다. 즉, 특정 환경에서 제시된 자극 중 두드러진 자극은 형상이 되고 형상이 보여지는 환경은 배경이 되도록 하는 것을 말한다. 광고에서는 광고주가 전달하고 싶은 메시지가 형상이 되고 이를 부각시키는 것이 배경으로 작동하기를 원하지만 경우에 따라서는 형상이 배경과 동일시되거나 배경이 형상으로 지각되는 경우들도 있다. 예를 들면 광고주들은 자사의 브랜드 이미지가 소비자에게 효과적으로 전달되도록 하기 위하여 광고모델을 기용하지만 소비자들은 광고모델은 회상하지만 브랜드는 회상하지 못하는 경우들이 있는데, 이러한 경우가 형상과 배경 원리가 광고주가 원하는 방향으로 지각되지 않은 사례로 볼 수 있다.

제2절 지각적 해석

지각적 조직화 과정과 거의 동시에 발생하는 것이 지각적 해석과정이다.

지각적 해석은 조직화된 자극정보를 해석하는 것이며, 해석을 할 때에는 일반적으로 자신의 기존 지식, 의미, 신념과 통합하여 해석을 하게 된다. 따라서 이 과정에서는 조직화된 자극물 정보가 소비자의 지식, 의미, 신념과 어떻게 통합되느냐에 따라서 그 자극물에 대한 해석이 달라질 수 있다.

소비자들은 일반적인 지식 구조인 스키마(schema)를 참조하여 특질들(features)의 군집화와 같이 정보를 조직화하고 해석하려고 한다. 이 경우 기존 스키마에 형성되어 있는 지식은 소비자들이 정보를 조직화하고 해석하는 데 영향을 크게 미친다.

그런데 기존 지식이 영향을 미치는 방법에 있어서는 여러 가지 유형이 존재한다. 먼저 소비자들은 기존의 스키마에 형성되어 있는 정보와 크게 다른 경우에는 이 정보를 부정적으로 평가하는 경우가 있다. 예를 들면 라면은 통상적으로 1000원 근처라고 소비자들이 생각하고 있는데, 2000원인 라면이 나오면 이 라면은 비싼 라면이라고 해석할 것이다. 그래서 소비자들은 그 비싼 가격을 정당화할 만한 요인을 찾지 못한다면 구매를 보류할 것이다. 통상적으로는 소비자들은 자신이 가지고 있는 기존 스키마에 일치하는 정보는 잘 수용하려고 한다. 기존 연구들에 의하면 기존 스키마와 적당히 차이가 나는 정보가 소비자들로부터 주의를 이끌어 내고 정보처리의 동기를 더 부여하는 것으로 알려져 있다.

 제3절 **프로스펙트 이론**

소비자들이 외부자극으로부터 받아들인 것을 조직화하고 해석하는 방법을 가장 설득력 있게 설명한 이론으로는 프로스펙트 이론이 있다(Kahneman and Tversky, 1979). 이 이론은 기대효용이론에서 말하는 절대적 기준이 중요하기보다는 사람들이 지각하는 준거점(reference point)에 따라서 이득과 손실로 지각한다는 것인데, 이 이론은 소비자 심리 및 행동에 매우 많이 응용되어 활용되고 있다. 프로스펙트 이론의 핵심적인 사항 중 한 가지는 손실회피(loss aversion)이다. 손실회피에 따르면 사람들은 객관적으로 유사한 규모의 이익과 손실이 있는 경우 이익보다는 손실을 더 강렬하게 경험한다는 것이다(Kahneman and Tversky, 1979). 예를 들면 어떤 대상물을 포기하는 것은 손실로서 지각되는 반면 다른 대상물을 받는 것은 이익으로 지각된다. 이때 두 대상물의 교환이 이루어지 위해서는 받는 대상물을 통해 얻는 것으로 지각되는 이익이 그 대상물을 포기하는 것을 통해 받는 것으로 지각되는 손실을 넘어서야 하는데, 두 가지의 가치가 비슷하다면 손실을 통해 받는 강렬한 회피적 경험을 이익이 보상할 수는 없다고 예측할 수 있다. 즉, 손실회피는 새로운 대체안의 특질보다는 현재 소유하고 있는 것의 특질을 선호하는 일반적인 성향을 가져오도록 한다.

준거점에 영향을 미치는 것 중 한 가지는 사람이 그 대상물을 소유하고 있는지의 여부와 관련된다. 이를 보유효과라고 한다. 보유효과(endowment effect)는 사람들이 소유하고 있는 대상물을 금전 혹은 가치로 비교되는 다른 대상물로 교환하기를 꺼려하는 것을 말한다(Kahneman et al., 1991). 보유효과를 입증하는 전형적인 사례(Knetsch, 1989)가 있다. 이 사례에서는 한 그룹에는 두 가지 대상물, 커피 머그잔과 캔디 바 중에서 본인이 선호하는 것을 선택하도록 한 반면 나머지 두 그룹에는 두 가지 대상물 중 한 가지를 할당하여 주었다. 즉, 한 그룹에는 커피 머그잔이 주어졌고, 다른 그룹에는 커피 머그잔과 가치는 비슷하지만 다른 대상물인 캔디 바가 주어졌다. 커피 머그잔 혹은 캔디 바가 주어진 그룹의 참여자들에게는 주어진 대상물을 교환할 수 있는 기회가 주어졌다. 이렇게 대상물을 교환할 수 있는 선택권이 주어진 경우 이들에게 기대되는 것은 두 그룹이 각각 최종적으로 소유하고 있는 대상물은 자유롭게 선택할 수 있도록 한 그룹에서 소유하고 있는 대상물의 분포와 유사해야 할 것이다. 그런데 결과는 매우 적은 참여자들만이 대상물을 교환하는 것이 발견되었다는 점이다. 이것은 사람들이 일단 어떤 대상물을 소유하게 되면, 사람들은 그 대상물을 소유하기 이전에 더 좋아하는 대상물이 있었다고 할지라도 현재 소유하고 있는 대상물을 교환하기를 꺼려하게 된다는 것이다. 이와 같이 교환을 꺼려하는 것은 쿠폰, 복권 티켓 등에서도 발견되었다. 소유효과의 다른 예는 동일한 제품에 대해서 매수 가격보다는 매도 가격을 더 높이 책정하는 경향에서도 볼 수 있다(Knetsch, 1989; van Dijk and van Knippenberg, 1996).

보유효과는 제품을 개선하는 것과도 관련이 있다. 사람들은 완전히 새로운 것보다는 개선되는 것을 더 선호하는 경우가 있다. 즉, 사람들은 제품의 어떤 특질이 새로운 특질에 의해 대체되는 것보다는 기존 브랜드에 참신한(novel) 특질이 추가되는 것을 더 선호하는 경향이 있는데(Hardie et al., 1993) 이것은 사람들이 기존 특질을 소유하고 있기 때문에 그 특질이 새로운 특질로 대체되는 것을 꺼려하는 것으로 볼 수 있다.

보유효과에 따른 교환 의지를 조절하는 요인도 있다. 이러한 요인으로는 거래가 기술되는 방법을 들 수 있다. 소비자들은 어떤 교환거래를 순손익으로 지각하는 경우와 이익과 손실을 분리하여 지각할 수 있는데, 손실과 이익을 분리하여 지각하는 경우에는 보유효과가 잘 나타나는 반면 순손익으로 지각하는 경우에는 보유효과가 약화된다. 예를 들면 사람들이 나중에 제품으로 교환이 가능한 어떤 것(교환권부여 제품)을 보유하는 경우에는 통상적인 보유효과가 나타나지 않는다는 것이다(Kahneman et al., 1990). 이것은 현재 소유하고 있는 것과 교환이 가능한 것을 분리해서 생각하는 것이 아니라 순잔고(net balance, 예컨대 현재 가지고 있는 것은 5,000원의 수익을 나타난다)로서 지각하기 때문이다(Kahneman et al., 1990). 이에 관한 다른 해석으로는 교환권 부여 제품을 소비자들이 궁극적인 목표(교환권 행사를 통해 원하는 제품을 획득)를 달성하기 위한 수단으로 인식하기 때문일 가능성도 있다.

보유효과에 따른 교환 의지를 조절하는 다른 요인으로는 개인적으로 그 대상물에 대해 가지고 있는 의미(예컨대 그 대상물이 성공 혹은 실패와 관련이 있는지 없는지에 관한 것)를 들 수 있다. 이것은 보유의 원천의 중요성을 보여주는 것이다. 양호한 성과의 보상으로서 주어진 대상물은 우연히 획득된 대상물 혹은 낮은 성과에 대한 보상으로서 획득된 대상물보다 더 가치가 높다(Loewenstein and Issacharoff, 1994). 예를 들면 동일한 금액일지라도 자신이 열심히 일해서 받은 월급 혹은 성과급 금액은 복권에 당첨되서 받은 금액 보다 더 가치를 느낄 가능성이 높다. 이것은 성공이라는 긍정적 이벤트와 연관된 것은 그 대상물에 가치가 더해지는 반면 실패라는 부정적 이벤트와 관련된 것은 그 대상물의 가치가 감소한다는 논리와 비슷하다고 하겠다.

제4절 범주화와 포지셔닝

■ 목적지향적 범주화의 좋은 예가 있다. 기존에 소비자들이 특정한 음식을 먹기 위해서는 몇 가지 방법이 있다. 첫째, 요리를 하기 위해서는 해당 요리를 하기 위한 재료들을 구입하여 요리를 만들어 먹는 것이다. 둘째, 해당 요리가 모두 되어 있는 것을 주문하여 먹는 방법(예컨대 중국음식점에서 주문하는 것)이다. 셋째, 해당 요리의 원료가 배합되어 있는 것을 구매하여 집에서 최종적으로 만들어 먹는 것(예컨대 즉석밥 유형, ○○부대찌개) 등이다. 그러나 마켓컬리에서는 특정한 요리를 하기 위해 필요한 레시피를 보여주고 그 중 필요한 재료만을 골라서 구매할 수 있도록 함으로써 소비자가 먹고 싶은 요리를 먹을 수 있도록 하는 욕구 충족, 요리를 만드는 과정의 즐거움, 요리에 들어 있는 정성, 필요한 재료만 구매하였다는 심리적 편안함, 요리의 편리성을 함께 추구할 수 있도록 하였다.

4.1 범주 및 범주화 과정

소비자 심리 및 행동 그리고 마케팅 분야에서 가장 중요한 내용 중 한 가지가 바로 지각(perception)과 관련된 것이다. 조금 더 쉽게 이야기하자면 소비자들이 자사의 제품 혹은 서비스를 어떻게 받아들이고 해석하느냐(즉, 지각하느냐)에 따라 제품 혹은 서비스의 성패가 크게 달라지는 경우들이 많다. 특히 지각은 지각도(perceptual map)에서도 알 수 있듯이 포지셔닝 전략에서 매우 중요한 역할을 담당하고 있다.

지각과 관련하여 마케터에게 중요한 의미를 지니는 개념으로 범주화(categorization)가 있다. 범주화는 '특정 대상을 유사한 속성을 가진 집단으로 묶는 과정'(유연재, 2012: 591) 혹은 식별된 자극물에 어떤 의미가 주어지는 것이라고 볼 수 있으며, 범주는 '범주화 과정을 통해 사람들이 동일한 집단에 속한다고 생각하는 사물들의 집단'(유연재, 2012: 591)을 의미한다.

소비자들이 제품 혹은 서비스의 범주와 관련된 지각을 하고 의사결정에 활용하기 위해서는 제품 혹은 서비스와 관련되어 소비자의 인지시스템 내에 저장되어 있는 범주 관련 정보와 새로운 제품 혹은 서비스에 대한 범주를 추론하는 과정을 거치기도 한다. 예를 들어 보자. 만약 어떤 소비자가 신제품을 MP3 플레이어라고 받아들였다고 생각해 보자. 그러면 그 소비자는 아마도 다음과 같은 인지적 과정을 거쳤을 가능성이 있다. 즉, 소비자들은 신제품을 MP3플레이어의 기능적 특질 혹은 물리적 특질과 관련된 이전의 지식에 기초해서 그 신제품을 MP3 플레이어라고 분류할 것이다. 여기서 기능적 특질 혹은 물리적 특질이라 함은 예컨대 MP3 플레이어는 음악을 효과적으로 저장하고, 크기는 작으며, 모양은 사각형을 이루고 있다와 같은 것을 말한다. 일단 신제품에 대한 범주화가 이루어지면 MP3 플레이어에 관한 이전의 범주적 정보는 신제품의 알려지지 않은 속성 혹은 특질에 대한 추론을 하는 데 활용되기도 하고 MP3로서의 신제품에 대한 평가를 형성하는 데 활용될 것이다(Loken et al., 2008). 위의 예시에서 소비자들은 신제품을 어떤 특정 제품범주로 분류할 때 이전의 지식에 기초해서 분류를 하는 것을 볼 수 있는데 이러한 인지적 구성 내용을 범주적 표상(representation)이라고 한다. 범주적 표상이란 소비자 범주에 해당하는 인지시스템 내에 저장되는 정보로서, 차후에 정보를 처리하는 데 활용되는 것을 말한다. 소비자들은 기존 혹은 새로운 제품과 서비스에 대해서 받은 정보를 분류하고 해석하며 이해하기 위해서 범주적 표상을 구성하고 활용한다. 즉, 범주적 표상을 활용하는 중요한 이유 중 한 가지는 범주화 동안에 일어난다. 소비자들이 특정 제품 혹은 서비스를 소비자 범주에 할당하기 위하여 범주적 표상을 활용할 때 범주화가 일어나는데, 범주화의 결과로서 소비자들은 그 제품 혹은 서비스를 이해하고 그 제품 혹은 서비스에 대한 추론을 이끌어 낼 수 있다(Loken et al., 2008). 정립이 잘 되어 있는 범주적 표상은 소비자들이 이해하기도 쉽고 정보처리가 원활하게 이루어질 수 있는데, 이와 같이 잘 정립된 범주적 표상으로는 상위범주표상과 대조범주표상을 들 수 있다. 예컨대 TV를 가전제품범주로 생각하는 것은 전자에 해당되며 '고양이'라는 단어를 들었을 때 '강아지'가 함께 떠오르는 것은 후자에 해당된다.

4.2 범주화 기준

범주화 기준은 여러 가지가 있으나 소비자 분야에서 주로 활용되는 것으로 는 분류학적(taxonomic) 범주화와 목표유도(goal-derived) 범주화가 있다. 분류 학적 범주화는 대상들이 가지고 있는 속성의 유사성 지각에 기초한 범주화에 해당되는데, 이러한 범주화는 궁극적으로 전형성을 표상하게 되므로 전형성에 따른 범주화와 유사한 의미로 활용된다.

표 3.2	분류학적 범주화와 목표유도 범주화 비교	
	분류학적 범주화	목표유도 범주화
기억 구조화 정도	기억 속에 비교적 잘 정립되어 있음	기억 속에 비교적 잘 정립되어 있지 않음
범주 구분	범주 간 분류가 명확함	새로운 범주임
지속성	비교적 영속성을 가짐	임시 범주 형태를 가짐
유사성 기준	물리적 특성(속성)의 지각적 유사성에 의존	상황 혹은 환경의 유사성에 의존
연관성 기준	대상들 간의 속성 관련성이나 상관성이 높음	대상들 간의 환경 혹은 상황 측면에서 유사성이 있음

출처: 유연재(2012)에서 재구성.

(1) 전형성(원형전형성)과 범주화

소비자들은 특정 제품 혹은 서비스 범주의 특질 혹은 속성을 분석해서 그 제품 혹은 서비스 범주의 전형성(typicality) 혹은 원형전형성(prototypicality)에 대한 개념을 형성하고 새로운 제품 혹은 새로운 정보가 유입되는 경우 그 제품 범주 혹은 서비스범주의 전형성과 새로운 제품 혹은 새로운 정보를 비교한 후 생성된 신념에 따라 범주에 대한 판단을 내린다.

전형성은 특정 범주를 구성하는 제품 혹은 서비스에 대한 개인적 경험을 바탕으로 하여 그 범주 제품의 특질일 가능성이 높다고 지각되는 것들을 소비 자가 축약해서 인지시스템에 저장해 놓은 것을 말한다. 그 제품범주에 대한 지식이 풍부한 전문가인 경우에는 전형성의 정도를 판단하는 기준을 많이 혹은 정밀하게 가지고 있을 가능성이 높은 반면, 그 제품범주에 대한 지식이 없거나 빈약한 초심자인 경우에는 전형성의 정도를 판단하는 기준이 적을 가능성이 높다.

전형성은 전형성의 정도에 따라 층화구조를 이루고 있다. 즉, 전형성이 높은 계층(예컨대 가구범주에서는 의자는 식탁 보다 전형성이 높다), 전형성이 불분명한 계층(예컨대 식품범주에 껌은 포함될까?), 전형성이 특정 범주에는 관련성이 없어 보이더라도 상위범주 차원에서 고려할 때 다른 범주와의 연관성 평가가 가능한 계층(예컨대 PC는 고양이보다는 TV와 같은 범주로 생각할 가능성이 높다)으로 구성된다는 점이다.

소비자들이 속성 혹은 특질에 기초하여 전형성의 정도를 판단하는 기준으로는 계열 유사성(family resemblance), 이상점(ideals), 속성구조, 범주구성원에 대한 퍼지기반 측정치 등이 있다. 이러한 속성에 기반을 둔 측정 방법은 전반적인 전형성과의 상관관계가 높은 것으로 나오므로 전반적인 전형성을 판단하는 데 좋은 지표로 활용될 수 있다.

유사성은 범주 내에서의 전형성을 평가하는 방법인데, 기본적으로는 대상들 간의 상관관계에 두고 있다. 두 대상물 간의 유사성을 판단하는 모형으로 대조모형이라는 것이 있다(Tversky, 1977). 대조모형에서는 두 대상이 서로 공유하는 속성이 많아질수록 유사성이 증가하며, 두 대상이 공유하지 않는 속성이 적을수록 유사성이 증가한다고 보고 있다. 이러한 논리를 범주에 적용해 보면 어떤 대상이 그 범주 내에 있는 다른 모든 대상들과 비슷하다면 계열 유사성(family resemblance)이 높은 것으로 인식되는데, 계열유사성이 높을수록 그 대상은 그 범주의 전형이 될 가능성이 높다(Rosch and Mercis, 1975). 또한 소비자들은 제시된 빈도가 높은 제품(예컨대 광고에서 많이 본 제품 혹은 많이 사용해 본 경험이 있는 제품; Barsalou, 1985), 그 제품범주에 대해서 이상적이라고 생각되는 사례(예컨대 다수의 사람들이 만족해하는 제품)와 공통점을 많이 가지고 있는 것(Loken and Ward, 1990) 등이 포함된다.

전형성이 주는 장점은 분명하다. 예컨대 어떤 제품범주(중형승용차)에 대한 구매를 계획하고 있는 소비자 중에서 제품범주에 대한 지식이 높지 않은 소비자들은 구매 목표를 중형승용차로 설정한 후 중형승용차 중에서 전형성이 제일 높은 브랜드(예컨대 소나타)를 선정할 가능성이 높다.

(2) 목표(목표유도 범주)

소비자들이 제품을 구매할 때 특정 제품의 물리적 혹은 기능적 특질 혹은 속성을 중심으로 상향식으로 정보처리를 하여 제품범주를 파악하기도 하지만 구매 목표를 달성하기 위하여 특정 제품범주 내에서 특정 속성을 가지고 있는 브랜드를 선택하는 것과 같은 하향식 정보처리를 하기도 한다. 하향식 정보처리는 위계적 의사결정을 반영할 수도 있다. 예컨대 음료수를 마시고 싶을 때 '음료수 → 청량음료 → 사이다 → 칠성사이다'와 같이 의사결정을 할 수도 있다. 그러나 이러한 의사결정은 예컨대 더위를 식히기 위해서 게토레이(이온음료 범주)를 마실까? 수박을 먹을까?(과일 범주)와 같은 고민을 명확하게 설명하지는 못한다. 이러한 문제는 범주화이론 중 목표유도 범주(goal–derived category) 혹은 임시범주(ad hoc category)이론에 따르면 설명이 가능하다(하영원, 1998).

특정한 시기 혹은 특정한 상황 혹은 특정한 맥락에서 부각된 목표를 중심으로 형성되는 범주를 목표유도 범주라고 한다(Barsalou, 1983, 1985). 소비자들이 목표를 세울 때에는 욕구에 기반을 두는데, 욕구를 충족하는 제품들은 특정 제품범주에 속한 것만으로 구성되기보다는 다양한 제품범주에서 구성되기도 한다. 예컨대 즐거움이라는 욕구를 달성하기 위해서는 영화를 볼 수도 있고, 테마파크를 갈 수도 있으며, 쇼핑을 하기도 하며, 서점에서 책을 구매할 수도 있다. 이러한 경우에는 즐거움이라는 욕구를 충족시켜주는 대상들이 서로 다른 범주에 속하는 것들로 구성되어 있다.

목표유도 범주에 따라 소비자들이 지각하는 범주의 구조는 달라진다(Ratneshwar et al. 1996). 이것은 언제 그리고 어떤 이유로 상이한 제품 범주에 속한 제품들이 하나의 고려대안집합 내에 대안들로 들어와 있는지를 설명하는 유용한 이론적 기반을 제공하고 있다. 예컨대 어떤 소비자가 영화를 보고자 한다면 일반적인 영화범주에 속하는 코믹, 멜로, 스릴러 중에 무엇을 볼 것인지를 결정할 가능성이 높지만 만일 소비자가 즐거움이라는 목표를 달성하기 위해 대안들을 검토한다면 테마파크, 쇼핑, 독서, 영화, 뮤지컬 등이 경쟁 범주에 속할 것이며, 이 중 영화범주에서는 코믹범주에 해당하는 영화들만 선택대안집합 속에 속할 가능성이 높을 것이다.

목표유도 범주에서 보는 바와 같이 목표는 소비자들의 지각에 영향을 미친다. 소비자들은 목표 달성과 관련된 정보 혹은 속성에만 선별적으로 집중할 가능성이 높다. 이를 목표유도 지각(goal-derived perception)이라고 한다.

Lefkoff-Hagius and Mason(1993)은 서로 유사하게 지각되는 제품들이 항상 유사하게 호감을 받지는 못하는 경우들이 있는데, 이러한 이유는 유사성에 대한 인지적 판단이 선호에 대한 판단에 기초해서 인지적 판단이 이루어지기보다는 서로 다른 제품 속성에 기초하여 인지적 판단이 이루어지기 때문임을 보여준 바 있다.

메타포(metaphor)는 범주화의 특수한 유형이라고 여겨지고 있는데, Spiggle(1994)은 메타포를 질적 데이터를 해석하는 방법으로 보고 있다. 메타포와 유추(analogy)는 예컨대 기술제품에 관한 광고는 제품 특질을 쉽게 이해할 수 있는 방법으로 커뮤니케이션을 해야 할 필요가 있는데, 메타포와 유추는 이러한 방법의 하나로서 활용될 수 있다.

백설공주와 슈렉

시장의 선도 브랜드에 맞서는 후발 브랜드가 취해야 하는 전략 중 한 가지로 차별화 전략을 많이 언급한다. 차별화 전략 중 많은 부분은 새로운 영역을 개척하는 범주화 개념으로 설명이 가능하다. 이와 관련된 사례를 간략히 소개해 보도록 하겠다.

애니메이션 산업의 선두주자는 디즈니이다. 백설공주, 인어공주 등의 단어를 듣고 상상이 되는 이미지가 있다면 그것은 디즈니의 애니메이션이 낳은 산물이라고 할 수 있다. 디즈니의 애니메이션 캐릭터의 공통점은 권선징악 그리고 예쁘고 착한 주인공으로 집약된다. 그런데 이러한 캐릭터들은 예쁘고 착한 캐릭터는 대부분 선(善)에 속하고 못생기고 나쁜 캐릭터는 대부분 악(惡)에 속한다는 잘못된 생각을 심어줄 수도 있다는 생각에 불만을 가진 사람들이 드림웍스에 모였다. 이들은 권선징악의 개념은 놔두는 대신 선(善)에 속하는 캐릭터도 그리 예쁘지 않아도 되는 캐릭터를 등장시켰는데, 이것이 슈렉이다. 슈렉이 성공할 수 있었던 이유 중 한 가지는 사람들의 본성에 해당하는 권선징악은 그대로인 상태에서 권선징악을 표현하는 방법에 있어서 새로운 범주, 즉 착하지만 예쁘지 않은 그러나 매력적인 캐릭터를 만들어 냈기 때문에 성공할 수 있었던 것으로 보고 있다.

범주화에 따른 포지셔닝 전략을 추구할 때에는 선발주자의 강점을 약점으로 바꿀 수 있어야 하며, 새로 창출된 범주는 소비자의 욕구와 일치하여야 한다.

출처: 이승현(2013)에서 일부 발췌 및 수정.

4.3 범주화와 마케팅

(1) 마케팅에서 범주화의 활용

시장에 출시되어 있는 기존 제품과 서비스뿐 아니라 신제품과 신서비스가 소비자들로부터 원하는 반응을 얻기 위해서는 소비자들의 심리와 행동을 이해하여야 한다. 신제품이 출시되는 경우 소비자들은 이 제품이 어떤 제품인지, 즉 어떤 제품범주에 속하는 제품인지 혹은 어떤 목적으로 사용해야 하는 제품인지 궁금해 한다. 이를 마케터의 시각으로 해석하면 소비자들이 자사의 제품을 어떤 제품 범주로 지각하는지 혹은 어떤 목적으로 활용해야 하는 제품으로 지각하는지를 아는 것은 포지셔닝 관점에서 마케터에게는 매우 중요한 과업이라고 할 수 있다(하영원, 1998; Ratneshwar et al., 1996). 이와 같이 소비자들이 제품을 어떠한 범주로 지각하는지는 자사 제품의 경쟁제품을 결정하는 중요한 기준이 될 수 있기 때문이다.

소비자 심리 및 행동분야에서는 제품 범주, 브랜드 범주, 목표관련 범주(목표유도 범주), 속성기반 범주, 문화 범주, 제품사용자 범주, 범주로서의 자기 등과 같이 범주라는 개념이 매우 광범위하게 활용되고 있다. 예컨대 범주화이론은 브랜드 자산과 브랜드 확장전략을 설명하는 데 유용한 이론으로 알려져 있다(Broniarczyk and Alba, 1994; Peracchio and Tybout, 1996). Goodstein(1993)은 범주화이론을 활용하여 왜 어떤 광고 스키마에 대한 비정형(atypical) 광고가 정보처리를 더 광범위하게 유발하는지를 설명하고자 하였다.

(2) 정보처리 전략과 범주화

범주화는 정보처리 관점에서는 안정성과 유연성이라는 두 가지 성격을 동시에 가지고 있는데, 통상적으로 안정성은 소비자들이 제품 범주에 대한 전형성을 가지고 정보처리를 할 때에 발생하는 반면, 유연성은 소비 목표에 따라서 제품 범주 간 정보처리를 해야 하는 경우, 즉 목표유도 범주 상황에서 주로 발생한다. 따라서 마케터는 소비자들의 정보처리 전략을 고려하여 범주화를 시도할 필요가 있다. 예를 들면 '갤럭시8'이 새롭게 출시되었을 때 이것을 스마트폰으로 인식하는 것은 브랜드의 영향일 수도 있으나 브랜드를 포함하여 소비자의 인지시스템 내에 저장되어 있는 스마트폰에 대한 특징들과 '갤럭시8'이 일치하는 정도가 높기 때문에 소비자들이 '갤럭시8'을 스마트폰으로 지각한다면 이것은 전형성에 속한다.

한편 유연성은 목표유도 범주와 관련이 깊다. 예컨대 '신혼살림'이라는 목표유도 범주에는 집, TV, 냉장고, 에어컨, 세탁기, 가구 등 여러 가지 제품 범주들이 '신혼살림'이라는 목표유도 범주에 혼합이 될 수 있다. 따라서 목표유도 범주에서 중요한 것은 어떤 상황(situation), 어떤 맥락(context)에서 범주화를 시도할 것인가를 결정하는 것이 중요하다. 게토레이는 스포츠음료라는 공통 범주를 공략하는 대신에 갈증해소음료, 즉 갈증이 날 때 이를 해소하는 음료, 운동 전후에 마시는 음료 등으로 목표유도 범주를 활용하여 단기간 내에 시장점유율을 높인 것으로 알려져 있다(하영원, 1998). 디지털 컨버전스 제품과 같이 원 제품 범주에서는 전형성 측면에서 경계조건에 설 수 있는 제품들의 경우에는 새로운 제품범주를 창출하는 것도 하나의 전략이 될 수 있으나 목적유도 범주로 범주화를 하도록 하는 경우 제품에 대한 전형성과 목적부합성을 높게 평가받을 수 있는 것으로 나타났다(유연재 · 김완석, 2010).

언어는 범주화 단서에서 유용하게 활용된다. 언어는 범주구조의 형성과 형성된 범주구조로부터 정보를 인출하는 데 일종의 가이드 역할을 하며, 구문 혹은 의미의 분류자(classifier)역할, 대상의 분류를 위한 스키마를 제공하고, 대상을 상호배타적으로 구분하는 구분자의 역할을 하기도 한다(유연재, 2012). 유연재(2012)의 연구결과에 의하면 소비자들은 새롭고 낯선 제품의 경우에는 제공되는 언어적 범주단서와 동일하게 제품범주를 지각하는 것으로 나타났다.

(3) 범주화와 포지셔닝

범주화는 포지셔닝과 관련이 깊은 데, 범주화를 통해 활용할 수 있는 포지셔닝 전략으로는 다음과 같은 것들이 있다.

❶ 기존범주로 포지셔닝

기초(basic)수준 범주는 일반적으로 다른 범주와의 대비를 통해 동일범주 내의 유사성을 최대화하는 개념의 범주에 해당된다. 통상적으로 제품들은 이러한 기초수준 범주에서 전형성을 확보하고 브랜드 자산을 강화해 나간다. 예컨대 중형승용차하면 소나타가 떠오르는 것은 이러한 기초수준 범주에 해당할 것이다. 많은 제품들은 기존범주에서 포지셔닝을 하는 것을 볼 수 있다. 예컨대 과즙음료 제품에서 오렌지 맛 제품을 출시한 이후 포도 맛, 사과 맛 등으로 제품을 다양화하는 것은 이러한 예에 속할 것이다.

❷ 기존범주의 하위범주로 포지셔닝

기초수준 범주에 해당하는 신제품이 기존범주에서의 경쟁을 피하거나 새로운 영역에서의 전형성을 확보하기 위하여 기존범주에 비해 더 하위범주를 형성하여 포지셔닝하는 경우도 있다. 이러한 구조 변화는 구체성이 중요한 경우에 활용될 수 있다. 또한 하위범주로 내려갈수록 제품 간 비교가 용이해진다(Johnson, 1984). 예컨대 맥심 커피믹스 화이트골드는 커피믹스보다 가격은 다소 높더라도 제품 구조상 믹스커피의 하위범주로 포지셔닝한 것으로 보이며, 프림성분 대신 우유성분이 들어있음을 강조함으로써 커피믹스라는 기존범주의 장점은 활용하면서 프림 대신 우유라는 추가적인 강점을 하위범주를 통해 성공적으로 구축한 예라고 할 수 있다.

하위범주로 포지셔닝하는 경우에는 하위범주에 대한 평가가 어떻게 이루어질 것인지를 미리 분석해야 한다. 서현영 등(2012)은 가상의 커피전문점을 대상으로 하위범주를 익숙한 유형으로 범주화하는 것과 익숙하지 않은 유형으로 범주화하는 것이 평가에 어떠한 영향을 미치는지를 살펴보았다. 그 결과 예방초점의 사람들은 하위범주 유형의 익숙함 정도가 영향을 미치지 않았으나 향상초점의 사람들은 하위범주 유형이 익숙한 경우보다는 익숙하지 않은 유형일 때 더 호의적으로 평가하는 것으로 나타났다. 이것은 마케터가 하위범주화를 시도하는 경우에는 소비자들에게 하위범주가 기존범주와는 무엇이 상이한지를 차별적으로 명확히 지각할 수 있도록 해야 할 필요가 있음을 보여주는 것이다.

❸ 기존범주의 상위범주로 포지셔닝

기초수준 범주에 해당하는 신제품이 더 포괄적인 범주에서의 전형성을 확보하기 위하여 상위범주로 포지셔닝하는 경우도 있다. 이러한 포지셔닝은 양적인 변화보다는 질적인 변화에 가깝다. 이러한 변화는 표면적인 구조 변화보다는 심화된 구조 변화를 의미하는데, 이 경우에는 추상성과 인과성이 중요한 경우에 활용될 수 있다. 예를 들면 비타민A보다는 종합비타민으로 소구하는 것은 이러한 예에 속한다. 또한 상위범주는 소비자들이 가지고 있는 가치체계상의 상위가치 개념에 소구하는 것으로 볼 수도 있다.

❹ 다른 범주로 포지셔닝

다른 범주로 포지셔닝한 예로 연성과즙음료인 2%를 들 수 있다. 2%는 기존의 과즙음료가 강한 맛을 내는 것에 비해서 순한 맛을 선호하는 소비자들 대상으로 한 제품이지만 너무 순한 맛이기 때문에 물과의 차이점을 느끼지 못하는 경우 소비자들은 이 제품의 구매에 대한 정당성을 찾기 어려울 수 있었다. 그러나 2%는 '나를 물로 보지마'라는 캠페인을 통해 연성과즙음료로서 확실하게 포지셔닝을 할 수 있었던 것으로 해석할 수 있다.

만일 기업에서 목표유도 범주를 활용한 포지셔닝을 하고자 하는 경우에는 다음의 사항을 고려해야 한다(하영원, 1998).

ⓐ 목표유도 범주를 소비자들은 자연스럽게 받아들이고 있는가?

ⓑ 목표유도 범주에서 전형성을 확보할 수 있는 브랜드는 어떤 이미지 혹은 속성을 가지고 있어야 하는가?

ⓒ 목표유도 범주는 충분한 수요기반을 갖추고 있는가?

마케팅과 관련된 의사결정에 있어서 범주화와 관련된 중요성에 대한 검토들이 이루어져 왔는데 예를 들면 다음과 같은 것들이 있다(Loken et al., 2008). 이와 관련하여 특정 제품, 브랜드를 선정하여 다음과 같은 질문에 답해 보기 바란다.

■ 신제품은 어떻게 포지션이 되어서 소비자들이 그 신제품을 특정 제품 범주에 속하는 것으로 식별하도록 할 수 있을까?

- 동일한 범주 내에 있는 경쟁제품들과 어떻게 차별화를 시킬 수 있을까?
- 어떤 제품의 구조적 속성 혹은 소비자 관련 범주는 어떻게 측정될 수 있을까?
- 어떠한 요인들이 범주화 유연성을 증가시켜서 신제품 구성원으로 수용될 수 있을까?
- 만일 신제품이 기존의 브랜드명(예컨대 Kraft microwave popcorn)을 가지고 시장에 도입된다면 기존 브랜드 이미지(예컨대 Kraft)는 신제품의 범주화에 영향을 미칠 것인가? 그리고 기존 브랜드 이미지가 신제품 수용에 어떻게 영향을 미칠까?
- 맥락적 차이, 환경적 차이 그리고 개인차 중에서 새로운 범주 구성원(예컨대 브랜드 확장)으로 수용하는 데 영향을 미치는 것은 무엇인가?
- 어떤 브랜드가 기존의 해당 범주에 있는 구성원(예컨대 macaroni and cheese, cheese slices 등)보다는 매우 상이한 범주(예컨대 microwave popcorn)를 포함하고 있다면 소비자로부터 그 브랜드가 기존 범주와는 상이한 것으로 지각될 것인가?

아모레퍼시픽 쿠션 화장품의 범주화 성공 사례

아모레퍼시픽의 쿠션은 2017년까지 누적판매량이 1억 4,000만 개 이상 될 것으로 예상되며, 매출은 2016년 한해에만 1조원을 넘어선 것으로 알려진 베스트셀러에 해당된다. 아모레퍼시픽의 쿠션은 화장품 시장에서 새로운 범주를 개척한 좋은 사례라고 할 수 있다. 즉, 외국계 화장품회사에 의해서 파우더와 파운데이션 유형의 제품이 시장을 선도하던 시절에 파운데이션과 파우더의 기능을 합친 새로운 유형의 화장품을 출시함으로써 화장품의 새로운 영역을 개척한 사례이다.

출처: http://www.apgroup.com

출처: http://www.apgroup.com

아모레퍼시픽은 2006년 LG생활건강이 밤(balm) 타입 자외선 차단제를 이자녹스 브랜드로 출시하자 경쟁 관계에 있는 아이오페 브랜드를 통해 경쟁제품을 출시할 목적으로 개발된 것으로 알려져 있다. 2007년 아모레퍼시픽은 밤(balm) 타입 자외선 차단제와는 차별화된 스펀지 제형 개발을 하게 되었는데, 이와 같은 형태의 차별화를 추진한 배경으로 밤 타입 제품을 만들어도 고객들에게 차별적 가치를 제공하기 어렵다는 점과 밤 제형에 갖고 있는 문제점, 즉 밤 표면에 먼지가 들러붙는 문제점을 지적하고 있다. 차별화가 마케팅 차원의 문제라고 한다면 밤 제형이 갖고 있는 문제점은 기술적인 문제점이라고 할 수 있다.

아모레퍼시픽 연구원들은 브레인스토밍 과정 중 에멀전 제형을 스펀지와 결합시켜 보자는 아이디어, 즉 스펀지에 파운데이션이 스며들어 있는 상태에서 얼굴에 바르도록 해 보자는 아이디어가 나왔는데, 이러한 아이디어는 주차 확인 스탬프에서 영감을 얻었다고 한다.

쿠션 화장품의 핵심 메커니즘은 '셀트랩(Cell - trap)' 기술이다. 이 기술의 핵심 중 한 가지는 액상 제형의 흐름을 통제하면서도 장기간 안정적으로 보존할 수 있는 스펀지인데, 아모레페시픽 연구원들은 이를 개발하기 위해서 200여 가지를 3,600번 이상 테스트를 해 보았으며, 그 결과 80여만 개의 미세 구멍이 있는 발포 우레탄 폼 스폰지가 가장 적합한 스펀지라는 결론을 내렸다고 한다. 그리고 프로토타입(prototype) 제품을 만들어서 고객을 대상으로 품평회를 실시한 결과 고객들로부터 기존 메이크업 제품에선 얻을 수 없었던 촉촉함과 산뜻함이 느껴진다는 긍정적 평가를 얻게 되었다고 한다.

아이오페 브랜드 매니저들은 셀트랩 기술이 적용된 쿠션 제품의 컨셉을 '멀티 선블록', 즉 아이오페의 기능성 화장품 이미지를 반영하여 자외선 차단, 파운데이션, 미백, 쿨링 등 스킨케어부터 메이크업을 아우르는 여러 기능을 복합해서 한 번에 제공한다는 컨셉으로 잡았고, 브랜드명을 '에어쿠션 선블록'으로 정했다고 한다.

쿠션 제품의 성공요인은 제품 자체가 갖는 특징과 그 특징이 소비자에게 준 편익 측면에서 고찰해 볼 수 있다. 먼저 쿠션 제품은 자외선 차단제에 메이크업 베이스 기능을 더한 혁신적 제품이라는 점을 들 수 있다. 다음으로 소비자 측면에서 보면 화장을 하는 데 소요되는 시간이 절약되고 화장의 수정도 간편해 졌다는 점이다.

출처: 민지혜(2017), 이방실 등(2016)에서 발췌 및 수정.

직무능력 향상을 위한 토의주제

■ 본문에 제시되어 있는 범주화와 관련된 질문들에 대해서 토의해 보시오.

■ 명품매장 옆에 자사 매장이 있다고 가정해 보자. 자사 매장의 제품 혹은 자사 브랜드는 어떠한 경우에 소비자들로부터 자사 제품 혹은 브랜드가 가지고 있는 실체 보다 더 호의적인(혹은 더 비호의적인) 평가를 받을 수 있는지 검토해 보자.

■ 방향제와 탈취제의 공통점과 차이점에 대해서 논의해 보십시오.

■ 아모레퍼시픽의 '설화수'와 LG생활건강의 '후' 화장품의 공통점과 차이점을 조사하여 논의해 보십시오.

■ 귀사에서 출시된 제품 중 하나를 선택하여 귀사 제품과 경쟁사 제품이 소비자에게 어떻게 포지셔닝되어 있는지를 조사해 보고, 만일 귀사 제품의 포지셔닝에 변경이 필요하다면 어떠한 컨셉으로 변경을 하고 싶은지 조사한 내용에 대해 토론해 보십시오.

참고문헌

서현영·황선진·여준상 (2012), 하위범주 유형이 제품평가에 미치는 영향에 관한 연구-소비자의 자기조절 초점의 조절효과를 중심으로, 한국심리학회지: 소비자·광고, 13(2), 307-322.

유연재 (2012), 제품범주가 애매모호한 제품의 범주구성에 따른 고려군과 수용에서 차이-디지털 컨버전스 제품을 중심으로, 한국심리학회지: 소비자·광고, 13(4), 589-616.

유연재·김완석 (2010), 디지털 컨버전스 제품의 범주화 방법에 따른 제품평가 및 고려 상표군의 차이, 한국심리학회지: 소비자·광고, 11(4), 711-735.

이방실·김상훈·강진아 (2016), 아모레퍼시픽 '쿠션(cushion)' 화장품의 범주적 차별화(categorical differentiation) 전략, 경영교육연구, 31(4)호, 191-214.

이승현(2013), 역전을 꿈꾼다면 … 강자의 강점을 약점으로 바꿔라, 동아비즈니리뷰, 123호, 28-32.

이학식·안광호·하영원 (2015), 소비자행동: 마케팅전략적 접근, 학현사.

하영원 (1998), 임시 범주 (Ad Hoc Categories)를 이용한 Positioning 전략에 관한 연구, 경영논총, 9, 533-547.

Barsalou, Lawrence W. (1983), Ad hoc categories, *Memory and Cognition*, 11(3), 211-227.

Barsalou, Lawrence W. (1985), Ideals, central tendency, and frequency of instantiation as determinants of graded structures, *Journal of Experimental Psychology: Learning, Memory, and Cognition*, 11(4), 629-654.

Bransford, John D. and Marcia K. Johnson (1972), Contextual prerequisites for understanding: some investigations of comprehension and recall, *Journal of Verbal Learning and Verbal Behavior*, 11(6), 717-726.

Broniarczyk, Susan M. and Joseph W. Alba (1994), The importance of the brand in brand extension, *Journal of Marketing Research*, 31(2), 214-228.

Cunha Jr., M. and Jeffrey D. Shulman (2011), Assimilation and contrast in price evaluations, *Journal of Consumer Research*, 37(5), 822 – 835.

De Bruyn, A. and S. Prokopec (2017), Assimilation – contrast theory in action: operationalization and managerial impact in a fundraising context, *International Journal of Research in Marketing*, 34(2), 367 – 381.

Goodstein, Ronald C. (1993), Category – based applications and extensions in advertising: motivating more extensive ad processing, *Journal of Consumer Research*, 20(1), 87 – 99.

Hardie, Bruce G. S., Eric J. Johnson, and Peter S. Fader (1993), Modeling loss aversion and reference dependence effects on brand choice, *Marketing Science*, 12(4), 378 – 394.

Johnson, Michael D. (1984), Consumer choice strategies for comparing noncomparable alternatives, *Journal of Consumer Research*, 11(3), 741 – 753.

Kahneman, D. and A. Tversky (1979), Prospect theory: an analysis of decision under risk, *Econometrica*, 47(2), 263 – 291.

Kahneman, D., Jack L. Knetsch, and Richard H. Thaler (1990), Experimental tests of the endowment effect and the Coase theorem, *Journal of Political Economy*, 98(6), 1325 – 1348.

Kahneman, D. and Jack L. Knetsch, and Richard H. Thaler (1991), The endowment effect, loss aversion, and status quo bias, *Journal of Economic Perspectives*, 5(1), 193 – 206.

Knetsch, Jack L. (1989), The endowment effect and evidence of nonreversible indifference curves, *American Economic Review*, 79(5), 1277 – 1284.

Krishnan, H. S.(1996), Characteristics of memory associations: a consumer – based brand equity perspective, *International Journal of Research in Marketing* 13(4), 389 – 405.

Lefkoff – Hagius, R. and Charlotte H. Mason (1993), Characteristic, beneficial, and image attributes in consumer judgments of similarity and preference, *Journal of Consumer Research*, 20(1), 100 – 110.

Loewenstein, G. and S. Issacharoff (1994), Source dependence in the valuation of objects, *Journal of Behavioral Decision Making*, 7(3), 157 – 168.

Loken, B., Lawrence W. Barsalou, and C. Joiner (2008), Categorization theory and research in consumer psychology: category representation and category−based inference, in *Handbook of Consumer Psychology*, eds. Curtis P. Haugtvedt, Paul M. Herr, Frank R. Kardes, NY:Psychology Press, 133−164.

Loken, B. and J. Ward (1990), Alternative approach to understanding the determinants of typicality, *Journal of Consumer Research*, 17(2), 111−126.

Morales, Andrea. C. and Gavan. J. Fitzsimons (2007), Product contagion: changing consumer evaluations through physical contact with "disgusting" products, *Journal of Marketing Research*, 44(2), 272−283.

Peracchio, Laura A. and Alice M. Tybout (1996), The moderating role of prior knowledge in schema−based product evaluation, *Journal of Consumer Research*, 23(3), 177−192.

Ratneshwar, S., C. Pechmann, and Allan D. Shocker (1996), Goal−derived categories and the antecedents of across−category consideration, *Journal of Consumer Research*, 23(3), 240−250.

Rosch, Eleanor H. and Carolyn B. Mervis (1975), Family resemblances: studies un the internal structure of categories, *Cognitive Psychology*, 7(4), 573−605.

Spiggle, S. (1994), Analysis and interpretation of qualitative data in consumer research, *Journal of Consumer Research*, 21(3), 491−503.

Szmigin, I. and M. Piacentini (2015), *Consumer behaviour*, UK: Oxford University Press.

Tversky, A. (1977), Features of similarity, *Psychological Review*, 84(4), 327−352.

van Dijk, E. and D. van Knippenberg (1996), Buying and selling exchange goods: loss aversion and the endowment effect, *Journal of Economic Psychology*, 17(4), 517−524.

Wagemans, J., James H. Elder, M. Kubovy, Stephen E. Palmer, Mary A. Peterson, M. Singh, and R. von der Heydt (2012), A century of gestalt psychology in visual perception: I. perceptual grouping and figure-ground organization, *Psychological Bulletin*, 138(6), 1172-1217.

Wagemans, J., J. Feldman, S. Gepshtein, R. Kimchi, James R. Pomerantz, Peter A. van der Helm, and Cees van Leeuwen (2012), A century of gestalt psychology in visual perception: II. conceptual and theoretical foundations, *Psychological Bulletin*, 138(6), 1218-1252.

Wilcox, K., Anne L. Roggeveen, and D. Grewal (2011), Shall Ii tell you now or later? assimilation and contrast in the evaluation of experiential products, *Journal of Consumer Research*, 38(4), 763−773.

[3장 참고 인터넷 기사 및 자료]

국립국어원, 표준국어대사전, http://stdweb2.korean.go.kr/

강유현(2011), "후발주자여 베끼지 마라 … 하나만 '차별화' 해도 소비자는 갈아탄다", 한경닷컴, 2011. 04. 21, http://stock.hankyung.com/news/app/newsview.php?aid=2011041922761

민지혜(2017.12.27), '세상에 없는 화장품' 아모레퍼시픽 에어쿠션, 한국경제, http://news.hankyung.com/article/2017122683601

박수찬(2011), [Interview] "삼성, 제품 아닌 브랜드 전략에서 애플에 밀려", 조선비즈, 2011.08.27, http://biz.chosun.com/site/data/html_dir/2011/08/26/2011082601129.html)

아모레퍼시픽 홈페이지, 아이오페, http://www.apgroup.com/int/ko/brands/iope.html

아모레퍼시픽 홈페이지, 헤라, http://www.apgroup.com/int/ko/misc/news/brand−2016−09−132.html

이새봄(2011a), 서커스 사양산업? 창조성만 있으면 블루오션!, 매일경제, 2011.05.20, http://news.mk.co.kr/newsRead.php?year=2011&no=321647

이새봄(2011b), 한국도 세계적인 공연 만들려면 …, 매일경제, 2011.05.20, http://news. mk.co.kr/newsRead.php?year=2011&no=321638

소비자 의사결정 과정의 이해

 ## 제1절 소비자 의사결정 과정 개요

> 다음의 질문에 답해 보십시오.
>
> ■ 본인은 지금 여행을 가고자 마음을 먹었습니다. 여행을 가고자 마음을 먹은 이후에 당신이 해야 할 것들을 무엇이 있는지 시간의 흐름에 따라 순서대로 기술해 보십시오.
> ■ 본인이 가장 최근에 구매 한 제품 혹은 서비스는 어떠한 필요성 때문에 구매했는지 그리고 왜 그 브랜드를 구매했는지를 떠올려 보십시오. 그리고 그 브랜드를 구매해야겠다고 생각한 때부터 구매결과까지 주요과정을 나누어서 기술해 보시고 자신의 구매 과정이 다른 사람과는 어떻게 다른지 비교해 보십시오.
> ■ 아마존(Amazon)의 대시(Dash)는 소비자의 구매의사결정과정을 어떻게 바꾸어 놓았는지 조사한 후 토론해 보십시오.

1.1 소비자 의사결정 과정 개요

B와 D 사이에는 C가 있다는 말이 있다. 이것은 사람들은 태어나서(Birth)부터 사망하기(Death) 전까지는 항상 선택(Choice)의 문제에 직면한다는 의미를 지니고 있다. 이처럼 선택의 문제는 일반적으로 사람들이 생활하는 데 직면하

는 중요한 사항이라고 할 수 있다. 일상생활뿐 아니라 소비자들이 제품 혹은 서비스를 구매하는 상황에서도 이러한 선택의 문제는 상존하는데, 제품을 선택하는 것은 일반적으로 구매라고 용어를 사용한다. 사람들이 어떤 대상을 구매하는 것을 과정으로 파악하는 경우 구매는 구매 이전 과정과 구매 과정 그리고 구매 이후 과정으로 구분해 볼 수 있다. 즉, 구매는 구매를 하기 위해 일정한 과정을 거친 후 비로소 구매 과정이 이루어지고 구매가 이루어진 이후에는 구매에 관한 평가가 이루어져서 그 결과를 바탕으로 하여 재구매가 이루어지는데, 이러한 순환적인 과정을 소비자 의사결정 과정 혹은 구매 의사결정 과정이라고 한다.

소비자 의사결정 과정은 통상적으로 문제인식(혹은 욕구인식)단계, (정보)탐색 단계, 대안평가(비교) 단계, 구매 단계 그리고 구매 후 평가 및 행동 단계로 이어진다고 보고 있다. 구매 후 평가 및 행동 단계를 조금 더 세분화해서 살펴본다면 구매 후 평가를 통한 만족/불만족 형성 단계, 몰입(commitment) 단계, 충성도(loyalty) 단계로 구분이 가능하다. 구매 후 평가 및 행동 단계를 세분화해서 살펴보는 것은 이 단계들이 재구매에 관한 태도 혹은 재구매 행동과 밀접한 관련성을 지니고 있으며, 경우에 따라서는 타인의 정보탐색 활동에 개입하여 구전 혹은 추천행동을 할 수도 있으며, 구매 후 단계에서의 평가에 따라 다음에 구매 의사결정을 해야 할 경우 구매 이전의 여러 단계가 생략되고 구매로 직접

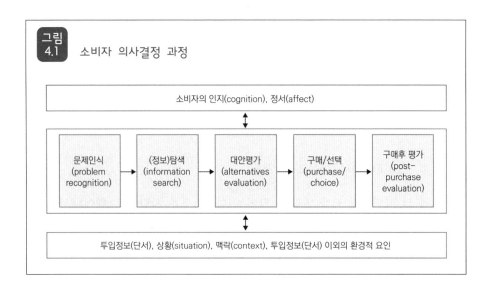

그림 4.1 소비자 의사결정 과정

소비자의 인지(cognition), 정서(affect)

문제인식 (problem recognition) → (정보)탐색 (information search) → 대안평가 (alternatives evaluation) → 구매/선택 (purchase/ choice) → 구매후 평가 (post- purchase evaluation)

투입정보(단서), 상황(situation), 맥락(context), 투입정보(단서) 이외의 환경적 요인

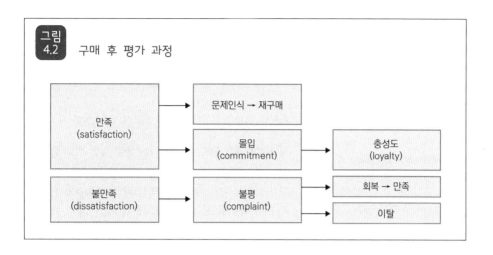

그림 4.2 구매 후 평가 과정

이어질 수도 있기 때문이다. 예컨대 자신이 구매한 특정제품의 성능이 매우 우수하다고 평가하여 그 제품에 만족한 소비자는 다음번 구매 의사결정 과정에서 제품에 대한 구매 욕구가 발생하는 경우 자신의 기억 속에서 좋은 제품으로 자리매김이 되어있는 특정 브랜드를 가장 먼저 기억 속에서 인출될 것이며, 인출된 정보를 바탕으로 좋은 경험을 한 것이 회상될 가능성이 높은데, 이러한 소비자들은 인지적 자원 및 노력이 필요한 외적 정보 탐색 및 대안 비교 단계를 모두 생략하고 바로 해당 제품을 구매할 가능성이 높다. 같은 논리로 특정 음식점에서 경험한 음식의 맛에 매우 매료된 소비자는 해당 제품군에 속하는 음식을 섭취하고 싶은 경우 그 특정 음식점을 떠올리고 바로 예약주문을 하거나 그 음식점을 방문할 가능성이 높다. 따라서 구매 후 평가 및 행동 단계는 경쟁이 치열한 산업이나 경험이 중요한 산업에서는 그 중요성이 매우 높으며, 이 단계에서의 소비자 심리 및 행동을 이해해야 할 필요성이 높다.

소비자 구매의사결정 과정을 이해해야 하는 이유는 다음과 같다.

첫째, 소비자 구매의사결정 과정이 중요한 이유는 마케팅 컨셉과 일치한다는 점이다. 현대 마케팅은 소비자의 욕구로부터 출발한다. 구매의사결정 과정역시 문제인식 단계 혹은 욕구필요 단계부터 출발한다.

둘째, 소비자 구매의사결정 과정은 문제해결적 접근방법을 취하고 있다. 소비자들은 소비/사용 필요가 발생하는 경우 이 문제를 해결하기 위하여 의사결정 단계들이 진행되며 궁극적으로 구매에 이르게 된다.

표
4.1 구매 의사결정 과정과 마케팅 시사점

구매 의사결정 과정: 주요 주제	마케팅 시사점
문제인식: 욕구환기, 구매목표 설정	자사의 경쟁적 우위 요소와의 연관성 및 적합성
정보탐색: 내적탐색, 외적탐색	정보탐색 원천 파악 및 자사 제공물에 대한 정보 접근성 강화
대안 평가	자사의 시장 위치, 경쟁적 강약점 파악, 소비자의 정보 처리 방식(속성별처리 대 브랜드별 처리), 비교의 준거점 강화
구매	대안 평가에 따른 태도와 구매 간의 인지적, 시간적 격차, 판매촉진 전략 활용, 구매의 확신성
구매 후 평가: 만족/불만족	기대와 성과 관리, 공정성, 인지부조화 최소화, 후회 최소화
구매후 평가: 몰입, 충성도, 재구매	브랜드 애착, 구전, 전환장벽, 고객관계관리프로그램

셋째, 소비자 심리 및 행동에 영향을 미치는 요인은 매우 많지만 각 구매 의사결정 과정에서 중요하게 영향을 미치는 요인들은 상이하다는 점이다. 따라서 마케터는 자사 제품 혹은 서비스가 구매의사결정 단계별로 어떤 요소가 중요하게 영향을 미치는지를 파악하여야 마케팅 성과를 제고할 수 있을 것이다.

1.2 관여도와 소비자 의사결정

(1) 관여도의 개념유형

소비자 구매의사결정 과정을 세부적으로 이해하기 전에 소비자의 구매행동을 유형별로 나누어 보는 것은 소비자들이 구매의사결정 과정의 각 단계별로 얼마나 인지적 자원을 투입하며 진행할 것인지를 파악하는 데 유용한 시각을 제공한다.

소비자 의사결정과정은 소비자를 바람직한 목표를 달성하기 위하여 당면한 문제를 해결하려는 문제해결자로 보고 있다. 그런데 소비자들이 당면하는 문제는 소비자에게 장기적으로 중요하게 영향을 미치는 것이 있는 반면 소비자에게 그렇게 중요하게 영향을 미치지 못하거나 단기적으로만 영향을 미치는 것들도 있다. 소비자들은 인지적 자원을 의사결정에 투여하는 것을 자원(시간, 노력 등)의 활용으로 보고 있으며, 이러한 자원을 중요성이 떨어지는 과업에 많이 투여하고 싶지는 않을 것이다. 또한 소비자들은 의사결정 상황이 중요한 이슈와 관련된 경우에는 의사결정에 많은 자원을 투여할 가능성이 높지만 의사결정 상황이 사소한 이슈와 관련된 경우에는 의사결정에 많은 자원을 투여할 가능성은 낮을 것이다. 즉, 소비자들이 문제해결자로서 어떻게 의사결정을 할 것인지는 해결해야 할 문제의 중요성, 의사결정자가 처한 상황 등에 따라서 달라질 가능성이 높다. 관여도(invlovement)는 소비자들이 해결해야 할 문제의 중요성과 소비자들이 처한 상황에 따라 의사결정 방법이 어떻게 달라지는지를 설명하는 유용한 개념이다. 소비자 심리 및 행동에서 관여도는 구매 혹은 소비 상황에서 특정 대상과 관련된 개인의 지각된 중요성(importance), 관심도(interest) 혹은 지각된 관련성(relevance)으로 보고 있다. 고관여도는 소비자가 대상에 대해 중요성 혹은 관련성이 높다고 지각하는 것이고 저관여도는 소비자가 대상에 대해 중요성 혹은 관련성이 낮다고 지각하는 것이다.

관여도는 지속적 관여와 상황적 관여로 그 유형을 구분해 볼 수 있다. 지속적 관여는 개인적 특성 혹은 제품 특성과 관련이 깊은 반면, 상황적 관여는 상황 특성과 관련이 깊다. 전자는 자신이 중요하게 여기는 가치 혹은 자아와 관련된 대상에 대하여 지속적으로 관심을 갖는 것(예컨대 특정 축구단 혹은 야구단의 팬)인 반면, 후자는 특정 상황 혹은 이슈(예컨대 대규모 할인 행사 기간인 블랙 프라이데이)에 대하여 관심을 갖는 것을 의미한다.

(2) 관여도에 영향을 미치는 요인

관여도는 ① 개인적 특성(가치, 목표, 욕구 등), ② 제품 특성(제품 범주, 위험 가능성 등) 그리고 ③ 소비 상황(시간압박, 물리적 환경 등) 등의 영향을 받으며, 의사결정 과정, 정보처리 과정 그리고 태도와 행동 등에 영향을 미친다(Kapferer and Laurent, 1986; Laurent and Kapferer, 1985; Zaichkowsky, 1985).

❶ 관여도는 개인적 특성에 따라 달라질 수 있다.

관여도에 영향을 미치는 개인적 요인으로는 가치, 목표, 욕구 등이 있다. 소비자는 자신의 가치에 부합하는 제품에 높은 관여도를 보이는 경향이 있다. 예컨대 이타적 가치관을 가지고 있는 사람들은 환경친화적 제품에 높은 관여도를 보일 것이다. 소비자는 자신의 구매 목표에 부합하는 제품에 대해 높은 관여를 할 가능성이 있다. 예컨대 자녀가 태어난 부부는 자녀가 없는 부부에 비해 자동차 선택 시 구매목표를 안전성에 둘 가능성이 높으며, 이 경우 자동차의 안전성에 대한 관여도가 더 높을 가능성이 있다. 소비자는 자신의 욕구에 부합하는 제품에 대해 높은 관여도를 보일 것이다. 예컨대 건강에 대한 관심이 높은 경우 다른 광고에 비해 건강식품 광고에 대해 주의를 더 기울일 가능성이 높다.

❷ 관여도는 제품 특성에 따라 달라질 수 있다. 관여도에 영향을 미치는 제품 특성으로는 제품 범주, 제품의 지각된 위험 정도, 제품 성과의 불확실성, 가격, 계약기간 등을 들 수 있다. 실용적 제품 범주보다는 쾌락적 제품 범주인 경우 관여도가 높을 가능성이 있다.

지각된 위험은 소비자들이 제품과 관련하여 지각하는 부정적 결과의 정도를 의미한다. 소비자들이 지각하는 위험의 종류로는 ① 성능 위험(성능이 제대로 나타나지 못할 위험을 말하는 것으로 새차에 비해 중고차는 가격이 저렴하더라도 성능에 대한 지각된 위험은 높을 가능성이 있음), ② 신체적 위험(제품 사용에 따라 신체에 위해를 입을 위험을 말함), ③ 심리적 위험(자기이미지에 부정적 영향을 미칠 수 있는 위험을 말하는 것으로 평상복보다는 외출복이 심리적 위험이 더 클 것임), ④ 사회적 위험(준거집단 혹은 준거인으로부터 부정적 평가를 받을 위험을 말하는 것으로 고가 외제품을 구입하는 데 따른 비난을 두려워하는 것은 여기에 속할 것임), ⑤ 재무적 위험(비용 부담에 따른 위험을 말하는 것으로 저가 제품보다는 고가 제품, 안정적인 금융상품보다는 주식 투자가 재무적 위험이 높음), ⑥ 시간손실 위험(의사결정이 잘못되어서 다시 구매하려고 할 때 소요되는 시간이 긴 경우) 등이 있다. 지각된 위험 수준이 높은 제품은 그렇지 않은 제품에 비해 소비자 관여도가 높을 가능성이 있다.

제품 성과가 불확실한 경우(예컨대 혁신적인 신제품), 가격이 높은 경우, 계약기간이 긴 경우에 소비자들은 높은 관여를 보일 가능성이 높다.

❸ 관여도는 상황적 요인에 따라 달라질 수 있다. 예컨대 소비자 자신이

사용하기 위해 구매하는 경우 보다는 소중한 사람에게 선물을 하기 위해 구매하는 경우에는 관여도가 더 높을 가능성이 있다.

(3) 관여도와 소비자행동

관여도는 의사결정 과정에 차이를 가져온다. 관여도가 높은 때에는 문제인식을 하는 경우 정보 탐색 과정을 거쳐 대안 평가를 하고 구매를 하는 과정을 거친다. 한편 관여도가 낮은 경우에는 문제인식을 하는 경우 구매의도가 형성되고 구매를 한 후 구매한 브랜드에 대한 평가가 이루어지기도 하고, 정보 탐색 과정을 거치는 경우에도 관여도가 높은 때에 비해서 정보 탐색의 노력은 덜 하는 것이 일반적이다.

관여도는 제품 범주에 따라 달리질 수 있으며, 관여도는 소비 상황에 따라 태도와 행동에 영향을 미친다(Kapferer and Laurent, 1986; Laurent and Kapferer, 1985; Zaichkowsky, 1985). 관여도는 광고효과성, 주의와 이해, 설득, 재구매 및 충성도, 서비스 평가, 온라인에서의 지식공유 등과 같은 과정을 조절한다(Chang and Chuang, 2011; Olsen, 2007; Petty et al., 1983). 소비자들은 고관여 상황에서는 정보를 추가적으로 더 탐색해야 하는 경우에는 정교화된 중심 정보처리 스타일을 사용하는 반면 저관여 상황 그리고 정보를 능동적으로 탐색하지 않고 간단한 휴리스틱 단서를 활용하는 경우에는 주변 정보처리 스타일을 사용한다(Petty et al., 1983).

표 4.2 관여도에 따른 의사결정 유형

	고관여	저관여
브랜드 간 차이 큼	복잡한 의사결정 브랜드 충성도	다양성 추구 실험적 구매
브랜드 간 차이 적음	부조화 감소	관성(inertia) 가식의 충성도(spurious loyalty) 무작위 선택

출처: Szmigin and Piacetini(2015).

소비자 구매유형을 소비자의 관여도와 브랜드 간의 차별성에 따라 구분하면 다음과 같다(이학식 등, 2015; Szmigin and Piacetini, 2015).

소비자 구매유형의 첫 번째는 복잡한(complex) 구매행동이다. 이 구매행동은 소비자들이 구매에 대한 관여도가 높을 때 그리고 브랜드 간 차이가 클 때 보이는 행동유형이다. 또한 ① 제품 가격이 높은 경우, ② 구매빈도가 낮은 경우, ③ 지각된 위험이 높은 경우, ④ 자기표현과의 연관성이 높은 경우에는 이러한 구매행동을 보일 가능성이 높다.

두 번째는 부조화감소(dissonance – reducing) 구매행동이다. 이 구매행동은 소비자들이 구매에 대한 관여도가 높지만 브랜드 간 차이가 크지 않을 때 보이는 행동유형이다. 소비자들이 지각된 관여도가 높다는 것은 구매와 관련된 위험 요소가 포함되어 있는 것을 의미하므로 소비자들은 구매 후에 자신의 선택이 올바른 선택이었음을 보증하고 싶을 가능성이 높다. 부조화란 소비자들이 구매 후 느끼게 되는 평가 간에 갈등이 발생하는 것을 말한다. 예컨대 어떤 제품을 구매하였는데 구매 후에 그 제품을 잘 산 것을 지지하는 정보도 듣지만 잘못 산 것을 지지하는 정보(그 제품에 대해 좋지 않은 평가를 구매 후에 알게 된 경우)를 듣게 된다면 소비자는 구매 후에 부조화를 느끼게 된다. 부조화감소란 구매 후에 느끼게 될 수 있는 부조화를 미리 제거하려는 구매행동 유형이다. 이 경우 소비자들이 구매 전에 정보 탐색을 하는 이유도 구매 전에 구매에 대한 확신을 가짐으로써 구매 후 발생할 부조화를 미리 제거하려고 하기 때문이다. 소비자들은 제품을 구매하는데 있어서 여러 브랜드를 고려하기는 하지만 구매는 중요하게 고려하는 속성 혹은 브랜드를 중심으로 비교적 신속하게 이루어진다.

세 번째 유형으로는 습관적 구매행동을 들 수 있다. 이 구매행동은 소비자들이 구매에 대한 관여도가 낮으며 브랜드 간 차이가 크지 않을 때 보이는 행동유형이다. 즉, 브랜드 간 차이도 별로 없을 뿐 아니라 구매의 중요성도 떨어지므로 인지적 자원을 의사결정에 많이 투입할 필요를 느끼지 못하며, 자신의 선택 결과에 대해서 크게 고민할 필요가 없으므로 이러한 구매행동을 보이는 경우들이 많다. 이것은 행동적으로는 충성도가 있는 것처럼 보이지만 다른 브랜드가 촉진 활동을 하는 경우 브랜드 전환을 할 가능성이 높다. 따라서 이러한 구매행동을 가식적 충성도로 표현하는 경우도 있다.

마지막 유형으로는 다양성추구(variety-seeking) 구매행동이다. 이 구매행동은 소비자들이 구매에 대한 관여도가 낮지만 브랜드 간 차이가 클 때 보이는 행동유형이다. 이때 소비자들이 브랜드 전환(switching), 즉 기존에 사용하는 브랜드 이외에 다른 브랜드를 구매하는 행동을 하게 된다. 소비자들이 브랜드 전환을 하지 못하도록 하기 위해서 브랜드 전환 장벽(barrier)을 구축하기도 한다.

그러나 다양성 추구 관점에서 보면 소비자들이 관여도가 낮고 브랜드 간 차이가 큰 상황에서 브랜드 전환 행동을 하는 이유는 기존 브랜드에 대한 불만족보다는 단지 다양성을 추구하고자 하는 욕구를 충족하기 위해서한다고 보는 시각이 있다. 소비자들이 다양성을 추구하는 이유는 다양한 욕구 충족 이외에도 제품을 선택하는 것과 연관되어 불가피하게 발생하는 상충관계(예컨대 맛 대 건강)의 스트레스 혹은 어려움을 피하고자 하는 노력의 일환일 수도 있고, 시간의 경과에 따라 싫증이 나는 것 혹은 활력을 위한 필요성 때문일 수도 있다(Menon and Kahn 1995, 2002).

다양성 추구는 마케터에게 마케팅 기회를 여러 가지 형태로 제공한다는 점에서 중요한 의미를 지닌다. 예컨대 음료 시장에서 오렌지 맛 음료만을 출시했던 기업이 포도 맛, 사과 맛 음료를 추가적으로 출시하는 것은 소비자들의 다양성 추구 행동을 자사 브랜드 안에서 통합적으로 관리하려는 마케팅 노력으로 볼 수 있다. 따라서 마케터는 다양성 추구 행동을 용납하는 선택집합을 구성(Deng et al., 2016; Kahn and Wansink, 2004; Mantrala et al., 2009)하여 소비자에게 제시할 수 있어야 한다.

연구자에 따라서는 연구 목적에 따라 구매유형을 소비자의 관여도와 구매경험(첫번째 구매 대 반복구매)에 따라 분류하는 경우도 있다. 이러한 분류에서는 관여도가 높고 첫 번째 구매경험인 경우 복잡한 구매행동을 보이며, 관여도가 낮고 첫 번째 구매경험인 경우 다양성추구 구매행동이 반영되어 있을 가능성이 있다. 관여도가 낮고 반복구매경험인 경우 관성적(inertia) 구매행동이 나타날 수 있고, 관여도가 높고 반복구매경험인 경우에는 소비자들이 브랜드 충성도(loyalty)를 보인다. 브랜드 충성도를 보일 때에는 소비자들의 마음 속에는 브랜드에 대한 애착심(attachment)이 형성되어 있는 경우가 많은 반면 관성적 구매

행동일 경우에는 브랜드에 대한 애착심이 아직 형성되어 있지 않거나 애착심이 약할 가능성이 높다. 마케터는 소비자들로부터 반복적으로 자사 브랜드가 선택되기 위해서는 소비자들로부터 브랜드에 대한 애착심을 이끌어내는 것이 중요하다. 기업의 마케팅 프로그램 중에는 이와 같이 소비자들로부터 브랜드 충성도를 이끌어내기 위한 목적으로 실시되는 것들을 많이 찾아볼 수 있다.

(4) 관여도와 마케팅 전략

관여는 몰입(commitment)을 수반하기 때문에, 관여도가 높아진 소비자는 그 상표에 대한 충성도를 유지할 가능성이 높다. 따라서 소비자를 저관여 상황에서 고관여 상황으로 전환시키는 것은 충성도 유지에 도움을 줄 수 있다. 소비자의 관여도를 높이는 전략으로 다음과 같은 방법이 있다(이학식 등, 2015; 임종원 등 2010).

① 제품을 관여되는 문제와 연결시킨다(예: 자일리톨껌은 껌을 충치예방과 연결).
② 제품을 관여되는 상황과 연결시킨다(이른 아침 커피광고, 퇴근시간 대리운전 광고, 심야 텔레비전에서의 야식 광고).
③ 제품과 관여된 광고를 연결시킨다(예: 17차를 마시는 사람은 ○○○처럼 날씬해진다＋○○○처럼 날씬한 사람이 마시는 차).
④ 제품 혜택의 중요성을 변화시킨다(예: 칠성사이다의 무카페인 광고).
⑤ 그 제품의 중요한 특성을 도입한다(예: 검은 콩 두유).
⑥ 문제를 만들고 그것을 해결한다(예: 미세먼지의 문제점을 제기한 후 자사 공기청정기가 미세먼지 제거효과 있음을 강조, 서울우유의 제조일자 확인 캠페인).

소비자들의 구매 행동을 관성적 구매로부터 다양성 추구로 전환시키는 것도 하나의 방법이 된다. 선발상표는 친밀감을 통해 습관적 구매행동을 유지하는 전략에 초점을 맞출 가능성이 있다. 그러나 후발상표는 소비자들이 다양성 추구 행동을 하도록 유도(상표 전환 유도)하여 자사 제품의 시용을 늘리는 것이 필요하다. 예컨대 특별가격, 저가격, 할인 쿠폰 등은 이러한 시용을 늘리는 데 좋은 수단이 된다.

저관여 제품은 광고 전략 수립 시 다음의 사항을 고려하는 것이 필요하다

(이학식 등, 2015; 임종원 등 2010).

① 다양한 정보보다 몇 가지 핵심 정보에 집중

② 빈번한 반복광고와 짧은 메시지 사용

③ 광고를 통해 차별화

④ 가시적 요소를 강조

⑤ 인쇄매체보다는 텔레비전 광고를 중심으로 함

관여도에 따른 마케팅 믹스 상의 시사점은 다음과 같다(이학식 등, 2015; 임종원 등 2010).

① 제품 포지셔닝: 저관여 제품은 문제를 최소화하도록 포지셔닝, 고관여 제품은 원하는 혜택을 최대화 하도록 포지셔닝

② 가격: 저관여 제품은 상표간 차이가 적어 가격이 중요한 구매기준이 되므로 가격할인, 쿠폰 제공

③ 판매촉진: 저관여 제품의 상표에 대한 태도는 구매 후에 형성되므로 시용(trial)을 유도, 무료견본 등

④ 유통: 저관여 제품은 소비자가 특정 상표를 탐색하고자 하는 동기가 적으므로 선호하는 상표가 상점에 없으면 다른 상표를 선택할 가능성이 높다. 따라서 소비자가 원하는 상표를 상점에서 구매할 수 있도록 공급함으로써, 상표전환 가능성 예방

1.3 소비자 의사결정의 유형

의사결정의 복잡성 정도에 따라서 의사결정 유형을 구분해 볼 수도 있는데, 이 경우에는 의사결정의 복잡성 정도에 따라 포괄적 문제해결, 제한적 문제해결, 일상적 문제해결 그리고 회상적 문제해결로 구분해 볼 수 있다.

첫째, 포괄적 문제해결은 최초 구매이면서 브랜드 간 차이가 클 때 주로 발생하는데, 의사결정을 위해 많은 시간과 노력을 들이고 외적탐색을 통해 문제를 해결하려는 의사결정 유형에 속한다.

둘째, 제한적 문제해결은 최초 구매이면서 비교적 간단한 문제일 때 주로 발생하는데, 소비자들이 어느 정도 정보를 보유하고 있거나 사전 경험이 있는

경우에는 제한된 범위 내에서 외적 탐색을 하여 문제를 해결하는 의사결정 유형에 속한다.

셋째, 일상적 문제해결은 복잡성 정도가 낮은 경우 주로 발생하는데, 반복구매와 같은 사전 경험 등을 통해 문제 해결에 대한 대안을 알고 있는 경우에 해당하는 의사결정 유형에 속한다. 주로 내적탐색을 통해 문제를 해결하기도 한다.

넷째, 회상적 문제해결은 기억 속에 저장되어 있는 정보를 바탕으로 의사결정을 하는 유형에 속한다. 이때 기억 속의 정보는 직접 경험이 없고 광고 혹은 구전 등을 통해 획득된 정보에 주로 의존하는 것을 말한다.

1.4 소비자 의사결정의 특성

소비자의 의사결정은 공통적으로 몇 가지 특성을 가지고 있는데, 이러한 특성들로는 다음과 같은 것들이 있다(Bettman et al., 1998).

첫째, 의사결정에서 다루어진 정보의 총량은 의사결정 목표, 의사결정 상황, 소비자 특성 등에 따라 크게 변할 수 있다. 과업 중심의 의사결정 목표는 비용−편익 관점에서 접근하는 경우 의사결정의 정확성 추구와 이에 따라 소요되는 인지적 노력 간의 상충상쇄(trade−off)가 있다고 본다. 따라서 의사결정 목표가 의사결정의 정확성인지 혹은 의사결정에 소요되는 인지적 노력을 최소화하는 것인지에 따라서 필요한 정보의 양은 달라진다. 의사결정 상황이 높은 관여도를 요구하는 경우(예컨대 자동차 구매)일 때에는 선택집합 내에 있는 각 브랜드별로 최대한 많은 정보를 취합하여 속성들을 상세하게 고려하여 결정할 필요가 있으나 높은 관여도를 요구하지 않는 경우(예컨대 껌 구매)일 때에는 단순한 의사결정 규칙을 적용하므로 많은 양의 정보가 필요하지는 않을 것이다. 또한 인지욕구(need for cognition), 즉 생각을 많이 하는 것에 대한 욕구가 높은 소비자는 그렇지 않은 소비자에 비해 의사결정에 필요한 정보를 많이 필요로 할 가능성이 높다.

둘째, 소비자들은 속성 혹은 대안(제품 혹은 브랜드)과 관련된 정보처리를 선별적(selective)으로 할 수도 있고 고르게(consistent) 할 수도 있다. 고른 정보처리는 각 속성 혹은 각 대안별로 처리되는 정보의 양이 같은 것을 의미하는 반면 선별적 정보처리는 각 속성 혹은 각 대안별로 처리되는 정보의 양이 다른 것을 의미한다. 소비자들은 각 속성(혹은 대안)에 대해서는 선별적 정보처리를 하는 반면 각 대안(혹은 속성)에 대해서는 고른 정보처리를 하는 경우가 있다. 어떤 소비자가 제품의 여러 가지 속성 중 자신이 관심을 많이 가지고 있는 속성 정보(예컨대 연비)를 중심으로 선택집합 내에 있는 모든 대안들(예컨대 소나타, 말리브, QM6)을 균등하게 고려하여 평가하였다고 한다면 이 소비자는 속성에 대해서는 선별적 정보처리를 하였고, 브랜드에 대해서는 고르게 정보처리를 한 것이다. 한편 다른 소비자는 여러 가지 브랜드들 중에서 자신이 관심을 많이 가지고 있는 브랜드(예컨대 소나타)를 중심으로 하여 제품의 여러 가지 속성(예컨대 연비, 디자인, 가격)을 모두 검토하여 브랜드에 대한 평가를 하였다고 한다면 이 소비자는 브랜드에 대해서는 선별적 정보처리를 하였고, 속성에 대해서는 고르게 정보처리를 한 것이다. 각 속성 혹은 각 대안별로 처리되는 정보의 양은 서로 다를 수 있으나 정보처리는 선별적 정보처리와 고른 정보처리를 모두 고려하는 것이 효과적이다.

셋째, 소비자들은 서로 다른 정보처리 패턴, 즉 브랜드별 처리패턴과 속성별 처리패턴을 활용할 수 있다. 브랜드별 처리패턴은 단일의 브랜드가 가지고 있는 여러 가지 속성들을 모두 처리하여 평가가 이루어진 이후 다른 브랜드를 고려하는 것을 말하는 반면 속성별 처리패턴은 단일의 속성에 대해 여러 브랜드들의 가치가 처리되어 평가가 이루어진 후 다른 속성을 고려하는 것을 말한다.

넷째, 소비자들은 서로 다른 정보처리 규칙, 즉 보상적 규칙(compensatory rule) 혹은 비보상적 규칙(noncompensatory rule) 혹은 보상적 규칙과 비보상적 규칙의 혼합을 통해 의사결정을 한다. 보상적 규칙과 비보상적 규칙의 가장 큰 차이점은 소비자들이 속성 혹은 고려하는 기준 간에 발생할 수 있는 상충속성 간 상쇄(trade-off)를 용인할 것인지에 달려 있다. 예컨대 소비자가 자동차를 구매할 때 디자인과 연비를 고려하고 있는 경우 디자인과 연비 간의 발생할 수 있는 상충관계를 상쇄할 것인지에 따라 구매가 이루어질 수도 있고 이루어지지 않을 수도 있다. 조금 더 쉽게 표현하자면 예컨대 소비자가 자신이 가지고 있는 디자인과 연비에 대한 기준과 비교해 보았을 때 지금 고려하고 있는 자동차 브랜드의 디자인은 자신이 생각하는 기준보다 더 떨어지는 수준이지만 연비는 매우 탁월하기 때문에 연비의 우수성이 디자인의 열위성을 상쇄하여 이 브랜드를 구매한다면 속성 간 상쇄를 용인한 것인 반면 연비가 아무리 우수하다고 하더라도 디자인이 자신이 가지고 있는 기준에 미치지 못하므로 이 브랜드를 최종 선택에서 탈락시킨다면 속성 간 상쇄를 용인하지 않은 것이 된다. 그리고 속성 간 상쇄를 용인한다고 하더라도 속성 간의 상쇄비율은 소비자에 따라서 달라질 것이다. 예컨대 어떤 소비자는 연비가 조금만 높아도 디자인의 부족한 점을 상쇄할 수 있는 반면 다른 소비자는 연비가 매우 높아야 디자인의 부족한 점을 상쇄할 수 있다.

보상적 규칙은 한 가지 속성의 양호한(불량한) 가치는 다른 속성의 불량한(양호한) 가치에 의해 보상될 수 있는 반면 비보상적 규칙은 한 속성의 양호한(불량한) 가치는 다른 속성의 불량한(양호한) 가치에 의해 만회되지 않는다는 것이다. 보상적 규칙은 속성 간의 상충관계를 상쇄하는 것을 용인하는 의사결정 규칙이다.

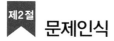

제2절 문제인식

2.1 소비자 욕구

소비자 구매의사결정 과정은 소비자들이 자신의 충족되지 못한 필요, 욕구 등이 있음을 깨달을 때 시작된다. 즉, 소비자 구매의사결정 과정은 구매를 통해 해결되어야 할 필요가 있는 문제가 있음을 소비자들이 인식하는 것에서 출발한다. 예컨대 기존에 오랜 기간 동안 잘 사용하고 있었던 세탁기(소비자의 빨래 문제를 해결해 준 기계)가 고장이 나는 경우 소비자는 빨래와 관련된 문제를 해결해야 할 필요가 생길 것이다.

여기서 충족되지 못하다는 의미는 두 가지 마케팅 관점에서 해석하는 것이 바람직하다. 즉, 정상적인 상태에 비해서 무엇인가 결핍되어 있는 것을 깨닫는

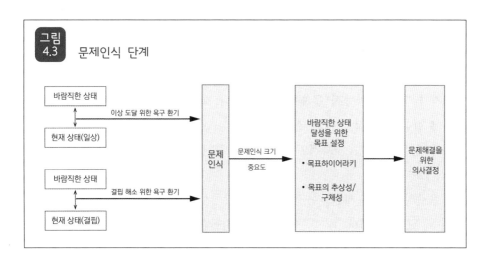

그림 4.3 문제인식 단계

것(예컨대 식사 시간을 놓칠 정도로 열심히 작업에 몰두하고 있는데 맛있는 냄새를 맡은 경우 배가 고프다는 것을 깨닫게 됨)이다. 그리고 다른 한 가지는 바람직한 상태 혹은 소망하는 상태에 비해서 현재 상태가 결핍되어 있는 것을 깨닫는 것(예컨대 열심히 작업에 몰두하고 있기는 하지만 여행을 통해 휴식을 취하고 싶은 경우)일 수도 있다. 그리고 이러한 결핍에 대한 인식(문제 인식)은 소비자 내적 요소(예컨대 배고픔)에 의해 촉발될 수도 있고 외적 요소(예컨대 광고)에 의해 촉발될 수도 있다.

소비자 구매의사결정 과정 중 문제인식(problem recognition) 단계는 소비자들이 필요, 욕구 등이 결핍되어 있음을 깨닫는 것에서 출발하는데, 결핍은 기능적 측면에서의 결핍일 수도 있고 심리적 혹은 쾌락적 측면에서의 결핍일 수도 있으며, 소비자들의 욕구 역시 기능적 욕구일 수도 있고 심리적인 욕구 혹은 이 두 가지가 결합된 욕구일 수도 있다. 마케터는 소비자의 욕구를 정확히 파악하여 심리적 욕구를 충족시킬 것인지 혹은 기능적 욕구를 충족시킬 것인지 혹은 이 두 가지 욕구를 모두 충족시킬 것인지에 대한 대안을 가지고 있어야 한다.

마케터는 소비자 욕구에 대한 이해를 바탕으로 소비자 욕구에 부합하는 마케팅을 실시하여 소비자 욕구를 활성화시켜야 한다. 예컨대 제품은 경험-기능을 하나의 축으로 하는 연속성 상에 배열을 할 수 있기 때문에 광고에서 표현된 제품범주가 욕구의 유형을 자극할 수 있다(Batra and Ahtola, 1991; Batra and Ray, 1986; Hirschman and Holbrook, 1982; Holbrook and Hirschman, 1982).

소비자 욕구를 활성화시키기 위한 광고 메시지는 소비자들이 가지고 있는 욕구에 부합하도록 구성되어야 한다. 예컨대 광고주는 소비자들의 실용적 욕구 혹은 표현적 욕구를 자극하기 위하여 실용적 소구 혹은 표현적 소구를 할 수 있다. 실용적 소구는 브랜드가 실용적 욕구와 관련이 있어야 하며, 그 브랜드는 소비자가 당면한 기능적 문제를 제거하거나 회피할 수 있는 수단성을 가지고 있어야 한다. 표현적 소구와 관련된 광고는 브랜드를 경험적 만족 혹은 상징적 만족과 같은 긍정성 지향적인 욕구와 연계하는 것이 바람직하다(Rossiter and Percy, 1985).

욕구의 유형은 개인들이 문제인식 상황에서 가지고 있는 욕구의 영향을 받을 수도 있다(Bettman, 1979). 예컨대 소비자들은 동일한 샴푸 광고를 보더라도 매력성에 높은 관심을 가지고 있는 소비자는 이 광고를 표현적 욕구로 접근할 가능성이 높은 반면 비듬을 관리하는 데 관심을 가지고 있는 소비자들은 동일한 광고를 실용적 혹은 기능적 관점에서 볼 가능성이 높다(Park and Young, 1986).

닌텐도의 경쟁자는 누구인가?

마케팅에서는 경쟁자를 제품 기준뿐 아니라 소비자 욕구를 기준으로 보아야 한다고 말한다. 제품 기준으로만 보는 경우 기업은 마케팅 근시안, 즉 시각이 너무 좁아서 새로운 경쟁자의 출현을 파악하지 못함으로써 기업이 위기에 처한다는 것이다. 마케팅 근시안과 관련하여 언급되는 회사 중 닌텐도가 있다. 이와 관련된 사례를 간략히 소개해 보고자 한다.

닌텐도는 이동식 게임기의 대명사였다. 이런 닌텐도를 위기로 몰아넣은 것은 같은 경쟁 게임 업체가 아닌 스마트폰이라는 점이다. 스마트폰의 발달에 따라 스마트폰을 통한 오락 게임을 즐기는 것이 가능해지면서 게임기 수요는 전체적으로 증가한 반면 이러한 수요의 대부분은 스마트폰이 차지하게 되었다. 그런데 역설적이게도 닌텐도 역시 초창기에는 업종이 다른 나이키의 경쟁 상대로 언급되기도 하였다. 닌텐도가 출시한 가정용 게임기 위(Wii)는 다양한 스포츠 경기를 실내에서도 즐길 수 있게 만들어졌는데, 젊은층이 위(Wii)에 몰입하면서 실제 운동시간은 감소하였다는 것이다. 즉, 운동이라는 욕구를 중심으로 볼 때 나이키의 핵심 고객층은 닌텐도로 전환된 것이다.

출처: 김재진(2016).

2.2 소비자 목표

필요, 욕구 등을 인식한 소비자들은 문제 해결(예컨대 구매)을 위해서 문제해결과 관련된 목표를 세우고, 문제해결의 달성을 위해 동기부여가 형성된다. 소비자들이 문제해결을 위해 갖게 되는 목표는 크게 긍정적인 것을 달성하기 위한 목표와 부정적인 것을 제거하기 위한 목표로 구분해 볼 수 있다. 예컨대 같은 식사라고 하더라도 배고픈 것을 해결하기 위해 식사를 한다면 부정적인 것을 해결하는 것에 가깝다고 할 수 있는 반면 호감을 가지고 있는 상대방에게 더 매력적으로 보이기 위해 식사 시간을 마련한다면 이것은 긍정적인 것을 달성하기 위한 목표에 해당될 것이다. 기업의 마케팅 상황에서는 궁극적으로는 이 두 가지가 혼합되는 경우들이 다수 있으나 마케팅 강조점에는 차이가 있는 경우가 있다. 예컨대 자외선 차선 제품은 부정적인 것을 없애주는 것에 더 초점을 맞춘 마케팅 방법이라고 한다면 동안피부 제품은 긍정적인 것을 달성하는 것에 더 초점을 맞춘 마케팅 방법이라고 할 수 있다.

소비자들은 목표를 설정함에 있어서 단일의 목표를 세우는 경우도 있지만 복수의 목표를 동시에 설정하는 경우도 있다. 이 두 가지 경우 모두 소비자들은 상위목표를 설정하고 그 아래 하위목표를 설정하여 목표를 달성하고자 한다. 이를 목표위계(goal hierarchy)라고 한다(이것은 목표 및 동기부여 부분에서 별로도 다루고 있다).

기업 마케터 입장에서 소비자들이 설정하는 목표와 관련하여 중요한 사항 중 한 가지는 소비자들이 문제해결을 위한 목표(구매 목표)를 세울 때 자사 제품과의 적합성이 높은 목표를 설정하도록 마케팅하는 것이 마케팅 성과를 높이는 데 효과적일 것이다. 예컨대 자사의 세탁기가 경쟁사의 제품보다 세척력은 우수한 반면 소음이 심한 경우 소비자들이 구매 목표를 설정할 때 세척력과 관련된 목표를 설정하는 것이 자사의 마케팅 성과에 더 도움이 될 것이다.

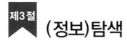

(정보)탐색

3.1 정보탐색의 의미

소비자들이 구매 목표를 세우고 이 목표를 달성하는 것과 관련하여 동기 부여가 되면 목표 달성을 위해 필요한 정보들을 수집하게 된다. 정보탐색 (information search)은 선택 의사결정을 돕기 위해서 적절한 정보를 확인하는 과정으로 볼 수 있는데, 이 과정에서 대안들을 평가하기 위한 기준이 동시에 마련되는 경우들이 있다(Johnson and Russo, 1984). 만일 목표가 뚜렷하다면 목표 달성과 관련된 정보를 선별적으로 수집하는 경우도 있으며, 목표가 뚜렷하지 않거나 여러 가지 목표가 동시에 설정되는 경우에는 정보를 보다 광범위하게 수집할 가능성이 높다.

정보탐색의 원리 중 한 가지는 소비자들이 정보를 더 많이 고려할수록 구매 의사결정의 질은 높아진다는 것이다(Peterson and Merino, 2003). 그러나 소비자들이 정보를 무한히 고려할 수는 없다. 소비자들의 정보처리 능력에 한계가 있다는 이유도 있지만 정보탐색에는 비용이 들어가기 때문이다. 정보탐색을 비용-편익 관점에서 본다면 정보탐색은 두 가지 의미를 지닐 수 있다. 첫째, 정보탐색 과정을 통해 탐색된 정보를 의사결정에 활용함으로써 의사결정의 질, 즉 의사결정의 정확성을 높일 수 있다는 점은 정보탐색이 가져다주는 편익이 될 수 있다. 둘째, 소비자들이 정보탐색을 하기 위해서는 시간과 노력이 들어가게 된다. 즉, 소비자들이 가지고 있는 가용자원(시간, 노력 등)을 정보탐색에 활용하는 것을 일종의 비용으로 접근하여 탐색비용(search cost)이 들어간다고 보고 있다. 사람은 인지적 구두쇠(cognitive miser)이기 때문에 인지적으로 지름길 (short-cuts)로서 규정되는 의사결정 휴리스틱을 지속적으로 활용한다(Camerer et al., 2004, 2005).

소비자들이 정보탐색을 어느 정도 할 것인가는 이러한 정보탐색 비용과 편익 간의 상충상쇄 관계에 따라서 달라질 수도 있다.

3.2 정보탐색의 유형(종류)

정보탐색은 정보수집보다는 조금 더 포괄적인 의미로 활용된다. 정보탐색 단계는 내적탐색과 외적탐색으로 구분된다. 내적탐색은 탐색된 정보원천이 소비자 자신인 경우를 말한다. 즉, 소비자의 기억으로부터 인출되는 정보에 의존하는 탐색을 말한다. 한편 외적탐색은 탐색된 정보원천이 소비자 이외의 다른 정보원천으로 나온 것을 말한다. 정보처리자로서의 소비자들은 통상적으로 탐색비용이 덜 들어가는 내적탐색을 먼저 한 후 외적탐색을 하는 것으로 알려져 있다. 외적 탐색은 통상적으로 탐색비용이 내적탐색에 비해 많이 소요된다.

정보탐색은 내적탐색 이후에 외적탐색을 수행한다고 보기 때문에 기억을 통해 의사결정을 위한 정보를 얼마나 탐색해 낼 수 있는지는 소비자 심리 및 행동 연구에서 중요한 부분을 차지하고 있다. 소비자 지식은 이러한 내적탐색과 외적탐색의 정도를 결정하는 중요한 요인이다. 어떤 제품범주에 대한 지식이 부족한 소비자들은 내적탐색을 통해 구매 목표를 달성할 수 있는 충분한 정보를 얻지 못할 가능성이 높고, 이 경우에는 외적탐색에 더 의존할 가능성이 높다. 그러나 어떤 제품범주에 대한 지식이 충분한 소비자들은 구매 목표를 달성할 수 있는 충분한 정보를 내적탐색을 통해 얻을 가능성이 높고, 이 경우 외적탐색은 정보에 대한 평가를 위한 추가적인 탐색에 한정할 가능성이 높다.

3.3 정보탐색에 영향을 미치는 요인

소비자들의 정보탐색에 영향을 미치는 요인들이 있는데, 이를 정리해 보면 다음과 같다(Beatty and Smith, 1987).

❶ 제품군에 대한 지식

제품군(product class)에 대한 지식은 정보탐색노력의 총량에 부정적인 영향을 미친다. 소비자들은 이전 지식에 기초하여 정보탐색을 하는 경우가 있는데 (Bettman et al., 1998), 특정 제품군과 관련하여 자신의 기억 속에 잘 정리된 지식이 자리잡고 있는 경우 소비자들의 정보탐색의 총량은 감소할 가능성이 있고, 정보탐색도 신속히 이루어질 가능성이 높다.

❷ 시간 가용성과 시간비용

시간 가용성(time availability)은 정보탐색노력의 총량에 긍정적인 영향을 미치는 반면 시간비용(time cost)은 정보탐색노력의 총량에 부정적인 영향을 미친다. 시간비용은 시간을 비용으로 인식하는 정도를 의미하는데, 시간비용이 높을수록 탐색은 감소하는 반면 시간비용이 낮을수록 탐색은 증가한다. 그러나 시간비용이 오히려 정보탐색의 양에 긍정적인 영향을 미친다는 결과(Srinivasan and Ratchford, 1991)도 있다. 이러한 상반되는 결과는 결국 오프라인 상황에서는 소비자들이 시간비용을 중요한 변수로 고려하지 않는다는 것을 의미하기도 하고 시간비용을 일종의 시간에 대한 기회비용(Putrevu and Ratchford, 1997)으로 생각해서 기회비용이 많이 든다고 인식하는 경우에는 시간비용이 정보탐색의 양에 영향을 크게 미치지만 기회비용이 많이 든다고 인식하지 않는 경우에는 시간비용이 정보탐색의 양에 크게 영향을 미치지 못함을 의미한다.

❸ 지각된 위험

지각된 위험(perceived risk)은 선택대안들과 관련된 불확실성 때문에 정보탐색과 평가에 영향을 미친다. 일반적으로 지각된 위험이 높을수록 정보탐색의 양은 증가한다. 정보탐색의 양은 선택대안이 가지고 있는 불확실성의 절대적 수준과 상대적 수준 모두의 영향을 받지만 불확실성의 상대적 수준이 영향을 더 크게 미치는 것으로 나타났다(Moorthy et al., 1997).

❹ 인지비용

인지비용(cognitive costs)은 의사결정을 하는 동안 처리되는 인지적 노력과 연관된다. 인지비용은 정보를 획득하는 데 드는 비용과 정보를 처리하는 데 드는 비용으로 구분되는데, 정보탐색의 양이 늘어나는 경우 인지비용도 증가한다.

인지비용모델에서는 소비자는 의사결정의 정확성과 의사결정에 소요되는 인지비용 간에 상충상쇄(trade-off) 관계가 있음을 지적하고 있다. 즉, 의사결정을 정확히 하기 위해서는 많은 정보가 필요하며, 많은 정보를 수집하고 처리하기 위해서는 많은 인지비용이 소요된다는 것이다(Payne et al., 1993). 소비자들은 의사결정의 정확성보다는 인지비용을 절감하기 위해서 휴리스틱 의사결정을 하기도 한다(Payne et al., 1993).

이외에도 구매 관여도는 정보탐색노력의 총량에 긍정적인 영향을 미치며, 쇼핑에 대한 태도는 정보탐색노력의 총량에 긍정적인 영향을 미치는 것으로 알려져 있다.

3.4 정보원천 효과와 영향력

소비자들이 정보를 탐색할 때 그 정보가 어디로부터 나왔는지, 즉 정보원천(information source)의 유형은 정보의 신뢰성 측면에서 의사결정에 영향을 미친다. 소비자들이 정보탐색을 할 때 활용되는 정보원으로는 인적 원천, 경험적 원천, 공공적 원천, 상업적 원천으로 구분된다. 인적 원천은 구전과 같이 타인으로부터 정보를 얻은 것을 말한다. 경험적 원천은 기억과 같이 소비자 자신의 경험으로부터 정보를 얻는 것을 말한다. 공공적 원천은 한국소비자원 등과 같은 공공기관으로부터 나온 정보를 말하며, 상업적 원천은 광고, 영업사원 등과 같이 기업 등이 제공하는 정보를 말한다.

정보원천의 효과는 정보원천의 신뢰성과 매력도에 의해 영향을 받는 경우가 많다(이학식 등, 2015). 장보원천의 신뢰성(credibility)은 정보원천의 전문성과 진실성으로 구분해 볼 수 있는데, 전문성(expertise)은 정보원천에 해당되는 자가 특정 제품에 대해 전문적 지식을 가지고 있는 정도를 의미하며 정보원천의 진실성(trustworthiness)은 정보원천이 제품에 대해 정직하고 진실되게 정보를 전달하는 것을 의미한다. 일반적으로 정보원천의 전문성과 진실성이 높을수록 정보원천의 효과는 증가되는 경향이 있지만 정보원천의 신뢰성 효과는 정보 수용자들이 가지고 있는 초기 의견(initial opinion)에 따라 달라질 수 있다는 견해도 있음에 주목할 필요가 있다.

또한 정보원천의 매력도(attractiveness)는 정보원천이 소비자에게 주는 유사성과 호감성으로 구분해 볼 수 있는데, 유사성(similarity)은 정보 수용자가 정보원천에 대해 자신과 비슷하다고 느끼는 정도를 의미하며 정보원천의 호감성(likability)은 정보원천이 정보 수용자에게 주는 호감의 정도를 의미한다. 일반적으로 정보원천의 유사성과 호감성이 높을수록 정보원천의 효과는 높아지는 경향이 있다.

3.5 소비자 정보탐색의 최근 흐름

마지막으로 정보탐색과 관련된 최근의 변화에 주목할 필요가 있다. 현대 소비자들은 정보통신기술의 발달에 따라 정보통신기술이 이러한 외적탐색에 소요되는 비용을 많이 줄여준 것으로 보인다. 즉, 현대 소비자들은 정보통신기술을 활용한 정보탐색을 활발히 하는 것으로 보인다. 정보통신기술을 매개로 하여 정보통신 플랫폼에서 제공되는 외적 정보에 의존하여 의사결정을 할 가능성이 높아졌다는 점은 마케터가 특히 주목해야 할 필요가 있다. 예컨대 맛집을 찾기 위해 과거에는 내적탐색을 하거나 중요한 타인으로부터 구전을 들어서 의사결정을 하였다고 한다면 최근에는 스마트폰 배달앱을 통해 탐색을 하거나 모바일, 온라인, 혹은 SNS상에 게시되어 있는 이용후기, '좋아요'의 횟수 등을 검색하여 의사결정에 이용하는 사람들이 늘고 있다는 점은 마케팅 방법에 있어서 큰 변화를 가져올 수 있기 때문에 마케터는 이러한 환경 변화에 특히 주목을 해야 한다.

'화해'(화장품을 해석하다)는 화장품 성분 분석 애플리케이션(www.birdview.kr)이다. 2017년 6월 현재 약 8만 9천개의 제품에 대한 성분 분석 정보가 있으며, 사용자 리뷰는 230만 건으로 화장품 리뷰가 공유되는 허브 역할을 하기도 하며, 2017년 8월 현재 500만 건 이상의 다운로드 기록을 가지고 있다. 이 앱은 정보처리의 용이성, 즉 화장품 성분(예컨대 '티타늄디옥사이드(Titanium Dioxide)') 표시만으로는 소비자들이 해당 성분의 장단점을 알기 어려울 수도 있는데, 이를 소비자들이 쉽게 이해(예컨대 자외선 차단 성분인 디타늄디옥사이드)할 수 있도록 하여 소비자들로부터 주목을 받았다. 그리고 정보탐색, 즉 민감한 피부로 인해 화장품 사용을 고민하던 소비자 문제를 해결하는 데 필요한 화장품 성분 정보의 제공을 통해 정보탐색에 도움을 주며 입소문을 탔다. 한편 앱 상에서 구매도 가능하도록 플랫폼 상에 커머스 기능도 추가하여 정보탐색이 구매와 연결되도록 하고 있다.

출처: 장윤정, 최정일(2017).

제4절 대안평가

2017년 6월 14일 미국의 대표적인 소비자 평가지인 컨슈머리포트(consumer report)에서 발표한 바에 따르면 삼성전자의 갤럭시S, LG전자의 G 시리즈 등은 'Current Smartphone Ratings'에서 상위 1~4위를 모두 차지한 것으로 나왔다. 컨슈머리포트에서는 스마트폰을 총 11개 세부항목으로 나누고 각 항목을 5개 등급으로 나누어서 평가를 하고 있다.

출처: 김상윤(2017).

4.1 평가대상 대안의 축소: 환기집합 대 고려대안 집합

소비자들은 구매를 하기 전에 (정보탐색을 통해 마련한) 일정한 기준을 가지고 구매를 고려하고 있는 제품들을 비교하는 과정을 거친다. 그런데 소비자들은 정보처리 능력의 제한과 선택의사결정에 필요한 인지적 자원을 효율적으로 활용하기 위하여 정보탐색 과정에서 검토가 이루어졌던 모든 브랜드, 즉 환기집합(evoked set) 내에 있던 모든 브랜드를 고려하기보다는 구매 목표에 적합하여 구매를 실질적으로 고려하고 있는 브랜드들, 즉 고려대안집합(consideration set)으로 브랜드를 축소한 후 해당 브랜드들만을 대상으로 대안을 비교하게 되는 경우가 많다. 한편 고려대안집합에서 실질적으로 최종 선택 대상에 해당하는 대안들로 압축하는 경우도 있는 데, 이를 선택집합(choice set)이라고 한다.

4.2 대안평가의 특징과 주요 이슈들

대안평가와 관련한 몇 가지 중요한 특징들을 요약해 보면 다음과 같다 (Bettman et al., 1998).

첫째, 대안은 다속성으로 구성되어 있는 경우들이 많으므로 몇 가지 속성을 대안평가의 기준으로 선정할지는 의사결정과 관련하여 중요한 과업일 수 있다. 이것은 대안평가 방식에서 자세히 다루도록 하겠다.

둘째, 대안을 평가하는 전략은 대안 평가에 영향을 미칠 수 있다. 대안을 평가하는 방법에는 크게 보상적 방법과 비보상적 방법으로 나누어진다. 이것은 대안평가 방식에서 자세히 다루도록 하겠다.

셋째, 대안을 비교하는 전략은 대안 평가에 영향을 미칠 수 있다. 대안을 비교하는 전략에는 대안별(브랜드별 혹은 제품별) 비교 방법과 속성별 비교 방법이 있다.

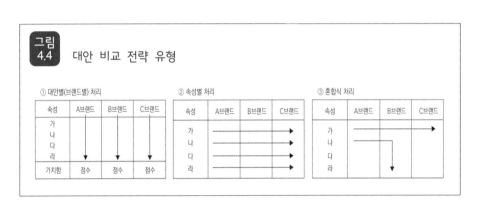

그림 4.4 대안 비교 전략 유형

소비자 심리 및 행동에서는 제품을 다속성을 지닌 대상물로 보고 있다. 그러나 브랜드는 통상적으로 전체를 단일의 대상물로 보는 경향이 있다. 소비자들 중에는 대안들을 평가할 때 브랜드 단위로(브랜드 별로) 평가하는 경우가 있는 반면 속성단위로 평가하는 경우도 있다. 예컨대 가격비교사이트에서 컴퓨터 가격을 기준으로 검색할 때 여러 브랜드가 검색되며, 그때 가격 이외에도 여러 가지 속성들(예컨대 CPU, 처리속도, HDD용량 등)이 함께 표시가 되는 것을 볼 수 있는데, 이러한 것이 속성별 처리의 예가 될 수 있다. 좀 더 구체적으로 보면 속성별 처리는 고려대안집합 내에 있는 브랜드들을 속성을 기준으로 비교하여 제품 혹은 브랜드를 평가하는 것이다. 예컨대 컴퓨터를 비교할 때 프로세서를 기준으로 각 브랜드를 평가한 후 메모리를 기준으로 각 브랜드를 평가하는 방식으로 비교하여 의사결정을 하는 것을 말한다. 속성별 처리는 비보상적 평가 방법과 관련성이 깊다. 소비자들이 속성별 처리를 하는 때에는 속성의 정렬가능성(alignability)이 중요한 역할을 한다. 속성의 정렬가능성은 동일한 기준속성을 가지고 제품을 비교할 수 있는 정도를 의미하는데, 각 브랜드들이 대부분 유사한 속성을 지니고 있는 경우 속성의 정렬가능성이 높다고 말하며, 이럴 경우에는 소비자들이 특별히 관심을 가지고 있는 속성을 기준으로 대안들을 비교할 가능성이 높다.

일반적으로 시장점유율이 낮은 브랜드(underdog), 추격자(follower) 브랜드는 속성별 비교를 통해 자사 브랜드의 장점을 부각하거나 자사 브랜드 장점에 대한 증거를 보여주는 것이 효과적인 경우들이 있다.

한편 브랜드별 처리는 각 브랜드 단위로 그 브랜드가 가지고 있는 속성들을 평가하는 것이다. 예컨대 컴퓨터를 비교할 때 A브랜드의 각 속성(프로세서, 메모리, HDD 용량, 그래픽, OS 등)을 평가하여 A브랜드에 대한 평가가 완료된 후 B브랜드에 대해서도 동일한 과정을 거쳐 평가하는 것을 말한다. 브랜드 간 비교는 각 브랜드별로 최종적으로 산출된 소비자의 주관적인 평가수치를 가지고 비교할 가능성이 높다. 시장점유율이 높은 브랜드(top brand)는 시장점유율에 따른 이미지 선점효과로 인하여 소비자들이 브랜드별 처리를 하여 평가하는 것이 효과적인 경우들이 있다.

한편 브랜드별 처리는 각 브랜드 단위로 그 브랜드가 가지고 있는 속성들을 평가하는 것이다. 이 경우에는 한 브랜드에 대한 평가가 완료되면 다른 브랜드에 대한 평가를 하게 되므로 브랜드 간 비교는 각 브랜드별로 최종적으로 산출된 평가수치를 가지고 비교할 가능성이 높다.

넷째, 대안을 비교하는 기준점은 소비자 선호에 영향을 미칠 수 있다. 소비자들은 대안을 비교할 때 하나의 기준점을 기준으로 비교하는 경향을 보이기도 하는데 이때 선정되는 기준점에 따라 대안의 평가가 달라지는 경우가 발생한다. 이를 정박효과 혹은 닻내림효과(anchoring)라고 한다. 또한 비교의 주체와 객체를 어떻게 선정하는지에 따라 평가가 달라지는 경우도 있다. 예컨대 A브랜드와 B브랜드를 비교할 때 A브랜드를 기준으로 B브랜드를 평가하는 경우와 B브랜드를 기준으로 A브랜드를 평가하는 경우 A브랜드 혹은 B브랜드에 대한 평가는 달라질 수 있는 것과 같은 논리이다.

다섯째, 대안 평가 결과에 따라 대안들에 대한 소비자 선호도가 결정된다.

선호도는 통상적으로 여러 대안들을 평가하여 가장 높은 평가를 받은 대안들로부터 시작하여 가장 낮은 평가를 받은 대안들의 순서로 소비자 선호도가 매겨진다.

　　대안을 평가할 때 소비자 지식은 중요한 역할을 한다. 기억 속에 구매 대안들과 관련된 충분한 정보를 가지고 있지 못한 초심소비자들(novices)은 정보의 중요성과 그 정보가 시사하는 의미(implications)를 이해할 능력이 낮기 때문에 초심자들은 ① 쉽게 이해되는 제품 혹은 서비스 속성, ② 다른 제품 혹은 서비스 범주에서 경험한 것과 유사하거나 친숙한 속성, ③ 마케팅 커뮤니케이션에 의해 부각된(salient) 속성 등에 대해서 의사결정가중치를 높이 둘 가능성이 있으며(Alba and Hutchinson, 1987), 속성별 처리가 쉽지 않은 경우 브랜드별 처리를 할 가능성이 높다. 이것이 의미하는 것은 특정 분야에 경험이 부족한 초심소비자가 중요하게 여기는 속성은 특정 분야에 경험이 많은 숙련된 소비자가 중요하게 여기는 속성과 같지 않을 가능성이 있으며, 경우에 따라서는 브랜드 이미지가 선택을 좌우할 수도 있을 것이다.

　　한편 소비자 심리 및 행동 분야에서는 소비자 지식은 제품 경험과 전문성(expertise)으로 구성되어 있다고 본다. 제품 경험이 증가함에 따라 주관적 지식, 즉 제품에 대한 친숙성(familiarity)은 증가하지만 제품에 대한 객관적 지식, 즉 전문성은 증가할 수도 있고 그렇지 않을 수도 있다. 초심소비자들에게 있어서 속성이 만족 혹은 충성도와 같은 전반적인 서비스 지각에 미치는 영향은 소비자 지식이 증가함에 따라서 변화할 가능성이 있다(Mittal and Katrichis, 2000).

4.3　대안평가 방식

　　소비자들이 대안을 평가하는 방식은 여러 가지가 있다. 소비자들이 대안을 평가하는 방식은 크게 보상적 방식과 비보상적 방식 그리고 보상적 방식과 비보상적 방식을 혼합한 방식이 있으며, 보상적 방식과 비보상적 방식을 구분하는 가장 큰 차이점은 속성들 간의 상충관계에 따른 상쇄(trade-off)를 용인할 것인지에 달려 있음을 기술한 바 있다. 구체적으로 대안을 평가하는 방식은 다음과 같다(Bettman et al., 1998).

(1) 보상적 방식

❶ 가중치가산 방식

보상적 방식의 대표적인 것으로는 가중치가산(weighted adding) 방식이 있다. 이 방식은 보상적 방식의 가장 대표적인 방식이므로 이 방식을 보상적 방식이라고 부르는 경우도 있다. 가중치가산 방식은 ⓐ 한 대안에 대한 각 속성들을 검토한 후, ⓑ 각 속성의 주관적 가치를 각 속성의 중요도 가중치와 곱하여(예컨대 하나의 자동차에 대해서 신뢰성에 매겨진 주관적 가치를 자동차의 신뢰성의 중요도와 곱하는 것), ⓒ 하나의 대안에 대한 전반적인 가치를 산출한 후 ⓓ 다른 대안에 대해서도 앞의 과정을 반복하여 각 대안에 대한 전반적인 가치를 산출한 다음, ⓔ 가치가 가장 높은 대안을 선택하는 방법이다.

가중치가산 방식은 광범위하고, 모든 속성을 고려하며, 대안별 처리에 기초한, 보상적 방법이다. 가중치가산 전략은 광범위하고 보상적이며 명시적인 상충상쇄 관계를 포함하고 있으므로 이런 것을 포함하고 있지 않은 휴리스틱 전략 보다는 규범적으로 더 정확한 것으로 간주된다(Frisch and Clemen, 1994). 가중치가산전략은 소비자들이 운영기억용량을 많이 필요로 하고 계산 역량도 많이 필요하다. 그럼에도 불구하고 가중치가산전략은 선호도를 평가하는 데 많이 활용되는 기법이다.

❷ 동일가중치 방식

가중치가산방식의 변형으로 동일가중치 방식이 있다. 이 방식은 모든 대안을 고려하고, 각 대안의 모든 속성가치를 고려하지만 속성 가중치에 대한 정보를 무시하고 모든 고려 속성에 대해 동일한 가중치를 부여한다. 가치는 특정 대안에 대한 모든 속성가치를 합산하여 각 대안에 대한 가치를 얻게 되고, 가장 높은 가치를 획득한 대안이 선택된다. 처리는 광범위하고, 고르게 정보처리를 하며, 대안별 처리에 기초한 보상적 방법에 해당된다.

❸ 다수결 방식

보상적 방식으로 다수결(majority of confirming dimensions) 방식이 있다. 이 방식은 대안들은 짝을 이루어서 정보처리가 이루어지는데, 두 대안의 가치는 각 속성을 비교하여 산출되며, 더 나은 속성가치를 더 많이 가지고 있는 대안이

유지되는 방법이다. 유지된 대안은 선택집합 내에 있는 다른 대안과 비교하는데, 이와 같이 짝을 이루어서 비교하는 처리방식은 한 가지 대안만 남을 때까지 계속된다. 이러한 정보처리는 광범위하고, 속성에 기초한, 보상적 방법이다.

(2) 비보상적 방식

❶ 사전편집식 방식

비보상적 방식으로는 사전편집식(lexicographic) 방식이 있다. 이 방법은 가장 중요한 속성에 가장 높은 가치가 부여된 대안을 단순히 선택하는 전략이다. 만일 소비자가 자동차에서 디자인이 가장 중요한 속성이라고 믿고 있다면 그 소비자는 사전편집식 전략을 활용하여 고려대안집합 내에 있는 각 대안들의 디자인을 조사한 후 디자인에서 가장 높은 평가를 받은 대안을 선택할 것이다. 사전편집식 전략은 제한된, 속성별 처리에 기초한, 비보상적 처리방법으로 속성에 대해서는 선택적이며 대안에 대해서는 고르게 고려하는 전략이다.

❷ 속성별 제거 방식

비보상적 방식으로는 속성별 제거(elimination – by – aspects: EBA) 방식이 있다. 속성별 제거 방식은 가장 중요한 속성에 대하여 최소절사점(cutoff)수준을 충족하지 못하는 대안을 제거하는 전략이다. 이러한 제거 과정은 두 번째로 중요한 속성에 대하여도 반복적으로 시행되며, 하나의 대안이 남을 때까지 이 과정이 지속된다(Tversky, 1972). 소비자가 자동차에서 디자인과 안전성 순서로 가장 중요한 속성 두 가지를 고려하고 있고, 각각의 절사점수준은 각 속성의 평균값이라고 가정하자. 이 소비자는 먼저 디자인을 처리하여 디자인이 평균 이하인 자동차는 탈락시킨다. 그리고 나서 소비자는 남아있는 브랜드를 안전성을 기준으로 평가하게 되는데, 안전성이 평균 이하인 자동차는 탈락시켜서 최종적으로 남아있는 브랜드를 선택하게 된다. 속성별 제거식은 속성에 기초한, 비보상적인 방법이며, 정보처리의 광의성과 선택성은 대안을 제거하는 정확한 패턴에 따라 달라진다.

❸ 결합방식

비보상적 방식으로 결합방식(conjunctive rule)이 있다. 이 방식은 모든 속성에 대한 절사점을 설정하고 이 절사점을 모두 통과한 대안에 대해서 추가적인 평가과정을 거치는 방식이다. 예를 들면 고려하고 있는 모든 속성에 대하여 절사점수준을 각 속성의 평균값이라고 정했으면 모든 브랜드의 모든 속성에 대해 절사점 통과 여부를 점검하고, 모든 속성에 대하여 절사점을 통과한 브랜드를 선택하게 된다. 결합방식은 속성에 기초한 비보상적인 방법이다.

❹ 분리방식

비보상적 방식으로 분리방식(disjunctive rule)이 있다. 이 방식은 속성에 대한 절사점을 설정하고 설정된 절사점을 통과하는 대안에 대해서는 모두 추가적인 평가과정을 거치는 방식이다. 예를 들면 고려하고 있는 중요 속성에 대하여 절사점수준을 각 속성의 평균값이라고 정했으면 모든 브랜드의 중요 속성에 대해 절사점 통과 여부를 점검하고, 중요 속성에 대하여 절사점을 한 가지 이상 통과한 브랜드를 선택하게 된다. 분리방식은 속성에 기초한 비보상적인 방법이다.

❺ 만족화 방식

비보상적 방식으로 만족화(satisficing) 방식이 있다. 이 방식에서는 대안들이 순차적으로 고려되는데, 대안들이 선택집합 내에서 나타나는 순서대로 처리를 한다고 본다. 현재 고려 중인 특정 대안에 대한 각 속성의 가치는 그 속성에 대해 미리 정해져 있는 절사점수준을 충족하는지의 여부를 보게 된다. 만일 어떤 속성이 절사점수준을 충족하지 못하면 그 대안에 대한 처리는 종료되고, 그 대안은 탈락된다. 그리고 다음 대안이 고려된다. 모든 속성이 절사점수준을 통과한 첫 번째 대안이 선정된다. 만일 모든 대안이 절사점수준을 충족하지 못하여 탈락된다면 절사점수준은 완화될 수 있고 처리 과정은 반복될 것이다. 만족화 방식의 시사점은 선택된 대안은 대안들이 처리되는 순서의 함수라는 점이다. 만족화 전략은 대안별 처리에 기초하고, 선별적이며, 비보상적 전략이다. 이 방법은 의사결정에서 고전적인 방법으로 알려져 있다(Simon, 1955).

(3) 보상적 방식과 비보상적 방식의 결합

대안들이 가지고 있는 좋은 특질들과 나쁜 특질들의 수를 계산하여 대안들을 평가하고 선택하는 방식이 있다. Alba and Marmorstein(1987)은 소비자들은 좋은 특질과 나쁜 특질을 구분하기 위한 절사점을 정하고 소비자가 집중하는 것(예컨대 좋은 특질, 나쁜 특질, 혹은 좋은 특질에서 나쁜 특질을 차감한 것)에 따라 상이한 전략을 적용할 수 있다고 보았다.

소비자들은 대안평가 방식을 결합해서 활용하기도 한다. 전형적인 결합 전략은 초기에는 어떤 대안들은 제거되고 다음 단계에서는 남아 있는 대안들은 더 상세하게 분석을 한다. 빈번하게 관찰되는 결합전략은 초기에는 속성별 제거식 의사결정 방법을 활용하여 선택대안집합을 둘 혹은 셋 정도로 줄여 놓은 다음 가중치가산 전략과 같은 보상적 전략을 활용하여 남아있는 대안들을 평가한 후 선택하는 것이다.

(4) 유인효과와 절충효과(타협효과)

대안을 비교할 때 나타나는 현상 중 유인효과와 절충효과라는 것이 있다. 유인효과는 열위의 대안이 새로 등장할 때 기존 대안 중 오히려 점유율이 증가하는 대안이 등장하는데 이를 유인효과(attraction effect)라고 한다. 한편 절충효과(타협효과)는 대안들 중에 극단 대안이라고 지각되는 대안들은 제거하고 안전한 대안을 선택하는 것을 말한다. 이러한 대안 선택 방식의 특징은 관계적 성격과 지각적 성격을 가지고 있는 의사결정 휴리스틱이 활용된다는 점이다 (Simonson and Tversky, 1992). 즉, 다른 대안들과의 상대적인 비교에서 주어진 대안을 평가한다는 특징을 가지고 있다. 예컨대 대안들을 쌍으로 묶은 후 이 쌍을 이룬 대안들 내 그리고 쌍을 이룬 대안들 간의 지배(dominance)관계를 조사하여 이 정보를 활용하여 선택에 활용하는데, 유인효과와 같이 비대칭적인 지배대안을 선택하는 것(Huber et al., 1982)은 여기에 속한다.

한편 한 대안의 상대적인 우위와 열위를 다른 대안의 상대적 우위와 열위와 비교하여 결정하는 경우가 있는데, 이러한 결정방식의 예로는 절충효과 (compromise effects)를 들 수 있다(Simonson and Tversky, 1992).

대안비교 사례: 전기 냉장고 비교

브랜드		대유위니아	삼성전자	LG전자
모델명		RE944EKSSUW	RF90H9012XP	R-F915VBSR
구입가격(원)		2,675,000	3,340,000	3,425,000
표시용량(L)		940	900	910
저장성능		★★	★★★	★★
월간소비전략량 [kwh/월]		49.8	32.2	40.6
에너지소비 효율등급 [실측치(표시치)]		2(2)	2(2)	2(2)
소음[dB]		★★★	★★★	★★★
보습률[%[		88	94	89
냉각속도[시간]	냉동실	1시간 39분	57분	1시간 14분
	냉동실	2시간 53분	1시간 42분	2시간 38분
냉기보존[℃]	냉장실	8.0	6.6	8.6
	냉동실	12.1	11.5	12.8
보유기능	홈바 유무	○	–	○
	기타	문 열림 알람, 탈취, 설정기억	문 열림 알람, 탈취, 설정기억	문 열림 알람, 탈취, 설정기억

출처: 스마트컨슈머(www.smartconsumer.go.kr)

4.4 소비자 선호도

삼성은 스마트폰 마케팅 전략을 인지도에서 선호도로 바꾼다고 발표한 적이 있다.

소비자들의 어떤 대상에 대한 선호도는 반드시 대안 평가와 같은 비교과정을 거쳐서 나오는 것은 아니다. 그러나 선호도(preference)라는 용어가 내포하고 있는 의미는 A보다 B를 더 선호(prefer A to B)한다와 같이 비교 대상이 있는 경우가 많다. 따라서 본문에서 사용하는 선호도는 비교의 결과 나타나는 것으로 이해할 필요가 있다.

대안의 평가를 통해 선호도가 형성되는 경우 대안을 평가하는 전략, 비교 방법, 비교 시기 등은 선호도 형성에 크게 영향을 미칠 수 있다. 소비자 선호와 관련하여 발견된 중요한 소비자 선호 특징은 다음과 같다(Bettman et al. 1998).

첫째, 의사결정자의 의사결정 목표가 대안 선호도에 영향을 미친다. 의사결정자는 의사결정 목표를 정보처리의 비용−편익 관점에서 설정할 수 있다. 정보처리에서 비용−편익은 정보처리를 하기 위해 소요되는 자원(노력)과 정보처리 결과 얻게 되는 의사결정의 정확성을 의미한다. 의사결정자는 의사결정을 하는 상황에서 의사결정을 정확하게 하려는 욕구와 의사결정에 소요되는 자원(노력)을 절약하고자 하는 욕구를 고려하여 최적의 의사결정을 해야 할 필요가 있다. 예컨대 의사결정자는 의사결정 목표를 인지적 노력의 최소화, 의사결정의 정확성 최대화, 의사결정에 따른 부정적 감정 경험 최소화, 의사결정의 정당성 최대화 등과 같이 여러 가지 중에서 선택해야 하는데, 의사결정 목표에 따라 선택되는 대안은 달라질 수 있다.

둘째, 의사결정 과업의 복잡성이 대안 선호도에 영향을 미친다. 의사결정 과업이 복합해지는 경우 소비자들은 정보과부하를 경험할 수 있다. 정보과부하를 경험하는 경우 나타나는 현상은 의사결정을 미루는 경우가 있고, 의사결정 구조를 단순화시키는 경우가 있다. 의사결정을 단순화시키는 방법 중 한 가지는 소비자가 중요하게 생각하는 속성, 의사결정 시점에서 부각된 속성 등 소비자 입장에서 가장 두드러진 속성이 우월한 대안에 대해 호감을 가진다.

셋째, 의사결정 맥락이 대안 선택에 영향을 미친다. 대안의 상대적인 가치는 그 대안의 특성뿐 아니라 선택집합 내에 있는 다른 대안들의 특성에 의해서도 영향을 받는다. 이와 관련된 대표적인 현상이 유인효과(attraction effect) 혹은 절충효과(혹은 타협효과: compromise effect)이다.

넷째, 의사결정자가 질문을 받는 방법도 대안 선택에 영향을 미칠 수 있다. 의사결정자가 긍정적 대안을 선택할 것인지 혹은 부정적 대안을 거부해야 할 것인지, 최상의 대안을 선택해야 할지 혹은 가장 나쁜 대안부터 제거하고 최종적으로 남은 한 가지 대안을 수용해야 할 것인지 등에 따라서 최종적으로 선택되는 대안은 달라질 수 있다. 예컨대 최종적으로 한 가지 대안을 선택하는 과업일 경우에도 어떤 것을 선정할 것인지에 관한 질문을 받아서 최종적으로 선정되는 것과 어떤 것을 선정하지 말아야 할지에 관한 질문을 받아서 최종적으로 선정되는 것이 상이한 경우가 있다.

다섯째, 선택집합이 표현되는 방법 혹은 표시되는 방법은 대안 선택에 영향을 미친다. 프레이밍(framing)은 대안이 표현되는 방법에 따라 대안 선택이 영향을 받는 대표적인 경우에 해당된다. 즉, 살코기가 80%가 들어있는 제품으로 표현되는 경우와 기름기가 20% 들어있는 제품으로 표현되는 경우 해당제품의 소비자 선호도는 달라질 수 있다. 성과 혹은 가격이 그림(그래프)으로 표시되는 경우와 숫자로 표시되는 경우 소비자가 지각하는 해당 정보의 의미가 차이가 발생하기도 하며, 이에 따라 해당 제품에 대한 선호도가 달라지기도 한다.

여섯째, 소비자 선호도는 경우에 따라서는 맥락 의존적 성격을 가질 수도 있다. 어떤 대상에 대한 소비자의 선호도가 사전에 명확하게 정의되어 있거나 확정되어 있는 경우도 있다. 이러한 경우에 소비자들은 자신의 기억으로부터 기존에 축적되어 있는 선호도 관련 정보를 검색해서 이전에 평가를 가장 높게 받은 대안을 선택하면 될 것이다. 사전에 선호도가 명확하게 형성되는 데 영향을 미치는 요인으로는 친숙도, 경험 등이 있다. 즉, 소비자가 해당 제품군 혹은 특정 제품, 특정 브랜드에 대해 매우 친숙하거나 이전 경험이 풍부한 경우 충성도가 형성되어 있으므로 이러한 경우에는 맥락의 영향을 덜 받을 가능성이 높다. 그러나 소비자들은 선호도를 결정해야 하는 시점에서 가용한 정보를 활용하여 문제를 재구성하기도 한다.

마지막으로 소비자들은 항상 동일한 의사결정 규칙을 적용하여 구매의사결정을 하지는 않는다. Drolet(2002)은 소비자들은 자신이 활용하는 의사결정 규칙에 있어서 다양성을 열망한다고 하였다. 예컨대 만약 어떤 소비자가 전통적으로 가장 높은 가격의 대안을 선택하는 가격 규칙을 활용한다면 그 소비자는 차후의 의사결정에서는 절충 대안 규칙 활용하여 선택할 가능성이 있다. 그 이유는 소비자들이 여러 대안 중에서 선택하는 경우 한 선택집합 내에 있는 품목들 가운데에서의 다양성을 갈망하기 때문이라고 보았다.

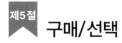 **구매/선택**

5.1 구매 의사결정 사항

대안평가 이후에 구매가 이루어지므로 소비자는 다른 조건이 동일하다고 가정한다면 대안평가에서 가장 우수하게 평가된 제품 혹은 브랜드를 선택해야 할 것이다. 통상적으로는 대안평가에서 가장 호의적인 평가를 받은 제품 혹은 브랜드가 구매로 이어진다. 그러나 대안평가를 통해 내려진 제품 혹은 브랜드에 대한 태도와 구매가 반드시 일치하는 것은 아니다. 합리적 소비구매/선택(purchase/choice) 단계에서 소비자가 내리는 의사결정은 ① 구매여부 결정, 즉 구매를 할 것인지 혹은 구매를 포기할 것인지를 결정해야 하며, 구매를 한다면 ② 구매할 제품 혹은 브랜드 결정, 즉 대안평가에서 가장 높은 호감을 보인 제품 혹은 브랜드를 구매할 것인지 혹은 다른 제품 혹은 브랜드를 구매할 것인지 (예컨대 대안평가에서는 가장 높은 호감을 보인 제품을 구매하기 위하여 점포를 방문하는 중에 대안평가에서 가장 높은 호의도를 받지 못한 브랜드에 대해 할인행사를 하는 등 이전에 고려하지 못했던 새로운 정보를 수집하는 경우)를 결정해야 하며, ③ 구매시기, 즉 지금 구매할 것인지 혹은 일정 시간이 흐른 뒤에 할 것인지, 그리고 ④ 구매채널, 즉 오프라인(예컨대 백화점, 할인점, 전문점, 드럭스토어, 편의점 등)에서 구매할 것인지 혹은 온라인 혹은 모바일로 구매를 할 것인지를 결정해야 한다.

제품 혹은 구매채널에 따라서 구매와 소비/경험이 동시에 일어나는 경우도 있고 구매와 소비/경험이 분리되어 일어나는 경우도 있다.

또한 대안평가 시기와 구매시기 간에도 시간적 격차가 발생되는 경우들이 있고, 구매 상황이 소비 상황과 시간적으로 분리되어 있는 경우도 있다. 예컨대 점포에서 구매를 하는 경우에는 이러한 대안평가 시기와 구매시기 간에 어느 정도 격차가 있을 수 있지만 홈쇼핑과 같은 경우에는 대안평가 시기와 구매시기가 짧을 가능성이 높다. 대안평가와 구매시기 혹은 구매시기와 소비시기 간에 시간적 격차가 있는 경우 소비자들은 구매의 유연성(flexibility)을 선호하게된다. 그 이유는 소비자들은 자신의 미래 효용을 예측해야 하는데, 그것은 즉각적인 효용을 예측하는 것보다 상당히 더 어렵기 때문이다(Kahneman and Snell, 1992). 따라서 마케터는 이와 같이 구매의 유연성을 선호하는 상황을 완화하거나 이러한 상황에 대처하는 마케팅 전략을 수립할 필요가 있다. 예컨대 다양성을 자사 브랜드 안에서 추구하도록 제품 개발을 하는 것도 이러한 전략 중 한가지가 될 것이다.

구매와 소비경험 시기까지 시간적 간격이 있는 경우 소비자의 구매의도는 달라질 수 있다. 하영원과 윤은주(2007)는 소비자들의 구매시점과 사용시점 간의 시간적 간격이 크면 구매의도가 약화됨을 보여주었다. 그리고 이러한 구매의도의 약화는 주로 실용적 동기로 구매할 때 나타나는 반면 쾌락적 동기로 구매하는 경우에는 시간적 간격의 효과는 거의 나타나지 않았다. 한편 제품을 구성하는 요소 중 실용적 요소(예컨대 셔틀버스 무료이용)와 쾌락적 요소(예컨대 1회 관광권 무료)를 포함하는 가격할인에 대해서도 실용적 요소에 대한 가격할인의 효과는 가까운 소비시점이 가까운 미래일 때가 먼 미래일 때에 비해 구매의도가 더 높게 나타난 반면 쾌락적 요소에 대한 가격할인 효과는 시간적 거리의 영향을 받지 않는 것으로 나타났다.

5.2 구매 영향 요인

구매상황모형에서는 소비자의 구매행동이 소비자의 구매행동시점에서의 상황, 브랜드 혹은 제품속성, 그리고 소비자들 간의 상호작용에 의해 영향을 받는다고 보고 있다.

소비자들의 구매행동 시점에서의 상황은 크게 커뮤니케이션상황, 구매상황 그리고 소비상황으로 구분해 볼 수 있다. 커뮤니케이션 상황(communication situation)은 소비자들이 인적 혹은 비인적 매체를 통해 제품과 관련된 정보에 노출되는 상황을 말한다. 커뮤니케이션 상황에서는 ① 메시지 내용, ② 커뮤니케이션 맥락, 그리고 ③ 소비자 기분 등이 소비자 반응에 영향을 미치는 것으로 알려져 있다. 메시지 내용은 자사 제품의 강점과 혜택을 강조하는 것이 필요하다. 특히 제품 품질에 대해 소비자들의 진단적 평가가 모호한 경우, 소비자들은 자신이 가지고 있는 사전 신념과 일치하는 방향으로 메시지를 해석하려는 경향이 있으므로 경쟁사 대비 강점 및 혜택을 강조하는 것이 효과적이다. 커뮤니케이션 맥락은 소비자 평가에 영향을 미칠 수 있다. 기분일치성 가설에 의하면 소비자들은 즐거운 내용의 TV프로그램을 본 경우 긍정적 기분이 유발되어 광고물에 더 긍정적인 반응을 보이는 것으로 알려져있다. 소비자의 기분 상태도 소비자 평가에 영향을 미칠 수 있다. 예를 들면 소비자가 광고에 긍정적 기분 상태에서 노출되면 긍정적 제품 정보에 더 주의를 기울이는 경향이 있다.

구매상황(purchase situation)은 제품을 구매하는 과정에서 소비자들이 받는 환경적 영향을 말한다. 예컨대 점포 내에서는 점포 혼잡도, 제품의 위치, 점포 레이아웃 등이 영향을 미칠 가능성이 있다.

소비상황(consumption situation)은 제품을 사용하는 과정에서 직면하게 되는 사회적 혹은 물리적 요인들의 영향을 받는 것을 말한다. 예컨대 새로 화장품을 구매하였는데, 그 화장품 성분상에 문제점이 언론에 보도되는 경우는 여기에 해당될 것이다.

소비자들이 구매시점에 직면하는 상황 변수들 간의 상대적 중요성도 구매에 영향을 미친다. 이러한 상대적 중요도에 영향을 미치는 요인은 다음과 같다. 첫째, 브랜드 충성도이다. 브랜드 충성도가 클수록 구매행동에 대한 상황변수의 영향력은 낮아질 가능성이 높다. 예컨대 ○○제품이 당일 모두 소진된 경우 브랜드 충성도가 높은 소비자는 경쟁 제품을 구매하기보다는 다음 날 그 제품을 사기를 원할 것이다. 둘째, 소비자의 지속적 관여도가 높을수록 상황변수가 구매행동에 미치는 영향력은 약화될 가능성이 높다. 예컨대 특정 축구구단의 팬은 우천 시에도 경기를 관람하기 위해 축구장을 찾을 가능성이 높다.

구매와 관련된 상황요인이 마케팅 전략상에 다양한 시사점을 주고 있다.

① 상황요인은 시장세분화에 유용 하게 활용할 수 있다. 예컨대 신발의 경우 사용 상황에 따라 워킹화, 러닝화, 등산화, 캐쥬얼화, 구두 등으로 구분이 가능하다.

② 상황요인에 맞도록 신제품을 개발할 필요가 있다. 예컨대 의류의 경우 정장은 스타일을 강조하는 반면 등산복은 기능성을 강조하는 제품을 만드는 것이 필요하다.

③ 상황요인은 커뮤니케이션 전략 수립에도 활용될 수 있다. 예컨대 즉석식품은 출근시간대에는 간편성과 영양성분을 강조하는 반면 오후와 저녁시간 사이에는 함께 먹는 즐거움을 강조할 필요가 있다.

④ 상황요인의 중요도에 따라 적응적 판매를 시행할 필요가 있다. 점포에서는 제품 속성의 중요도에 따라 서로 다른 제품속성을 강조하는 것이 필요하다. 예컨대 직장인들이 많이 모여있는 오피스 지역에서 동일한 즉석식품을 판매하는 경우에도 아침 출근시간에는 섭취시간을 강조하는 반면 점심시간과 저녁시간에 영양성분을 강조할 필요가 있다.

⑤ 소비자 경험에 따라 서로 다른 마케팅을 할 필요가 있다. 소비자들의 구매 상황은 첫구매와 재구매로 나누어 볼 수 있다. 첫구매는 소비자들이 이 제품을 이전에 구매해 보지 않은 것을 말하며, 재구매는 이미 해당 제품을 경험해 본 상황을 말한다. 첫구매와 재구매는 소비자들이 그 제품으로부터 기대하는 성과에 대한 불확실성에서 차이를 보인다. 즉, 재구매는 그 제품으로부터 성과를 경험하였으므로 성과평가에 대한 불확실성이 상당히 완화된 상태라고 할 수 있다. 그러나 첫구매는 그 제품이 소비자 기대를 충족시켜 줄 것인가 불확실하다. 이러한 불확실성이 크게 지각될수록 소비자들은 구매를 미룰 가능성이 높다. 마케터는 이러한 소비자의 제품평가에 대한 불확실성을 완화시켜 줄 필요가 있다. 이러한 마케팅 방법으로 구매전 체험 프로그램(예컨대 ○○일 동안 무료 체험 기회 제공), 샘플 제공, 시식코너 운영 등이 있다. 또한 첫구매자들은 재구매자들에 비해 제품에 대한 확신을 갖지 못하거나 갖기가 어렵다. 따라서 마케터는 첫구매자들이 제품에 대해 확신을 갖도록 마케팅하는 것이 필요하다.

구매상황 사례

   소비자들이 구매 시 직면하는 것 중 한 가지는 구매 상황에 따라서 브랜드 선택에 차이가 있을 수 있다는 점이다. 즉, 개인이 제품 혹은 브랜드를 선택하는 것은 소비 상황에 따라 달라질 수 있다. Orth(2005)는 소비 상황과 소비자가 기대하는 혜택이 와인 선택에 영향을 미치는지를 살펴보았다. 소비 상황은 자신 혹은 중요한 타인과 함께 집에서 소비하기 위한 상황, 친구를 초대하는 상황(5~6명의 친구를 공식적으로 초청하여 함께 소비하기 위한 상황), 선물을 하기 위한 상황(타인에게 증정하는 소비 상황)으로 구분하였고, 브랜드로부터 얻고자 하는 혜택은 기능적 혜택(성과/품질), 가격(돈에 대한 가치), 사회적 혜택(자기개념 제고), 감정상의 혜택(좋은 느낌/나쁘지 않음), 환경상의 혜택(책무), 건강상의 혜택으로 구분하였다. 그리고 브랜드는 와인 제품 중 12가지 브랜드를 선정하였다. 그 결과 소비 상황은 브랜드 선택에 영향을 미쳤다. 12가지 와인 브랜드 중 7가지는 소비 상황에 따라 브랜드 선택에 차이가 발생하였다. 브랜드 혜택 역시 소비 상황에 따라 달라지는 것을 발견하였는데, 품질 혜택과 자기개념 제고 혜택은 초대 상황과 선물 상황에서 더 중요하였고, 가격과 감정상의 혜택은 자기 소비 상황에서 더 중요하였다. 환경상의 혜택과 건강상의 혜택은 상황에 영향을 받지 않았다.

   브랜드에 따라서 소비 상황의 영향을 많이 받는 브랜드와 영향을 별로 받지 않는 브랜드로 구분해 볼 수 있는데, 이들 브랜드 간의 차이는 강력하고, 뚜렷하며, 명확한 브랜드 이미지를 가지고 있는 와인 제품은 브랜드 선택 시 상황에 상대적으로 더 민감하게 영향을 받는 것으로 나타난 반면 독특성이 덜 하거나 대중화된 브랜드는 상황 변화에 덜 민감한 것으로 나타났다.

5.3 구매와 관련된 점검사항

(1) 계획구매 대 충동구매

   소비자들의 구매행동은 구매 이전에 이미 구매계획이 세워진 제품을 구매하는 것인지에 따라서 계획구매(planned purchase)와 비계획구매(unplanned purchase)로 구분되며, 비계획구매를 충동구매(impulse purchase)로 표현하는 경우도 있다. 합리적 소비행동을 위해서는 계획구매가 바람직할 것이다. 한편 충동구매는 과소비를 가져온다는 부정적 측면이 부각되었으나 최근 충동구매에 대한 설문조사 결과 응답자의 반 정도는 충동구매가 꼭 나쁜 것만은 아니라는 반응을 보였으며, 충동구매일지라도 구매 후 기분이 좋아졌다는 반응을 보이는 것(중앙일보, 2017)은 주목해 볼 필요가 있다.

(2) 시간 한정과 수량 한정

소비자들이 제품을 구매할 때 시간 한정과 수량 한정을 경험하는 경우가 있다. 시간 한정 제품은 구매 시간에 제약이 있는 것을 말하고 수량 한정 제품은 구매량에 제한이 있는 경우를 말한다. 수량 한정은 다시 총수량이 제한되어 총수량이 소진되면 구매를 하지 못하는 상황이 발생하는 경우가 있는 반면 한 사람 혹은 한 구매 주체가 구매할 수 있는 수량이 일단위로 제한을 받는 상황이 제시된 경우를 볼 수 있다. 이러한 기법들은 심리적 반발감 혹은 경쟁의식을 활성화하는 것이 심리적 기저에 놓여있는 경우들이 있다.

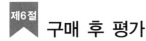

제6절 구매 후 평가

6.1 만족/불만족

소비자들은 제품 혹은 서비스를 구매한 이후 이를 소비, 사용 혹은 활용하는 과정에서 제품 혹은 서비스에 대한 평가를 하게 되고 이러한 평가를 바탕으로 재구매 여부를 결정하는 경우가 있다. 이와 같이 제품 혹은 서비스 구매 후 평가 과정에서 소비자 행동을 결정하는 중요한 개념들로는 제품 혹은 서비스에 대한 경험, 제품 혹은 서비스에 대한 만족, 그리고 충성도 등을 들 수 있다. 이와 관련된 사항은 다음 장에서 상세하게 다루도록 하고, 본 장에서는 간략하게 소개만 하도록 하겠다.

소비자들은 구매 후에 구매 혹은 소비 경험을 평가하게 되는데, 구매 후 평가 과정을 일목요연하게 설명하는 틀로는 불일치 패러다임(disconfirmation paradigm)이 있다(Oliver, 1980, 1981; Oliver and DeSarbo, 1988). 불일치 패러다임은 소비자들이 구매 이전에 그 제품의 성과에 대해서 가졌던 기대(expectation)와 구매 이후 소비자들이 지각한 제품 경험 혹은 제품 성과(performance) 간의 차이(불일치)를 말한다. 불일치 패러다임에서는 제품 사용 전의 사전 기대보다 사용 후의 사후 경험 혹은 성과가 같으면 일치, 다르면 불일치로 보고 있으며, 사전 기대보다 사후 성과가 더 크면 만족, 그 반대이면 불만족으로 보고 있다. 일치는 만족의 한 유형으로 본다.

고객만족/불만족은 고객이 구매한 제품 혹은 서비스에 대한 평가인데, 이러한 평가는 일반적으로 만족은 재구매로 이어질 가능성이 높은 반면 불만족은 재구매로 이어질 가능성을 약화시키며, 경우에 따라서는 불평행동으로 이어지기도 한다.

6.2 귀인(attribution)

소비자들은 만족 혹은 불만족을 경험할 때 그 만족 혹은 불만족의 이유, 원인을 찾고 싶어하며, 불만족일 경우에는 심리적 불편함을 해소하고자 하는 욕구가 클 가능성이 높으므로 불만족의 원인을 찾고 싶은 욕구가 더 강해지는 것을 볼 수 있다. 이와 같이 만족 혹은 불만족의 원인을 설명하는 유용한 틀로는 귀인이론을 들 수 있다. 귀인 이론(attribution theory)은 사람들이 초기의 제품 성과가 자신이 그 제품에 대해 열망했던 수준에 부합하는지를 평가하고, 성과의 원인에 대해 의문을 가지는 경우 발생한다(Weiner, 2000).

귀인은 내적귀인과 외적귀인으로 구분한다. 내적귀인은 원인을 개인적 요인에 해당하는 행위자(주로 자기 자신)에게 돌리는 것을 말하는 반면, 외적귀인은 원인을 개인적 요인인 행위자(주로 자기 자신)에게 돌리는 것이 아니라 환경적 요인(상황 혹은 상대방)으로 돌리는 것을 말한다. 외적귀인은 제품 혹은 서비스를 제조하거나 판매한 회사로 돌릴 수도 있고 상황으로 돌릴 수도 있다.

Yoon(2013)은 소비자들이 귀인을 할 때 제조업체와 소매업체 중 어디에 귀인을 하는지 살펴보았다. 즉, 소비자가 어떤 제조업체의 제품을 소매업체에서 구입하였는데, 구입 후 그 제품을 사용하는 과정에서 기대에 미치지 못하는 소비 경험을 하는 경우, 소비자들은 기대에 미치지 못한 소비 경험을 하게 된 원인을 어디로 귀인하는지 살펴보았다. 그 결과 소비자의 의사결정 스타일에 따라 귀인을 달리하는 것을 발견하였다. 만일 소비자가 분석적(analytic) 의사결정을 하는 스타일인 경우에는 전체적(holistic) 의사결정을 하는 스타일에 비해 소매업체보다는 제조업체에 더 그 원인을 귀인시키려고 하는 반면, 소비자가 전체적 의사결정을 하는 스타일인 경우에는 분석적 의사결정을 하는 스타일에 비해 제조업체 보다는 소매업체에 더 그 원인을 귀인시키려고 하는 경향이 있음을 발견하였다.

제7절 제품의 처분 및 재활용

> ■ 중고나라를 처분될 제품의 효과적인 활용
> ■ 지속가능 소비 활동의 일환으로 일상생활에서 쓰레기 등의 분리배출을 통해 자원재활용이 가능해지며, 사회적 비용을 절감할 수 있다.
> ■ 일부 서적 그리고 대형할인점 등에서 활용하는 종이봉투에는 재생용지를 활용하여 만들었다는 문구를 볼 수 있다.

소비자들은 제품을 처분하거나 재활용하는 것을 많이 볼 수 있다. 예컨대 중고자동차 시장, 구제의류 시장, 분리수거를 통한 자원재활용 등은 이러한 예에 속할 것이다.

소비자들은 제품을 더 이상 소비하지 않거나 경제적 이유 등으로 제품을 처분할 수 있다. 제품의 처분에 따른 중고제품 시장의 규모가 증가함에 따라 기업들은 중고시장에도 관심을 기울이고 있는 것으로 보인다.

자원재활용은 지속가능 소비 실천의 일환으로 소비자들이 일상생활에서 많이 실행하고 있는 상황이다. 기업들 역시 최근에는 지속가능 경영의 일환으로 자원재활용에 적극적인 자세를 보이는 기업들이 증가하고 있다. 예컨대 H&M은 자사 의류의 재활용에 많은 관심을 기울이고 있다.

제8절 공동의사결정

친구들과 약속시간을 정해서 맛집을 찾아가거나 영화관을 가는 것 등은 소비생활에서 많이 경험하는 의사결정 방법이지만 이러한 경우의 의사결정은 개인적으로 의사결정을 진행하는 경우도 일정 부분 차이를 보이고 있다. 이러한 유형의 의사결정, 공동의사결정 단계를 간략히 소개하면 다음과 같이 네 단계로 구분해 볼 수 있다(Marchand, 2014).

첫 번째 단계는 준비 단계(preparation phase)이다. 이 단계에서는 이 단계 이후에 일어나는 의사결정 과정의 요건(requirement)이 된다. 그 그룹은 활성화된 욕구에 의해 동기부여가 되어서 그룹의 특정한 소비목표가 형성되고 지정된다. 이 목표에 전념하는 하위그룹이 아마도 있을 것인데, 그 하위그룹은 다른 구성원도 함께 참여하도록 요청한다. 그룹 구성원 중 적어도 한 명 이상은 소비범주가 상이한 영역(예컨대 레스토랑에 가서 맛있는 것을 먹는다, 영화를 보러간다, 뮤지컬을 보러간다, 여행을 간다) 혹은 동일한 소비 범주 내에서 서로 다른 하위 범주(예컨대 한정식을 먹는다, 이탈리안 레스토랑을 간다, 일식을 먹는다, 중식을 먹는다, 뷔페를 간다) 혹은 동일한 하위 범주 내에서 상세 아이템 혹은 점포에 관한 정보를 수집하고 공유한다. 이러한 정보 수집 및 공유과정은 특정 범주 내에서 가용한 제품 대안들을 고려대안집합 내로 축소시키는 역할을 한다. 이 단계에서는 그룹의 여러 구성원에게 서로 다른 역할이 배정되는 모습을 보인다. 이러한 역할에는 전반적인 정보 수집(어떤 영화가 상영되고 있는지에 대한 정보), 제품 후기 평가(온라인 혹은 오프라인 상에서의 구전, 전문가 판정, 소셜 미디어의서의 정보원), 유용성 혹은 이용가능한지에 대한 점검(예컨대 휴관일, 개점 및 폐점시간) 등이 있다.

그 그룹에서는 소비를 위해 시간과 장소(예컨대 내일 AA씨네마에서 BB영화를 함께 보기 위해서 오후 6시에 강남역 O번 출구에서 만나자) 그리고 소비 전후로 이루어지는 연관된 활동(영화를 본 후에 저녁을 먹으러 가자 혹은 시간에 되면 오후 4시에 CC서점에서 만나자)에 대해 개략적인 합의를 볼 것이다.

이러한 소비활동에 대한 개략적인 합의는 대안의 다양성을 한정짓는 역할

(예컨대 6시 30분에 AA씨네마에서 상영하는 BB영화)을 한다. 그리고 대안 선정을 하기 전 다른 요인들도 한정하는 역할(예컨대 다른 장르에 영화를 보는 것)을 한다.

둘째 단계는 결정단계(decision phase)이다. 결정단계에서는 이용가능한 제품대안들에 초점을 맞추는 단계이다. 제품 선정 작업은 그룹 구성원 중 한 명혹은 공동으로 착수한다. 네 명 이상의 구성원들로 구성된 그룹들에 대해서는 그룹 전체를 대신해서 하위그룹의 에이전트들이 제품을 선정하는 데 참여한다. 예컨대 아직 도착하지 않은 구성원들을 포함하여 그룹 전체를 위해서 두 명의 에이전트가 영화표를 구매할 것이다. 물론 한 명의 에이전트가 그룹 전체를 대신해서 예매를 할 수도 있고, 그룹 구성원 각자가 예매를 할 수도 있다. 모든 구성원이 동의를 하면 공동 소비활동은 일어난다. 이 단계에 다다르면 공동소비를 하지 않는 것이 하나의 대안으로 간주되는 단계를 넘어선 단계이므로 그룹 구성원은 적어도 어떤 수준까지는 예상되는 가치를 달성하는 정해진 대안에 동의한다. 이러한 동의는 최상의 대안을 발견함으로써 만족을 극대화하는 대신에 불만족을 최소화하는 원칙을 따르게 될 것이다(Bettman et al., 1998).

세 번째 단계는 공동소비단계이다. 공동소비단계에서 그룹 구성원은 여전히 서로에게 영향을 미친다(예컨대 구성원 중 한 명이 어떤 레스토랑에서 음식을 먹는 것을 즐겨하지 않는다면 그 그룹 구성원 중 다른 구성원들은 그것을 알아차리는데, 이러한 것은 다른 구성원들 자신의 즐거움을 감소시킨다).

네 번째 단계는 평가단계이다. 평가단계에서 그룹 구성원들은 소비된 제품에 대해 전반적인 소비 경험(그룹 전체의 만족도)뿐 아니라 (제품 가치에 대한) 개인적 평가와 더불어 (그룹의 제품 가치에 대해) 공동으로 등급을 매긴다. 그룹의 제품 가치에 대한 공동평가는 공동 활동에 대한 사회적 가치를 창출한 다른 그룹 구성원들을 포함하여 상황을 규정하는 모든 것을 포함한다. 예컨대 공동으로 소비된 제품은 훌륭하지 않을지 몰라도 함께 보낸 시간에서 나온 어찌되었든 경험은 훌륭한 평가를 이끌어 낼 수 있다. 이러한 평가는 (그 그룹이 진짜로 재미없는 영화를 즐거운 시간으로 만들었다는) 조화의 정도에 의존할지도 모른다.

행동경제학과 소비자 의사결정

2017년 노벨경제학상을 수상한 Richard Thaler교수와 2002년 노벨경제학상을 수상한 Daniel Kahneman교수는 행동경제학(behavioral economics)을 연구한다는 공통점을 가지고 있다. 경제학에서는 전통적으로 소비자를 합리적으로 행동하고, 소비에 있어서는 가격과 품질 같은 요인들에 기초하여 논리적인 의사결정을 하는 것으로 간주하였다. 그러나 실제 혹은 관찰된 소비자 행동에서는 합리적 시각에 의해 기대되는 결과를 지속적이고 일관되게 위배하는 증거들이 다수 발견됨에 따라서 합리적 인간 모델은 실제 혹은 관찰된 소비자행동을 정확하게 설명할 수 없다는 것이 명백해지고 있다(Thaler and Sunstein, 2008). 행동 경제학자들과 심리학자들은 인간의 행동은 선택이 가져다주는 혜택과 비용에 접근하는 방법의 관점에서 볼 때 상당히 복합적이라는 것을 인식하게 되었으며, 합리적 인간 모델을 위반하는 소비자 행동(예컨대 어떤 소비자가 다이어트를 하고 있는 상태 일지라도 만일 다른 사람으로부터 저녁 식사에 초대를 받았다면 모임의 상황과 초대한 사람의 성의를 고려하여 평상시보다 더 많은 음식을 섭취하는 것)이 나타나는 이유를 행동 경제학에서는 의사결정의 맥락(context), 즉 소비와 관련된 선택이 일어나는 환경의 차이 혹은 변화가 소비자 행동에 어떻게 영향을 미치는지에 초점을 맞추어서 살펴본 결과들이 다수 있다. 이와같이 선택이 이루어지는 환경 내에서 선택이 제시되는 방법이 선택에 미치는 영향을 선택 아케틱쳐(choice architecture)라고 한다. 소비자 심리 및 행동과 관련하여 행동경제학에서 자주 다루어지고 있는 주제들은 다음과 같다.

(1) 손실회피 (loss aversion)

사람의 행동에서 자주 발견되는 특징으로는 손실회피(loss aversion)가 있다. 손실회피는 동일한 분량의 이익과 손실이 있는 경우(예컨대 100만 원의 이익과 100만 원의 손실) 사람들은 통상적으로 이익(100만 원의 이익)이 가져다 주는 가치에 비해 동일한 분량의 손실(100만 원의 손실)이 가져다 주는 가치를 더 크게 지각한다는 것이다. 즉, 100만 원의 이익이 가져다주는 이익에 따른 경제적 효용과 긍정적 감정보다는 100만 원의 손실이 가져다 주는 손실에 따른 경제적 효용과 부정적 감정의 크기가 더 크다는 것이며, 통상적으로는 이익이 가져다 주는 긍정적 가치에 비해 손실이 가져다 주는 부정적 가치가 약 2.4배 큰 것으로 조사되었다. 이것을 손실은 이익이 비해 더 커 보인다는 말로 표현하기도 한다.

인센티브가 강력하게 영향을 미치지 못하는 경우들이 있고, 금전적 이득이 주어지는 경우보다 금전적 손실이 주어지는 경우 목표달성을 더 많이 하는 경우들이 있다. 이러한 현상들은 손실회피 개념으로 설명이 가능하다. Ebhohimhen and Avenell(2008)은 금전적 인센티브가 비만관리에 미치는 영향을 살펴보았다. 그 결과 금전적 인센티브를 주는 것이 참여자들의 장기적인 체중 감소 혹은 유지에 유의하게 영향을 미치지는 못하는 것을 발견하였다. 그러나 금전적 인센티브가 만일 체중 감소 혹은 유지에 실패한다면 금전적 인센티브에 해당하는 금액이 벌칙으로 부가된다는 프레임으로 활용될 수도 있다. Volpp et al.(2008)는 참여자들에게 특정 계좌에 돈을 예치해 두도록 한 후 체중 감량 목표치에 도달하는 경우 그 돈을 돌려주겠다고 한 그룹과 이러한 조건을 제시하지 않은 그룹 간의 체중 감량을 비교해 보았는데, 몇 개월에 지난 후 감량된 체중을 비교해 본 결과 특정 계좌에 돈을 예치해 두도록 한 집단에게서는 유의한 체중 감량 효과가 나타났으나 그렇지 않은 집단에서는 유의한 변화가 일어나지 않았다. 이것은 사람들이 손실을 회피하고자 하는 심리가 행동을 영향을 미치는 사례라고 할 수 있다.

조작적 조건화에서 긍정적 강화 보다는 처벌이 더 강력하게 영향을 미치는 경우들도 있다. 예컨대 교통위반을 하였을 때 범칙금을 내도록 하는 제도는 이러한 예에 속할 것이다.

소비자에 따라서는 목표를 달성하지 못하는 것을 손실로 지각할 수도 있다. 예컨대 어떤 사람이 세일 기간이 자신이 원하는 운동화를 사고자 돈을 저축하고 있었고, 세일 기간 중 돈이 조금 모자라서 더 저축을 하고 있는 동안 그 제품이 매진이 되었다고 한다면 사람은 정상가격으로 구매를 하면 될 것이지만 이와 같이 정상가격으로 구매하는 것을 손실이라고 지각할 수도 있다. 이것은 이 사람이 세일 기간 중에 구매할 수 있는 가격을 기준으로 판단을 할 때 정상가격과 세일 가격의 차액만큼을 손실로서 지각할 수도 있다는 의미이다. 또한 그 제품을 구매(소유)하지 못한 것 자체를 손실로서 지각할 수도 있다.

손실회피와 관련하여 발생하는 중요한 양상으로 보유효과(endowment effect)가 있다. 보유효과는 사람들이 상황과 연관시켜서 사물에 특정한 가치를 부여하는 것을 말한다. Thaler and Sunstein(2009)은 이와 관련된 여러 가지 사례들을 소개하고 있는데 그 중에 가장 많이 알려진 머그잔 사례는 보유효과를 잘 보여주는 사례라고 할 수 있다. 학생들에게 자기 대학의 문양이 새겨진 커피머그잔을 준 후 그 커피머그잔을 받은 학생들에게 그 잔을 가지고 있지 않은 학생들을 위해서 그 잔을 팔도록 권유해 보았다. 그리고 그 머그잔을 소유하고 학생들에게는 얼마에 그 머그잔을 포기할 것인지(즉, 팔 것인지)를 물어보았고 사려는 학생들에게는 얼마에 그 머그잔을 살 것인지를 물어보았다. 그 결과 머그잔을 소유하고 있는 학생들은 머그잔을 사려고 하는 학생들의 구매가격보다 약 2배 정도 비싼 가격을 제시한 것으로 나타났다. 이러한 현상에 대해 Thaler and Sunstein은 일단 사람들이 무엇인가를 소유하고 나면 그 소유한 것을 처분 혹은 포기(give up)하고 싶지 않게 되지만 그것을 소유하고 있지 않은 사람들은 강제로 그것을 살 마음이 들지는 않을 것임을 보여주는 것이다.

(2) 프레이밍 효과(framing effects)

대체안에 대한 평가는 선택이 제시되는 방법, 즉 선택의 프레임(frame)에 따라 달라질 수 있다. 정보가 제시되는 프레임이 어떠한가에 따라서 소비자 행동, 특히 소비자 선택에 영향을 크게 미친다. 사람들은 부정적 프레임보다는 긍정적 프레임으로 제시되는 것을 더 선호하는데, 그 효과는 손실회피로부터 온 것이다.

예를 들면 암치료 방법을 선택함에 있어서 수술(surgery)은 90%의 생존율이 있다고 묘사되었을 때에는 환자의 82%가 방사선치료(radio therapy)보다는 수술을 선호하였으나 수술이 10%의 사망률(mortality rate)이 있다고 묘사되었을 때에는 환자의 56%만이 방사선치료 보다는 수술을 선호하였다. 이러한 두 가지 정보 형태는 실질적으로는 동일한 것이지만 긍정적인 프레임을 더 선호하는 강한 편향이 있음을 보여주는 것이다(McNeil et al., 1982). 프레이밍이 부정적으로 제시된 정보 대비 긍정적으로 제시된 정보를 비교하는 것도 있으나 실질적으로는 동일한 정보가 상이한 형태로 제시되는 경우에도 적용된다. 예를 들면 수수료 혹은 회수율이 퍼센트(%)로 제시된 경우와 동일한 정보가 금액 조건으로 표시된 경우에 소비자들이 서로 다른 행동적 반응을 보이는 경우가 있다.

(3) 정박효과 혹은 닻내림 효과(anchoring effects) 및 조정(adjustment)

정박효과 혹은 닻내림효과(anchoring effect)는 대안의 평가가 최초 기준점(anchor)의 영향을 받는 것을 말한다. 정박효과가 중요한 이유는 소비자들이 어떤 제품의 가격을 추정 혹은 평가할 때 최초 기준점에 해당하는 가격이 소비자의 제품 가격 추정 혹은 평가를 위한 내적 준거가격에 영향을 주며, 소비자들은 최초 기준점을 출발점으로 하여 가격 혹은 평가를 조정(adjustment)하는 경향이 있기 때문이다(Nunes and Boatwright, 2004). 그리고 이러한 현상으로 인하여 소비자들의 제품에 대한 지불용의가격에도 변화를 가져올 수 있다.

정박효과는 최초 기준점이 임의로 선택된 경우에도 나타나고, 대상 제품에 대해 어느 정도의 지식을 가지고 있는 사람들에게서도 나타나며, 자신이 구매하고자 하는 제품이 아닌 구매와 관련없는 제품에 노출되는 경우에도 나타난다. 예를 들면 Tversky and Kahneman(1974)은 UN회원국 중 아프리카 국가의 수를 추정하는 실험을 실사하였는데, 임의의 숫자 10을 알려준 그룹에서는 25개국이라는 응답이 나온 반면 임의의 숫자 65를 알려준 그룹에서는 45개국이라는 응답이 나왔다. 이것은 초기 기준치를 임의로 설정한 경우에도 정박효과가 나타남을 보여주고 있는 것이다. Northcraft and Neale(1987)는 부동산 매매 중개인에게 동일한 부동산에 대해 서로 다른 정박값을 준 후 부동산 가치를 매기도록 요구하였는데, 부동산 매매 중개인들이 가치평가를 한 값은 이들 중 90%가 정박값의 영향을 받았음을 부인하였음에도 불구하고 임의로 제공된 정박값과 유의한 상관관계를 보여주었다고 보고되었다.

정박효과가 소비자 심리 및 행동에 미치는 영향은 지불용의가격에 정박효과가 영향을 미친다는 점이다. 정박효과가 지불용의가격에 미치는 영향은 대체적으로 정박값이 높은 경우가 낮은 경우에 비해 지불용의가격이 높은 경향이 있다(하영원, 김경미, 2011; Nunes and Boatwright, 2004). 예컨대 하영원과 김경미(2011)는 데스크 탑 컴퓨터, 운동화, MP3플레이어 제품으로 실험을 실시한 결과 정박효과가 나타남을 보여준 바 있다. 한편 정박효과는 실용적 구매목적을 가지고 있는 소비자보다 쾌락적 구매목적을 가지고 있는 소비자에게서 더 잘 나타나는 것이 밝혀졌다(하영원과 김경미, 2011).

(4) 심적 회계(mental accounting)

심적 회계(mental accounting)는 개인들이 자산배분의 대상을 서로 분리되어 있고 이전불가한 그룹들로 구분하고 효용의 수준이 서로 다른 각 그룹들에 자산을 배분하는 것을 말한다. 심적 회계는 금액의 합계가 돈의 출처 그리고 돈이 어디에 넣어져 있는지에 따라서 상이하게 가치가 부여되고 취급될 때 발생한다(Thaler, 1985). 심적 회계는 전통적인 경제학에서 돈은 대체가 가능한 것(fungible)이라고 보는 가정을 위배하므로 행동경제학 분야에서 관심을 받아왔다. 돈의 대체가능성이 의미하는 것은 모든 돈은 돈의 원천 혹은 활용처(destination)에 관계없이 동등하게 취급되고 돈에 꼬리표(labels)가 달려 있지 않다는 것을 말한다. 다음 예는 대체가능성의 법칙이 어떻게 위반되는지를 보여주고 있다. 50파운드에 램프를 사기 위하여 상점을 방문한 사람들 중 대부분은 만일 5분 거리에 있는 다른 상점에서 동일한 램프를 특별 할인 가격으로 25파운드에 판매하고 있다는 말을 듣는다면 그 다른 상점을 가서 그 제품을 구매하여 25파운드를 절약하려고 할 것이다. 그러나 1,500파운드에 해당하는 식탁세트를 구매하기 위해서 상점을 방문한 사람들 중 대부분은 만일 5분 거리에 있는 다른 상점에서 동일한 식탁세트를 1,475파운드에 판매하고 있다는 말을 듣는다고 하더라도 그 다른 상점에서 그 제품을 구매하기 위해 가지는 않을 가능성이 높다. 이 두 가지 예시에서 상충상쇄가 발생하는 것은 5분 거리와 25파운드이다. 그러나 전자의 사례에서는 25파운드가 50파운드와 비교된 반면, 후자의 사례에서는 25파운드가 1,500파운드와 비교되었다. 전통적인 경제학 이론에서는 25파운드는 돈의 원천에 관계없이 가치가 동일해야하며, 25파운드와 5분이 상충상쇄관계에 있다는 것은 25파운드는 5분이라는 개인의 시간 가치와 상황에 관계없이 동일해야 한다.

사람들은 소비지출 범주가 상이한 경우(예컨대 교육비와 외식비) 각 범주에 해당하는 계정을 심적으로 분리해서(예컨대 교육비 계정, 외식비 계정) 가지고 있으며, 한 범주에서 지출하는 돈을 다른 범주에서 전환해서 지출(예컨대 교육비로 지출하려고 모아 둔 돈을 외식비로 쓰는 것)하기를 꺼려한다(Thaler, 1999).

심적 회계와 관련된 가장 유명한 사례는 뉴욕의 택시기사의 행동과 관련된 것이다. 한 연구에서는 뉴욕의 택시기사는 괜찮은 날(good days)에는 일을 짧게 하고, 궂은 날에는 더 장시간 일을 하는 것으로 나타났다. 이것은 전통적인 경제 이론과는 모순되는 것인데, 전통적인 경제 이론에 의하면 뉴욕의 택시기사는 월소득을 극대화하기 위해서는 괜찮은 날에 더 오래 일을 해야 한다. 심적회계로 이러한 현상을 설명이 가능하다. 즉, 뉴욕의 택시기사는 각 날짜를 구분해서 심적 계정을 가지고 있으며 일일 이익 목표치를 설정해서 가지고 있다. 각 날짜마다 뉴욕 택시기사는 자신의 목표치에 도달하면 일을 멈추는데, 이와 같이 멈추는 시간이 괜찮은 날에는 신속히 발생하고, 궂은 날에는 늦게 발생하는 것이다(Camerer et al., 1997).

심적회계가 자기통제에 유용하게 활용될 수 있음을 보여주는 좋은 사례는 사람들이 저축을 하는 방법에서 찾아볼 수 있다. 예를 들면 부모는 저축계좌, 당좌계좌, 의료비청구용으로 책정된 계좌, 자녀의 학비를 위한 계좌 등을 가지고 있다. 이와 같이 용도에 따라 계좌를 나누는 것은 생활을 함에 있어서 자기통제에 도움을 주기도 한다. 예컨대 부모는 자녀의 학비를 위한 계좌에서 돈을 인출하여 긴급히 필요한 생활자금으로 지출하는 데 있어서 신중을 기하는 경향이 있다.

그러나 경우에 따라서는 용도에 따라 계좌를 나누는 것이 비합리적인 행동을 초래하기도 한다. 예컨대 신용카드의 미지불 부채(outstanding debt)에 높은 이자를 지불하면서도 그보다 낮은 이자를 지급하는 저축계좌에 돈을 넣어두는 행동은 각 자금의 사용 용도 혹은 목적이 상이할지라도 이자 지불 측면에서 보면 비합리적인 행동으로 여겨질 수도 있다. Cross and Souleles(2002)는 전형적인 미국 가구에서 보면 이자율이 5% 미만인 저축계좌에 약 5,000달러를 예치해 두고 있는 반면 약 18% 혹은 그 이상의 이자율을 지불해야 하는 신용카드 잔고를 3,000달러 정도 보유하고 있음을 발견하였다. 소비자들이 이러한 행동을 하는 이유를 동기 측면에서 살펴보면 신용 한도에 따라 유동성 확보를 위해 예비적 저축을 하는 것으로 해석할 수 있다.

사람들이 심적회계를 하는 이유는 경제적인 측면보다는 생활을 함에 있어서 안정감을 더 갖고 싶은 이유일 가능성이 높다. 예컨대 한정된 예산 내에서도 여가활동을 즐기는 예산을 배정하고, 이러한 여가활동을 규칙적으로 하는 것은 삶에 있어서 활력소가 될 수 있다.

(5) 현상유지편향(status quo bias)

현상유지편향은 현재 선택 혹은 현재 행동패턴을 고수(stick)하려는 성향을 말한다(Samuelson and Zeckhauser, 1988). 사람들은 현상유지에 대한 과다한 선호도를 가지고 있는 것으로 보이는데, 현상유지를 고수하려는 것은 더 능동적으로 행동지침을 고려하기보다는 정신적 노력을 덜 하려는 것과 관련이 있다. 현상유지편향은 경우에 따라서는 비합리적인 결과를 가져오기도 한다. 예컨대 대학교에서 고용에 기초한 건강관리 계획에 대해 새로운 대안을 추가하려고 할 때, 해당 시점 이후로 가입하는 교원들은 대부분의 대안들이 이득이 되는 대안들로 구성되어 있다면 이전에 고용된 교원들은 새로운 대안들이 장점을 가지고 있다고 합리적으로 추정을 할 수 있음에도 불구하고 새로운 대안을 선택하는 정도가 낮았다(Samuelson and Zeckhauser, 1988). 이것은 사람들이 현상유지를 고수하려는 강한 선호도를 나타내는 것이다.

(6) 기본설정(default)

기본설정은 능동적인 선택을 하지 않은 상태에서 미리 정해져 있는 대안을 말한다. 현재 특정한 행동패턴을 가지고 있지 않은 경우에는 기본대안이 선택을 유도하는 데 매우 중요한 역할을 한다. 기본설정에 따른 행동은 무엇인가를 하여야만 하는 것이 현상유지(status-quo) 상태로 있는 것보다 더 귀찮은 것일 때 발생하는 경향이 있다. 따라서 기본설정은 관성(inertia)에 따른 행동과 관련이 깊다. 현상유지편향은 의식적으로 의사결정을 하는 것보다는 제공된 기본대안선택을 고수하려는 경향과 밀접히 관련이 되어 있으므로 기본대안선택은 선택설계구조(choice architecture)에서 중요한 역할을 수행한다(Thaler and Sunstein, 2008). 선택설계구조는 선택대안들이 개인에게 어떻게 틀이 지어지고 제시되는지를 압축(encapsulate)한 것으로 볼 수 있다. 효과적인 선택설계구조는 조언을 구하는 개인들에게 가장 적절한 선택으로 여겨지는 것이 무엇인지를 알게 하는 데 도움을 준다.

기본설정 행동은 가입(opting in)과 탈퇴(opting out) 행동에서도 잘 나타난다. 특히 정책을 수립하고 집행하는 경우 기본설정은 소비자 행동에 영향을 미칠 수 있다. 만일 당신이 어떤 계획된 설계(scheme)에 자동적으로 가입된 것으로 간주되고 탈퇴를 하기 위해서는 일정한 노력을 기울여야 한다면 그 계획된 설계에 대해서 불쾌감을 크게 가지는 경우가 아니라면 그 계획된 설계에 남아 있을 가능성이 있다. 마찬가지로 가입을 하기 위해서 무엇인가를 해야 한다면 작성해야 하는 문서가 무엇이든 간에 문서 작성을 위해 필요한 시간을 내기가 어렵다고 느낄 것이다. 가입과 탈퇴 중 무엇이 기본설정으로 되어있는지에 따라 결과에 차이가 크게 날 수 있음을 극명하게 보여주는 사례가 있다. 장기 기증 등록과 관련된 비율은 국가 간에 차이가 크다. 그런데 이러한 차이는 가입과 탈퇴 중 기본설정으로 무엇이 지정되어 있는지에 기인한다. 즉, 가입이 기본설정으로 되어 있고 탈퇴를 하고자 하는 경우 탈퇴의사를 표시하여야 하는 나라가 비가입이 기본설정으로 되어 있고 가입하고자 하는 경우 가입의사를 표시하여야 하는 나라에 비해 장기 기증 등록 비율이 더 높은 것으로 나타났다.

개인이 어떤 특성을 원하지 않는다고 진술하지 않는 한 그 특성이 재무적 정책과 함께 제시된다면 개인들이 그 특성을 능동적으로 선택해야 하는 경우에 비해서 그 특성을 채택하는 하는 경향이 상당히 높다(Johnson et al., 1993).

과거에 지급보증보험(payment protection insurance)과 같이 제품에 추가된 특성을 판매하기 위해서 마케팅 관리자는 지급보증보험을 원하지 않는 경우 탈퇴(opt-out)하도록 하는 방법을 활용하여 성과를 보는 경우도 있다. 기업이 현상유지편향을 활용하는 또 다른 보편적인 방법은 정해진 기간 동안에는 무료구독(free subscription)하고, 그 이후에는 소비자들이 능동적으로 그 구독을 취소(cancel)하지 않는 한 전액을 지불하는 계약으로 자동적으로 전환되는 것이다.

금융 서비스 분야에서 기본대안선택 효과를 잘 보여주는 예시로는 개인연금(personal pension plans) 자동 가입(enrolment)이 있다. 개인연금 자동 가입은 미국에서 개인연금에서 기여도(contributions)를 증가시키는 데 성공적이었음이 입증되었다(Benartzi and Thaler, 2007). 이것은 개인이 탈퇴할 권리를 보유하고 있기 때문에 강요(compulsion)와는 다르다. 그러나 탈퇴라는 것이 의식적으로 선택을 하는 것이 되고 개인 입장에서 일정부분 노력이 요구되는 것이므로 대부분의 사람들은 탈퇴를 하지 않는 경향이 있다.

(7) 과도한 할인(hyperbolic discounting)

시점 간 의사결정(intertemporal decision)은 의사결정자가 어떤 이벤트에 대한 결과의 현재 발생 가치와 결과가 연기되었을 때(delayed) 가치를 비교하는 것이며, 이와 같은 상황에서 개인의 의사결정은 자신의 시간 선호도에 의해 영향을 받는다는 것이다.

전통적으로 경제학자들은 개인 할인율(individual discounting rate: IDR)이라는 개념을 적용하여 시간 선호도를 이해하려 하였다. 여기서 개인 할인율은 개인이 지연된 결과를 즉각적인 결과와 바꾸려는(trade) 의향의 비율을 말한다. 개인 할인율은 개인이 지연에 대한 보상으로 바라는 것을 반영하는 것이다. 개인 할인율은 개인이 현재 지향적일수록 높을 것이다. 예를 들면 1년 후에 10만 원을 받을 수 있는데, 그 대신 현재 얼마를 받을 것인지를 결정할 때 9만 5천원을 받겠다는 사람과 9만 원을 받겠다는 사람이 있을 때 다른 조건이 모두 동일하다면 9만원을 받겠다는 사람의 개인 할인율이 높다고 말할 수 있다.

초기 할인 모형은 포괄적으로 개인들이 시점 간 선택에 있어서 일관성(consistent)을 가지고 있을 것으로 가정하였는데, 이것이 의미하는 바는 개인의 할인율은 시간 경과와 관계없이 일관성이 있고, 상황과도 관계없이 일정할 것이라고 가정한다는 것이다.

그러나 개인 할인율은 시계(time horizon)에 따라 감소하는 것이 관찰되었다. 즉, 미루기, 지연 혹은 연기(procrastination)가 길어질수록 사람들이 미래 결과의 가치를 할인하는 요인은 더 커지는데, 그 형태는 지수함수보다는 쌍곡선함수(hyperbolic function) 형태를 보이고 있다(Laibson, 1997). 예를 들면 동일한 1일이더라도 현재 확정된 금액(예컨대 10만원)을 내일 받는다면 얼마에 받겠는가를 물었을 때 응답한 금액의 현재대비 할증율 혹은 할증금액(예컨대 10만 3천 원이라고 응답하였다면 현재 받는 것보다 3천 원의 추가 금액을 요구한 것)과 1년 후에 받는다면 얼마에 받겠는가(예컨대 10만 5천원을 받겠음)를 물어본 후 1년 1일이 지난 후 얼마에 받겠는가를 물어보았을 때의 응답은 1년 후와 별로 다를 것이 없는 경우가 많은데, 이것은 동일한 1일이 지연되었을 때 추가적으로 요구하는 할증률 혹은 할증금액이 시점에 따라 달라짐을 의미한다.

개인 할인율은 결과의 크기에 따라서 감소한다(Benzion et al., 1989). 프로스펙트 이론에서 보여준 것과 마찬가지로 이익에 대한 개인 할인율은 비슷한 크기의 손실에 대한 개인 할인율보다 더 높다(Loewenstein and Thaler, 1989). 간략히 표현하자면 사람들은 장기적인 수확 보다는 단기적인 만족감(gratification)을 더 선호하는 경향을 가지고 있다. 과도한 할인 효과는 사람들의 미루기 성향에 의해 악화될 가능성도 있다. 소비자가 즉각적인 행동이 자기에게 이익이 된다는 것을 알고 있음에도 불구하고 행동을 취하는 것을 미룰 때 지연이 발생한다(de Meza et al., 2008).

(8) 가용성 효과(availability effect)와 현저성(salience)

사람들은 어떤 결과가 발생할 가능성을 그 결과가 얼마나 쉽게 마음 속에 떠오르는지 혹은 얼마나 수월하게 상상이 되는지에 의해 판단한다. 사람들은 매우 용이하게 구득 가능한 증거 혹은 상당히 현저한 증거에 주로 의존하는 경향이 있다.

사람들은 일상적으로 특이하게 기억할만한 결과, 고조된 감정상의 결과 혹은 최근에 일어난 결과에 대해 과대평가할 가능성이 높다(Hertwing et al., 2005). 예를 들면 죠스(Jaws) 영화가 인기를 얻어서 상어의 공격에 대한 보도와 연관된 광고가 많이 나옴으로 인하여 사람들은 실제로는 비행기 부품 파손으로 죽는 것이 상어의 공격에 의해 살해될 가능성 보다 30배 더 높음에도 불구하고 비행기 부품 파손으로 죽는 것보다 상어의 공격의 의해 살해될 가능성이 더 높다고 생각하는 경향이 있다(Dixon, 2006).

(9) 규범(norms)

규범은 우리 주위에서 보고 적절하다고 간주되는 행동의 유형을 말한다. 규범은 행동을 좌우하는(govern) 비공식적인 규칙으로 정의될 수 있다. 규범은 문화적이고 사회적이며 규칙이 주도하는(rule-driven) 경향이 있다. 예를 들면 연장자에게 공손함을 표현하는 것, 금연구역(병원, 기차, 비행기, 식당 등)에서는 담배를 피지 않는 것은 규범에 해당된다.

정보 혹은 동료의 압력을 통한 사회적 영향력은 규범에 영향을 미칠 수 있다.

다음의 지문을 읽어 보신 후 아래의 질문에 대해서 토의해 보십시오.

대학생인 ABC는 구직 활동을 하던 중 마음에 드는 직장에서 면접을 보러 오도록 연락이 와서 면접을 보기로 하였다. ABC는 5년 전에 부모님이 사주신 파란색 정장을 입고 면접장에 가기로 계획했었다. 그러나 그 정장은 유행에 상당히 뒤떨어졌으며 재킷은 이미 낡은 있는 상태였다. ABC는 면접에서 첫 인상을 좋게 보이도록 하기 위한 목적과 앞으로 정장을 입을 일이 많아질 것으로 예상해서 정장 한 벌을 새로 사기로 결정했다.

ABC는 옷에 대한 정보를 얻기 위해 먼저 인터넷에서 정장과 관련된 옷의 스타일과 가격에 대해 검색을 하였다. 그리고 ABC는 소매점에 가서 정장을 입어보고, 다음 주에 있을 첫 면접을 위해 옷을 구매하기로 마음속으로 결정하였다. ABC는 Zara, H&M, Uniqlo와 같은 SPA 브랜드의 옷을 선호하지만 모두 비즈니스 정장은 판매하지 않고 있음을 알게 되었다. ABC는 Lotte몰에 가기 전에 온라인 사이트인 더웨이나인, 걸스인터뷰, 스타일난다 등을 방문하여 요즘 트렌드가 어떤 유형인지, 그리고 쇼핑몰에서 현재 판매중인 정장을 조사하고 비교해 보았다. 그리고 쇼핑 가능한 상품의 목록을 가지고 ABC는 자신이 온라인 사이트에서 미리 알아보았던 Lotte몰에 있는 점포들로 바로 간다.

ABC는 친구인 XYZ와 쇼핑하는 걸 좋아하지만, XYZ는 이번 학기에는 교환학생으로 미국에 있다. ABC는 친구들의 의견을 많이 따르는 편이므로 ABC는 자신의 쇼핑 목록을 카카오톡에 등록된 친구들에게 보냈으며, Facebook에도 올렸다.

ABC는 처음에 Lotte몰로 들어갔으며, 정장 매장의 한 판매원이 ABC에게 다가왔다. 그 판매원은 ABC가 원하는 종류의 정장과 사이즈를 묻고 나서 세 벌의 정장을 보여준다. ABC는 XYZ와 영상통화를 통해 세 벌의 정장을 입은 모습을 보여주었고, XYZ는 세가지 정장의 장단점을 상세히 말해 주었다.

ABC는 이후 카카오톡과 Facebook에 들어 온 의견들과 판매원의 의견을 받아들여 두 번째 정장이 가장 매력적이며 면접에 적합하다는 결정을 내리고 구매를 하기로 하였다. 그런데 두 번째 정장은 색, 옷감 및 길이 등은 마음에 들었지만 자신이 수립한 예산 범위를 초과하는 가격에 신경이 많이 쓰였다. 그런데 ABC가 두 번째 정장을 입고 구매를 망설이고 있을 때 그 점포의 다른 고객이 ABC가 매우 전문직 같이 보인다고 말하자 ABC는 그 정장을 구매하기로 결정한다.

ABC는 Lotte카드가 없어서 다른 카드로 결제할 수 있는지 물어보았고, 그 판매원은 가능하다고 얘기해 주었다. ABC는 BC카드로 계산하기로 결정한다. 판매원이 ABC와 함께 계산대로 걸어가면서 넥타이와 스카프가 진열된 곳을 지나간다. 그 판매원은 멈추면서 넥타이를 들어 보이며 그 넥타이가 구매하려는 정장과 잘 어울릴 것이라면서 ABC에게 보여준다. ABC는 그 넥타이도 구매하기로 결정하였다.

출처: Levy and Weitz, 오세조 외 역(2003), 소매관리에서 발췌 및 수정

다음의 질문에 대해 토론해 보십시오.

■ ABC의 구매 욕구와 구매 목표는 무엇입니까?

■ ABC의 정보탐색 활동을 시간의 순서에 따라 기술해 보십시오(온라인, 오프라인 모두 포함).

■ ABC가 정보탐색 시 활용한 정보원천의 유형과 각 유형의 효과에 대해서 설명해 보십시오.

■ ABC가 방문한 소매업체(온라인, 오프라인 모두 포함)는 무엇입니까?

■ ABC의 제품 평가 기준과 점포 평가 기준은 무엇입니까?

■ ABC는 구매 시 갈등 요인을 어떻게 해결하였습니까?

■ ABC의 제품/점포 선택에 결정적으로 영향을 미친 요인은 무엇인가?

■ ABC가 선택한 점포는 무엇이며, 해당 점포를 선택한 이유는 무엇입니까?

■ ABC가 방문한 점포의 특징은 무엇입니까?

■ ABC가 방문한 점포의 종업원이 고객만족 관점에서 잘한 점은 무엇입니까?

참고문헌

이학식·안광호·하영원(2015), 소비자행동: 마케팅전략적 접근, 학현사.

임종원·김재일·홍성태·이유재(2010), 소비자행동론, 경문사.

장윤정·최정일(2017), 화장품 분석 앱 '화해' 성공 전략, DBR, 231, 76−90.

하영원·김경미(2011), 우연히 노출된 제품가격에 의한 정박 효과의 경계조건과 심리
　　적 특성. 마케팅연구, 26(1), 47−71.

하영원·윤은주 (2007), 구매시기와 사용시기간의 시간적 간격이 구매의도에 미치는
　　효과: 구매동기와 가격할인요소의 조절적 영향, 마케팅연구, 22(4), 141−155.

Levy, M. and Barton A. Weitz, 오세조, 박진용, 권순기 역(2004), 소매경영, 한올출
　　판사.

Alba, Joseph W. and J. Wesley Hutchinson (1987), Dimensions of consumer
　　expertise, *Journal of Consumer Research*, 13(4), 411−454.

Alba, Joseph W. and H. Marmorstein (1987), The effects of frequency
　　knowledge on consumer decision making, *Journal of Consumer Research*,
　　14(1), 14−25.

Batra, R. and Olli T. Ahtola (1991), Measuring the hedonic and utilitarian
　　sources of consumer attitudes, *Marketing Letters*, 2(2), 159−170.

Batra, R. and Michael L. Ray (1986), Affective responses mediating acceptance
　　of advertising, *Journal of Consumer Research*, 13(2), 234−249.

Beatty, Sharon E. and Scott M. Smith (1987), External search effort: an
　　investigation across several product categories, *Journal of Consumer Research*,
　　14(1), 83−95.

Benartzi, S. and Richard H. Thaler (2007), Heuristics and biases in retirement
　　savings behaviour, *Journal of Economic Perspectives*, 21(3), 81−104.

Bettman, James R. (1979), *An information processing theory of consumer choice*,
　　Reading, MA:Addison Wesley.

Bettman, James R., Mary F. Luce, and John W. Payne (1998), Constructive consumer choice processes, *Journal of Consumer Research*, 25(3), 187−217.

Camerer, Colin F., L. Babcock, G. Loewenstein, and Richard H. Thaler (1997), Labor supply of New York city cab drivers: one day at a time, *Quarterly Journal of Economics*, 112(2), 407−441.

Camerer, Colin F. and G. Loewenstein, and D. Prelec (2004), Neuroeconomics: why economics needs brains, *Scandinavian Journal of Economics*, 106(3), 555−579.

Camerer, Colin, George Loewenstein, and Drazen Prelec (2005), Neuroeconomics: how neuroscience can inform economics, *Journal of Economic Literature*, 43(1), 9−64.

Chang, H. H. and S.−S. Chuang (2011), Social capital and individual motivations on knowledge sharing: participant involvement as a moderator, *Information & Management*, 48(1), 9−18.

Deng, X., Barbara E. Kahn, H. Rao Unnava, and H. Lee (2016), A "wide" variety: effects of horizontal versus vertical display on assortment processing, perceived variety, and choice, *Journal of Marketing Research*, 53(5), 682−698.

Drolet, A. (2002), Inherent rule variability in consumer choice: changing rules for change's sake, *Journal of Consumer Research*, 29(3), 293−305.

Frisch, D. and Robert T. Clemen (1994), Beyond expected utility: rethinking behavioral decision research, *Psychological Bulletin*, 116(1), 46−54.

Gross, David B. and Nicholas S. Souleles (2002), Do liquidity constraints and interest rates matter for consumer behavior? evidence from credit card data, *Quarterly Journal of Economics*, 117(1), 149−185.

Hertwig, R., T. Pachur, and S. Kurzenhäuser (2005), Judgments of risk frequencies: tests of possible cognitive mechanisms, *Journal of Experimental Psychology: Learning, Memory, and Cognition*, 31(4), 621−642.

Hirschman, Elizabeth C. and Morris B. Holbrook (1982), Hedonic consumption: emerging concepts, methods and propositions, *Journal of Marketing*, 46(3), 92−101.

Holbrook, Morris B. and Elizabeth C. Hirschman (1982), Experiential aspects of consumption: consumer fantasies, feelings, and fun, *Journal of Consumer*

Research, 9(2), 132−140.

Huber, J., John W. Payne, and C. Puto (1982), Adding asymmetrically dominated alternatives: violations of regularity and the similarity hypothesis, *Journal of Consumer Research*, 9(1), 90−98.

Johnson, Eric J., J. Hershey, J. Meszaros, and H. Kunreuther (1993), Framing, probability distortions and insurance decisions, *Journal of Risk and Uncertainty*, 7(1), 35−51.

Johnson, Eric J. and J. Edward Russo (1984), Product familiarity and learning new information, *Journal of Consumer Research*, 11(1), 542−550.

Kahn, Barbara E. and B. Wansink (2004), The influence of assortment structure on perceived variety and consumption quantities, *Journal of Consumer Research*, 30(4), 519−533.

Kahneman, D. and J. Snell (1992), Predicting a changing taste: do people know what they will like?, *Journal of Behavioral Decision Making*, 5(3), 187−200.

Kapferer, J.−N. and G. Laurent (1985), Consumer involvement profiles: a new practical approach to consumer involvement, *Journal of Advertising Research*, 25(6), 48−56.

Laibson, D. (1997), Golden eggs and hyperbolic discounting, *Quarterly Journal of Economics*, 112(2), 443−477.

Laurent, G. and J.−N. Kapferer (1985), Measuring consumer involvement profiles, *Journal of Marketing Research*, 22(1), 41−53.

Loewenstein, G. and Richard H. Thaler (1989), Anomalies: intertemporal choice, *Journal of Economic Perspectives*, 3(4), 181−193.

Mantrala, Murali K., M. Levy, Barbara E. Kahn, Edward J. Fox, P. Gaidarev, B. Dankworth, and D. Shah (2009), Why is assortment planning so difficult for retailers? a framework and research agenda, *Journal of Retailing*, 85(1), 71-83

Marchand, A. (2014), Joint consumption challenges in groups, *Journal of Consumer Marketing*, 31(6/7), 483−493.

Menon, S. and Barbara E. Kahn (1995), The impact of context on variety seeking in product choices, *Journal of Consumer Research*, 22(3), 285−295.

Menon, S. and B. Kahn (2002), Cross−category effects of induced arousal and pleasure on the Internet shopping experience, *Journal of Retailing*, 78(1),

31-40.

Mittal, V. and Jerome M. Katrichis (2000), Distinctions between new and loyal customers, *Marketing Research*, 12(1), 26-32.

Moorthy, S., B. T. Ratchford, and D. Talukdar (1997). Consumer information search revisited: theory and empirical analysis, *Journal of Consumer Research*, 23(4), 263-277.

Northcraft, Gregory B. and Margaret A. Neale (1987), Experts, amateurs, and real estate: an anchoring-and-adjustment perspective on property pricing decisions, *Organizational Behavior and Human Decision Processes*, 39(1), 84-97.

Nunes, Joseph C. and P. Boatwright (2004), Incidental prices and their effect on willingness to pay, *Journal of Marketing Research*, 41(4), 457-466.

Oliver, Richard L. (1980), A cognitive model of the antecedents and consequences of satisfaction decisions, *Journal of Marketing Research*, 17(4), 460-469.

Oliver, Richard L. (1981), Measurement and evaluation of satisfaction processes in retail settings, *Journal of Retailing*, 57(3), 25-48.

Oliver, Richard L. and Wayne S. DeSarbo (1988), Response determinants in satisfaction judgments, *Journal of Consumer Research*, 14(4), 495-507.

Olsen, Svein O. (2007), Repurchase loyalty: the role of involvement and satisfaction, *Psychology & Marketing*, 24(4), 315-341.

Orth, Ulrich R. (2005), Consumer personality and other factors in situational brand choice variation, *Journal of Brand Management*, 13(2), 115-133.

Park, C. Whan and S. Mark Young (1986), Consumer response to television commercials: the impact of involvement and background music on brand attitude formation, *Journal of Marketing Research*, 23(1), 11-24.

Paul-Ebhohimhen, V. and A. Avenell (2008), Systematic review of the use of financial incentives in treatments for obesity and overweight, *Obesity Reviews*, 9(4), 355-367.

Payne, J. W., J. R. Bettman, and E. J. Johnson (1993). *The adaptive decision maker*, New York: Cambridge University Press.

Peterson, Robert A. and Maria C. Merino (2003), Consumer information search behavior and the internet, *Psychology & Marketing*, 20(2), 99-121.

Petty, Richard E., John T. Cacioppo, and David Schumann (1983), Central and peripheral routes to advertising effectiveness: the moderating role of involvement, *Journal of Consumer Research*, 10(2), 135-146.

Putrevu, S. and B. T. Ratchford (1997), A model of search behavior with an application to grocery shopping, *Journal of Retailing*, 73(4), 463-86.

Rossiter, John R. and L. Percy (1985), Advertising communication models, *Advances in Consumer Research*, 12(1), 510-524.

Samuelson, W. and R. Zeckhauser (1988), Status quo bias in decision making, *Journal of Risk and Uncertainty*, 1(1), 7-59.

Simon, Herbert A. (1955), A behavioral model of rational choice, *Quarterly Journal of Economics*, 69(1), 99-118.

Simonson, I. and A. Tversky (1992), Choice in context: tradeoff contrast and extremeness aversion, *Journal of Marketing Research*, 29(3), 281-295.

Srinivasan, N. and Brian T. Ratchford (1991), An empirical test of a model of external search for automobiles, *Journal of Consumer Research*, 18(2), 233-242.

Szmigin, I. and M. Piacentini (2015), *Consumer behaviour*, UK:Oxford University Press.

Thaler, Richard H. (1985), Mental accounting and consumer choice, *Marketing Science*, 4(3), 199-214.

Thaler, Richard H. (1999), Mental accounting matters, Journal of *Behavioral Decision Making*, 12(3), 183-206.

Thaler, Richard H. and Cass R. Sunstein (2008), *Nudge: improving decisions about health, wealth, and happiness*, New Haven: Yale University Press.

Tversky, A. (1972), Elimination by aspects: a theory of choice, *Psychological Review*, 79(4), 281-299.

Tversky, A. and D. Kahneman (1974), Judgment under uncertainty: heuristics and biases, *Science*, 185(4157), 1124-1131.

Volpp, Kevin G., Leslie K. John, Andrea B. Troxel, L. Norton, J. Fassbender, and G. Loewenstein (2008), Financial incentive-based approaches for weight loss: a randomized trial, *JAMA*, 300(22), 2631-2637.

Yoon, S. (2013), Do negative consumption experiences hurt manufacturers or retailers? the influence of reasoning style on consumer blame attributions and purchase intention, *Psychology & Marketing*, 30(7), 555－565.

Weiner, B. (2000), Atributional thoughts about consumer behavior, *Journal of Consumer Research*, 27(3), 382－387.

Zaichkowsky, Judith L. (1985), Measuring the involvement construct, *Journal of Consumer Research*, 12(3), 341－352.

[4장 참고 인터넷 기사 및 자료]

김상윤 (2017), 한국 스마트폰, 美 '컨슈머리포트' 랭킹 1~4위 싹쓸이, 조선일보, 2017. 06.14, http://news.chosun.com/site/data/html_dir/2017/06/14/2017061401845.html

김재진 (2016), 시장에서 진짜 나의 경쟁자는 누구?, 매일경제, 2016.03.17, http://news.mk.co.kr/newsRead.php?no＝201128&year＝2016

스마트컨슈머 홈페이지(www.smartconsumer.go.kr)

중앙일보 (2017), 소비자 절반 "충동구매 나쁘지 않아 … 사고나면 기분 좋아져", 중앙일보, 2017.07.26, http://news.joins.com/article/21790974

de Meza, D., B. Irlenbusch and D. Reyniers (2008), Financial capability: a behavioural economics perspective,London: FSA (www.fsa.gov.uk/pubs/consumer－research/crpr69.pdf).

Dixon, M. (2006), Rethinking financial capability: lessons from economic psychology and behavioural finance, Institute for Public Policy Research, https://www.ippr.org/files/images/media/files/publication/2011/05/financial_capabilities_1515.pdf

◆ ◆ ◆

고객만족, 소비자 충성도 및 소비자 경험

- 인천국제공항은 국제공항협의회 세계공항서비스평가에서 12년째 1위를 차지하고 있다.
- 아마존은 고객만족을 넘어서서 고객 집착 단계에 있다. 아마존에서는 고객이 원하는 것을 최초로 실행한 것이 많이 있다. 예를 들면 이메일을 통해 배송 과정에 대한 정보를 제공하는 것, 원클릭을 통해 정보를 한번 만 입력하면 되도록 만들어 놓은 시스템, 대시를 통한 자동 주문시스템, 에코의 알렉사를 활용한 음성주문 등은 모두 아마존이 고객 집출을 통해 최초로 선보인 것들이다.
- 만족한 고객은 3명, 성난 고객은 3,000명에게 이야기를 한다.
- 제록스(Xerox)는 5점 척도로 산출할 때 '매우 만족'(5점)한 고객들이 '만족'(3~4점)한 고객보다 재구매 확률이 6배 가량 높음을 발견하였다(최경운, 2007).

 **고객만족**

1.1 고객만족과 불일치 패러다임

고객만족은 고객의 구매가 재구매, 충성도 등으로 이어지는지를 결정하는 중요한 변수라고 할 수 있다(Blut et al., 2015; Curtis et al., 2011; Oliver, 1999; Szymanski and Henard, 2001).

고객만족은 이것이 형성되고 고객에 의해 평가되는 과정을 중심으로 하여 크게 두 가지 개념적 틀로 구분해 볼 수 있다. 첫째는 기대불일치 패러다임이고 둘째는 성과평가 이론이다. 기대불일치 패러다임(Oliver, 1980, 1981; Oliver and DeSarbo, 1988)에서는 고객이 가지고 있는 제품/서비스 등에 대한 (사전)기대와 지각된 성과를 비교하여 고객만족이 결정된다고 보고 있다. (사전)기대와 지각

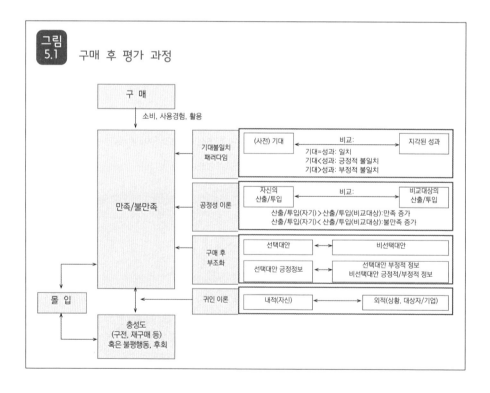

그림 5.1 구매 후 평가 과정

표 5.1 불일치 패러다임

비교 대상	명칭	대표적인 결과
사전기대<성과	긍정적 불일치	만족, 감동, 재구매, 구전, 고객소개, 몰입, 충성도
사전기대 = 성과	일치	긍정적 불일치와 유사하지만 강도는 약화됨
사전기대>성과	부정적 불일치	불만족, 불평, 부정적 구전, 이탈 * 불평과 같은 서비스 실패를 성공적으로 극복하는 경우 소비자는 만족으로 선회할 수 있음

된 성과의 비교에 따라 (사전)기대와 지각된 성과가 동일하면 일치(confirmation), (사전)기대와 지각된 성과가 상이하면 불일치(disconfirmation)라고 한다. 불일치는 긍정적 불일치와 부정적 불일치로 나누어지는데, 긍정적 불일치는 (사전)기대에 비해 지각된 성과가 더 높은 경우 발생하는 반면 부정적 불일치는 (사전)기대에 비해 지각된 성과가 더 낮은 경우 발생한다. 고객만족은 긍정적 불일치와 일치의 경우 발생하는 반면 고객불만족은 부정적 불일치일 때 발생한다.

기대불일치 패러다임에 의하면 고객만족은 소비자들의 사전기대 수준과 지각된 성과의 수준에 따라 결정된다고 보는 것이다. 따라서 기업·조직체에서 고객만족을 제고하기 위해서는 사전기대 수준과 이에 영향을 미치는 요인, 지각된 성과의 수준과 이에 영향을 미치는 요인들을 파악하여 고객만족도 제고 전략에 활용하는 것이 필요하다고 하겠다.

한편 기대불일치 패러다임보다는 소비자들이 제품 혹은 서비스의 사용·이용 결과로 나타나는 성과만을 비교하는 것이 바람직하다는 견해도 있다.

1.2 고객만족에 영향을 미치는 요인들

고객만족에 영향을 미치는 요인들은 여러 가지가 있으나 지금까지 밝혀진 중요한 요인들은 기대, 기대와의 불일치, 성과, 정서, 공정성 등이 있다 (Szymanski and Henard, 2001).

(1) 기대

기대불일치 패러다임에서 알 수 있듯이 고객들의 기대(expectations)는 고객만족에 영향을 미친다. 기대에 영향을 미치는 요인으로는 과거 경험(예컨대 이전의 경험이 만족스러우면 기대가 높아질 가능성이 있음), 경쟁 제품 혹은 유사한 타제품에 대한 경험, 마케팅 촉진 변수, 소비자 특성 등이 있다.

기대의 역할은 두 가지로 나누어 볼 수 있는데, 하나는 예견(anticipation)으로서의 기대이고 다른 하나는 성과와의 비교를 위한 준거점(comparative referents)으로서의 기대를 말한다. 예견으로서의 기대는 소비자가 제품의 구매 이전에 예상하는 그 제품에 대한 성과 수준을 말하는 것이다. 예견으로서의 기대가 성과에 직접적으로 영향을 미치는지에 대해서는 혼재된 결과가 나타나기는 하였으나 성과에 직접적으로 영향을 미친다는 결과가 있음에 주목할 필요가 있다. 예견으로서의 기대가 직접적인 영향을 메커니즘은 다음과 같다. 소비자들은 기대 대상이 산출할 것으로 예상되는 어떤 수준의 성과에 생각을 적응하려는 경향이 있다. 이러한 기대는 성과 평가를 위한 기준선 역할을 하게 되는데, 기대가 높으면 이러한 기준선도 높게 형성될 가능성이 높다. 만일 만족 수준과 기대 간에 차이가 발생하면 소비자는 인지부조화를 경험할 것이므로 인지부조화를 회피하기 위해서 만족 수준을 기대에 동화시키려고 생각하게 될 가능성이 있다. 이러한 동화효과(assimilation effect)가 가져오는 결과는 소비자들이 기대 수준이 높으면 만족 판단도 높아질 가능성이 있다는 것이다.

기대가 고객만족에 미치는 총효과는 기대의 직접적 효과와 기대 불일치에 의한 효과의 합이라고 볼 수 있다. 마케터 입장에서 보면 기대가 높은 경우에는 기대의 직접적 효과 측면에서는 긍정적 효과가 있을 수 있으나 성과가 뒷받침되지 못하는 경우에는 기대 불일치에 따라 부정적 효과가 나타날 수도 있다. 따라서 소비자의 기대를 높여서 고객만족의 총효과를 높이려는 전략은 성과가 확실하게 뒷받침될 수 있는 경우에는 효과적인 전략이 될 수 있는 반면, 성과가 뒷받침되지 못하는 경우에는 대조효과(contrast effect)가 발생하여 오히려 부정적 영향이 더 부각될 가능성이 있다는 점은 유의해야 할 것이다.

한편 성과가 높은 경우 소비자들은 기대를 다시 조정하는 경향도 있다.

(2) 기대 불일치

기대 불일치 패러다임에서 기대는 고객들이 성과를 평가하기 위해서 설정되는 비교 기준점, 즉 비교 준거점으로서 역할을 한다. 이미 기술한 바와 같이 성과가 기대보다 높은 수준인 경우에는 긍정적 불일치, 즉 만족하게 되지만 성과가 기대보다 낮은 수준인 경우에는 부정적 불일치, 즉 불만족하게 된다. 성과와 기대가 일치하는 경우에는 일단 만족한 것으로 본다.

(3) 성과

성과(performance)는 기대와 마찬가지로 두 가지로 구분해 볼 수 있는데, 하나는 기대와의 비교로서 활용되는 성과이고 다른 하나는 가치지각 차이(value-percept diversity) 측면에서 고려되는 성과이다. 가치지각 차이는 소비자들이 지불한 비용에 비해서 자신의 필요, 욕구, 욕망을 더 충족시켜주는 제공물에 대해 더 만족할 가능성이 높다고 보는 것이다.

(4) 공정성

공정성(equity)은 소비자들이 타인이 받는 것을 참조하여 내리는 공정함에 대한 판단을 의미한다. 공정성 이론에서는 소비자는 소비자 자신이 투입한 것 대비 산출된 결과의 비율을 비교대상(예컨대 제품·서비스를 제공한 기업, 다른 소비자)이 투입한 것 대비 산출된 결과의 비율과 비교하여 거래의 공정성을 판단하며, 자신의 비율이 비교대상의 비율 보다 클수록 소비자들은 만족한다고 보고 있다.

$$\text{거래의 공정성} = \frac{\text{소비자의 산출}}{\text{소비자의 투입}} \gtreqless \frac{\text{기업의 산출}}{\text{기업의 투입}}$$

소비자가 지각하는 공정성의 종류에는 분배적 공정성, 절차적 공정성, 상호작용 공정성 등이 있다(Orsinghe et al., 2010).

① 분배적 공정성

분배적 공정성(distributive fairness)은 교환 관계에 관여한 개인들이 투자에 비례하여 얻은 산출인 이득(gain)에 대한 기대가 충족되었는지에 대한 느낌에 의해 발생한다. 예컨대 불평행동 처리 맥락에서 보면 분배적 공정성은 소비자의 불평사항에 비해 소비자의 불평사항을 해소하기 위해 기업이 소비자에게 제공한 구제 및 보상에 대한 소비자의 지각된 공정성에 초점을 맞추고 있다 (Blodgett et al., 1997). 구제 및 보상은 환불, 교환, 수리, 향후 구매시 할인 혹은 이러한 조치들의 결합을 의미한다. 서비스 기업으로부터 제공된 구제 및 보상이 공정하였다고 지각한 불평행동 제기자들은 기업이 다루는 불평행동을 처리하는 과정에 관한 방법에 대해 만족해 하는 것으로 나타났다(Orsinghe et al., 2010).

② 절차적 공정성

절차적 공정성(procedural fairness)은 분쟁 해소에 도달하는 데 있어서 의사 결정자에 의해 활용된 수단(예컨대 정책, 절차, 그리고 기준)에 대한 공정성 지각과 관련된다(Orsinghe et al., 2010). 예컨대 불평처리 맥락에서 절차적 공정성은 접근용이성(즉, 불평처리 과정에 관여하는데 있어서 용이함), 불평처리 과정을 완료하는 데 소요되는 시간, 개인의 욕구를 충족시키기 위한 절차의 유연성(flexibility), 명확성(clearness), 이해용이성(readability), 절차의 소비자 지향성 등과 같은 요소들이 포함된다. 일반적으로 절차적 공정성과 불평처리에 대한 만족도는 긍정적인 상관관계를 가지고 있다.

③ 상호작용 공정성

상호작용 공정성(interactional fairness)은 불평처리 절차가 수행될 때 불평 제기자가 사람 간의 관계에서 받게 되는 대우에 대한 질적 수준을 의미한다 (Colquitt et al., 2001). 상호작용 공정성은 왜 어떤 사람들은 구제 및 보상 그리고 불평처리 절차가 공정하다고 평가함에도 불구하고 불공정한 대우를 받았다고 느끼는지를 설명하는 유용한 틀이다. 소비자 불평 맥락에서 보면 종업원의 공감성, 공손함, 노력도, 정직성 등이 상호작용 공정성과 관련된 것으로 인식되고 있다. 사람 간의 관계에서 대우를 공정하게 받았다고 경험한 소비자들은 불평을 다루는 방법에 만족함을 표시하였다.

1.3 고객만족/불만족의 결과

고객만족·불만족의 결과 나타나는 현상으로는 재구매 의도, 고객불평 행동, 부정적 구전 등이 있다(Szymanski and Henard, 2001).

(1) 재구매 의도

특정 제품 혹은 서비스에 만족한 소비자들은 해당 제품범주에 대한 구매 욕구가 발생하는 경우 이전에 만족한 제품을 재구매할 가능성이 높다. 고객만족의 결과는 고객 충성도에도 영향을 미친다.

만족이 재구매로 이어지는 데 영향을 미치는 요인들이 있다. 인지종결욕구(need for cognitive closure)는 현재의 애매모호한 상황을 탈피하려는 욕구로서 어떤 문제에 대해 명확한 해결책을 찾으려는 열망을 말한다. 인지종결욕구가 큰 경우에는 새로운 대안이 가져다주는 애매모호성을 회피하고자 하는 욕구가 강하므로 인지종결욕구가 작은 경우에 비해서 기존 대안에 대한 재구매 선택 가능성이 높아진다(이민훈, 하영원, 2010).

한편 자기해석(self-construal)도 만족이 재구매로 이어지는 데 영향을 미치는 것으로 나타났다. 이민훈과 하영원(2010)은 상호의존적 자기해석에 비해서 독립적 자기해석의 경우 만족이 재구매로 이어질 가능성이 높음을 발견하였고, 이러한 현상이 발생하는 이유로는 독립적 자기해석은 의사결정의 기준을 자신의 내적 기준에 맞추므로 자신의 만족 경험에 맞추어 재구매 의사결정을 할 가능성이 높은 반면 상호의존적 자기해석은 의사결정의 기준을 집단의 기준에 맞추므로 집단에 의해 전환행동을 할 가능성이 있으므로 만족이 재구매로 이어지는 데 집단의 영향을 받을 가능성이 있음을 들고 있다.

(2) 고객불평 행동

고객불평 행동은 소비자들이 소비 경험이 불만족한 경우 갖게 되는 인지적 부조화를 해소하는 방안 중 하나이다. 고객불평 행동은 분노 혹은 좌절을 분출하는 메커니즘 혹은 불만족한 소비 경험에 대한 배상 메커니즘으로 인식되기도 한다. 고객불평 행동은 다음 절에서 자세히 다루도록 하겠다.

(3) 부정적 구전

부정적 구전은 불만족한 소비 경험을 한 소비자들이 보이는 불평행동의 한 종류이다. 부정적 구전은 제품 혹은 서비스가 심각하게 문제가 있는 경우, 불만족 소비 경험을 외적으로 귀인하려고 하는 경우, 실망한 소비자들이 높은 수준의 사회적 활동을 하는 경우에 발생할 가능성이 높다. 소비자들이 부정적 구전을 하는 이유는 불만족에 따른 긴장 완화, 타인으로부터 공감 획득, 다른 사람들에게 해당 제품 혹은 서비스에 대해 알림으로써 타인의 구매 행동을 지원하려는 동기가 작용하고 있다고 보고 있다(Nyer, 2000; Nyer and Gopinath, 2005).

1.4 고객만족 측정

고객만족은 전반적인 만족과 속성별 만족으로 구분할 수 있다. 속성별 만족은 소비자에게 제공한 제품 혹은 서비스에 대한 속성 수준에서의 만족을 측정한 후 이를 합산하여 전반적인 만족을 평가하는 것인 반면 전반적인 만족은 제공된 제품 혹은 서비스에 대한 총체적 만족 정도(예컨대 전반적으로 ○○제품에 대해 얼마나 만족하십니까?)를 측정하는 것이다. 속성별 만족도 혹은 요소별 만족도는 제품 혹은 서비스를 구성하고 있는 속성 혹은 요소들을 구분하고 이러한 속성들 혹은 요소들에 대해서 얼마나 만족하는지를 측정하게 된다. 속성 혹은 요소들은 각 제품범주별로 다르므로 마케터는 자사가 속해 있는 산업 혹은 취급하는 제품 및 브랜드에 대해서 만족도를 평가할 때, 소비자들이 진정으로 중요하게 고려하는 속성 혹은 요소들이 제대로 측정 항목에 반영되어 있는지를 잘 살펴보아야 한다.

고객만족에 영향을 미치는 요인들과 고객만족의 결과로서 나타나는 성과들은 산업별로 차이를 보이고 있는데, 은행산업에서의 고객만족의 선행요인을 살펴보면 다음과 같다(Ladeira et al., 2016).

① 은행분위기: 은행서비스의 하부구조, ATM기, 종업원 행동, 은행 이미지, 은행 환경에서 가용한 기술

② 특별대우와 관계혜택: 지각된 고객 혜택, 서비스 개인화, 보안

③ 시간절약 특질: 접근가능성, 편리성, 거래처리 속도

④ 서비스품질 차원 및 결정요인: 신뢰성, 공감, 보증, 가시성, 반응성, 지각
   된 품질 서비스

⑤ 서비스품질에 대한 소비자의 전반적인 지각: 제품관련 속서, 핵심 서비스,
   기능적 품질, 관계적 품질, 지각된 가치

⑥ 최종사용자 컴퓨팅: 정보 콘텐츠, 지각된 유용성, 웹 지원, 서비스 정확성,
   보안

⑦ 서비스회복: 서비스 회복에 대한 만족, 당면한 문제

⑧ 외적요인: 거래비용, 관여도, 고객 기대

⑨ 전략적 지향성: 커뮤니케이션 전략, 투자와 이자율 전략, 현지화 전략,
   시장지향성 전약, 가격전략

또한 은행산업에서의 고객만족의 성과로 나타나는 것들을 살펴보면 다음
과 같다(Ladeira et al., 2016).

① 구전

② 신뢰

③ 행동 의향

④ 재구매 의향

⑤ 충성도

⑥ 성과

⑦ 전환 의향 감소

고객만족도 조사는 국내외에서 경영 성과를 측정하는 지표로서 많이 실시
되고 있다. 미국의 경우에는 기업에서 시장에 기반을 둔 성과 측정치로서
ACSI(The American Customer Satisfaction Index)를 활용하고 있으며(Fornell et al.,
1996), 국내에서도 다수의 기관들이 고객만족과 관련된 조사를 실시하고 있다.
ACSI에서는 고객기대, 지각된 품질, 지각된 가치, 전반적인 고객만족, 고객불
평, 고객충성도 등을 측정하고 있다. 우리나라에서 실시되고 있는 고객만족 조
사 중 NCSI(http://www.ncsi.or.kr)는 ACSI를 우리나라 상황에 맞추어 측정하고
있으며, KCSI(http://consulting.kmac.co.kr)는 요소인지품질과 요소가치가 반영된

요소만족도, 전반적 인지품질, 재이용의향 등이 반영된 모형을 활용하고 있다.

토론 및 직무역량 주제

■ 우리나라에서 수행되고 있는 고객만족도 조사는 무엇이 있으며, 고객만족도를 어떻게 측정하고 있는지를 조사하고 각 조사기관과 조사방법의 장단점을 비교해 보십시오.

■ 특정 제품/서비스/사이트를 선정하여 고객만족 요인이 무엇인지를 토론해 보십시오.

■ 고객만족을 제고하기 위해서는 개인적으로 어떤 직무역량을 강화하는 것이 바람직한지를 토론해 보십시오.

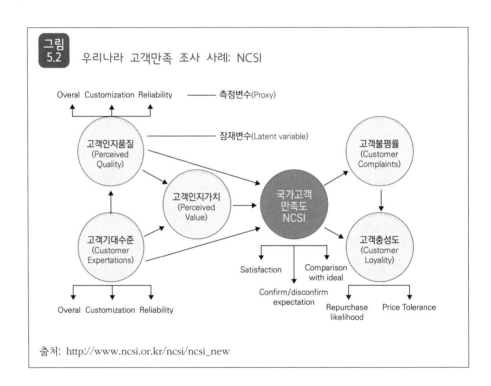

그림 5.2 우리나라 고객만족 조사 사례: NCSI

출처: http://www.ncsi.or.kr/ncsi/ncsi_new

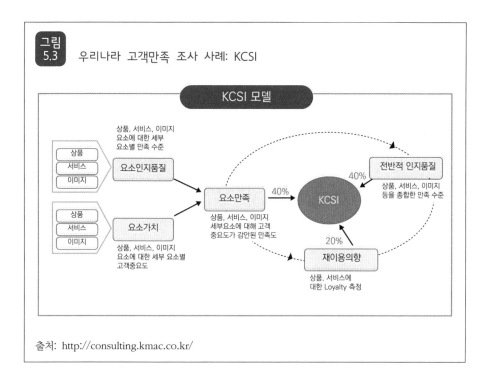

그림 5.3 우리나라 고객만족 조사 사례: KCSI

출처: http://consulting.kmac.co.kr/

1.5 고객만족의 전략적 활용: 중요도−성과도 분석

Martilla and James(1977)에 의해 소개된 중요도−성과도 분석은 조직이 현재의 전략을 평가하고 개선의 우선순위를 선정함으로써 조직의 한정된 자원을 효율적으로 배분하고 성과를 극대화하는 방안을 찾는 데 유용한 방법이다(Matzler et al., 2003). 중요도−성과도 분석은 다속성 선택 모델에 기초하여 중요도와 성과도에 따라 기존에 투입된 자원의 적정성을 확인한 후 개선의 우선순위를 선정하여 향후 투입될 자원을 우선순위에 따라 차별화하는 방법으로 이론적 그리고 실무적으로 마케팅, 특히 고객만족 분야에서 많이 활용되고 있는 기법이다.

중요도−성과도 분석 모형은 제품 혹은 서비스 속성을 제품 혹은 서비스 속성의 성과(높음/낮음)와 소비자의 그 제품 혹은 서비스 속성에 대한 중요성(높음/낮음)에 따라 4가지 그룹으로 나누어진다고 보고 있다(Martilla and James, 1977). 중요도−성과도 분석은 중요도−성과도에 따라 도출된 4가지 그룹에 대

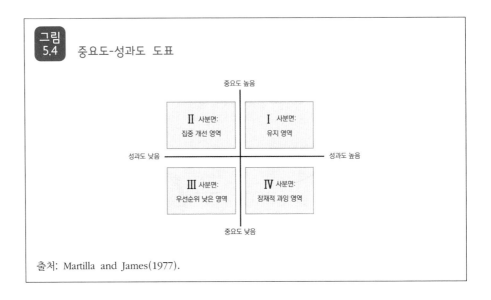

그림 5.4 중요도-성과도 도표

출처: Martilla and James(1977).

한 전략적 처방들을 산출해 낼 수 있다. 중요도−성과도 분석에서는 성과(만족)를 Y축에 위치시키고 중요도를 X축에 위치시키는 이차원 매트릭스를 활용하여 만족 관리를 위한 구체적인 4가지의 권고안을 도출할 수 있다(그림 5.4 참조).

　I사분면에 속한 속성들은 만족과 중요도가 모두 높은 속성으로 평가받는 속성인데, 여기에 속한 속성들은 경쟁적 우위를 획득하거나 유지하기 위한 기회를 표현한다. 이 분야에서 조직은 유지(keep up the good work)를 해야만 한다. II사분면에 속한 속성들은 중요도가 높지만 만족은 낮은 속성들로서 시급히 주목해야 할 속성들이다(demands immediate attention). 조직은 전반적인 만족을 제고하기 위하여 II사분면에 속한 속성들에 집중해야 한다. 만일 II사분면에 속한 속성들이 무시된다면(ignored) 심각한 위협 요인으로 작용될 가능성이 있다. III사분면은 만족과 중요도가 모두 낮은 속성들을 내포하고 있다. 전형적으로 추가적인 노력을 III사분면에 속한 속성들에 집중시키는 것은 필요하지 않다. 이러한 제품 혹은 서비스 속성은 우선순위가 낮다. IV사분면에 속한 속성들은 만족은 높게 평가되지만 중요도는 낮게 평가되는 속성들이다. 이것은 이러한 속성들에 전력을 다해 쏟아 부은 자원은 다른 곳에 이용되는 것이 더 낫다. 중요하지 않은 속성에 성과가 높다는 것은 과잉(possible overkill)이라는 점을 지적하고 있다.

Martilla and James(1977)에 의해 처음 제시된 중요도－성과도 분석 모형은 이후 다수의 변형된 분석 틀들이 제시되기도 하였다. Lin et al.(2009)는 중요도와 성과도 간의 차이(gap)를 추가적으로 고려한 갭 모형을 제시하였고, Yavas and Shemwell(2001)은 중요도와 성과도만을 고려한 기존 모형에 경쟁자의 성과를 추가한 모형, Matzler et al.(2003)는 3요인(three－factor)이론을 제시한 바 있다. 3요인이론은 서비스 속성을 기본(basic)요인, 성과요인, 감동(excitement)요인으로 구분하여 분석하는 방법이다.

1.6 구매 후 부조화

구매 후 부조화(postpurchase dissonance)는 구매 후 소비자가 가지는 심리적 불편함(discomfort)으로서 인지부조화(cognitive dissonance)를 소비자 상황에 적용한 이론이라고 할 수 있다. 구매 후 부조화는 주로 선택 대안과 비선택 대안에 대한 소비자의 구매 후 인지적 평가에 따라 발생하는 경우들이 많은데 구체적으로는 ① 구매 전에 소비자가 호의적으로 생각했던 대안들이 여러 가지인 경우, ② 비선택 대안이 선택 대안이 갖지 못한 장점이 있는 경우, ③ 구매 결정의 취소가 불가할 경우, ④ 관여도가 높은 경우 일 때에는 구매 후 부조화를 경험할 가능성이 높다(이학식 등, 2015).

소비자가 구매 후 부조화를 경험하는 경우 소비자는 구매를 후회할 가능성이 있으므로 마케터는 소비자가 구매 후 부조화를 경험하지 않도록 강화광고, 즉 소비자 선택의 정당성을 부여하여 소비자가 스스로 선택한 것에 대한 긍정적 피드백을 주는 광고를 지속적으로 실행할 필요가 있고 A/S활동을 포함하여 구매 후 고객관계관리를 전개할 필요가 있다.

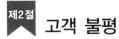

제2절 고객 불평

2.1 고객 불평행동의 의미

고객이 제품 혹은 서비스에 대해 만족을 한다는 것은 그 제품 혹은 서비스에 대해 긍정적인 평가를 내리고 있음을 의미한다고 할 수 있다. 소비자들이 만족이라는 긍정적인 평가가 내려진 경우에는 일반적으로 기업 성과에도 긍정적인 영향을 미친다. 즉, 고객이 만족하는 경우에는 재구매를 할 가능성이 높고 긍정적 구전을 할 가능성이 높으며, 충성도를 보일 가능성도 높다. 그러나 고객이 제품 혹은 서비스에 대해 만족을 하지 못하거나 불만족을 경험한다는 것은 그 제품 혹은 서비스에 대해 부정적인 평가를 내리고 있음을 의미한다고 할 수 있다.

소비자들은 불만족을 느끼거나 경험할 때, 이것을 불평행동으로 나타내는 경우들을 볼 수 있다. 소비자와의 접촉 채널이 많아지면서 소비자들이 불평행동을 하는 방법들도 다양해지고 있다. 예를 들면 불평을 하고자 하는 소비자들은 전통적으로는 아무런 행동을 하지 않거나 회사 직원과의 면대면 커뮤니케이션, 다른 사람(예컨대 가족, 친구, 친척, 지인)과의 커뮤니케이션, 전화, 편지, 고객만족조사 등을 통해 불평을 표출하는 것이 일반적인 불평행동의 유형이었다. 그러나 최근에는 회사의 홈페이지, 이메일, 회사의 페이스북, 자신의 페이스북, 트위터, 온라인 포털 등 새로운 매체를 이용하여 불평행동을 하는 경우들을 보게 된다. 그리고 소비자 보호 관련 기관 혹은 단체 그리고 법률기관에 불평 내용을 표출하기도 한다.

소비자 불평행동은 일반적으로 불만족의 정도가 클수록, 제품의 중요성이 클수록, 불평행동으로 기대되는 이익이 비용보다 클수록, 외적귀인을 할수록 불평행동을 표출할 가능성이 높으며, 개인적 특성(예컨대 교육수준)에 따라서도 불평행동에 차이가 발생한다.

소비자들이 불만족이라는 부정적인 평가가 내려진 경우에는 일반적으로 기업 성과에도 부정적인 영향을 미친다. 즉, 고객이 불만족하는 경우에는 재구매 가능성이 낮아지고 부정적 구전을 할 가능성이 높으며, 충성도가 낮아질 가능성이 높다. 특히 고객이 불만족을 하는 경우에는 고객불평행동으로 표출될 가능성이 있다. 기업은 고객불평행동에 대해 잘 대응하는 경우에는 오히려 불평해소과정을 통해 만족도가 높아질 수도 있다. 따라서 고객이 만족을 하지 못하는 경우에도 기업은 이러한 불만족을 해소하려는 노력을 지속적으로 실천해야 할 필요성이 있다.

미국소비자연맹(CFA: Consumer Federation of America)은 NACPI와 함께 미국에서의 고객불평사항을 집계하여 발표를 하고 있는데, 2016년에 발표된 2015년 결과에 의하면 미국 소비자들은 자동차, 집, 공공, 금융, 소매, 서비스, 임대, 가사용품, 건강용품, 인터넷판대 등에 대해 불평행동을 많이 하고 있는 것으로 조사되었다.

2015년 미국 소비자들의 10대 불평행동 사항

미국소비자연맹(CFA)은 미국의 주 혹은 지역 소비자보호국(consumer protection agency)이 접수한 고객불평사항을 기초로 조사한 10대 고객불평사항의 순위를 소개하고 있는데, 이와 관련된 것을 간략히 소개한다. 자세한 자료들은 해당 사이트에서 참조가 가능하다. 괄호 안은 전년도(2014년) 순위이다.

1. 자동차(1): 신차 혹은 중고차의 광고 혹은 판매, 수리 등
2. 집 개선/건설(2): 견실하지 못한 작업, 착수 혹은 마무리 부실 등
3. 공공(5): 전화요금, 인터넷, 가스 등의 요금청구 혹은 서비스 등
4. 신용/부채(3): 요청청구, 수수료 분쟁, 모기지 등과 관련된 사항 등
5. 소매판매(4): 허위광고, 배달 실패 등
6. 서비스(5): 견실하지 못한 작업, 수행 실패 등
7. 건물주/세입자(6): 안전, 수리 등
8. 가사용품(10): 부실표시, 배달 실패 등
9. 건강용품/서비스(8): 오도된 주장, 면허없는 개업의 등
10. 인터넷판매(8): 부실표시 등

출처: Consumer Federation of America and North American Consumer Protection Investigators(2016)에서 발췌.

2.2 고객 불평행동의 유형 분류

고객은 불만족을 느낀 경우에 불평행동을 할 수 있다. 이 경우 고객 입장에서 가장 먼저 결정하는 사항은 불평을 표출할 것인지 하지 않을 것인지를 결정하는 것이다. 불평을 표출하지 않는 것을 무행동이라고 하는 반면, 불평을 표출하는 것은 행동이라고 한다. 행동은 다시 크게 두 가지로 구분해 볼 수 있는데, 현재의 제품 혹은 서비스 혹은 기업을 이탈하는 것과 이탈하지는 않은 상태에서 불평을 표출하는 것이다. 고객이 불평을 표출하는 사적 행동(예컨대 가까운 사람에게 구전을 하는 것)과 공적 행동으로 구분되며, 공적 행동은 다시 기업에게 직접 불평을 표출하는 것과 제3자 기관을 경유하여 표출하는 것으로 구분해 볼 수 있다.

소비자들이 보여주는 구체적인 불평행동 유형은 다음과 같다(Istanbulluoglu et al., 2017).

(1) 관성

문제를 경험한 소비자들 중 절반 정도는 불평을 외부로 표시하지 않는 것으로 알려져 있다(Siddiqui and Tripathi, 2010). 관성(inertia)은 불만족하지만 불평

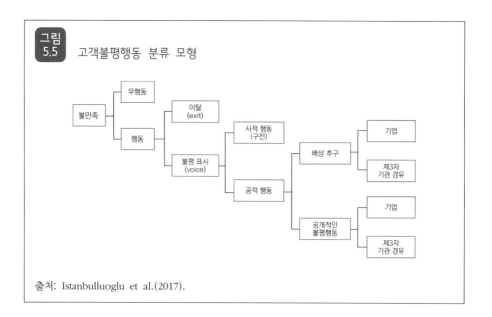

그림 5.5 고객불평행동 분류 모형

출처: Istanbulluoglu et al.(2017).

행동을 통해 불만족을 적극적으로 표현하지 않는 것을 말하며, 경우에 따라서는 기존의 제품 혹은 서비스를 지속적으로 이용하는 소비자행동을 말한다.

소비자들이 불만족스러운 경험을 무시하거나 인내하는 것도 여기에 속한다고 할 수 있다. 기업은 이러한 소비자행동을 통해서는 불만족과 관련된 정보를 알아내기는 어렵다. 그럼에도 불구하고 기업은 예방적으로 고객 불만족 사항들을 파악하고 불평 사항을 표현할 수 있도록 해 주는 것이 효과적이다. 예를 들면 자사 제품 혹은 서비스를 지속적으로 이용하는 고객에게 만족도 조사와 더불어 불만족 사항을 질문하고 이를 통해 불만족스러운 부분을 파악하는 것은 기업이 고객불평을 예방하는 차원에서 중요하다고 하겠다.

(2) 이탈

이탈(exit)은 소비자들이 기업, 제품, 서비스, 브랜드 혹은 소매업자와 관계를 종료하는 소비자행동이다. 이탈을 하는 소비자는 자신이 더 이상 해당 제품 등을 구매하지 않음으로써 기업 등이 해당 소비자가 이탈하였음을 알도록 할 수도 있고, 가족 혹은 친구 등에게 이탈을 알리는 경우도 있다. 이탈은 기업에게는 매우 해로운 불평행동 유형에 속한다(Day et al., 1981).

기업은 소비자 데이터와 매출을 관찰함으로써 어떤 소비자들이 이탈을 했는지는 알 수 있더라도 그 소비자들이 왜 이탈을 했는지는 알 수 없다. 따라서 기업은 이탈의 원인이 되는 불만족의 유형이 무엇인지를 지속적으로 파악할 필요가 있으며, 예방적인 차원에서 소비자의 이탈 가능성을 지속적으로 관찰할 필요가 있다. 고객관계관리 체계를 구축하고 있는 기업들은 소비자의 이탈 가능성을 예측하여 적절한 예방활동을 전개하기도 한다.

(3) 부정적 구전

고객 불평과 관련된 부정적 구전(negative word-of-mouth) 제품, 서비스, 기업 혹은 종업원 등과의 유쾌하지 않은 경험으로 인하여 불평을 커뮤니케이션하는 것으로 볼 수 있다. 이러한 커뮤니케이션은 구두로 이루어질 수도 있고 컴퓨터 혹은 모바일 기기를 통해 이루어질 수도 있다. 이러한 온라인 커뮤니케이션 채널들은 한 사람이 다수의 사람들과 커뮤니케이션 할 수 있다는 특징이 있으며, 커뮤니케이션 수신자들은 커뮤니케이션 발신자와 친밀한 관계일 수도 있고 친밀하지 않은 관계일 수도 있다.

기업 입장에서 보면 소비자들이 이와 같이 커뮤니케이션을 하는 경우 불평에 관한 정보를 얻는 데에는 일정한 제한이 있게 된다. 따라서 기업은 소비자들의 부정적 구전을 예방하기 위해 소비자들이 기업에게 불평을 편리하게 할 수 있도록 하는 것이 필요하다.

부정적 구전은 개인의 사회관계망 등을 통해서도 이루어질 수 있는데, 이러한 경우 부정적 구전이 더 빨리 확산되는 원인이 되기도 한다.

(4) 기업에게 공적으로 불평 제기

기업에게 공적으로 불평을 제기하는 것은 소비자들이 기업에게 문제를 해결할 기회를 제공한다는 의미도 있고, 불평사항과 관련하여 기업이 당면하는 상황을 개선할 수 있는 기회를 제공한다는 의미를 가지고 있기도 하다.

소비자는 제조업체 혹은 소매업자에게 불평을 제기할 수 있다. 기업에게 공적으로 불평을 제기하는 것은 배상을 목적으로 하는 경우도 있고 불평사항을 분출하려는 목적일 수도 있다.

기업에게 공적으로 불평을 제기하는 방법은 주로 기업이 보유하고 있는 커뮤니케이션 채널을 통해 이루어진다. 예를 들면 기업에서 소비자불평을 접수하는 부서, 소비자 상담실, 콜센터, 홈페이지, 기업이 운영하는 사회관계망 등이 고객의 불평을 접수하는 곳이 된다.

소비자가 기업에게 공적으로 불평을 제기하는 경우에는 기업이 소비자의 불평 사항에 대한 정보를 비교적 잘 파악할 수 있게 된다. 기업에게 공적으로 불평을 제기하는 경우 기업은 공식적인 불평처리 절차를 수행해야 한다.

(5) 제3자를 경유한 공적 불평 제기

소비자들은 법률기관, 소비자 보호 조직 혹은 온라인 매체 등과 같은 제3자를 경유하여 공적 불평을 제기할 수 있다. 소비자들은 제3자를 경유한 공적 불평을 제기하면서 이탈을 하기도 한다. 이러한 활동들은 개인적인 행동일 수도 있고 집단적인 행동의 일부일 수도 있다. 기업은 이와 관련된 소비자 문제를 해결하기 위해서 많은 양의 정보가 필요하므로 기업은 예방적인 활동들을 지속적으로 전개해야 한다.

2.3 고객 불평행동에 대한 관리

(1) 고객 불평행동 관리 프로세스

기업은 고객이 표출하는 불평을 경영을 개선하는 메커니즘으로 지각해야 한다. 불평은 기업이 문제를 올바로 수정하여 제품과 서비스의 품질을 개선하는 데 활용될 수 있어야 한다.

고객 입장에서 보면 고객이 불평을 표출함을 통해서 불만족한 고객이 만족한 고객으로 바뀔 수도 있고(Hart et al., 1990; Tax et al., 1998), 특히 불평처리를 하는 동안 공정성과 노력을 지각한 고객들은 구매 후 만족이 증가하는 경우를 볼 수도 있다(Cambra-Fierro et al., 2015).

기업 입장에서 불평처리전략은 기업을 부정적인 구전이라는 잠재적 피해를 막을 수 있고 기업의 평판을 공고히 하며, 경우에 따라서는 긍정적 구전과 재구매 행동을 창출할 수도 있다(Fornell and Wernerfelt, 1987; Nikbin et al., 2013; Shields, 2006).

기업은 고객의 불평행동처리를 관리함으로써 고객만족과 기업 성과를 제고할 수 있다. 고객의 불평행동처리를 관리하는 모형에서는 고객의 불평을 처리하는 기업의 환경, 처리의 공정성 그리고 고객이 지각하는 불평처리에 대한 만족 정도에 따라 불평처리 후 고객만족과 충성도가 영향을 받음을 보여주고 있다(Homburg and Fürst, 2005; Yilmaz et al., 2016).

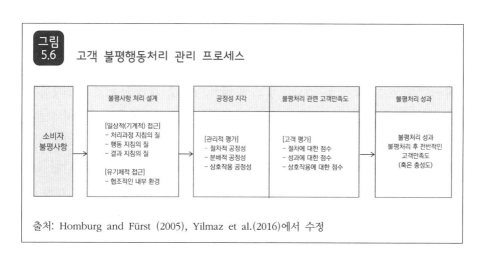

그림 5.6 고객 불평행동처리 관리 프로세스

출처: Homburg and Fürst (2005), Yilmaz et al.(2016)에서 수정

먼저 소비자 불평사항이 제기되는 경우 기업에서는 이를 일상적(기계적) 접근방법으로 다루기도 하고 유기체적 접근방법으로 다루기도 한다. 일상적(기계적) 접근방법에서는 기업이 불평처리절차에 대한 공식적인 방침을 정함으로써 종업원 행동에 영향을 미칠 수 있다. Homburg and Fürst(2005)는 기업에서 불평처리에 대한 일상적(기계적) 절차를 세 가지, 즉 고객불평을 등록하고 처리하는 절차, 배상과 보상 설계에 따른 성과, 그리고 불평을 처리하는 종업원의 태도와 행동에 대한 행동처리 지침으로 구분하고 있다. 일상적(기계적) 절차의 질적 수준은 고객지향성, 명확성 그리고 단순성의 정도에 의해 평가되며, 불평에 대한 공정성 평가에 영향을 미친다.

유기적 접근방법은 기업 내부에서 고객 불평처리를 다루는 데 협조적인 환경을 조성함으로써 종업원 행동에 영향을 미치는 것을 말한다. 이와 같이 협조적인 환경을 조성하는 것으로는 고객 불평처리에 대한 고객지향적 기업 문화(예컨대 공유된 가치와 규범) 등이 있고, 종업원을 동기부여시키는 것(예컨대 서비스-이익 사슬 모형)이 있다(Maxham and Netemeyer, 2003).

공정성 지각은 절차적 공정성(불평처리에 관한 전체 절차에 대한 지각된 공정성), 분배적 공정성(실질적인 성과에 대한 지각된 공정성), 상호작용 공정성(불평을 해결하는 동안 불평이 다루어지는 것에 대한 지각된 공정성)으로 구분된다. 불평이 다루어진 결과로서 고객만족과 충성도는 달라질 수 있다.

(2) 고객 불평행동에 대한 보상 관리

소비자의 불평행동에 대해 기업은 불평행동의 원인을 제거(예컨대 흠결이 있는 제품을 흠결이 없는 제품으로 교환)하려고 하는 노력을 할 뿐만 아니라 소비자가 갖게 된 부정적 인지 상태(예컨대 제품의 성능에 대한 의구심)와 부정적 감정 상태(예컨대 제품으로 인하여 화, 분노가 생김)에 대한 보상을 통해 소비자가 제품을 구매하기 이전에 가지고 있었던 호의적인 관계를 회복하고자 한다. 소비자 보상을 분류하는 방법은 여러 가지가 존재하는데, 통상적으로 많이 언급되는 분류는 경제적 보상과 비경제적 보상으로 구분하는 것이다(류강석, 2004). 한편 인지반응보상과 감정반응보상으로 구분하는 경우도 있다(하영원과 이영일, 2008). 경제적 보상은 금전적인 부분에 초점이 맞추어지고 인지반응보상과 유사한 반면 비경제적인 보상은 사회적 혹은 관계적인 부분에 초점이 맞추어지고 감정반응보상과 유사하다. 소비자의 불평행동 원인이 인지적인 요인인 경우에는 인지반응보상(예컨대 제품에 하자가 있는 경우 제품을 교환해 주는 것)이 효과적이며, 감정적인 요인인 경우에는 감정반응보상(예컨대 종업원의 실수한 경우 사과하는 것)이 효과적인 보상 방법이 될 수 있다(하영원, 이영일, 2008).

 ## 제3절 소비자 충성도

충성도(loyalty)는 재구매, 구전 등과 밀접한 연관성이 있으므로 기업 마케터에게 소비자 충성도의 관리는 매우 중요한 관리 과업에 해당된다. 충성도의 개념이 부각된 초창기에는 구매행동과 같은 브랜드에 대한, 행동적 충성도에 관심을 기울였다. Jacoby and Chestnut은 브랜드 충성도를 '특정 브랜드에 대한 지속적인 편향된(biased) 구매'로 보았다(이학식 외, 2015에서 재인용). 그러나 충성도를 다차원적인 개념으로 보아서 충성도는 행동적 충성도뿐 아니라 태도적 충성도도 있음이 보편적으로 받아들여지고 있다. Oliver(1999)는 브랜드 충성도를 제품 혹은 브랜드 속성에 대한 평가에 기초한 인지적(cognitive) 충성도, 제품 혹은 브랜드 애착에 기초한 정서적(affective) 충성도 그리고 미래에도 해당 브랜드를 지속적으로 사용할 의향에 기초한 행동의도적(conative) 충성도를 모두 포함하는 개념으로 보았다.

충성도는 태도적 충성도와 행동적 충성도로 구성되어 있다고 보는 것이 일반적으로 받아들여지고 있다. Dick and Basu(1994)의 충성도 모형은 충성도와 관련하여 가장 많이 언급되는 이론 중 한 가지이다. 이들은 행동적 충성도와 태도적 충성도를 모두 반영한 모형을 제시하였는데, 이들은 충성도를 상대적인 태도(높음 대 낮음)와 반복 애호도(높음 대 낮음)으로 구분하여 상대적 태도가 높고 반복 애호도도 높은 것을 충성도, 상대적 태도는 높지만 반복 애호도가 낮은 것을 잠재적(latent) 충성도, 상대적 태도는 낮지만 반복 애호도가 높은 것을 가식적(spurious) 충성도, 상대적 태도도 낮고 반복 애호도고 낮은 것을 충성도가 없는 것으로 보았다. 태도적 충성도는 일반적으로 추천 가능성(의향), 재구매 가능성(의향), 혹은 맥락에 따라 소매업체 방문 가능성(의향) 혹은 소매업체에서 재구매할 가능성(의향) 등으로 표현되며(Kumar et al., 2013), 행동적 충성도는 추천 행동, 구매행동, 소매업체 방문행동 등과 같이 소비자들이 실제 행동을 통해 나타난 충성도를 의미한다.

충성도는 고객만족의 영향을 받지만 고객만족 이외에도 애착(attachment) 등과 같은 정서적 요인을 비롯하여 여러 가지 다른 요인들의 영향을 받는 것으로 알려져 있다. 충성도의 결과로는 구전, 재구매 등을 들 수 있으며, 의사결정 관점에서 충성도는 소비자들이 문제 인식을 하는 경우 자신이 충성도를 보이는 대안을 구매하려는 경향이 강함을 나타낸다. 기업은 소비자들의 충성도를 높이기 위하여 여러 가지 충성도 프로그램들을 운영하는데, 이러한 충성도 프로그램의 대표적인 것으로는 포인트 프로그램 등을 들 수 있다.

제4절 소비자 경험

Schmitt는 소비자경험관리를 "고객의 제품 혹은 기업에 관한 전체 경험을 전략적으로 관리하는 과정"(2003: 17)으로 정의를 내리고 있다.

경험 마케팅은 경험적 소비가 소비자 심리 및 행동에서 어떻게 작동하는지를 분석하고 설명하는 것이다. Holbrook and Hirschman(1982)은 소비자를 합리적 의사결정자로 보는 것으로부터 경험추구자로 보는 것으로 시각을 변화시키기 위한 시도를 하였다. 즉, 소비자를 합리적인 사고과정을 통해 의사결정 효과성의 극대화를 추구하는 문제해결자로 보는 시각에서 소비자는 감각적이고 쾌락적인 측면을 가지고 있음을 강조함으로써 소비자를 보는 시각의 다변화를 추구하였다. 예를 들면 스포츠, 레저 활동, 엔터테인먼트, 예술 등과 관련된 소비 활동은 소비 경험으로 보는 것이 적합하다는 시각을 반영한 것이다.

Holbrook and Hirschman(1982)은 소비는 단순히 합리성만 추구하는 것이라기보다는 여러 가지 감각적 요소가 포함된 것으로 보았다. 예를 들면 자신이 좋아하는 아티스트의 공연을 보기 위해서 예매를 하는 경우 그 공연이 단순히 공연 가격이 합리적이기 때문에 예매를 하는 것이 아니라 그 공연을 하는 아티스트에 대한 애착, 그 공연장에서 펼쳐지는 아티스트의 공연, 그 아티스트를 선호하는 사람들 간에 공유되는 감정 등이 모두 반영된 가격이라고 보는 것이 더 타당하다는 것이다.

Arnould et al.(2002)은 소비 경험을 4단계로 나누고 있다.

1단계는 소비전 경험 단계이다. 이 단계에서는 소비가 일어나기 이전에 소비와 관련되어 정보를 탐색하고, 계획을 세우며, 경험을 상상하는 것이 포함된다.

2단계는 구매 단계이다. 이 단계에서는 선택 과정과 서비스 세팅과의 상호작용을 포함한다.

3단계는 핵심소비경험 단계이다. 이 단계에서는 소비에 대한 감동이 개입되며 소비에 대해 좋은 느낌을 받았는지 혹은 좋은 느낌을 받지 못했는지와 관련된다.

4단계는 소비의 추억과 향수를 경험하는 단계이다. 이 단계에서는 과거 경험을 다시 상상하면서 그 경험을 다른 것과는 다르게 분류하는 것을 말한다.

소유보다 경험을 중시하는 것도 경험 마케팅이 대두된 중요한 이유 중 하나이다. 소유는 소비를 통해 실현되지만 경험은 소유 없이도 가능한 것이다. 예를 들면 자동차를 보유하고 스스로 그 차를 타고 출퇴근을 할 수도 있으나 자동차를 보유하지 않은 상태에서도 자동차 공유를 통해 동일한 경험을 할 수 있기 때문이다.

식료품 쇼핑은 실용적 가치와 쾌락적 가치를 함께 제공하는 반복적이고 순환적인 쇼핑 활동이다(Babin et al., 1994). 소비자들은 쇼핑 활동을 통해 효용적 가치와 쾌락적 가치를 얻을 수 있다. 여기서 효용적 가치는 소비자들이 자극을 받은 특정한 쇼핑 활동(trip)을 수행함으로써 얻는 가치인 반면 쾌락적 가치는 쇼핑 과정과 연계되어 얻는 잠재적인 재미 그리고 감성적인 소중함이 반영된 가치를 말한다(Babin et al., 1994). 식료품 소매업자들은 소비자들이 효용적 가치와 쾌락적 가치에 관한 욕구를 모두 충족시켜줄 필요가 있음을 인식하여 즐거운 쇼핑 경험 그리고 심지어는 오락적 요소가 가미된 쇼핑 경험을 제공하려고 하고 있다(Arnold and Reynolds, 2003). 그런데 만족한 소비자들조차도 때때로 지루함에서 벗어나고자 브랜드 혹은 소매업체를 변경, 즉 전환하기 때문에(Jones and Sasser, 1995) 소매업자들은 지속적으로 고객의 마음을 잡고 고객의 흥미가 자사와 관련된 점포에서 머무르도록 해야 한다(Jones and Reynolds, 2006).

경험적 욕구는 소비 과정에서 인지적 자극 혹은 감각적 자극에 해당하는 제품을 소비하려는 욕망을 반영한 것이다. 예컨대 인지욕구(Cacioppo et al., 1984), 소비의 쾌락적이며 심미적 차원(Hirschman and Holbrook 1982; Holbrook and Hirschman 1982), 다양성 추구(Menon and Kahn, 1995) 등은 경험적 욕구를 반영한 것이다.

토론 과제

스타벅스(Starbuck)는 소비자/고객에게 어떠한 경험적 가치를 제공하고 있는지를 논의해 보십시오.

참고문헌

류강석 (2004), 고객추천 보상 프로그램이 소비자의 추천의도에 미치는 영향: 보상유형, 고객-브랜드 관계의 질, 제품사용지위의 역할을 중심으로, 마케팅연구, 19, 179-196.

이민훈·하영원 (2010), 만족도와 재구매 간 관계에 있어서 상황적 영향의 조절효과에 관한 연구: 인지 종결 욕구와 일시적 자아 해석의 조절효과를 중심으로, ASIA MARKETING JOURNAL 11(4), 95-119.

이학식·안광호, 하영원 (2015), 소비자행동: 마케팅전략적 접근, 학현사.

최경운(2017), 재무 성과로 연결되는 고객만족 경영 포인트, LG주간경제, 2007.08.01, 3-7.

하영원, 이영일 (2008), 소비자의 불평 보상에 따른 인지와 감정 반응이 재구매 및 구전 의도 회복에 미치는 영향, 경영학연구, 37(1), 225-246.

Arnold, Mark J. and Kristy E. Reynolds (2003), Hedonic shopping motivations, *Journal of Retailing*, 79(2), 77-95.

Arnould, E., L. Price, and G. Zinkhan (2002), *Consumers*, New York: McGraw-Hill.

Babin, Barry J., William R. Darden, and M. Griffin (1994), Work and/or fun: measuring hedonic and utilitarian shopping value, *Journal of Consumer Research*, 20(4), 644-656.

Blut, M., Carly M. Frennea, V. Mittal, and David L. Mothersbaugh (2015), How procedural, financial and relational switching costs affect customer satisfaction, repurchase intentions, and repurchase behavior: a meta-analysis, *International Journal of Research in Marketing*, 32(2), 226-229.

Cacioppo, John T., Richard E. Petty, and C. F. Kao (1984), The efficient assessment of need for cognition, *Journal of Personality Assessment*, 48(3), 306-307.

Cambra-Fierro, J., I. Melero, and F. Javier Sese (2015), Managing Complaints to

Improve Customer Profitability, *Journal of Retailing*, 91(1), 109−124.

Colquitt, Jason A., Donald E. Conlon, Michael J. Wesson, Christopher O. L. H. Porter, and K. Yee Ng (2001), Justice at the millennium: a meta−analytic review of 25 years of organizational justice research, *Journal of Applied Psychology*, 86(3), 425−445.

Curtis, T., R. Abratt, D. Rhoades, and P. Dion (2011), Customer loyalty, repurchase and satisfaction: a meta−analytical review, *Journal of Consumer Satisfaction*, Dissatisfaction & Complaining Behavior, 24, 1−26.

Day, Ralph L., K. Grabicke, T. Schaetzle, and F. Staubach (1981), The hidden agenda of consumer complaining, *Journal of Retailing*, 57(3), 86−106.

Dick, Alan S. and K. Basu (1994), Customer loyalty: toward an integrated conceptual framework, *Journal of the Academy of Marketing Science*, 22(2), 99−113.

Fornell, C., Michael D. Johnson, Eugene W. Anderson, J. Cha, and Barbara E. Bryant (1996), The American customer satisfaction index: nature, purpose, and findings, *Journal of Marketing*, 60(4), 7−18.

Fornell, C. and B. Wernerfelt (1987), Defensive marketing strategy by customer complaint management: a theoretical analysis, *Journal of Marketing Research*, 24(4), 337−346.

Hart, Christopher W. L., James L. Heskett, W. Earl Sasser, Jr. (1990), The profitable art of service recovery, *Harvard Business Review*, 68(4), 148−156.

Hirschman, Elizabeth C. and Morris B. Holbrook (1982), Hedonic consumption: emerging concepts, methods and propositions, *Journal of Marketing*, 46(3), 92−101.

Holbrook, Morris B. and Elizabeth C. Hirschman (1982), Experiential aspects of consumption: consumer fantasies, feelings, and fun, *Journal of Consumer Research*, 9(2), 132−140.

Homburg, C. and A. Fürst (2005), How organizational complaint handling drives customer loyalty: an analysis of the mechanistic and the organic approach, *Journal of Marketing*, 69(3), 95−114.

Istanbulluoglu, D., S. Leek, and Isabelle T. Szmigin (2017), Beyond exit and voice: developing an integrated taxonomy of consumer complaining behaviour, *European Journal of Marketing*, 51(5/6), 1109－1128.

Jones, Michael A. and Kristy E. Reynolds (2006), The role of retailer interest on shopping behavior, *Journal of Retailing*, 82(2), 115－126.

Jones, Thomas O. and W. Earl. Sasser, Jr. (1995), Why satisfied customers defect, *Harvard Business Review*, 73(6), 88－91.

Kumar, V., Ilaria D. Pozza, and J. Ganesh (2013), Revisiting the satisfaction-loyalty relationship: empirical generalizations and directions for future research, *Journal of Retailing*, 89(3), 246－262.

Ladeira, Wagner Jr., F. De Oliveira Santini, Cláudio H. Sampaio, Marcelo G. Perin, Clécio F. Araújo (2016), A meta－analysis of satisfaction in the banking sector, *International Journal of Bank Marketing*, 34(6), 798－820.

Lin, S., Y. Chan, and M. Tsai (2009), A transformation function corresponding to IPA and gap analysis, *Total Quality Management*, 20(8), 829-846.

Martilla, John A. and John C. James (1977), Importance－performance analysis, *Journal of Marketing*, 41(4), 77－79.

Matzler, K., E. Sauerwein, and K. A. Heischmidt(2003), Importance－performance analysis revisited: The role of the factor structure of customer satisfaction. *Service Industries Journal*, 23(2), 112-129.

Maxham III, James G. and Richard G. Netemeyer (2003), Firms reap what they sow: the effects of shared values and perceived organizational justice on customers' evaluations of complaint handling, *Journal of Marketing*, 67(1), 46－62.

Menon, S. and Barbara E. Kahn (1995), The impact of context on variety seeking in product choices, *Journal of Consumer Research*, 22(3), 285－295.

Nikbin, D., I. Ismail and M. Marimuthu (2013), The relationship between informational justice, recovery satisfaction, and loyalty: the moderating role of failure attributions, *Service Business*, 7(3), 419－435.

Nyer, Prashanth U. (2000), An investigation into whether complaining can cause increased consumer satisfaction, *Journal of Consumer Marketing*, 17(1), 9－19.

Nyer, Prashanth U. and M. Gopinath (2005), Effects of complaining versus negative word of mouth on subsequent changes in satisfaction: the role of public commitment, *Psychology & Marketing*, 22(12), 937－953.

Oliver, Richard L. (1980), A cognitive model of the antecedents and consequences of satisfaction decisions, *Journal of Marketing Research*, 17(4), 460−469.

Oliver, Richard L. (1981), Measurement and evaluation of satisfaction processes in retail settings, *Journal of Retailing*, 57(3), 25−48.

Oliver, Richard L. and Wayne S. DeSarbo (1988), Response determinants in satisfaction judgments, *Journal of Consumer Research*, 14(4), 495−507.

Oliver, Richard L. (1999), Whence consumer loyalty?, *Journal of Marketing*, Special Issue, 63(4), 33−44.

Orsingher, C., S. Valentini, and M. de Angelis (2010), A meta−analysis of satisfaction with complaint handling in services, *Journal of the Academy of Marketing Science*, 38(2), 169−186.

Schmitt, Bernd H. (2003), Customer experience management. New York: John Wiley & Sons.

Shields, Peggy O. (2006), Customer correspondence: corporate responses and customer reactions, *Marketing Management Journal*, 16(2), 155−170.

Siddiqui, Masood H. and Shalini N. Tripathi (2010), An analytical study of complaining attitudes: with reference to the banking sector, *Journal of Targeting, Measurement & Analysis for Marketing*, 18(2), 119−137.

Szymanski, David M. and David H. Henard (2001), Customer satisfaction: a meta−analysis of the empirical evidence, *Journal of the Academy of Marketing Science*, 29(1), 16−35.

Tax, Stephen S., Stephen W. Brown, and M. Chandrashekaran (1998), Customer evaluations of service complaint experiences: implications for relationship marketing, *Journal of Marketing*, 62(2), 60−76.

Yavas, U. and D. Shemwell (2001), Modified importance−performance analysis: an application to hospitals, *International Journal of Health Care Quality Assurance*, 14(3), 104-110.

Yilmaz, C., K. Varnali, and Berna T. Kasnakoglu (2016), How do firms benefit from customer complaints?, *Journal of Business Research*, 69(2), 944-955.

[5장 참고 인터넷 기사 및 자료]

KMAC 홈페이지, http://consulting.kmac.co.kr/certify/certify_01b_2.asp

NCSI 홈페이지, http://www.ncsi.or.kr/ncsi/ncsi_new/ncsi_measure.asp

Consumer Federation of America and North American Consumer Protection Investigators (2016), CFA-NACPI 2015 Consumer Complaint Survey Report, Consumer Federation of America, 2016.07.13, http://consumerfed.org/reports/cfa-nacpi-2015-consumer-complaint-survey-report/

06

· · ·

욕구, 목표와 동기부여

- LG전자의 세탁기 트윈워시는 소비자의 욕구를 정확히 파악하여 신제품개발을 통해 소비자들로부터 호평을 받고 있다.
- 목표를 어떻게 선정하는가에 따라 실행이 달라질 수 있다. 일일 목표 설정의 좋은 예로는 NBA 우수 선수들 사례를 들 수 있다. NBA의 우수선수들은 일일 슈팅연습 목표 횟수를 정하고 이를 채우는 방법으로 슈팅 연습을 한다고 한다. 특히 Stephen Curry는 NBA 역사상 최고의 슈터 중 한명으로 꼽히는데, 그는 시즌 중 경기가 없는 날에는 매일 250개, 시즌이 아닌 경우 매일 500개의 슈팅 연습 목표를 세우고 연습했다고 한다.

출처: 김유겸(2017)에서 발췌 및 수정.

- 현대차 그랜저IG의 성공요인 중 하나로 가성비를 언급하기도 한다. 자동차 전문가인 김필수 교수는 "신형 그랜저는 … 가격 대비 성능, 즉 가성비 측면에서 소비자들이 이 제품을 선택해야 하는 확실한 이유를 제공했다"고 분석하였다.

출처: 정세진·박재항(2017).

- TOMS Shoes(탐스슈즈)는 '원포원(One for one)' 기부, 즉 신발 한 켤레를 팔 때마다 한 켤레를 기부하는 것으로 유명한 회사다. 이 회사의 블레이크 마이코스키 CEO가 국내신문과 인터뷰를 한 기사 중 기자가 "고객들은 왜 탐스슈즈를 산다고 생각하는가"라는 질문에 그는 "우리 고객은 미션과 스토리를 사기 원하는 사람이다. '기아 퇴치'라는 미션, 그리고 창업자

가 어떠한 계기로 '원포원'을 생각해냈는지 스토리가 궁금한 사람들이다"라고 대답하였다.

출처: 김제림(2015.06.12.).

 제1절
소비자 욕구

필요(needs)와 욕구(wants)를 인식하는 것은 소비자 중심 마케팅의 출발점과 같은 역할을 한다. 필요는 사람의 근본적인 결핍을 다루는 반면 욕구는 이러한 결핍을 충족하는 것과 관련된 것을 주로 다루고 있다. 본 장에서는 욕구라고 할 때에는 필요와 욕구를 함께 포함하는 의미로 사용하고자 한다.

욕구는 결핍이 원인이 되어서 이 결핍을 채우는 데 필수적으로 필요한 것을 요구하는 것일 수도 있고 결핍을 채우기를 갈망하는 것을 요구하는 것으로

표 6.1 욕구의 분류

욕구의 분류 기준	욕구 유형	출처
욕구의 기반	① 정서적인 것 ② 인지적인 것	McGuire(1976)
개성	① 정서적 ② 자아고취 ③ 자아방어	Bayton(1958)
사용 목적	① 실용적 ② 가치표현적	Park and Lessig(1977)
구매	① 실용적 ② 쾌락적	Babin et al.(1994)
욕구의 수준	① 생리적 ② 안전 ③ 사회적 ④ 자존 ⑤ 자기실현	Maslow(1943, 1954)

볼 수 있다. 욕구는 사람으로서 일반적으로 가지고 있는 욕구가 있고, 소비자로서 가지는 욕구가 있는데, 욕구를 어떤 기준으로 보는가에 따라서 욕구에 대한 분류가 달라지기도 한다. 예를 들면 욕구가 사고에 바탕을 두는지에 따라 인지적 요인과 정서적 요인을 기준으로 분류하기도 하고, 욕구를 사람이 가지고 있는 개성을 기반으로 분류하기도 하며, 제품을 사용하는 이유를 기준으로 보기도 한다.

욕구를 어떻게 분류하는가는 마케터에게 중요하다. 그 이유는 분류된 욕구에 따라 그 욕구를 충족시키기 위한 마케팅 방법에 차이가 있기 때문이다.

제품 사용 목적에 따른 소비자 욕구로는 실용적 욕구와 표현적 욕구가 있다. 실용적 욕구는 제품을 통해 소비자가 당면한 문제를 제거하거나 회피하려는 목적에 기반을 두고 있다. 예컨대 빨래에 얼룩이 있는 경우 소비자들은 이러한 얼룩을 없애고 싶은 욕구가 생길 것이며, 얼룩을 제거하는 기능을 가지고 있는 세재를 구매하려는 욕구가 생길 것이다. 이러한 세재는 소비자가 당면한 문제를 해결하는 수단적인 것으로 인식된다.

표현적 욕구는 제품을 통해 사회적 혹은 심미적 효용을 획득하려는 목적에 기반을 두고 있다. 표현적 욕구는 제품을 상징(symbols)으로 활용하며, 이러한 상징에는 사람들의 실제 자기이미지 혹은 이상적 자기이미지, 역할 지위, 혹은 집단 구성원에 대한 감정을 표현하려는 욕망이 반영되어 있다(Belk, 1988; Levy, 1959; Park and Lessig, 1977).

소비자 심리 및 행동 이해

P&G는 고객 이해의 수준을 가정 주부에 빗대어 3단계로 나눴다.

1단계: 공급자 중심으로 접근. 초보적인 고객 이해 단계. 본인이 요리할 수 있는 음식을 차려 놓는 주부. 가족 입맛은 생각하지 않는다.

2단계: 소비자 중심 단계. 가족이 원하는 식단을 준비하는 주부. 가족에게 먹고 싶은 것이 무엇인지 먼저 물어본다.

3단계: 고객 기반 아이디어 중심 단계. 음식으로 가족을 감동시키는 주부. 평상시에 관심을 가지고 가족의 식성을 파악. 가족의 입맛에 맞춰 식단 준비.

P&G는 고객 이해의 세 번째 단계까지 나아가야 소비자들로부터 인정받는 기업이 된다고 봤다.

출처: 강진구(2006).

 제2절 목표

2.1 소비자 목표의 중요성

소비자들은 구매와 관련된 욕구가 발생하면 이러한 욕구를 달성하기 위해 구매 목표를 설정한다. 목표는 바람직한 상태에 대한 인지적 표상을 말한다. 예를 들면 사람들은 연초마다 목표를 세우는데(예컨대 건강, 행복, 승진, 금연, 금주 등) 이러한 목표는 자신이 바람직하다고 생각하는 것을 표현한 것이라는 의미이다.

목표를 추구하는 과정에는 동기부여가 개입된다. 즉, 목표를 달성하고 싶은 욕망이 강할수록 동기부여는 더 될 것이다. 또한 동기부여가 강하게 주어지면 목표를 달성하기 위해 더 많이 몰입을 할 것이다. 예컨대 승진이 목표인 사람은 승진을 위해 다른 때보다 더 열심히 근무를 할 가능성이 높다. 그런데 승진이 목표이더라도 이를 달성할 가능성이 별로 없다고 느끼는 사람들은 동기부여가 덜 될 가능성이 높다. 요컨대 목표에 따라 동기부여의 강도가 결정될 수도 있지만 동기부여 자체가 목표에 영향을 미칠 수도 있다.

목표를 설정하는 것이 중요한 이유는 소비자들이 목표를 설정하는 경우, 이 목표를 달성하기 전까지는 긴장 상태가 지속되므로 목표를 지속적으로 염두에 두게 되기 때문이다. 장이론(field theory: Lewin, 1951)에 따르면 목표를 설정한다는 것(예컨대 편지 보내기)은 그 목표가 충족될 때까지(예컨대 사람들이 편지를 발송함) 혹은 목표가 대체될 때까지(예컨대 사람들이 누군가 다른 이에게 편지를 발송함) 혹은 목표가 관련성이 없어질 때까지(예컨대 편지 수령자 대상자가 기대하지 않게 방문함) 지속적으로 존재하는 긴장 상태를 만드는 것을 의미한다. 목표가 완료되기 전에 과업을 중단하는 것은 그 시스템이 긴장 상태에 지속적으로 놓여 있다는 것을 말한다. 따라서 소비자들은 중단된 목표에 대해서 지속적인 관심을 가지게 되는데, 이러한 관심은 중단된 과업을 다시 시작하도록 만드는 경향이 있으며, 그 과업의 매력도를 향상시키기도 하며, 완료된 과업과 대비되어 중단된 과업에 관한 기억을 향상시키기도 한다(Liberman et al., 1999, 재인용).

목표는 인지적 표상이므로 목표가 가지고 있는 근본적 성격 중 한 가지는 목표를 설정할 때 어느 정도의 구체성을 목표에 반영하여 목표를 설정할 것인가, 즉 목표의 추상성(abstraction), 구체성(specificity)과 관련된 사항이다. 목표의 추상성, 구체성 정도는 목표에 대한 지각, 목표에 대한 판단, 목표와 관련된 동기부여의 정도 등에 영향을 미칠 수 있다. 목표는 추상성 혹은 구체성의 수준에 있어서 차이가 있다. 예컨대 목표를 '건강한 삶 살기'로 설정한 것은 목표를 '채소 규칙적으로 먹기'로 정한 것보다는 더 추상적(덜 구체적)인 목표에 해당하고, '채소 규칙적으로 먹기' 목표는 '오늘 밤 당근 구매하기'보다는 더 추상적(덜 구체적)인 목표에 해당된다(Raghunathan et al., 2006). 활성화된 목표의 추상성의 수준은 의사결정의 범위에 영향을 미친다. 추상적 목표는 더 광범위하게 적용되므로 구체적인 목표에 비해 의사결정에 더 광범위하게 영향을 미칠 것이다(Raghunathan et al., 2006).

소비자들은 구매 목표에 기초한 선택을 하는 경우들이 있다(Wyer and Xu, 2010). 예컨대 식료품을 쇼핑하는 사람은 상점을 여러 차례 방문하는 것을 피하기 위해서 며칠 동안 사용할 품목들을 동시에 구매하는 경우도 있다. 휴가를 가는 사람들은 여행에서 읽을 여러 권의 책이나 DVD를 구매할 수도 있다. 이러한 상황에서 개인들은 때때로 각각의 상황에서 사용하기 위해 같은 유형의 품목들(예컨대 자신이 가장 선호하는 유형)을 선택하는 경우도 있지만 각기 다른 다양한 품목들을 선택할 수도 있다. 이와 같이 같은 유형의 품목을 구매할 것인지 혹은 상이한 품목을 구매할 것인지는 구매 목표에 따라 달라질 수 있다. 즉, 소비자들은 목표에 의해 유도된 구매를 한다는 것이다. 예컨대 구매 목표가 일주일 동안 사용할 품목을 구매하는 것일 경우와 오늘 저녁에 사용할 품목을 구매하는 것 간에는 목표 목록에 있어서 차이를 보인다.

2.2 목표 설정, 활성화와 목표 하이어라키

소비자들은 인식된 문제를 해결하기 위하여 구매 목표를 설정하는데, 소비자들이 설정하는 목표는 통상적으로 위계를 가지고 있다. 예를 들면 건강이라는 목표를 설정한 소비자는 이러한 목표의 하위 목표로서 하루 30분 걷기, 하루 1시간 운동하기, 6시 이후에는 음식물 섭취하지 않기 등의 여러 가지 하위 목표를 세운다. 이와 마찬가지로 소비자들도 구매와 관련된 목표를 세울 때 상위 목표와 상위 목표에서 파생되는 하위 목표들을 설정하게 된다. 이와 같이 상위－하위 목표들이 설정되는 것을 목표 하이어라키(hierarchy)라고 한다. 즉, 목

표 6.2 소비자 목표의 위계

상위 목표	하위 목표	기저에 있는 동기
실용(이득) 목표	돈에 합당한 가치	돈에 상응하는 가치를 얻고자 하는 동기 합리적인 가격을 지불 돈을 낭비하는 것을 회피함
	품질	고품질과 신뢰성이 있는 어떤 것을 얻고자 하는 동기 사람들의 기대를 충족하는 것
	기능	유용하고 실용적인 어떤 것을 얻고자 하는 동기 다수의 목적을 제공하는 것
	안전	안전감, 평안함, 뜻밖의 것에 대한 준비
쾌락목표	쾌락	당면한 욕구를 충족시키는 어떤 것을 얻고자 하는 동기 사람들을 기분 좋게 하고 행복하게 만드는 것
	자극	흥미롭고, 자극적이거나 독특한, 지루한 것을 회피하는 어떤 것을 얻고자 하는 동기
	안락	즐겁고 편안한 것, 번거롭고 불편한 어떤 것을 회피하고자 하는 것
규범목표	윤리	도덕적 원칙과 의무에 순응하여 행동하려는 동기 죄책감을 회피하고자 하는 동기
	사회적 인정	좋은 인상을 심어주려는 동기, 동료와의 일체감을 위한 동기, 기대에 부응하며 살려는 동기

자료원: Barbopoulos and Johansson(2016), Barbopoulos and Johansson(2017)을 수정, 보완

표는 위계적 목표시스템으로 조직화될 수 있으며, 상위 목표는 하위 목표와 수직적으로 연계되고, 그것은 순차적으로 하위 수단 및 행동과 연결된다는 것이다(Kruglanski et al., 2002).

소비자 심리 및 행동을 정확히 이해하기 위해서는 소비자들이 구매 목표로서 무엇을 설정하고 있는지를 제대로 파악하고 있는 것이 마케터에게는 중요하다. 소비자들이 소비와 관련된 상위 목표를 설정하는 것과 관련하여 서로 다른 시각이 있어 왔다. 합리적 선택이론에서는 사람들을 의사결정 목표를 효용을 극대화하는 것으로 보기 때문에 실용적(utilitarian) 목표를 달성하려는 소비자 관점에서 목표를 바라보는 경향이 있었고, 경험, 감성 등을 중요시 여기는 경우에는 쾌락적(hedonic) 목표를 달성하려는 소비자 관점에서 목표를 바라보는 경향이 있었으며, 도덕적 규범(예컨대 윤리적 구매, 녹색제품 구매, 지속가능 제품 구매) 등을 중요시 여기는 경우에는 규범적 목표(normative)를 달성하려는 소비자 관점에서 목표를 바라보는 경향이 있었다(Babin et al., 1994; Holbrook and Hirschman, 1982; Kallgren et al., 2000; Schoemaker, 1982). 이러한 세 가지 목표들은 다양한 소비 맥락에서 상당히 자주 언급되고 있고, 소비자들은 이 세 가지 상위 목표 중 한 가지를 설정하는 경우도 있고, 여러 가지를 복합적으로 설정하는 경우가 있으므로 소비자 목표 관점에서 통합적으로 기술할 필요가 있다(Barbopoulos and Johansson, 2016; Lindenberg and Steg, 2007). 세 가지 상위목표와 각 상위목표의 하위 목표 간의 관계는 <표 6.2>와 같다.

(1) 실용(이득)목표

실용(이득)목표(utilitarian or gain goal)는 합리적 선택과 기대−가치이론에서 자주 언급되었는데, 목표와 목표를 달성하기 위한 수단을 비용−편익 관점에서 바라본다(Schoemaker, 1982). 실용(이득)목표에서는 사람들은 자신이 가지고 있는 자원(예컨대 자산)을 보호하거나 개선하는 것, 즉 자원의 변화와 관련된 것에 중점을 둔다. 목표 달성을 위한 수단들은 소비자들의 지각된 가치에 따라 평가되고 순위가 매겨지는 것으로 가정한다. 여기서 지각된 가치는 소비자들이 받는 것(예컨대 제품)과 소비자들이 주는 것(예컨대 지불가격)에 기초하여 산출된다(Zeithaml, 1988).

실용목표가 활성화되면 소비자들은 비용과 지각된 가치에 있어서 변동성에 민감하게 반응하는 반면 감정적, 사회적, 윤리적 고려사항의 중요성은 약화된다.

실용(이득)목표의 하위 목표로는 ① 돈에 합당한 가치, ② 품질, ③ 기능, ④ 안전 등이 있다(Barbopoulos and Johansson, 2016; Lindenberg and Steg, 2007). 이 하위 목표들이 지향하는 바를 요약하면 절약, 수익, 가치, 재무적 안전 등으로 집약되며, 이를 다시 마케팅 관점에서 집약하면 가치와 품질(Sweeney and Soutar, 2001)로 표현될 수 있다. 이러한 하위 목표들은 서로 독립적인 목표를 구성하기도 하지만 서로 유기적으로 연관되기도 한다. 예를 들면 어떤 제품의 가격이 상승함에 따라서 소비자들은 그 제품을 고품질로 지각하는 경향이 있다(Dodds et al., 1991). 그러나 증가된 비용만큼 가치가 증가하지 못할 경우 그 제품에 대한 지각된 순가치(net value)는 낮아질 가능성이 있으며, 이러한 현상은 가격 의식적 소비자들에게서 더 나타날 가능성이 높다.

(2) 쾌락목표

쾌락목표(hedonic goal)는 당장에 기분이 좋아지는 것과 관련된 목표를 말한다. 쾌락목표가 활성화되는 경우 소비자들은 즐거움과 기분의 변화에 특히 민감하게 반응하게 되며, 실용(이득)목표와 규범목표의 역할이 약화될 가능성이 있고, 가격 전략, 보상 그리고 정보 제공 캠페인 등 실용 및 규범적 관점에서 행동 변화를 일으키는 많은 전략의 효과성을 감소시킬 가능성이 있다. 그리고 쾌락목표는 다른 목표에 비해 상대적으로 안정적이지 못하고 단견적인 성격을 가지고 있다.

쾌락목표의 하위 목표는 ① 감정의 방향성(valence)이 반영된 쾌락(pleasure)목표, ② 감정의 환기(arousal) 정도가 반영된 자극(stimulation)목표, ③ 안락(comfort)목표 등이 있다(Batra and Ahtola, 1990; Russel, 1983; Watson and Tellegen, 1985). 감정의 방향성은 긍정적 감정과 부정적 감정을 의미한다. 감정의 환기 정도는 감정이 활성화된 정도를 의미한다. 자극의 수준은 자극이 주어지는 시기, 주어진 자극에 따른 활동량, 자극이 놓여 있는 환경의 함수로서 변한다(Helm and Landschulze, 2009). 안락목표는 노력회피, 편안한 휴식 등이 반영된 것이다.

(3) 규범목표

규범목표(normative goal)는 (사회적으로) 적합하게 행동하는 것과 관련된 목표를 말한다(Lindenberg and Steg, 2007). 규범목표는 자기이익(self-interest)과는 관련이 적고, 오히려 사회적 적절성, 도덕적 의무감, 사회적 규범 등에 초점을 맞춘다(Lindenberg and Steg, 2007). 그러므로 규범목표는 소비자들의 이상 혹은 타인의 의견에 따라서 소비자들이 무엇을 의무감을 가지고 구매해야 하는가에 민감하도록 만든다. 규범목표가 활성화되기 위해서는 제도, 도덕심 훈육, 사회적 제재와 같은 외부의 지원이 요구된다(Lindenberg and Steg, 2007).

또한 규범목표의 활성화는 개인의 정서가 활성화되는 것에 영향을 받기도 한다. 예컨대 이은주 등(2017)은 공정무역을 통한 제품의 가격은 일반 제품의 가격보다 높기 때문에 소비자들로부터 가격저항을 받을 가능성이 있는데 공정무역의 잠재 수혜자의 얼굴을 광고를 통해서 대면하는 경우가 그렇지 않은 경우에 비해 공정무역 제품의 구매 선택의 비중이 높아졌으며, 이러한 구매 선택 비중의 증가는 럭셔리 브랜드와 패스트 패션 브랜드 모두에서 나타남을 뉴로마케팅 기법인 기능성 뇌자기공명영상법을 사용하여 분석한 바 있다. 이러한 현상이 나타나는 이유로 비록 짧은 시간의 노출 이지만 자신이 구매하는 제품의 잠재 수혜자의 얼굴을 대면한 것이 인간의 감성을 설득하는 자극이 뇌에 영향을 미쳤기 때문이라 보고 있다.

규범목표의 하위 목표는 사회적으로 올바른 방법으로 행동하는 것과 관련이 있는데, 이러한 것들로는 윤리와 사회적 인정을 들 수 있다. 윤리와 사회적 인정은 모두 규범에 따라서 적합한 행동을 하는 것과 관련이 되어 있지만 규범적 기준의 원천에 있어서는 차이가 있다. 전자는 규범의 내적 원천(개인의 의견, 이상, 도덕적 의무와 관련된 것)을 반영한 것인 반면 후자는 규범의 외적 원천(타인의 의견 혹은 규범적인 것으로 간주되는 것에 순응하는 것)을 반영한 것이다(Cialdini et al., 1990). 전자가 도덕적 규범, 이상 및 도덕적 의무와 관련된 것에 초점을 맞추었다면 후자는 사회적 규범, 사회적 지위 및 적합성, 사회적 인정(approval), 사회적 위신(prestige)과 관련된 것에 초점이 맞추어진 것이다. 개인적 의무감 혹은 도덕적 의무감 때문에 규범을 따르려고 하는 경우에 비해서 사회적 규범에 의해 동기부여된 사람들은 상이한 행동을 가져올 가능성이 있으므로 도덕적 규범과 사회적 규범을 구분하는 것은 중요하다. 예컨대 사회적 규범은 동의, 순응과 연계되는데, 이것은 사회적 규범을 따르려는 동기는 사회적 제재에 민감할 가능성이 높음을 의미한다(Burnkrant and Cousineau, 1975).

2.3 목표 활성화에 영향을 미치는 요인

목표는 환경적 단서에 민감하므로 목표 활성화는 상황의존적인 경우가 많다. 상황(situations)은 사람들이 목표를 추구하는 데 있어서 기회가 되기도 하는 반면 장애요소가 되기도 한다(Barbopoulos and Johansson, 2017). 소비자들은 중요한 목표를 달성하기 위하여 상황을 수단 및 행위와 연계시키는 것을 학습하게 되는데 상황은 소비자들이 고려중인 수단들을 어떻게 평가하는지에 영향을 미친다. 그러므로 상황에 따라 활성화되는 목표는 달라질 수 있다(Barbopoulos and Johansson, 2017). 예컨대 상황은 목표를 대인관계 혹은 지위(status)와 관련된 것으로 구조화시킬 수 있다(Bond, 2013). 그 결과 활성화되는 목표는 상황에 따라 달라질 수 있다.

어떤 목표가 어떤 상황에서 활성화되는지를 안다는 것은 소비자들이 무슨 (what) 정보에 주목하는가, 소비자들이 선호하는 제품은 무엇인가, 어떤 가격책정 전략이 효과적인가에 관한 가치있는 지식을 제공할 수 있다. 목표는 상황에 따라 서로 다르게 활성화될 수 있는데, 이러한 목표 활성화에 영향을 미치는 요인들로는 소비자 가치, 개성 특질 등이 있다(Barbopoulos and Johansson, 2017).

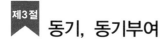

제3절 동기, 동기부여

3.1 목표와 동기, 동기부여

필요는 실제 상태와 바람직한 상태 간의 차이의 결과를 말하며, 욕구는 구체적인 동기(motive)가 발현되어 특정한 목표 대상과 연계되는 것을 말한다. 예컨대 자신이 현재는 전철 안에서 음악을 들을 수 있는 수단이 없으나 전철 안에서도 음악을 듣고 싶다는 마음을 가지게 되는 것이 필요에 해당된다면 갤럭시8을 구매하여 전철에서도 음악을 듣겠다는 것은 욕구에 해당된다.

욕구가 활성화되어서 그 욕구가 충족되기를 원할 때 동기부여가 된다. 동기부여(motivation)는 행동을 가능하게 하는 심리적 세력(force)을 말하기도 하고(Lewin, 1951), 사람들이 특정한 방향으로 행동하도록 일으키는 과정으로 보기도 한다.[1]

마케팅 및 소비자 심리/행동 분야에서 다루고 있는 동기부여는 목표와 관련된 동기부여 그리고 목표를 달성하기 위해 요구되는 수단의 활용과 관련된 동기부여로 구분해 볼 수 있다(Austin and Vancouver, 1996; Touré-Tillery and Fishbach, 2011).

(1) 결과에 초점을 맞춘 동기부여

동기부여는 목표에서 요구되는 궁극적 상태에 도달하는 것에 초점을 맞추어 노력과 끈기를 증가시키는 형태로 나타나기도 하는데, 이를 결과(outcome)에 초점을 맞춘 동기부여라고 한다(Touré-Tillery and Fishbach, 2011).

어떤 목표의 궁극적인 상태에 도달하기 위한 동기부여는 목표와의 거리가 감소할수록 증가하는데, 이러한 현상을 목표경사도가설(goal-gradient hypothesis)[2] 혹은 목표확대효과(goal looms larger effect)라고 한다. 즉, 이 이론들에 의하면 사람들은 자신이 궁극적으로 도달하려고 하는 상태에 해당되는 목표에 가까워짐에 따라서 노력과 끈기를 더 발휘하려고 한다는 것이다(Förster et al., 1998; Kivetz et al., 2006). Kivetz et al.(2006)은 여러 가지 다양한 인간 행동에서 목표경사도효과가 나타남을 보여준 바 있다. 예컨대 Kivetz 등은 보상증명서를 얻기 위해서 온라인에서 노래에 대한 등급을 매기는 것에 참여한 사람들은 보상 목표에 접근함에 따라서 자신들의 노력을 증가시킴을 발견하였다. 구체적으로 보면 참여자들은 보상을 획득하는 데 가까워짐에 따라서 노래에 대한 등

---

1 표준국어대사전에서는 동기를 "어떤 일이나 행동을 일으키게 하는 계기", 동기부여를 "『교육』학습자의 학습 의욕을 불러일으키는 일" 혹은 "『심리』에서 자극을 주어 생활체로 하여금 행동을 하게 만드는 일. 굶주림과 같은 생활체 내부의 동인과 음식과 같은 외부의 유발인에 의하여 이루어진다"로 기술하고 있다.

2 목표구배이론이라고도 함.

급을 매기는 사이트를 찾는 빈도가 높아졌고, 한 번 방문할 때 등급을 매기는 노래의 수가 많아졌으며, 등급을 매기는 것을 완수하지 못하고 포기할 가능성이 낮아짐을 발견하였다.

　　Kivetz et al.(2006)는 상용우대고객 프로그램을 활용하는 소비자들이 보상을 얻는 방향으로 전진함에 따라서 구매율이 어느 정도 가속이 붙는지(즉, 구매 간 간격의 감소 정도)를 측정하기도 하였다.

　　활성화된(active) 목표는 목표가 주도하는 동기부여 과정의 기본적인 특성 중 한 가지이다. Förster et al.(2005)는 활성화된 목표는 목표 관련 구성개념들에 대한 접근용이성(accessibility)을 증가시켰고, 그러한 접근용이성은 목표가 충족될 때까지 지속되었으며, 목표가 충족된 시점에서 접근용이성은 감소하거나 중단되었다. 일단 목표가 달성되면 동기부여 수준은 기준점 이하로 하락한다.

(2) 수단에 초점을 맞춘 동기부여

　　동기부여는 목표를 추구하는 과정에 있어서 적절한 수단을 활용하려는 욕망이 증가하는 형태로 나타나기도 하는데, 이를 수단(means)에 초점을 맞춘 동기부여라고 한다(Higgins et al., 2003; Touré–Tillery and Fishbach, 2011). 예를 들면 자신의 교육과목에서 요구되는 사항들을 완수하기 위하여 일련의 과제를 수행하는 학생은 이러한 과제에 많은 양 혹은 적은 양의 에너지를 투자할 것이고, 과제들을 신속하게 혹은 천천히 완료할 것이며, 자신의 일의 세부사항에 정성을 들이거나(예컨대 수기로 작성을 함) 지름길로 가려고(예컨대 다른 학생의 것을 모방함) 할 것이다. 여기에 나타난 각 기준요소들은 자신의 동기부여의 상이한 측면을 반영하고 있으며, 이러한 기준요소는 시간의 경과에 따라 달라질 수도 있을 것이다.

3.2 동기, 동기부여와 마케팅

(1) 인간의 동기

　　인간으로서의 소비자가 가지는 구매동기를 아는 것은 중요하다. 이러한 구매동기를 간단히 요약하자면 포괄적인 의미에서는 '왜(why) 구매하는가'로 축약될 수 있고, 조금 더 범위를 축소시켜 본다면 '왜 특정 제품 범주 혹은 서비스 범주를 구매하는가' 혹은 '왜 특정 제품 혹은 서비스를 구매하는가'로 축약될 수 있다.

인간의 동기(motives)는 다음과 같이 분류가 가능하다.

표 6.3 인간의 일반적인 동기			
본능적	활동	심미	감정
배고픔	운동	색상	공포
목마름	휴식	톤(tone)	분노
공기	보존	맛, 냄새, 촉감의	메스꺼움
온열조절	리듬	특정한 품질	창피함
성적	진기	리듬	
	탐험		

출처: Britt(1950).

Britt(1950)는 마케터가 나타나는 현상(예컨대 판매량)만 점검해서는 안 되며, 이러한 현상이 나타나는 심리적 요인들을 파악할 것을 제안하였다. 또한 Britt 는 소비자들이 특정제품을 왜 구매하지 않는지를 학습하는 것뿐 아니라 그 제 품을 왜 구매하는지를 아는 것도 중요하다는 점을 지적하고 있다. 이러한 주장 은 이미 1950년에 했음에도 불구하고 현대 마케터들조차도 이러한 원리를 제대 로 적용하지 못하는 경우들이 있는 반면, 이러한 원리를 제대로 적용하여 성공 하는 경우들도 있다.

백년동안 사례

마시는 식초 시장은 대상의 '홍초', CJ제일제당의 '미초', 샘표의 '백년동안' 등으로 구성되어 있다. 대상의 홍초는 시장 개척자로서 우위를 점유하고 있는 특징이 있고, CJ제일제당의 미초는 신제품 개발을 성공적으로 하여 급성장하였다는 특징을 가지고 있다. 샘표의 '백년동안'은 소비 자 구매 동기를 파악하여 기존 제품을 리뉴얼하여 성공하였다는 특징을 가지고 있다, 여기에서는 소비자 구매 동기에 초점을 맞추어 '백년동안'의 사례를 살펴보고자 한다.

출처: 샘표 홈페이지   출처: 홍초 홈페이지   출처: CJ제일제당 홈페이지

'백년동안'은 '샘표 마시는 흑초'를 성공적으로 리뉴얼한 사례이다. '샘표 마시는 흑초'는 매출액에서 정체되어 있던 제품으로 철수해야 한다는 얘기까지 들었던 제품이다. 그러나 서동순 이사는 그 제품을 박스째 사다 먹는 열광적으로 좋아하는 소비자들이 있음을 보고, 그 제품이 '왜 팔리지 않는가'보다는 그 제품을 '왜 열광적으로 좋아하는가'를 들여다보았고, 그 결과 소비자들은 건강 때문에 그 제품을 마신다는 것을 알게 되었다고 한다. 이후 '샘표 마시는 흑초'는 '건강'에 초점을 맞춘 마케팅을 하였다. 브랜드명은 ('일생동안 건강하게 살라'는 의미로) '백년동안'으로 변경하였다. 제품도 건강과 연관성이 높은 산수유, 푸룬(말린 자두류), 복분자 등의 맛을 추가하여 다양화하였다. 그리고 패키지 디자인은 (일반 식초로 오인하게끔 만들어졌던 디자인을) 건강식품 이미지로 바꾸었다. 한편 '백년동안'은 부모님 등에게 건강하시라는 의미를 담은 선물(gift-giving)용도로 사용 목적을 확장한 마케팅을 효과적으로 진행하기도 하였다.

출처: 머니투데이(2011.04.15.), 한국경제(2011.10.05).

❶ 사람의 욕구 단계

Maslow(1943)는 사람을 심리적으로 전인적 인격체(whole people)로 만드는 것이 무엇인지를 발견하려고 시도하였다. Maslow는 대부분의 사람들은 능동적으로 건강, 성장, 자신의 잠재능력을 실현하려는 추진력을 가지고 있다고 믿었다. 그래서 Maslow는 사람은 결핍(deficiency)과 관련된 욕구가 있을 뿐 아니라 성장과 관련된 욕구도 있다고 보았고, 이를 단일의 이론체계로 통합하려는 시도로서 욕구 단계를 주장하였다. Maslow는 사람들이 가지고 있는 욕구는 위계적인 순서로 배열되어 있으며, 상위 수준의 욕구로 상승하기 전에 하위 수준의 욕구가 충족되어야 한다고 보았다. 즉, 사람이 가지고 있는 기본적인 욕구 (예컨대 먹을 것, 마실 것)가 충분하게 충족됨에 따라서 다른 범주의 욕구가 곧 생겨난다고 보았고 충족된 욕구들은 쇠락해져서 다른 욕구들로 대체된다. 하위 수준의 욕구가 충족된 후에라야 개인들은 다른 범주의 욕구를 충족하려는 동기가 부여될 것이라고 보았다. Maslow는 하위 범주의 욕구가 충족되어야만 상위 범주의 욕구가 활성화되는 것으로 보았으나 각 범주의 욕구가 공존할 수도 있음을 주장하기도 하였다. Maslow의 욕구 단계는 생리적 욕구, 안전 욕구, 애정 및 소속 욕구(사회적 욕구), 존경 욕구, 자기실현 욕구로 구성되어 있다(Finkel et al., 2014; Maslow, 1943).

㉠ 생리적 욕구

기본적인 욕구에 가까운 낮은 수준의 욕구로는 생리적 욕구(physiological needs)를 들 수 있다. 생리적 욕구에는 사람이 생활을 지속하기 위해서 기본적으로 요구되는 필수적인 것들을 포함하는데, 이러한 필수적인 것들의 예로는 먹는 것, 마시는 것, 쉬는 것, 주거지 등이 포함된다. 생리적 욕구는 소비자들이 식료품, 의류 등을 구매하는 데 영향을 미치며, 주거를 결정하는 데에도 영향을 미친다.

Maslow는 생리적 욕구를 다른 욕구에 비해 결핍을 느낄 때 채우려는 동기부여가 강하게 발생하는 욕구로 보고 있다. 생리적 욕구가 충족되어서 신체가 활동하기에 충분할 정도가 되기 전까지는 사람들의 활동이 생리적 욕구에 집중된다고 보았다.

㉡ 안전 욕구

일단 생리적 욕구가 충족되면 안전(safety) 혹은 보호(security) 욕구(신체적 위해 그리고 심리적 위해로부터 자유로워짐)가 두드러지게 부각된다. 위험으로부터 자유로워지고자 하는 욕구는 생리적 욕구만큼 중요하다. 안전과 보호 욕구는 유아와 아동을 관찰함으로써 쉽게 이해할 수 있다. 예를 들면 공포감을 느낀 아동은 위안을 제공하는 것을 꼭 붙잡게 된다. 안전 욕구는 소비자들이 보험 등과 같이 일상생활에서 직면하는 다양한 유형의 불확실성을 제거하려는 제품 혹은 서비스의 구매에 영향을 미친다.

안전 욕구는 생활에서 일상적인 것과 체계적인 것을 선호함을 의미한다. 안전 욕구가 자기보호(self-preservation) 욕구로 묘사되는 경우도 있으나 Maslow는 사람들은 낯선 것에 비해 친숙한 것을 선호한다는 것을 포함함으로써 안전뿐 아니라 안정(stability)도 이 욕구에 포함되는 것으로 보았다.

ⓒ 소속 및 애정 욕구(사회적 욕구)

생리적 욕구와 안전 욕구가 충족되면 사람들은 소속, 애정(love), 사회적 인정 등과 같은 사회적 욕구를 추구하는 추진력을 얻게 된다. 사람들은 가족, 친구와 같이 가까이 있는 사람들과 공유하고 나누기를 원하며, 그래서 자신이 사랑받고 있고 인정받고 있음을 확인하려고 한다. 소속 및 애정과 같은 사회적 욕구는 소비자들이 타인이 주목하는 제품을 구매함으로써 동료들로부터 인정받고 소속감을 느끼도록 만드는 역할을 한다. 예를 들면 어떤 소비자가 소유하고 있는 자동차 등은 부분적으로는 동료 혹은 자신이 중요하게 여기는 타인이 자신이 선택한 제품을 어떻게 생각하고 있을지를 고려하여 구매한 제품일 가능성이 있다.

사랑받는 욕구는 사랑을 주는 욕구만큼 중요하다. Maslow는 사람들이 사막에서 고립되어 있을 때 음식과 물을 갈망하는 것과 같은 수준의 강도로서 다정다감한 관계에 관한 목표를 달성하기를 원할 것이라고 보았다.

ⓔ 존경 욕구

개인이 자신이 가지고 있는 소속 욕구와 사랑받는 욕구가 충족되기 시작한 이후 사람들은 일반적으로 자신이 속한 그룹에서 단순한 구성원 이상이 되기를 원한다. 사람들은 사랑받는 것으로는 충분해하지 않으며 존경(respect)받기를 원한다. 존경 욕구(esteem needs)는 사람들이 지위, 자존심, 자긍심에 대한 포괄적인 욕구와 욕망을 가지고 있고 타인이 자신을 존중하거나 존경해 주기를 바라는 욕구 혹은 욕망을 가지고 있음이 반영된 것이다. 존경 욕구는 소비자들이 존중을 받고 있다는 이미지 혹은 느낌을 받는 제품 혹은 서비스를 구매하도록 이끈다. 예를 들면 점포를 방문했을 때 자신이 존중을 받는다는 느낌을 받게 되면 그 점포를 재방문하고 싶어지는 것은 이러한 유형에 속하는 욕구가 반영된 것이다.

Maslow는 존경 욕구를 스스로에 대한 존중과 타인으로부터의 존중이라는 두 가지 영역으로 구분하고 있는데, 스스로에 대한 존중에는 능력, 성취, 적격성, 확신, 독립성, 자유에 대한 갈망이 포함되는 반면 타인으로부터의 존중에는 명성, 위신, 인정, 주목, 중요성, 감사에 대한 갈망이 포함된다고 보았다. 존경 욕구에 대한 만족은 자신감, 힘, 자존감, 적격성, 유용성 등을 가져온다.

　ⓜ 자기실현 욕구

　　일단 위계에서 하위 욕구들이 충족되면 사람들은 자신의 잠재력을 충족시키려는 동기가 부여된다. 이러한 자기실현 욕구(self-actualization needs)는 자기를 인식하는 과정(완전하게 자기를 인식하게 되는 과정)과 자기 인식을 바탕으로 가용한 최대한도의 잠재력을 달성하려는 욕구가 개입된다. 이와 같이 잠재역량을 개발하려는 욕구는 사람들이 이상적으로 되고자 하는 것에 관한 갈망이 반영된 것이다.

　　자기실현 욕구는 소비자들이 자신의 잠재능력을 충분히 발휘하는 것이 반영되어 있는 제품 혹은 서비스를 구매하도록 이끈다. 예를 들면 카드회사의 광고 중 '열심히 일한 당신, 떠나라'라는 메시지가 있었는데, 이것은 자신의 역량을 충분히 발휘한 사람에게 자기 보상적 성격으로 자신이 이상적으로 생각하는 것을 얻도록 하려는 자기실현 욕구를 적절히 반영한 광고 메시지로 보여진다. 정규 교육을 마친 소비자들이 평생교육을 받는 것 등도 자기실현 욕구가 반영된 것으로 볼 수 있다.

　　생리적 욕구, 안전 욕구, 소속 및 애정 욕구, 존경 욕구 등이 주로 결핍과 관련이 깊은 반면 자기실현 욕구는 주로 성장과 관련이 깊은 욕구에 해당된다.

　　욕구 단계와 돈에 대한 태도 간의 관계를 연구한 문헌이 있다. 그 결과에 의하면 돈에 대한 태도는 안전 욕구 및 존경 욕구와 주로 관련이 있으며, 남성의 경우에는 안전 욕구 그리고 여성의 경우에는 존경 욕구와 가장 관련이 깊은 것으로 나타났다. 이러한 돈에 대한 태도는 금융기관에서 고객과 상담을 하는 상담사들이 고객과 상담을 하기 전에 고객의 욕구를 이해하고 고객의 욕구를 바탕으로 상담을 진행함에 있어서 중요하게 고려해야 하는 요인 중 한 가지이다(Oleson, 2004).

표 6.4 욕구 단계와 마케팅

욕구 범주	구체적인 내용	마케팅에의 적용 예시
자기실현 욕구	자기표현 개인적 성장 자율성 자발성 진실성있는 자기 평가	자기 보상으로서의 럭셔리 제품 구매 자기 보상으로서의 안락한 잠자리를 강조하는 침대 평생교육 스타트업
존경 욕구	자존감 자긍심 명장의식 지위 타인으로부터 존경받음	상징성과 가시성 높은 사치품 플래그십 스토어 우대금리
애정 및 소속 욕구	타인을 사랑 타인으로부터 사람 받음 타인에 대한 신뢰 애정 친밀성 집단에의 소속	다수의 사람들이 입는 옷 밀집지역에 거주 동아리, 팬클럽 소속
안전 욕구	경제적 안전 통제 예측가능성 심리적 안전 신체적 안전	생명보험, 화재보험, 자동차 보험 등 각종 보험상품 연금상품 튼튼한 안전모(헬멧)
생리적 욕구	배고픔 목마름 따뜻함 수면 호흡	양 많은 음식을 특징으로는 음식점 편안한 잠자리를 강조하는 침대 신체적 고통(두통, 치통 등)을 완화하는 의약품

출처: 욕구 범주 및 구체적 적용은 Maslow (1943), Finkel et al.(2014)
주 1) 마케팅 적용 예시의 경우 하나의 제품/서비스가 여러 욕구를 복합적으로 반영할 수도 있음

(2) 구매 동기부여

소비자들의 동기부여는 상이한 유형의 제품을 구매하는 데 영향을 미친다. 쾌락 제품은 소비자들이 감각적인 즐거움에 대한 욕망 그리고 제품의 상징적

욕구를 충족시키는 것에 도움을 주는 반면 실용적 제품은 일반적으로 실제적 욕구 혹은 기능적 욕구를 충족시켜 준다(Holbrook and Hirschman, 1982). 쾌락제품(예컨대 꽃, 다자이너 의상, 스포츠카, 초콜릿)은 다감각기관이어서 재미, 즐거움, 흥겨움을 위하여 경험적 소비를 제공한다. 반면 실용제품(예컨대 가정/가구의 소형가전, 세제, 개인용 컴퓨터)은 기능적 효용을 제공하고 있다(Dhar and Wertenbroch, 2000). 쾌락제품에 대한 평가는 실용적 제품에 대한 인지적 평가과정과 대비해서 볼 때 더 주관적이고 정서 주도적이다(Holbrook and Moore, 1981).

(3) 소비동기

소비를 더 잘 이해하는 데 있어서 핵심적인 사항은 소비를 추진하게 하는 기저에 놓여 있는 동기(motives)를 발견하는 것이다. 대부분의 행동과 마찬가지로 소비도 의도적이고, 목적이 주도하는 행동이다(Bagozzi, 1993). 그리고 소비는 어떤 종착지를 향한 수단으로서 수행된다. 목표는 어떤 바람직한 궁극적인 상태에 대한 인지적 표상을 말한다. 어떤 목표가 활성화되면 현재 상태와 바람직한 상태 간의 차이, 즉 불일치(discrepancy)에 기초하여 긴장된 갈등이 발생한다(Carver and Scheier, 1990). 이러한 불일치를 감소시키기 위해서 인지적 자원들(예컨대 주의, 정보처리, 지식구조, 태도와 동기부여)이 입수가능하게 되고 접근가능하게 되어서 사람들이 실행가능한 수단들을 식별하는 데 도움을 주고, 각 수단들의 가치를 결정하며, 사람들의 행위에 활력을 불어넣는다(Gollwitzer & Bargh, 1996). 이 과정은 대안들이 자신의 목표에 유리한지 혹은 불리한지, 도움이 되는지 혹은 되지 않는지, 적합한지 혹은 부적합한지 등에 기초하여 대안들에 대한 지각된 가치를 구성하게 된다(Förster et al., 2007).

3.3 동기부여, 자기조절과 조절초점

사람이 목표를 세우고, 세운 목표를 달성하기 위하여 자신의 사고와 행동을 조절해 나가는 체계적인 과정을 자기조절(self-regulation)이라고 한다(Boekaerts et al., 2005). 자기조절은 사람들이 궁극적으로 달성하기를 원하는 목표와 그 목표에 도달하는 과정에서 고통을 회피하려고 하는 방법과 쾌락에 접근하려는 방법이 서로 상이하다고 본다(Higgins, 1997, 1998). 조절초점(regulatory focus)은 사람들이 자신이 소망하는 궁극적인 상태에 도달하기 위해 어디에 초점을 맞추고 자기조절을 하는지에 대해 설명한다(Higgins, 1998, 2002).

조절초점 이론에서는 사람들이 바라는 궁극적인 상태를 이익 및 긍정적인 것에 초점을 맞추는 향상초점(promotion focus)과 손실 및 부정적인 것에 초점을 맞추는 예방초점(prevention focus)으로 구분한다. 이러한 구분은 사람에 따라 기질적으로 향상초점 혹은 예방초점에 더 중점을 두는 경우가 있음을 의미할 때도 있고, 상황적으로 향상초점 혹은 예방초점에 더 중점을 두는 경우도 있음을 의미할 때도 있다.

소망하는 궁극적인 상태가 향상초점에 해당하는지 혹은 예방초점에 해당하는지는 사람들의 욕구, 지향점, 관심사에서 차이가 있을 뿐 아니라 목표를 달성하는 전략, 방법, 행동 그리고 결과에 대한 민감도에 있어서도 차이를 보이고 있다.

사람들의 기본 욕구 관점에서 보면 향상초점은 목표를 발전과 성장, 이상과 열망과 관련된 것에 두는 반면 예방초점은 목표를 안전과 보호, 의무와 책임과 관련된 것에 두고 있다. 향상초점은 양육을 통해 목표를 성취하려고 하는 반면 예방초점은 보호를 통해 안전을 취하려는 경향이 있다.

향상초점의 관심사는 어떤 것의 결과로 인해 이익이 발생하는지 혹은 발생하지 않는지(이익과 무이익) 그리고 긍정적인 것이 발생하는지 혹은 발생하지 않는지(긍정과 무긍정)인 반면 예방초점의 관심사는 어떤 것의 결과로 인해 손실이 발생하는지 혹은 발생하지 않는지(손실과 무손실) 그리고 부정적인 것이 발생하는지 혹은 발생하지 않는지(부정과 무부정)에 있다. 따라서 향상초점은 어떤 대상 혹은 행동의 결과가 이익이 발생하는지의 여부 혹은 긍정적인 것이 발생하는지의 여부에 민감하게 반응하는 반면 예방초점은 어떤 대상 혹은 행동의 결과가 손실이 발생하는지의 여부 혹은 부정적인 것이 발생하는지의 여부에 민감하게 반응한다.

향상초점은 소망하는 궁극적 상태와 일치하는 것에 접근하려는 전략(예컨대 발전을 위한 모든 수단을 추구하는 것)을 취하는 반면 예방초점은 소망하는 궁극적 상태와 불일치하는 것을 회피하려는 전략(예컨대 신중하게 생각함으로 인하여 어떤 실수를 회피하는 것)을 취한다. Higgins et al.(1994)는 향상초점의 사람들은 소망스러운 궁극적 상태와 불일치하는 것을 회피하는 것과 관련된 예시(예컨대 나는 커뮤니티 센터에서 사진 강의를 듣기를 원하므로 같은 시간에 강의 계획이 예정되어 있는 스페인어 과목에 등록하지 않았다.)보다는 소망스러운 궁극적 상태와 일치하려고 하는 접근 방법과 관련된 예시(예컨대 나는 오전 9시에 있는 마케팅 과목의 시작 전에 학교에 도착하기 위하여 아침 일찍 일어난다.)들의 에피소드를 더 많이 회상해 내었다. 그리고 예방초점인 의무적인 것들로 점화된 참여자들은 그 반대의 결과가 나왔다.

향상초점은 전략적으로 소망스러운 궁극적 상태와 일치하는 데 도달하고자 하므로 의사결정은 성공 혹은 적중(hit)하는 것에 초점을 맞추고, 행동을 하지 않아서 놓치는(예컨대 성취할 수 있는 기회를 잃어버림)일이 없도록 하는 데 중점을 두는 반면 예방초점은 전략적으로 소망스러운 궁극적 상태와 불일치하는 것을 회피하고자 하므로 의사결정은 기각(reject)을 올바르게 하였는지에 맞추고, 행동을 해서 잘못된 일(예컨대 실수를 저지름)이 생기지 않도록 하는 데 중점을 둔다. 그 결과 향상초점은 위험성 편향(예컨대 "그렇다"라고 말하는 경향 혹은 행동에 착수하는 경향)과 연계될 가능성이 있는 반면 예방초점은 보수성 편향(예컨대 "아니오"라고 말하는 경향 혹은 행동에 착수하지 않는 경향)과 연계될 가능성이 있다. Crowe and Higgins(1997)는 재인 기억 연구에서 향상초점의 참여자들은 '그렇다'라고 말하는 위험성 편향(즉, 적중과 거짓 경보의 수가 상대적으로 많음)을 가지고 있는 반면 예방초점의 참여들은 '아니오'라고 말하는 보수성 편향(즉, 올바른 거부와 부작위의 수가 상대적으로 많음)을 가지고 있음을 발견하였다.

조절초점은 소비자 심리 및 행동 분야에서 많은 연구가 이루어진 분야이다. 조절초점은 대안을 평가하는 데에도 영향을 미친다. 예방초점의 소비자는 향상초점의 소비자에 대해 절충대안 혹은 타협대안(compromise alternatives)을 상대적으로 더 선호하는 것으로 나타났다(류강석 등, 2006). 조절초점은 금융소비자의 행동에도 많은 영향을 미친다. 예컨대 예방초점의 금융소비자는 향상초점의 금융소비자에 비해서 손실이 발생한 금융자산을 더 보유하는 경향이 있다(Kim and Ha, 2016).

조절초점은 자기와 타인이 가입한 제품에 대한 평가를 하는 데에도 영향을 미친다. 예컨대 향상초점의 평가자는 예방초점의 평가자에 비해 이익 상황에서

| 표 6.5 조절초점 구분 | | |

	향상초점	예방초점
기본 욕구	양육/성취 욕구	보호/안전 욕구
지향점	강한 이상 달성	강한 당위 달성
관심사	이익/무이익에 관심	손실/무손실에 관심
민감도	긍정적 결과의 유무에 민감	부정적 결과의 유무에 민감
전략	접근 전략	회피 전략
의사결정	적중, 행위, 무행동 오류 줄임	정확한 기각, 착오방지, 행동 오류 예방
경험 정서	유쾌(성공시), 낙담(실패시) 정서	평온(성공시), 초조(실패시) 정서

출처: Bryant and Dunford(2008), Higgins(1997, 1998, 2000, 2002)에서 발췌.

는 타인이 가입한 금융상품에 비해 자신이 가입한 금융상품에 대해 더 호의적으로 평가하는 반면 손실이 발생한 상황에서는 자신이 가입한 금융상품에 비해서 타인이 가입한 금융상품에 대해 덜 부정적으로 평가하는 것으로 나타났다(하영원, 김영두, 2014).

3.4 접근/회피 갈등

소비자들이 목표 달성을 추구할 때 여러 가지 목표가 동시에 부각되는 경우가 있다. 그런데 이러한 목표는 바람직한 상태에 접근하려는 목표(접근성 목표)와 바람직하지 않은 상태를 회피하려는 목표(회피성 목표)로 구분되며, 소비자들은 이러한 목표들 간에 갈등을 겪게 된다. 마케팅 상황에서 발생하는 갈등 유형으로는 접근-접근 갈등, 접근-회피 갈등, 회피-회피 갈등 등이 있다. 따라서 마케터는 소비자들이 겪는 갈등을 해소할 필요가 있다. 소비자들이 겪는 갈등을 해소시켜 주는 방법으로는 접근 목표를 부각시키거나 회피하고 싶은 것을 제거하는 방법이 있다. 또한 이러한 방법은 신제품 개발 등을 통해 해결할 수도 있다.

표 6.6	목표 갈등의 유형과 해소	
동기간 갈등 유형	**의미 및 사례**	**마케팅적 해소 방안**
접근-접근 갈등	두 가지 바람직한 대안들 사이에서 고민 (행복한 고민) 예) 자장면과 짬뽕 중 뭘 먹을까?	"패키지 상품 개발" 예) 짬짜면, 세트메뉴
접근-회피 갈등	바람직한 대안과 회피하고 싶은 대안 사이에서 고민 예) 갈증 해소 위해 콜라 마시고 싶은데 살찌지 않을까?	"회피적 요인 제거하는 메시지 소구 또는 상품 개발" 예) 다이어트 코크, 제로 코크
회피-회피 갈등	두 가지 대안 모두 회피하고 싶을 때 예) 아플 때 치료비 없는 것도 싫고, 보험 상품 직접 알아보는 것도 귀찮을 때	"귀찮은 요인 제거" 예) 보험설계사 방문

토론 주제

■ 접근-접근 갈등, 접근-회피 갈등. 회피-회피 갈등의 예들을 찾아보시고, 마케팅적으로 그 문제를 해소하는 방안에 대해 토의해 보십시오.

참고문헌

강진구 (2006), 시장 선도기업의 성공 비결, LG주간경제, 2006.09.06, 8−14.

김유겸 (2017), 매일 500개씩 슈팅연습 … 과연 뛰어난 농구선수가 될까, 동아비즈니스리뷰, 238, 42−44.

류강석, 박종철, 권성우 (2006), 소비자의 조절초점이 타협대안의 선택에 미치는 영향, 마케팅연구, 21(4), 49−65.

이은주, 김동현, 최한아 (2017), 지속가능소비를 촉진하는 감성 뉴로마케팅: 대면 효과의 기능성 뇌자기공명영상 연구, 마케팅연구, 32(4), 43−56.

하영원, 김영두 (2014), 나를위한 판단과 남을 위한 판단의 차이: 조절초점과 이익/손실 상황의 조절효과를 중심으로, 경영학연구, 43(2), 303−328.

Austin, James T. and Jeffrey B. Vancouver (1996), Goal constructs in psychology: Structure, process, and content, *Psychological Bulletin*, 120(3), 338−375.

Babin, Barry J., William R. Darden, and Mitch Griffin (1994). Work and/or fun: measuring hedonic and utilitarian shopping value, *Journal of Consumer Research*, 20(4), 644−656.

Bagozzi, Richard P. (1993), On the neglect of volition in consumer research: a critique and proposal, *Psychology & Marketing*, 10(3), 215−237.

Barbopoulos, I. and L.−O. Johansson (2016), A multi−dimensional approach to consumer motivation: exploring economic, hedonic, and normative consumption goals, *Journal of Consumer Marketing*, 33(1), 75−84.

Barbopoulos, I. and L.−O. Johansson (2017), The consumer motivation scale: development of a multi−dimensional and context−sensitive measure of consumption goals, *Journal of Business Research* 76, 118−126.

Batra, R., and O. T. Ahtola (1990), Measuring the hedonic and utilitarian sources of consumer attitudes, *Marketing Letters*, 2(2), 159-170.

Bayton, James A. (1958), Motivation, cognition, learning−basic factors in consumer behavior, *Journal of Marketing*, 22(3), 282−289.

Belk, Russell W. (1988), Possessions and the extended self, *Journal of Consumer Research*, 15(2), 139−168.

Boekaerts, M., S. Maes,, and P. Karoly (2005), Self−regulation across domains of applied psychology: is there an emerging consensus?, *Applied Psychology: An International Review*, 54(2), 149−154.

Bond, M. H. (2013). Refining Lewin's formula: a general model for explaining situational influence on individual behavior, *Asian Journal of Social Psychology*, 16(1), 1-15.

Britt, Steuart H. (1950), The strategy of consumer motivation, *Journal of Marketing*, 14(5), 666−674.

Bryant, P. and R. Dunford (2008), The influence of regulatory focus on risky decision−making, *Applied Psychology: An International Review*, 57(2), 335−359.

Burnkrant, R. E., and A. Cousineau (1975), Informational and normative social influence in buyer behavior, *Journal of Consumer Research*, 2(3), 206−215.

Carver, C. S. and M. F. Scheier (1990). Origins and functions of positive and negative affect: a control−process view, *Psychological Review*, 97(1), 19−35.

Cialdini, Robert B., Raymond R. Reno, and Carl A. Kallgren (1990), A focus theory of normative conduct: recycling the concept of norms to reduce littering in public places, *Journal of Personality and Social Psychology*, 58(6), 1015−1026.

Crowe, E. and E. Tory Higgins (1997), Regulatory focus and strategic inclinations: promotion and prevention in decision−making, *Organizational Behavior and Human Decision Processes*, 69(2), 117−132.

Dhar, R. and K. Wertenbroch (2000), Consumer choice between hedonic and utilitarian goods, *Journal of Marketing Research*, 37(1), 60−71.

Dodds, W. B., K. B. Monroe, and D. Grewal (1991). Effects of price, brand, and store information on buyers' product evaluations, *Journal of Marketing Research*, 28(3), 307−319.

Finkel, Eli J., C. M. Hui, Kathleen L. Carswell and Grace M. Larson (2014), The suffocation of marriage: climbing mount maslow without enough oxygen,

Psychological Inquiry, 25(1), 1−41.

Förster, J., E. Tory Higgins, and Lorraine C.Idson (1998), Approach and avoidance strength during goal attainment: regulatory focus and the "goal looms larger" effect, *Journal of Personality and Social Psychology*, 75(5), 1115−1131.

Förster, J., N. Liberman, and Ronald S. Friedman (2007), Seven principles of goal activation: a systematic approach to distinguishing goal priming from priming of non−goal constructs, *Personality and Social Psychology Review*, 11(3), 211−233.

Förster, J., N. Liberman, and E. Tory Higgins (2005), Accessibility from active and fulfilled goals, *Journal of Experimental Social Psychology*, 41(3), 220−239.

Helm, R., and S. Landschulze (2009). Optimal stimulation level theory, exploratory consumer behavior and product adoption: an analysis of underlying structures across product categories. *Review of Managerial Science*, 3(1), 41−73.

Higgins, E. Tory (1998), Promotion and prevention: regulatory focus as a motivational principle, *Advances in Experimental Social Psychology*, 30, 1−46.

Higgins, E. T. (1998). Promotion and prevention: regulatory focus as a motivational principle, *Advances in Experimental Social Psychology*, 30, 1−46.

Higgins, E. T. (2000). Making a good decision: value from fit, American Psychologist, 55(11), 1217−1230.

Higgins, E. T. (2002). How self−regulation creates distinct values: the case of promotion and prevention decision making, *Journal of Consumer Psychology*, 12(3), 177−191.

Higgins, E. Tory, Lorraine C. Idson, Antonio L. Freitas, S. Spiegel, and Daniel C. Molden (2003), Transfer of value from fit, *Journal of Personality and Social Psychology*, 84(6), 1140−1153.

Higgins, E. Tory, Christopher J. R. Roney, E.Crowe, C. Hymes (1994), Ideal versus ought predilections for approach and avoidance: distinct self−regulatory systems, *Journal of Personality & Social Psychology*, 66(2), 276−286.

Holbrook, Morris B. and Elizabeth C. Hirschman (1982), Experiential aspects of consumption: consumer fantasies, feelings, and fun, *Journal of Consumer Research*, 9(2), 132－140.

Holbrook, Morris B. and William L. Moore (1981), Feature interactions in consumer judgments of verbal versus pictorial presentations, *Journal of Consumer Research*, 8(1), 103－113.

Kallgren, C. A., R. R. Reno, and R. B. Cialdini (2000), A focus theory of normative conduct: when norms do and do not affect behavior, *Personality and Social Psychology Bulletin*, 26(8), 1002－1012.

Kim, Young Doo and Young－Won Ha (2016), Who is afraid of disposition of financial assets? the moderating role of regulatory focus in the disposition effect, *Marketing Letters*, 27(1), 159－169.

Kivetz, R., O. Urminsky, and Y. H. Zheng (2006), The goal－gradient hypothesis resurrected: purchase acceleration, illusionary goal progress, and customer retention, *Journal of Marketing Research*, 43(1), 39－58.

Kruglanski, A. W., J. Y. Shah, A. Fishbach, R. Friendman, W. Y. Chun, and D. Sleeth－Keppler (2002). A theory of goal systems, *Advances in Experimental Social Psychology*, 34, 331－378.

Levy, S. (1959), Symbols for sale, *Harvard Business Review*, 37(4), 117－124.

Lewin, K. (1951), *Field theory in social science: selected theoretical papers*, ed. Dorwin Cartwright, New York: Harper.

Liberman, N., Lorraine C. Idson, Christopher J. Camacho, and E. Tory Higgins (1999), Promotion and Prevention Choices Between Stability and Change, *Journal of Personality and Social Psychology*, 77(6), 1135－1145.

Lindenberg, S., and L. Steg(2007). Normative, gain and hedonic goal frames guiding environmental behavior, *Journal of Social Issues*, 63(1), 117－137.

Maslow, A. H. (1943), A theory of human motivation, *Psychological Review*, 50(4), 370－396.

Maslow, A. H. (1954), *Motivation and personality*, New York: Harper.

McGuire, William J. (1976), Some internal psychological factors influencing consumer choice, *Journal of Consumer Research*, 2(4), 302－319.

Oleson, M. (2004), Exploring the relationship between money attitudes and

Maslow's hierarchy of needs, *International Journal of Consumer Studies*, 28(1), 83−92.

Park, C. Whan and V. Parker Lessig (1977), Students and housewives: differences in susceptibility to reference group influence, *Journal of Consumer Research*, 4(2), 102−110.

Raghunathan, R., Michel T. Pham, and Kim P. Corfman (2006), Informational properties of anxiety and sadness, and displaced coping, *Journal of Consumer Research*, 32(1), 596−601.

Russel, J. A. (1983), Pancultural aspects of human conceptual organization of emotions, *Journal of Personality and Social Psychology*, 45(6), 1281-1288

Schoemaker, Paul J. H. (1982), The expected utility model: its variants, purposes, evidence and limitations, *Journal of Economic Literature*, 20(2), 529−563.

Sweeney, Jillian C. and Geoffrey N. Soutar (2001), Consumer perceived value: The development of a multiple item scale, *Journal of Retailing*, 77(2), 203−220.

Touré−Tillery, M. and A. Fishbach (2011), The course of motivation, *Journal of Consumer Psychology*, 21(4), 414−423.

Watson, D., and A. Tellegen (1985), Toward a consensual structure of mood, *Psychological Bulletin*, 98(2), 219-235.

Wyer, Robert S. Jr. and Alison Jing Xu (2010), The role of behavioral mind−sets in goal−directed activity: conceptual underpinnings and empirical evidence, *Journal of Consumer Psychology*, 20(2), 107-125.

Zeithaml, Valarie. A. (1988). Consumer perceptions of price, quality, and value: a means−end model and synthesis of evidence, *Journal of Marketing*, 52(3), 2-22.

[6장 참고 인터넷 기사 및 자료]
김제림(2015), One for One 성공방정식? 스토리와 미션을 함께 팔아라, 매일경제, 2015.06.12, http://news.mk.co.kr/newsRead.php?year=2015&no=563862

CJ제일제당 홈페이지, http://www.cj.co.kr

홍초 홈페이지, http://www.hong−cho.com

김철수(2011), 3년 전 애물단지 '백년동안', 샘표식품 효자품목으로 떴다, 한경닷컴, 2011.10.05, http://news.hankyung.com/article/2011100388931

문혜원(2011), 그녀가 오고 이름 바꿨더니 … 매출 15억 → 400억, 2011.04.15, 머니투데이, http://news.mt.co.kr/mtview.php?no=2011040621588183944&type=1&STOCK_TOP

샘표 홈페이지, http://www.sempio.com

국립국어원, 표준국어대사전, http://stdweb2.korean.go.kr/

자기와 개성

소비자 심리 및 행동에 영향을 미치는 요인들 중에는 자기 자신이 포함된다. 즉, 소비자 자신의 사회인구통계학적 특성을 말하는 개인적 특성과 소비자 자신의 심리적 특성은 소비자 심리 및 행동에 영향을 미치는 가장 중요한 요인일 것이다. 예를 들면 남성/여성과 같이 생물학적 특성에 기초한 개인적 특성은 의복의 선택 등에 크게 영향을 미친다.

현대사회에서 제품 혹은 브랜드가 갖는 의미 중 한 가지는 상징성(symbolism)을 들 수 있다(Belk, 1988). 소비자 심리 및 행동이 제품 혹은 서비스의 구매/선택과 관련된 모든 사항을 포함한다고 할 때 소비자가 구매하기를 원하는 제품 혹은 브랜드는 결국 어떠한 상징성을 가지게 된다. 즉, 제품 혹은 브랜드는 소비자가 그것을 구매함으로써 소비자 자신을 상징적으로 표현하는 수단이 되었다는 점이다.

소비자는 실용적 욕구 혹은 쾌락적 욕구를 충족하기 위해 제품 혹은 브랜드를 구매한다. 이것을 다른 의미로 표현하면 소비자가 자신을 실용적인 사람으로 보는 경우에는 실용적 제품 선택을 통해 실용적 욕구를 충족시키면서 자기 자신이 실용성을 중시여기는 사람임을 다른 사람에게 표현한다는 것이다. 비슷한 논리로 소비자가 자신을 세련된 사람이라고 보고 있거나 다른 사람으로부터 세련된 사람으로 보이고 싶은 경우 세련된 이미지를 가지고 있는 제품 혹은 브랜드를 구매한다는 것이다.

이처럼 소비자가 바라보는 자신의 모습 혹은 타인이 바라봐주기를 원하는 모습에 따라 소비자가 선택하는 제품 혹은 브랜드에는 차이가 발생하게 된다. 소비자 심리 및 행동 그리고 마케팅 상황에서는 이와 같이 자기(self)와 관련된 것들이 구매행동에 영향을 많이 미친다.

그리고 이러한 자기의 모습은 자기를 둘러싸고 환경에 일관된 방향으로 반응을 하는 성향이 있는데, 소비자 심리 및 행동에서는 이것을 개성(personality)이라고 한다.

 ## 제1절 자기, 자기개념과 자기일치성

■ 어떤 시리얼 제품 중에는 여름이 되기 전 약 2달 동안 집중적으로 광고를 하는 것이 있다. 이 제품은 다이어트에 좋은 제품이며 몸매를 날씬하게 만들고 싶어하는 사람들을 타깃으로 광고를 하는 것으로 보인다.

소비자가 생각하는 자신의 모습 혹은 소비자가 다른 사람이 자신을 바라보기를 원하는 모습은 제품 혹은 브랜드 선택에 많은 영향을 미친다. 소비자 심리 및 행동에서는 자기(self)와 연관된 개념들이 매우 많이 등장한다. 예컨대 자기개념(self-concept), 자존감(self-esteem), 자기효능감(self-efficacy), 자기결정이론(self-determination theory), 자기평정(self-appraisal), 자기실현(self-actualization), 자기인식(self-awareness), 자기일치성(self-congruity), 자기정체성(self-identity), 자기관(self-view), 자기조절(self-regulation), 자기감시성(self-monitoring), 자기고양(self-enhancement), 자기해석(self-construal) 등은 모두 자기와 관련된 사항들이다.

이와 같이 자기는 소비자 심리 및 행동에 영향을 미치는 가장 근본적인 요인 중 한 가지인데, 각각의 자기와 관련된 내용들은 그 활용 분야가 조금씩 차이를 보인다. 소비자 심리 및 행동 그리고 마케팅 분야에서는 인지, 태도, 구매의도, 구매, 만족도, 충성도 등을 중요하게 여긴다. 이러한 변수들에 영향을 미치는 자기와 관련된 내용이 소비자 심리 및 행동 그리고 마케팅 분야에서 많은 연구가 이루어지고 있는데, 이와 관련된 것으로는 자기개념, 자기해석, 자기일치성, 자기정체성, 자기조절 등이 있다.

자기개념(self-concept)은 자신은 누구인가와 같이 자기에 대한 사고, 감정, 상상 등의 총합을 말한다. 소비자들은 부분적으로는 자기개념을 구축하고 개인적인 정체성을 창출하기 위해서 소비 행동을 하기도 한다(Belk, 1988; Richins, 1994). 소비자들은 브랜드 사용자에게서 연상되는 것과 자기이미지에서 연상되고자 하는 것 간에 합치되는 것에 기초하여 브랜드를 선택하는데, 이러한 선택은 자기 자신에게는 자기 정체성을 구성할 수 있도록 해 주고 타인에게 자기 자신을 표현하는 역할을 한다(Escalas and Bettman, 2003).

소비자들은 제품 혹은 서비스가 자기를 표현하는 수단이라고 인식한다면 자기와 일치하는 개념 혹은 이미지를 가지고 있는 제품 혹은 서비스를 선호할 가능성이 높다.

소비자들이 일치를 원하는 자기는 여러 유형이 있을 수 있다. 실현된 자기(actual self), 이상적 자기(ideal self), 사회적 자기(social self), 이상적·사회적 자기(ideal social self) 등이 이에 해당하는데, 실현된 자기는 상황에 관계없이 지속적이고 안정적인 자기, 이상적 자기는 되기를 소망하는 자기, 사회적 자기는 중요한 타인에게 보여지는 자기, 이상적·사회적 자기는 중요한 타인에게 보여지고 싶은 자기를 말한다.

자기차이

> ■ 어떤 제품의 광고는 거울을 바라보고 있는 자신의 모습을 보여주고 있는데, 거울 속에 비친 나는 날씬한 반면 거울 밖의 나, 즉 현실의 나는 살이 비교적 찐 모습으로 비쳐진다. 그리고 마지막에 Light ○○제품이라는 말을 부가한다.

한편 소비자들의 필요 및 욕구는 바람직한 상태와의 결핍에서 출발하는데, 소비자들은 현재의 자기와 이상적인 자기 모습 간에 차이가 있는 경우 인지부조화를 느끼며, 이를 해소하려는 노력을 하게 된다. 즉, 자기차이(self-discrepancy)를 없애려는 노력은 마케팅에서 많이 활용되고 있다.

자기신념에 있어서 갈등 혹은 부적합성을 느끼는 개인들은 불편을 경험할 가능성이 높다. 자기차이 이론에서는 이러한 갈등 혹은 부적합성을 자기차이 관점에서 살펴보고 있다(Strauman and Higgins, 1988). 그 이론에서는 자기 영역을 세 가지, 즉 실현된 자기, 이상적 자기, 당위적 자기로 구분하고 있으며, 자

표 7.1 자기 영역과 관점에 따른 자기차이		
자기영역	자기 관점	중요한 타인 관점
실현된 자기	자기 자신이 실제로 소유하고 있다고 믿는 신념 속성들의 표상	타인이 특정 인물이 실제로 소유하고 있다고 믿는 신념 속성들의 표상
이상적 자기	자기 자신이 이상적으로 소유하기를 바라는 속성들의 표상	타인이 특정 인물이 이상적으로 소유하기를 바라는 속성들의 표상
당위적 자기	자기 자신이 소유한 것에 대하여 의무 혹은 책임을 갖고 있다고 믿는 속성들의 표상	타인이 특정 인물이 소유한 것에 대하여 의무 혹은 책임을 갖고 있다고 믿는 속성들의 표상

출처: Strauman and Higgins(1988).

기를 보는 관점은 두 가지, 즉 자기 자신의 관점과 중요한 타인의 관점으로 구분하고 있다.

자기 영역 중 ① 실현된 자기는 어떤 사람(자기 자신 혹은 타인)이 특정 인물이 실제로 소유하고 있다고 믿는 신념과 관련된 속성들의 표상, ② 이상 자기는 어떤 사람(자기 자신 혹은 타인)이 그 인물이 이상적으로 소유하기를 바라는 속성들의 표상, ③ 당위 자기(ought self)는 어떤 사람(자기 자신 혹은 타인)이 그 인물이 소유한 것에 대하여 의무 혹은 책임을 갖고 있다고 믿는 속성들의 표상을 말한다. 자기에 관한 시각은 ① 어떤 인물 자신의 개인적 시각, ② 어떤 중요한 다른 사람(예컨대 부모, 배우자, 형제자매, 가까운 친구)의 시각으로 구분된다. 자기 영역과 자기에 관한 시각을 결합하면 여섯 가지 종류의 기본적인 자기상태 표상이 만들어진다. 즉, 자기 자신이 보는 실현된 자기(실현/자기 자신), 타인이 보는 실제의 자기(실현/다른 사람), 자기 자신이 보는 이상적 자기(이상/자기 자신), 타인이 보는 이상적 자기(이상/다른 사람), 자기 자신이 당위적으로 가지고 있어야 하는 자기(당위/자기 자신), 타인이 보기에 자기 자신이 당위적으로 가지고 있어야 하는 자기(당위/다른 사람)가 만들어진다(Strauman and Higgins, 1988).

실현-이상 차이는 (자신의 시각으로부터) 특정 개인의 실제 속성의 현재 상태가 어떤 사람(자기 혹은 타인)이 특정 개인이 열망하고 획득하기를 소망하는 이상 상태와 일치하지 않는 조건과 관련되어 있다. 실현-이상 차이는 긍정적 결과물의 부재(즉, 목표 혹은 소망하는 것을 획득하지 못함)라는 부정적인 심리적 상황을 나타낸다. 그래서 특정 개인은 슬픔, 낙심과 같은 낙담 관련 감정에 상처받기 쉬울 것으로 예상할 수 있다. 실현-당위 차이는 (자신의 시각으로 부터) 특정 개인의 실제 속성이 어떤 사람(자신 혹은 타인)이 특정 개인이 충족하여야 하는 의무 혹은 책임이라고 믿는 상태와 일치하지 않는 특정 개인의 실제 속성들의 현재 상태가 포함된 조건과 관련되어 있다. 의무와 책임으로부터의 이탈은 처벌과 연결되어 있어서, 이러한 차이는 (예상된) 부정적 결과물의 존재라고 하는 부정적인 심리적 상태를 나타난다. 그래서 특정 개인은 염려, 긴장과 같은 초조 관련 감정에 상처받기 쉬울 것으로 예상된다(Strauman and Higgins, 1988).

개성

> ■ 커피 전문점을 가면 과거에는 아메리카노, 라떼, 모카 등 몇몇 종류의 제품유형만이 있었고,
> 커피를 담는 용기도 한 종류인 경우가 많았다. 그러나 최근에는 콜드브루, 더치커피 등을 포
> 함해서 커피의 종류도 매우 많아졌고, 커피를 담는 용기도 작은 것, 보통, 큰 것 등으로 구분
> 이 되어 있으며, 시럽을 넣을 것인지 말 것인지, 크림은 어느 정도나 넣을 것인지 등 매우
> 많은 옵션들이 추가되어 있는 것을 보게 된다.
> ■ 어떤 사람은 라면을 끓여 먹을 때 자신만의 레시피를 만들어서 블로그에 올려놓는다. 그리
> 고 경우에 따라서는 이 레시피가 높은 조회수를 올리면서 기사로 소개되기도 한다.
> ■ 당신은 길을 가다가 당신하고 똑같은 옷을 입은 사람을 보게 되면 어떤 느낌이 드는가? 이
> 러한 느낌은 옷에 따라 달질 수 있는가?

개성(personality)은 지속성을 가지는 선유경향으로서, 시간에 관계없이 안
정적이고 상황에 관계없이 일관성이 있는 개인의 정신적 세계에 내재된 조직을
말한다(Mulyanegara et al., 2009).[1]

개성은 소비자들이 기질적으로 가지고 있는 실체적인 것으로 보고 있다.
개성 특질은 외생적 특성을 많이 가지고 있는 반면 개인적 가치는 환경에 의해
강력하게 영향을 받는 학습된 적응성으로 보고 있다. 개성은 환경에 대해 일관
성 있게 반응하려는 개인적 특질에 해당하므로 소비자의 개성을 잘 반영한 제
품 혹은 서비스(예컨대 캐릭터, 음악 등의 예술 분야)는 브랜드 충성도에 크게 영향
을 미칠 수 있다는 점에서 개성은 중요한 의미를 지닌다고 하겠다.

---

1 표준국어대사전에서는 개성을 "다른 사람이나 개체와 구별되는 고유의 특성"으로 개인성과
유사한 개념으로 보고 있으며, 성격은 "개인이 가지고 있는 고유의 성질이나 품성"(예컨대 낙
천적 성격, 쾌활한 성격, 강한 성격, 모난 성격) 혹은 "어떤 사물이나 현상의 본질이나 본
성"(예컨대 실학의 성격)으로 규정하고 있고, 『심리』에서는 "환경에 대하여 특정한 행동 형태
를 나타내고, 그것을 유지하고 발전시킨 개인의 독특한 심리적 체계. 각 개인이 가진 남과 다
른 자기만의 행동 양식으로, 선천적인 요인과 후천적인 영향에 의하여 형성된다"라고 기술하
고 있다(http://stdweb2.korean.go.kr).

개성을 특질(trait)로 보는 경우에는 개성을 한 사람에 대한 특질의 묶음으로 보고 있다. 개성이론 중에서 Big Five 개성모델은 가장 널리 받아들여지고 있는 특질에 기반을 둔 개성이론으로서 개성 특질을 신경성(neuroticism), 외향성(extraversion), 개방성(openness), 우호성(agreeableness), 성실성(conscientiousness)으로 구분하고 있다(Costa et al., 1986; Goldberg, 1990; McCrae and Costa, 1987; Mulyanegara et al., 2009; Peng et al., 2012).

① 신경성은 적응(adjustment)과 감정상의 (불)안정성과 관련된 것으로 개인이 심리적 고통 등을 당하기 쉬운지를 식별하는 영역과 관계된다.

신경성은 불안(anxious), 걱정(worrying), 신경과민(nervous), 방어적(defensive), 불안(insecure)과 같은 감정 특질로서 특성화된다(McCrae and Costa, 1987). 이러한 유형의 개성은 자신에 대해 공포(fear), 분노(anger), 혐오(abhorrence), 고독(loneliness), 불만족(dissatisfaction) 등을 느낀다(Peng et al., 2012). 때때로 이러한 부정적 기분은 현실적 문제를 다루는 개인의 역량을 감소시키거나 더 많은 어려움이나 난제를 만들어 낼 수도 있다. 신경성은 자기 확신이 결여되어 있는 것과도 관련이 있다. 신경증적 기질을 가지고 있는 사람들은 자기 자신과 어떤 과업을 성공적으로 수행할 수 있는 자신의 능력에 대해 의심하는 경향이 있다(De Hoogh et al., 2005).

② 외향성은 대인 간의 상호작용의 양, 강도 등을 보는 영역이다.

외향성은 사회적, 능동적, 말하기를 좋아하는, 낙관적, 재미를 추구하는, 다정한 등과 같은 특질로서 특성화된다(Costa et al., 1986). 외향성은 의사소통과 조정에 능통한데, 이러한 사람들은 대인 관계를 더 잘 할 수 있고 생활을 함에 있어서 적응을 더 잘 할 수 있다(Barrick and Mount, 1991). 내향성은 고독하고 적절한 사회적 지원을 받지 못하는 경향이 있다. 그러므로 이러한 사람들은 사람들 간의 네트워크를 통해 삶의 문제와 압박을 감소시키기보다는 다른 방법을 통해서 하려는 경향이 있다.

③ 개방성은 경험을 적극적으로 추구하고 평가하는지와 관련된 영역이다.

개방성이 높은 사람들은 호기심, 창의성, 자율성, 비인습적임 등과 같은 특질로서 특성화된다(McCrae and Costa, 1987). 이러한 사람들은 확산적(divergent) 사고자, 변화에 대한 개방성, 새로운 경험, 판단에 있어서의 독립성 등을 표현한다(De Hoogh et al., 2005). 그러므로 개방성 특질을 가지고 있는 사람들은 왜 (why)라는 질문을 하기를 좋아하며, 이유 혹은 원인이 불분명한 의견에 대해서 는 쉽게 동의하지 않으려는 성향을 가지고 있다. 개방성이 낮은 사람들은 관습 적이고 분석적이지 않은 경향이 있다(Costa et al., 1986).

개방성 특질을 가지고 있는 사람들은 상상하기를 좋아하며, 무엇인가 새로 운 것을 시도하려는 성향을 가지고 있다. 개방된 마음가짐은 삶에 있어서 문제 를 해결하는 데 이점으로 작용하는 경우가 많다. 그리고 개방된 마음가짐을 가 지고 있는 사람들은 자신의 역량에 대해서 긍정적으로 평가하는 경향이 있다.

④ 우호성은 개인의 대인관계 지향성을 평가하는 영역과 관련된 것이다.

우호성은 부드러운 마음가짐, 온화한, 이타적, 용서하는, 관대한, 신뢰가 가는, 참을성이 있는, 협력적인 등과 같은 특질로서 특성화된다(Costa et al., 1986; McCrae and Costa, 1987).

이러한 특성은 타인들과 우호적인 관계를 유지하고 대인 관계에 있어서 조 화를 이룬다. 그러나 이러한 특성은 지속성, 원칙 혹은 비판적 역량이 결여되어 있을 수도 있다. 우호적인 사람은 전통적인 시각을 수용하고 따르려는 경향이 있다.

⑤ 성실성은 개인이 목표지향적 행동을 함에 있어서 조직화, 인내 그리고 동기부여되는 정도와 관련된 영역이다.

성실한 사람들은 의존성, 성취 지향성, 인내, 신중함, 용의주도함, 정확성 등과 같은 특질로서 특성화된다(Costa et al., 1986). 이러한 특질 때문에 성실한 사람들은 자신이 명확하게 이해하지 못하는 것을 만나는 경우 더 신중하고 사 려가 깊어지는 성향이 있다.

성실한 사람들은 조직적이고, 자기원칙을 지키려는 성향을 가지고 있으므 로 직무를 더 잘 수행할 가능성이 있다(Thoms, et al., 1996).

성실성이 부족한 사람들은 목표가 없고, 게으르며, 부주의하고, 해이하고, 태만하다(Costa et al., 1986). 이러한 사람들은 주어진 시간 내에 주어진 과업을 완료하지 못하거나 목표를 달성하지 못할 수도 있다.

개성과 미신(superstition)의 관계를 본 연구에 의하면 신경성, 우호성은 미 신과 긍정적인 상관관계를 가지고 있는 반면 개방성은 부정적인 상관관계를 가지고 있는 것으로 나타났다. 또한 개성과 자기효능감(self-efficacy)과의 관계를 보면 개방성과 성실성은 자기효능감과 긍정적인 상관관계를 가지고 있는 반면 신경성과 우호성은 부정적인 상관관계를 가지고 있는 것으로 나타났다(Peng et al., 2012).

개성은 의류 선택에도 영향을 미친다. 성실성 개성특질은 신뢰가 가는 브랜드, 즉 신뢰할 수 있고, 믿을 만하며, 끈기가 있는 특성을 가지고 있는 브랜드를 선호하는 반면 외향성 개성특질은 사회성있는 브랜드, 즉 창의적이고, 친근하며, 사교적인 특성을 가지고 있는 브랜드에 동기부여가 되는 것으로 나타났다. 신뢰가 가는 브랜드는 남성의 경우에는 신경성 개성특질을 우세하게 가지고 있는 사람들이 선호하는 반면 여성의 경우에는 성실성 개성특질을 우세하게 가지고 있는 사람들이 선호하는 것으로 나타났다(Mulyanegara et al., 2009).

제4절 브랜드개성

브랜드 개성(personality)은 브랜드가 사람과 같은 특성을 가지고 있음을 말하는 것으로 Aaker(1997)가 브랜드 개성 차원을 발표하면서 본격적으로 연구가 진행된 분야이다. Aaker(1997)는 브랜드 개성을 진실성(sincerity), 흥겨움(excitement), 능력(competence), 세련됨(sophistication), 강인함(euggedness)과 같은 다섯 가지 차원으로 구분하고 있으며, 각 차원은 하위요소들로 구성되어 있다고 보았는데, 진실성은 현실적인(down-to-earth), 정직한(honest), 건전한(wholesome), 발랄한(cheerful), 흥겨움은 용기있는(daring), 활발한(spirited), 상상력이 풍부한(imaginative), 최신의(up-to-date), 능력은 믿을 만한(reliable), 똑똑한(intelligent), 성공적인(successful), 세련됨은 고상한(upper class), 매력적인(charming), 강인함은 외부활동지향적인(outdoorsy), 거칠은(tough)으로 구성되어 있다고 발표한 바 있다.

브랜드 개성은 브랜드 태도, 브랜드 이미지, 브랜드 관계의 강도, 브랜드 몰입, 구매의도, 구매행동에 영향을 미치는 것으로 나타났으며(Eisend and

표 7.2 브랜드 개성의 차원 및 구성요소

5가지 차원	하위차원(면)	세부항목
진실됨(sincerity)	현실적인(down-to-earth)	현실적인(down-to-earth) 가족지향적인(family-oriented) 편협한(small-town)
	정직한(honest)	정직한(honest) 진심의(sincere) 실제적인(real)
	건전한(wholesome)	건전한(wholesome) 진짜(original)
	발랄한(cheerful)	발랄한(cheerful) 정서적인(sentimental) 친근한(friendly)
흥겨움 (excitement)	용기있는(daring)	용기 있는(daring) 최신유행하는(trendy) 신나는(exciting)
	활발한(spirited)	활발한(spirited) 멋진(cool) 젊은(young)
	상상력이 풍부한(imaginative)	상상력이 풍부한(imaginative) 독특한(unique)
	최신의(up-to-date)	최신의(up-to-date) 독립적인(independent) 동시대의(contemporary)
능력 (competence)	믿을 만한(reliable)	믿을 만한(reliable) 열심히 일하는(hard working)
	똑똑한(intelligent)	똑똑한(intelligent) 과학기술의(technical) 통합된(corporate)
	성공적인(successful)	성공적인(successful) 선두(leader) 자신감 있는(confident)
세련됨 (sophistication)	고상한(upper class)	고상한(upper class) 화려한(glamorous) 보기 좋은(good looking)
	매력적인(charming)	매력적인(charming) 여성스러운(feminine) 부드러운(smooth)
강인함 (ruggedness)	외부활동지향적인(outdoorsy)	외부활동지향적인(outdoorsy) 남성적인(masculine) 서양적인(Western)
	거친(tough)	거친(tough) 강인한(rugged)

출처: Aaker(1997).

Stokburger – Sauer, 2013), 브랜드 개성에 영향을 미치는 요인으로는 광고(Lim and Ang, 2008), 원산지효과(Peterson and Jolibert, 1995), 제품유형(Aggrawal and McGill, 2007), 개성(Bhattacharya and Sen, 2003) 등을 들 수 있다. 예컨대 소비자들은 자신의 개성과 일치하는 브랜드를 선호하는 경향이 있다(Bhattacharya and Sen, 2003).

토론 주제

- 브랜드 개성이 구매에 크게 영향을 미칠 수 있는 제품 혹은 서비스 분야와 영향을 미치기 어려운 제품 혹은 서비스 분야는 무엇인가 토의해 보십시오.
- 귀하가 구매하는 제품의 브랜드 개성을 구체적으로 묘사해 보시고, 그것이 자신의 개성과 얼마나 일치하는지를 분석해 보신 후 다른 사람의 그것과 비교해 보십시오.

참고문헌

Aaker, Jennifer L. (1997), Dimensions of brand personality, *Journal of Marketing Research*, 34(3), 347−356.

Aggrawal, P., and A. L. McGill (2007), Is that car smiling at me? schema congruity as a basis for evaluating anthropomorphized products, *Journal of Consumer Research*, 34(4), 468−479.

Barrick, Murray R. and Michael K. (1991), The big five personality dimensions and job performance: a meta−analysis, *Personnel Psychology*, 44(1), 1−26.

Belk, Russell W. (1988), Possessions and the extended self, *Journal of Consumer Research*, 15(2), 139−168.

Bhattacharya, C. B. and S. Sen (2003), Consumer−company identification: a framework for understanding consumers' relationships with companies, *Journal of Marketing*, 67(2), 76−88.

Costa, P. T., Jr., C. M. Busch, A. B. Zonderman, and R. R. McCrae (1986), Correlations of MMPI factor scales with measures of the five factor model of personality, *Journal of Personality Assessment*, 50(4), 640–650.

De Hoogh, A. H. B., D. N. Den Hartog, and P. L. Koopman (2005). Linking the Big Five−factors of personality to charismatic and transactional leadership: perceived dynamic work environment as a moderator, *Journal of Organizational Behavior*, 26(7), 839–865.

Eisend, M. and Nicola E. Stokburger−Sauer (2013), Brand personality: a meta−analytic review of antecedents and consequences, *Marketing Letters*, 24(3), 205−216.

Escalas, Jennifer E. and James R. Bettman (2003), You are what they eat: the influence of reference groups on consumers' connections to brands, *Journal of Consumer Psychology*, 13(3), 339−348.

Goldberg, L. R. (1990), An alternative description of personality: The Big−Five factor structure, *Journal of Personality and Social Psychology*, 59(6), 1216-1229.

Higgins, E. T. (1987). Self discrepancy: a theory relating self and affect, *Psychological Review*, 94(3), 319−340.

Lim, E. A. C., and S. H. Ang (2008), Hedonic vs. utilitarian consumption: a cross−cultural perspective based on cultural conditioning, *Journal of Business Research*, 61(3), 225−232.

McCrae, R. R. and P. T. Costa, Jr. (1987). Validation of the five−factor model of personality across instruments and observers, *Journal of Personality and Social Psychology*, 52(1), 81−90.

Mulyanegara, R C, Y. Tsarenko and A. Anderson (2009), The big five and brand personality: investigating the impact of consumer personality on preferences towards particular brand personality, *Journal of Brand Management*, 16(4), 234−247.

Peng, Yu−Shu, Hsin−Hua Hsiung, and Ke−Hung Chen (2012), The level of concern about feng shui in house purchasing: the impacts of self−efficacy, superstition, and the big five personality traits, *Psychology and Marketing*, 29(7), 519−530.

Peterson, R. A., and A. J. P. Jolibert (1995), A meta−analysis of country−of−origin−effects, *Journal of International Business Studies*, 26(4), 883−900.

Richins, Marsha L. (1994), Special possessions and the expression of material values, *Journal of Consumer Research*, 21(3), 522−533.

Strauman, Timothy J. and E. Tory Higgins (1988), Self−discrepancies as predictors of vulnerability to distinct syndromes of chronic emotional distress, *Journal of Personality*, 56(4), 685−707.

Thoms, P., Keirsten S. Moore and Kimberly S. Scott (1996) The relationship between self−efficacy for participating in self−managed work groups and the Big Five personality dimensions, *Journal of Organizational Behavior*, 17(4), 349-362.

[7장 참고 인터넷 기사 및 자료]

국립국어원, 표준국어대사전, http://stdweb2.korean.go.kr/

CHAPTER

08

◆ ◆ ◆

가치와 라이프스타일

■ A씨는 동물실험을 통해 화장품을 개발하는 ○○브랜드는 쓰지 않는 반면 천연 화장품으로
알려진 △△브랜드 화장품만을 사용한다. A씨가 △△브랜드만을 고집하는 이유는 △△브랜
드에는 화학물질과 합성된 성분이 없고 △△브랜드를 생산하는 기업은 동물실험을 하지 않
는 기업으로 알려져 있기 때문이다.

■ B씨는 최근에 자신이 타고 다니던 디젤차를 처분하고 전기차를 새로 구매하였다. B씨는 과
거부터 지구온난화를 비롯한 환경 문제에 대해 관심을 많이 가지고 있었는데, 자신이 타고
있던 차가 공해유발 물질이 많이 나온다는 사실을 알고부터 디젤차를 계속 타야 하는지 고
민을 하게 되었다. 때마침 디젤차를 교체하는 경우 일정한 수준의 인센티브가 나온다는 사
실을 듣고는 다른 생각 없이 디젤차를 신속하게 매도하였다.

■ 소비자 씨는 운동경기를 매우 좋아한다. 운동경기 중에서도 야구를 특히 좋아하는 편이어서
야구장에는 경기가 있을 때마다 빠지지 않고 가는 편이다. 소비자 씨는 A팀의 열성 팬으로
서 항상 A팀이 승리하기만을 바라고 응원을 게을리하지 않는다. 소비자 씨는 오늘 A팀과 B
팀이 하는 경기를 보러 갔는데, A팀이 9회까지 앞서고 있었으나 B팀의 C선수가 9회말 만루
홈런을 기록하면서 B팀은 경기에서 패배하였다. 이때 소비자 씨가 C선수의 9회말 만루 홈런
에 대한 느낌은 어떠할까?

소비자 씨는 해외에서 진행되고 있는 국가대표 대항전에도 우리나라 선수들을 응원하기 위
하여 갔다. 마침 결승전을 관람하게 되었고, 우리나라는 상대방 국가에게 9회초까지 뒤지고 있
는 상황이었다. C선수는 국가대표 선수로서 국가 대항전에 출전을 했으며, 9회말 만루 상황에

서 C선수가 등장하여 만루 홈런을 기록하여 우리나라가 승리하게 되었다. 이때 소비자 씨가 C 선수의 9회말 만루 홈런에 대한 느낌은 어떠할까?

소비자 씨는 C선수의 9회말 만루 홈런이라는 동일한 경험을 하였으나 각 상황에서 느끼는 만루 홈런에 대한 생각 혹은 감정은 달랐을 가능성이 높다.

만일 C선수의 만루 홈런에 대한 생각 혹은 감정이 각 경우마다 달랐다면 어떠한 이유 때문에 달랐을까? 그리고 만약 다르지 않았다면 어떠한 이유 때문에 다르지 않았을까?

토의주제: 가치의 개념을 가지고 위의 사례를 설명해 보시기 바랍니다.

가치, 가치체계

가치는 오랜기간 동안 행동을 예측하는 인자로서 활용되어 왔으며, 소비자 심리 및 마케팅 분야에서도 소비자 심리 및 행동을 예측하는 데 가치가 중요한 역할을 하는 것이 여러 문헌을 통해 입증된 바 있다(Krystallis et al., 2012).

가치는 여러 가지 정의가 있다.[1] 소비자 심리 및 행동 분야에서 가치와 관련된 정의로 가장 널리 인용되고 받아들여지고 있는 것은 가치를 "어떤 특정한 행동양식 혹은 존재에 관한 궁극적인 상태를 그 특정한 것과 반대편에 있거나 정반대에 있는 행동양식 혹은 존재에 관한 궁극적인 상태보다 개인적으로 혹은 사회적으로 선호하는 지속적인 신념"(Rokeach 1973: 5) 혹은 이것을 좀 더 간략히 표현하여 특정한 존재상태 혹은 행동양식을 다른 궁극적인 상태 혹은 행동양식보다 선호하는 지속적인 신념으로 볼 수 있는데, 이러한 면으로 보아 가치는 심리적 구성개념이라고 할 수 있다. 가치체계(value system)는 개별적인 가치들이 가치와 관련된 지속적인 신념 체계 안으로 통합된 것이라고 보았다.

---

1 표준국어대사전에서는 가치를 "사물이 지니고 있는 쓸모"(예컨대 상품 가치), 『철학』에서 "대상이 인간과의 관계에 의하여 지니게 되는 중요성" 혹은 "인간의 욕구나 관심의 대상 또는 목표가 되는 진, 선, 미 따위를 통틀어 이르는 말"(http://stdweb2.korean.go.kr)로 기술하고 있다.

가치가 가지고 있는 중요한 특성들은 다음과 같다(Schwartz and Bilsky 1987, 1990).

① 가치는 개념 혹은 신념이다. 가치는 인지체계에서 가장 추상적인 것을 표상하기도 하고, 가장 포괄적인 태도를 표현하는 데 활용되기도 한다.

② 가치는 바람직한 궁극적인 상태 혹은 바람직한 행동에 관한 것이다. 가치는 특정한 존재의 궁극적인 상태와 관련된 것이다.

③ 가치는 특정한 상황을 초월하는 경우가 많다. 가치는 구성요소에 있어서 안정적이어서 쉽게 변화하지 않는다.

④ 가치는 사람, 행동, 이벤트를 평가하는 길잡이다. 가치는 태도, 신념, 행동 등을 평가하는 데 있어서 기준을 제공한다.

⑤ 가치는 상대적인 중요성에 의해 순서가 정해진다. 가치는 어떤 행동보다 다른 행동양식을 더 선호하는 것이다.

소비자 심리 및 마케팅 분야에서 많이 활용되는 가치와 관련된 내용으로는 Rokeach의 가치체계와 Schwartz의 가치이론을 들 수 있다. 이 두 가지는 소비자 심리 및 행동을 비교적 잘 설명하고 있으며, 다른 가치 관련 이론들에 비해 제품 구분을 넘어 보편적으로 적용가능하며 예측력에 있어서도 뛰어난 것으로 알려져 있다.

가치 및 가치분석 기법

2.1 가치이론

소비자 심리 및 행동 분야에서 주로 다루고 있는 가치는 인간의 보편적 가치 측면과 소비 가치 측면을 다루는 것으로 나누어 볼 수 있다. 인간의 보편적 가치를 다루는 것으로는 Rokeach의 최종가치와 수단적 가치, Kahle의 LOV(List Of Value) 그리고 Schwartz 등이 제안한 사람의 가치에 관한 것들이 있다.

(1) Rokeach의 가치체계

Rokeach의 로키치가치조사(RVS: Rokeach Value Survey)에서는 사람이 가치고 있는 가치를 수단적 가치(instrumental value)와 궁극적 가치(terminal value) 각각 18개 항목으로 측정하고 있으며, 수단적 가치는 궁극적 가치 상태로 도달하기 위해 개인이 활용할 수 있는 행동 양식에 해당하는 것이며, 궁극적 가치는 사람의 삶에 있어서 궁극적인 존재 상태를 나타내는 것을 말한다. 수단적 가치는 수단(means), 궁극적 가치는 목표(end)를 나타내므로 수단-목적사슬에서 이 가치개념을 활용하여 분석하기도 한다. 로키치가치조사는 각 가치에 대해 중요도에 따라 순위를 정하도록 함으로써 어떤 가치가 중요도가 높은지를 알아내는 것에는 효과적인 방법이지만 사람들이 순위를 정하는데 있어서 어려움을 느낀

표 8.1 로키치가치조사 항목

수단적 가치	궁극적 가치
야심적인(ambitious)	안락한 삶(a comfortable life)
마음이 넓은(broadminded)	흥미로운 삶(an exciting life)
유능한(capable)	성취감(a sense of accomplishment)
명랑한(cheerful)	세계 평화(a world at peace)
깨끗한(clean)	멋진 세상(a world of beauty)
용감한(courageous)	평등(equality)
용서할 줄 아는(forgiving)	가족 안전(family security)
도움을 주는(helpful)	자유(freedom)
정직한(honest)	행복(happiness)
상상력이 풍부한(imaginative)	내적 조화(inner harmony)
독립적인(independent)	성숙한 사랑(mature love)
지적인(intellectual)	국가 안보(national security)
논리적인(logical)	즐거움(pleasure)
사랑스러운(loving)	구제(salvation)
순종적인(obedient)	자기 존중(self-respect)
공손한(polite)	사회적 인정(social recognition)
책임감 있는(reponsible)	지혜(wisdom)
자기 통제적인(self-controlled)	진실된 우정(true friendship)

출처: Rokeach(1973).

다는 문제점을 가지고 있기도 하다.

(2) Kahle의 LOV(List Of Value)

Kahle(1983)은 사회적응이론을 기초로 하여 RVS의 궁극적 가치 개념을 개

표 8.2	Kahle의 LOV(List Of Value)
가치 항목	• 소속감(sense of belonging) • 흥미로움(excitement) • 삶에서 재미와 즐거움을 즐김(fun and enjoyment in life) • 타인과의 다정한 관계(warm relationships with others) • 자기 충족(self-fulfillment) • 존중받는 존재(being well-respected) • 성취감(a sense of accomplishment) • 안전(security) • 자기 존중(self-respect)
소비자 행동, 마케팅의 적용	• 타인과의 다정한 관계에 가치를 두는 사람은 친구들이 많다. 그리고 특별한 경우가 아니라도 선물을 주기를 즐긴다. • 삶에서 재미와 즐거움에 가치를 두는 사람은 음주를 많이 한다. 그리고 스키타기, 춤추기, 자전거타기, backpacking, 캠핑 등을 특히 좋아한다. • 성취감에 가치를 두는 사람은 소득이 높다. • 소속감에 가치를 두는 사람은 집단으로 하는 활동을 특별히 좋아한다. • 구매 후 불평에 대한 태도에서 타인과의 다정한 관계에 가치를 두는 사람은 보상추구자에 대해 부정적 시각을 갖는 반면 소속감, 삶에서 재미와 즐거움을 추구 그리고 성취감에 가치를 두는 사람은 보상추구가 사회적으로 바람직한 행동이라고 생각한다는 것으로 나타났다. • 유아동복 구매와 관련하여 LOV는 심리적 성취 가치, 사회적 성취 사치 그리고 즐거움 가치의 3가지 범주로 묶었다. 사회적 성취 가치와 관련이 깊은 사회적 성취지향 집단은 유행 및 동조적 쇼핑성향, 쾌락추구 쇼핑성향을 보이고, 즐거움 가치와 관련이 깊은 즐거움 성취지향 집단은 합리적 가격추구 쇼핑성향,쾌락추구 쇼핑성향을 보이며, 심리적 성취 가치 및 사회적 성취 가치와 관련이 깊은 심리적/사회적 성취지향 집단은 상대적으로 합리적 가격추구 쇼핑성향을 보이는 것으로 나타났다.

출처: 이지연, 김미경(2011), 정경애(2000), Beatty et al.(1985), Kahle(1983), Kahle et al. (1986).

표 8.3 Rokeach의 RVS와 Kahle의 LOV의 관계

Rokeach의 RVS	관계	Kahle의 LOV
자기존중, 성취감	동일 항목	자기 존중, 성취감
가족 안전, 국가 안보, 즐거움, 행복, 안락한 삶, 흥미로운 삶	통합 혹은 일반화	안전, 흥미로움, 재미있고 즐거운 삶
사회적 인정, 내적 조화, 진실된 우정, 성숙한 사랑	다르게 표현	소속감 존중받는 존재 타인과의 다정한 관계 자기 충족
자유, 지혜, 멋진 세상, 평등, 세계평화, 구제	제외된 항목	

출처: Kahle(1983).

인에 초점을 맞추어서 9가지로 간략히 축약한 새로운 가치 측정 방법을 제시하였다.

(3) Schwartz의 가치이론

그림 8.1

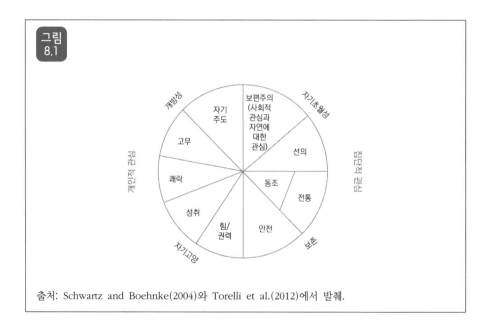

출처: Schwartz and Boehnke(2004)와 Torelli et al.(2012)에서 발췌.

Schwartz(1992), 그리고 Schwartz et al.(2001)이 제시한 가치이론은 사람들의 가치체계를 일관성 있는 구조로 설명할 수 있도록 해 주는 장점이 있다. 가치이론은 사람들의 동기 상으로는 반대되지만 일관성 있는 요소들을 원형구조 형태를 활용하여 10가지(이후에는 11가지로 나뉘어짐)의 보편적 가치를 표현하고 있다.

표 8.4 사람의 가치 차원

가치 대구분	상위유형의 가치	가치 차원	개별 가치 항목	추상적 목표
개인적 관심	자기고양	힘/권력	사회적 힘/권력 권위 부	사회적 지위와 위상, 사람과 자원을 통제하거나 지배
		성취	성공 능력 야망 사람과 이벤트에 대한 영향력	사회적 기준에 따른 역량의 입증을 통해 개인적으로 성공함
	개방성	쾌락주의	욕망의 충족 삶에 있어서 즐거움 도락(self-indulgence)	자신을 위한 쾌락과 감각적인 만족
		고무(stimulation)	두려움 도전해 볼만한 삶 흥분되는 삶	흥분됨, 진기함, 삶에 있어서 도전(정신)
		자기주도방향설정	창의성 자유 호기심 독립성 스스로 자기 목표 선택	선택, 창출, 탐구에 있어서 독립적인 사고와 활동
집단적 관심	자기초월성	사회적 관심	넓은 마음 사회정의 세계평화 평등 지혜	모든 사람들의 복지를 이해하고 평가. 포용, 보호하는 것

		자연에 대한 관심	자연의 아름다움 자연과의 일체감 환경보호	환경 전반에 대한 보호
보존		선의(bene volence)	도움이 됨 정직 용서 충성 책임	개인적으로 자주 접촉하는 사람들의 복지를 보존하고 고양함
		전통	전통에 대한 존경 겸손 삶의 수명을 수용 헌신 겸양/소박	전통으로 내려오는 문화 혹은 종교가 제공하는 관습과 아이디어를 존중하고 전념하며 수용
	동조	복종 부모님과 연장자를 경의	사회적 기대 혹은 규범을 위반하고 타인을 화나게 하거나 위해를 입힐 가능성이 있는 행동, 성향, 충동을 절제
	안전	국가의 안전 가족의 안전 사회적 질서 청렴 상호호혜	사회, 관계, 자기 자신의 안전, 조화와 안정

출처: Schwartz and Boehnke(2004), Torelli et al.(2012)

가치이론은 두 가지 직각을 이루는 차원이 통합된 구조를 요약하고 있다 (Schwartz et al., 2001). 수직 차원은 자기고양−자기초월성 차원인데, 이것은 자기이익을 추구하는 것을 강조하는 힘/권력, 성취와 관련된 가치와 타인의 복지와 이익에 관심을 가지고 보편주의와 선의와 관련된 가치를 대비시키고 있다. 수평 차원은 변화에 대한 개방성−보존 차원인데, 이것은 독립적 사고와 새로운 경험에 대한 준비를 강조하는 자기주도방향설정과 고무 관련 가치와 자기억제, 질서, 변화에 대한 저항이 개입되는 안전, 동조, 전통 가치를 대비시키고 있다. 쾌락주의는 변화에 대한 개방성과 자기고양 가치 모두를 공유하는 요소이다.

가치는 소비자들의 의사결정에 영향을 미치며, 시장세분화의 기준으로도 활용된다. 예컨대 유럽의 8개국 소비자들을 대상으로 조사한 바에 의하면 가치체계를 기준으로 유기농식품을 구매하는 집단은 다섯 가지 집단으로 구분되는데, 유기농식품을 자주 구매하는 집단의 경우 자기초월성 관련 가치의 영향을 많이 받는 것으로 나타났다. 또한 개인주의 가치의 영향을 받는 집단들도 있는 것으로 나타났다. 이러한 결과는 유기농식품을 구매하는 것이 이타적인 가치관(예컨대 환경보존 등)의 영향을 많이 받고 있지만 개인주의 가치관의 영향을 받는 소비자 집단도 있음을 의미한다고 하겠다.

2.2 가치분석기법

수단-목적사슬(means-end chain: Gutman, 1982), 레더링(laddering: Reynolds and Gutman, 1988), 심리도식 기법으로 알려진 AIO(활동-관심-의견: Wells and Tigert, 1971), 관찰(Durgee et al., 1996)과 같은 접근방법들은 제품 속성과 소비자 가치들 간의 연계성을 밝히는 기법들이다. 예를 들면 Allen 등(Allen 2002; Allen et al., 2008)은 호주의 소비자들은 고기(사람의 가치로는 힘으로 연상되는) 혹은 코카콜라와 같은 브랜드(사람의 가치로는 삶을 즐기는 것과 연상되는)의 제품들을 더 호의적으로 평가하는 것으로 나타났다. 이러한 현상이 나타난 이유는 호주의 소비자들은 힘, 삶을 즐기는 것과 같은 가치들이 개인적으로 더 중요하게 여기고 있기 때문에 이러한 가치와 연상관계를 이루고 있는 제품들을 더 선호한다는 것이다.

본 절에서는 가치분석기법 중 수단-목적사슬과 래더링기법에 대해서 알아보고 AIO는 라이프스타일 부분에서 알아보기로 한다.

(1) 수단-목적사슬

소비자들이 제품 혹은 서비스 구매와 관련하여 궁극적으로 달성하기를 원하는 목표와 그 목표를 달성하기 위한 수단들의 연계성을 이해하는 데 유용한 도구로서 수단목적사슬(means-end chain) 기법, 래더링 혹은 목적수단 사다리

(means-end laddering) 기법 등이 있다(Reynolds and Gutman, 1988).

가치는 소비자들의 행동을 지배하는 중요한 요인이므로 마케팅 분야에서는 자사의 제품 혹은 서비스와 관련된 소비자 행동과 가치의 연계성을 파악하는 연구들이 이루어져 왔다. 이러한 시도들은 수단-목적사슬이라는 개념으로 집약이 가능하다. 수단은 소비자가 연관된(engaged) 대상물(제품/서비스) 혹은 활동을 말하고 목적은 가치있는 상태(예컨대 행복, 안전, 성취 등)를 말한다. 수단-목적사슬은 제품 혹은 서비스를 선택하는 것이 어떻게 바람직한 궁극적인 상태를 달성하도록 촉진하는지를 구조화하여 보여주는 모델이라고 할 수 있다(Gutman, 1982). 따라서 목적-수단사슬은 소비자들이 제품을 선택하는 데 있어서 가치가 그 선택을 이끈다는 것을 전제로 하고 있으며, 가치를 충족시키는 여러 요인들을 제품 혹은 서비스에 범주화하는 것을 말하며, 수단-목적사슬을 구성하는 중요한 요소로는 속성, 편익(혹은 결과적 성과), 가치 등을 들 수 있다.

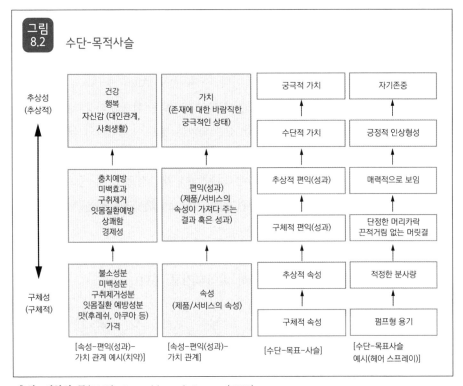

그림 8.2 수단-목적사슬

출처: 이학식 등(2015), Reynolds and Gutman(1988)

① 속성: 속성(attribute)은 제품, 서비스 등의 속성, 즉 제품, 서비스 등과 같이 시장 제공물에 대한 유형과 무형의 특성을 말하는 것으로 목적-수단 중 수단에 해당하는 것이다.

② 편익(결과적 성과): 결과적 성과(consequence)는 어떤 속성으로부터 얻어 낼 수 있을 것으로 생각하는 편익(benefit)을 말한다(Gutman 1982). 소비자들이 서로 다른 편익을 추구한다면 추구하는 편익은 소비자가 추구하는 것을 나타내 는 정보를 제공하게 된다. 결과적 성과는 왜 어떤 속성은 응답자에게 중요하고 다른 속성은 그렇지 않은지에 관한 이유를 제공한다.

③ 가치: 가치는 보편적인 목표(universal goals)를 말하는 것으로 개인 혹은 조직이 달성하고자 추구하는 최상의 사적이고 일반적인 결과적 성과를 의미한 다(Rokeach 1973). 편익(혹은 결과적 성과)에 의해 강화되거나 충족된 가치 혹은 신념들을 말하는 것으로 목적-수단 중 목적에 해당한다.

수단-목적사슬은 마케터가 시장의 기회를 발견하고 제품 혹은 서비스의 포지셔닝 전략을 수립하는 데 효과적인 방법론으로 알려져 있다.

래더링 기법은 개인들이 제품, 서비스, 혹은 행동과 연관되어 갖게 되는 중 요한 의미를 발견하는 데 도움을 준다. 래더링은 응답자들의 마음 속에 있는 세 가지 의미의 컨셉들, 즉 속성, 혜택 혹은 편익(혹은 결과적 성과), 그리고 가치 간 의 연계성(association)에 초점을 맞추어, 이들 세 가지 컨셉들 간의 의미, 관계 를 보여주기 위해 활용되는 인터뷰 기술이다(Reynolds and Gutman 1988).

그리고 인터뷰를 하는 동안 밝혀진 인지적 컨셉들은 목적수단사슬이라는 그래픽 형태로 표현되기도 하는데, 이러한 그래픽 형태를 위계적 가치 도표 (HVP: Hierarchical Value Map)라고도 한다.

래더링 기법은 인터뷰를 하는 사람이 탐색(probe)을 통해 속성-결과적 성 과-가치 사슬(즉, 사다리)을 드러내는 것과 관련이 있다. 이 과업은 반복적이다. 즉, 인터뷰를 하는 사람은 왜 어떤 속성은 응답자에게 중요하고 다른 것은 그렇 지 않은지에 대한 질문을 반복적으로 한다. 이러한 반복적인 질문은 응답이 다 음 단계의 질문을 위한 출발점으로서의 역할을 할 수 있을 때까지 계속된다.

래더링 기법은 일반적으로 분석 단계를 세 단계로 구분하고 있다(Reynolds and Gutman, 1988).

첫 번째 단계는 응답자들 간의 비교를 위하여 사다리를 구성하고 있는 속성, 혜택/편익(결과적 성과), 가치에 대해 일련번호를 부여한다. 이것은 하나의 속성, 하나의 혜택/편익(결과적 성과) 혹은 하나의 가치를 각 단계에서 범주화하는 데 활용된다. 각 범주는 기존 연구를 통해 정해질 수도 있고 응답자들이 기재한 단어나 문구를 통해 식별해 낼 수도 있다.

두 번째 단계로는 서로 다른 컨셉(속성, 결과적 성과, 가치)은 사다리분석 상에서 다로 다른 위치를 차지하고 있으므로 서로 다른 개념들의 수준에서 상이한 구성 개념들 간의 연계성의 수(연계성의 정도)를 산출한다. 연계성의 수를 산출하기 위해서는 다양한 응답자들로부터 나온 개별적인 수단─목적사슬을 통합해야 한다. 이때 구성개념들 간의 연계성을 구체화함으로써 함축된 의미 격자(implications matrix)가 만들어진다. 이것은 하나의 코드(구성개념)가 다른 코드(구성개념)로 연결되는 빈도를 보여줌으로써 래더링 기법의 질적 요인과 양적

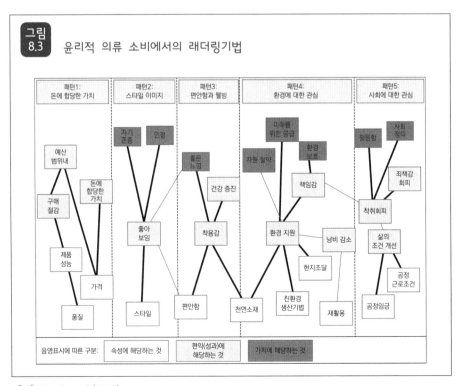

그림 8.3 윤리적 의류 소비에서의 래더링기법

출처: Jägel et al.(2012)

요인 간을 연결해 주는 역할을 수행한다(Deeter-Schmelz, Goebel, and Kennedy 2008).

세 번째 단계는 위계적 가치지도(HVM: Hierarchical Value Map)를 만드는 것이다(Gengler, Klenosky, and Mulvey 1995). 위계적 가치지도는 마디(nodes), 가장 중요한 속성, 결과적 성과, 가치를 표현하는 것 그리고 컨셉들 간의 연결성을 나타내는 선으로 구성되어 있다. 구성개념들 간의 연계성은 4단계에서 절삭되는데(cut off at level four), 이것이 의미하는 바는 연결된 것(linkages)은 HVM에서 표현되기 위해서는 적어도 4명의 응답자에 의해서 언급이되어져야 한다는 것을 의미한다. 절삭 점수가 높다는 것은 지도의 해석가능성이 증가한다는 것이다. 그러나 이러한 경우에는 정보 손실을 가져올 수도 있다. 선택된 절삭 수준인 4수준은 자료의 절감과 유지 간의 균형을 유지하는 수준을 말한다(Christensen and Olson 2002).

 제3절 라이프스타일과 마케팅

3.1 심리도식과 라이프스타일 개념 및 측정

라이프스타일(lifestyle)은 광의의 의미로는 사람들이 살아가는 생활양식을 의미하고, 소비자 라이프스타일은 소비자로서 사람들이 살아가는 방법을 말한다.[2]

소비자 라이프스타일은 포괄성과 구체성을 함께 가지고 있는 특징이 있다. 즉, 소비자 라이프스타일을 제대로 이해하기 위해서는 소비자들의 심리 및 행동을 포괄적으로 확인하는 동시에 각 제품별로 상이하게 작용하는 심리 및 행동적 특성을 동시에 포착해야 한다.

소비자 라이프스타일은 소비자들이 구매하는 제품, 소비자들이 소비하는

---

2 표준국어대사전에서는 생활양식을 『사회』에서 "사회나 집단이 공통적으로 갖고 있는 생활에 대한 인식이나 생활하는 방식"(http://stdweb2.korean.go.kr)으로 기술하고 있다.

방법, 소비자들이 사고하는 것, 소비자들이 제품에 대해 어떠한 감정을 갖는지 등을 포함하므로 소비자 라이프스타일이 포괄성을 가지고 있다.

라이프스타일 패턴을 측정하기 위한 접근방법으로 가장 널리 알려진 것으로는 AIO(Activities, Interests, and Opinions)를 들 수 있다. 라이프스타일 세분화에 활용된 라이프스타일은 ① 사람들의 활동(activities), 즉 사람들이 시간(time)을 어떻게 활용하고 있는지, ② 사람들의 관심사(interests), 즉 사람들이 자신의 주변 세계에서 중요성을 무엇에 두는지, ③ 사람들의 의견(opinions), 즉 자기관(자기 자신을 어떻게 보고 있는지)과 자기주변 세계에 대한 시각, ④ 기본적인 특성들, 즉 라이프사이클, 소득, 학력, 거주 장소 등을 기준으로 한다.

심리도식은 소비자행동을 설명하는 데 자주 활용되는 용어 중 한 가지이며, 심리도식과 라이프스타일은 종종 상호교차적으로 활용되기도 하지만 심리도식은 라이프스타일 개념을 마케팅 관리자가 유용하게 운영할 수 있도록 하는 데 바탕이 되는 방법을 말한다. 이러한 AIO는 심리도식(psychographics)에서 출발하였다. 심리도식은 소비자들을 심리적 차원으로 이해하기 위한 것으로(Wells, 1975), 소비자의 활동, 관심, 의견을 평정(appraise)하고 소비자의 인구통계적 변수들과의 상관관계를 평가하는 것을 말한다. 심리도식은 제품이 소비자와 어떻게 거래되는지를 이해하기 쉽도록 만들어줌으로써 개인들에 대해 좀 더 완성된

표 8.5 라이프스타일 차원

활동	관심	의견	인구통계적 특성
일	가족	자기 자신(자기관)	연령
취미	가정	사회적 이슈	교육
사회적 이벤트	직업/직장	정치	소득
휴가	지역사회	경영/사업	직업
엔터테인먼트	오락	경제	가족규모
클럽 회원	패션	교육	주거/주택
지역사회	음식	제품	지역
쇼핑	매체	미래	도시규모
스포츠	성취	문화	수명주기 단계

출처: Plummer(1974).

모습을 볼 수 있도록 해 준다. 결국 라이프스타일은 활동, 관심, 의견 등과 같은 요인들이 결합되어 구성된 중요한 심리도식적 범주이다. 라이프스타일 연구의 기본 전제는 소비자 심리 및 행동 분석가 혹은 마케터가 소비자에 대해 더 많이 알고 이해하고 있을수록 소비자 심리 및 행동 분석가 혹은 마케터는 소비자와 커뮤니케이션을 더 효과적으로 할 수 있으며, 소비자와의 거래를 더 효과적으로 할 수 있을 것이라는 점이다(Plummer, 1974).

라이프스타일은 개인이 보여주는 특정한 행동 패턴을 의미한다. 행동은 개인들의 내적 가치로부터 나오는 경우도 있고, 사회적 상호작용을 통해 만들어지고 형성되기도 하는데, 궁극적으로는 다른 사람과는 구분되는 독특한 특성혹은 개인의 전형적인 생활양식을 반영하고 있는 것이다(Horley et al., 1988). 라이프스타일은 AIO에 의해 표현되는데, 라이프스타일을 측정하는 것은 포괄적이어서 개인들이 일반적으로 생활하는 방식을 반영하기도 하지만 특정 제품범주 혹은 특정 활동에 관한 소비자들의 태도와 행동을 반영할 수도 있다(Ahmad et al., 2010). 이것이 마케터에게 주는 의미는 마케터가 사람의 일반적인 라이프스타일을 아는 것에 더해서 자사와 관련된 제품 혹은 서비스 범주에 관한 소비자의 라이프스타일을 구체적으로 파악하고 있어야 한다는 점이다. 예컨대 사람들의 일반적인 라이프스타일이 동일하다고 하더라도 의류 분야 특유의 라이프스타일이 있는 반면 음악 분야 특유의 라이프스타일이 있을 것이다. 따라서 마케터가 소비자와 효과적으로 커뮤니케이션을 하기 위해서는 각 제품 혹은 서비스 범주 특유의 라이프스타일을 파악하는 것이 중요하다.

3.2 라이프스타일과 VALS

라이프스타일과 소비자들이 가지고 있는 가치를 접목하여 심리도식 세분화를 결정하는 방법이 있는데, 이와 관련하여 가장 폭넓은 지지를 얻고 있는 것은 VALS(Value And LifeStyle)이다.

VALS는 Maslow(1954)의 욕구단계와 사회적 성격(character) 개념을 포함하여 미국사람을 라이프스타일에 따라 구분하려고 한 것에서 출발하였다. VALS는 VALS 2로 발전했는데, VALS 2에서는 소비자들을 두 가지 기준을 가지고 8

개 그룹으로 나누고 있다(Valentine and Powers, 2013).

첫째 기준은 사람들의 자기인식 혹은 자기동일시 인식(self-identification)이다. 이것은 사람들이 다양한 태도, 라이프스타일 관련 질문에 응답한 것을 기초로 하여 원칙지향형, 지위지향형, 행동지향형으로 구분된다.

표 8.6 VALS 유형

유형	자원	지향성	특성	미디어
실현자 (actualizers)	가장 많음	지위	자기확신 신제품과 신기술을 잘 받아들임	광고에 회의적임 출판물을 광범위하게 읽음
충족자 (fulfilleds)	많음	원칙	가치 지식 이미지와 위신에는 관심 적음	교육 프로그램, 공공
성취자 (achievers)	많음	지위	이미지를 의식함 상대적으로 affluent	TV시청을 평균적으로 함
경험자 (experiences)	많음	활동	패션과 유행을 따름 사회화(socializing)에 가처분소득 지출	록음악을 들음
신뢰자 (believers)	적음	원칙	전통적인 가족 지향적임 습관을 변화시키는 것이 느림	평균 이상으로 TV를 시청함
자급자 (makers)	적음	활동	자급자족 안락함(comfort), 내구성(durability)을 위해 구매 사치품에는 무관심함	자동차, 가정기계, 낚시 잡지를 읽음
분투가 (strugglers)	가장 적음	지위	안전과 안정에 관심 브랜드 충성도	광고를 신뢰함 TV를 자주봄
노력가 (strivers)	적음	지위	이미지를 의식함 신용구매 추구 의류와 개인 위생용품에 지출	독서 보다 TV 선호

출처: Valentine and Powers(2013)에서 수정.

둘째 기준은 사람들이 가지고 있는 자원이다. 이것은 사람들이 속한 가구의 소득을 기준으로 하여 풍부한 자원부터 최소 자원으로 구분한다.

8개 그룹은 사람들의 자기인식 혹은 자기동일시 인식과 자원에 따라 구분되는데, 자원을 가장 많이 보유한 풍부한 자원 그룹은 실현자(actualizers)라고 하며, 자원을 가장 적게 보유한 최소한의 자원그룹은 분투가(strugglers)라고 한다. 그리고 자원은 실현자와 분투가 사이만큼 보유하고 있는 집단을 자기인식 혹은 자기동일시 인식 기준에 따라 원칙지향형의 충족자와 신뢰자, 지위지향형의 성취자와 노력가, 그리고 행동지향형의 경험자와 자급자로 구분한다.

3.3 라이프스타일과 시장세분화

라이프스타일을 경제적인 관점에서 보면 개인들이 자신의 소득을 배분하는 방법을 나타내는 것을 의미하기도 한다. 즉, 소비자들이 자신이 가지고 있는 자원(예컨대 자금)을 라이프스타일에 따라 여러 가지 서로 다른 제품과 서비스 범주에 상대적으로 배정을 해 놓고 그 제품 혹은 서비스 범주 내에서 특정한 브랜드를 선택하는 행동으로 볼 수도 있기 때문이다(Zablocki and Kanter, 1976). 따라서 라이프스타일에 기초한 마케팅을 효과적으로 수행하기 위해서는 라이프스타일 패턴을 이해하는 것과 이것을 시장세분화와 효과적으로 연계하는 능력이 필요하다. 라이프스타일에 기초한 세분화는 마케팅과 광고기획에 유용하게 활용할 수 있다.

먼저 라이프스타일 패턴을 이해하고 있어야 한다. AIO 조사는 소비자들의 라이프스타일과 활동에 기초하여 주어진 제품에 대한 다량사용자와 소량 혹은 비사용자 간의 차이를 밝히는 데 있다(Berkman and Gilson, 1974). 소비자들의 라이프스타일 특성을 측정하는 데 있어서 주요한 관심사는 AIO로 집약된다. 활동은 라이프스타일의 행동 비율을 말하는 것으로 개인이 사용할 수 있는 시간을 구조화하는 것과 관련된 것이다(Gonzalez and Bello, 2002). 예를 들면 직업(직장)과 관련된 활동, 일상생활에서 의무적으로 혹은 필수불가결하게 하는 활동, 집에서 하는 활동, 여가활동 등과 같이 활동을 구분하고 여기에 시간을 배분하는 것이다.

관심은 참여로부터 오는 흥미로움의 정도, 환기 정도를 말한다. 관심은 가족에 대한 관심, 지역사회에 대한 관심 등을 포함하는데, 이것은 어떤 활동을 수행함에 있어 우선순위를 결정하는 데 영향을 미칠 수 있다.

의견은 소비자들이 자신들이 실제로 옳다고 믿는 것이 얼마나 중요한지에 대하여 평가를 할 때 형성된다.

라이프스타일 세분화는 소비자를 상이한 라이프스타일 유형으로 구분하고, 각 유형은 활동, 관심, 의견 등에 따라 고유의 생활양식에 의해 특성이 부여된다. 라이프스타일 세분화는 두 단계로 구분된다.

라이프스타일 세분화 정보를 분석하는 데 있어서 첫 번째 단계는 어떤 브랜드에 대해 가장 많은 소비자들을 효과적으로 산출한다는 관점에서 라이프스타일 세분시장 중 어떤 시장이 최상인가를 결정하는 것이다. Plummer(1974)는 자신의 경험을 바탕으로 하여 둘 혹은 셋 정도의 라이프스타일 세분시장이 그 비즈니스 범주의 60% 정도는 설명할 수 있다고 보았고, 다수의 세분시장에는 그 범주에서의 다량 사용자가 상당한 수준으로 포함되어 있다고 설명하고 있다. 그래서 브랜드가 다량 사용자와 일관성이 있으면 강력한 브랜드 포지션을 구축할 수 있으나 그렇지 않은 경우에는 비즈니스 기회를 잘 포착할 필요가 있음을 말하고 있다.

표 8.7 Y세대 라이프스타일

VALS 유형	집단 크기	매체 활용				매체 활용 평균점수 순서
		TV	인터넷	잡지	라디오	
경험자	59%	상대적으로 높음	상대적으로 높음	상대적으로 높음	상대적으로 높음	TV>인터넷>잡지>라디오
노력가	24%	상대적으로 낮음	상대적으로 낮음	상대적으로 낮음	상대적으로 낮음	TV>인터넷>잡지>점포내광고
성취자	9%	경험자와 노력가의 중간정도	상대적으로 높음	상대적으로 낮음	상대적으로 높음	인터넷>TV>라디오>점포내광고

출처: Valentine and Powers(2013).

두 번째 단계로는 선정된 표적시장에 대해 구체적인 프로파일을 작성해야하고 그 소비자들이 이러한 라이프스타일을 가지고 있는 이유(why)를 알아야한다고 조언하고 있다. 이 단계에서는 라이프스타일 세분화가 포지셔닝, 마케팅믹스 프로그램을 설계하는 데 지식을 제공한다.

Valentine and Powers(2013)는 미국 대학생 121명을 대상으로 VALS를 활용하여 이들이 어느 유형에 속하며 각 유형에 속한 대학생들이 선호하는 매체는 무엇인지를 조사하였다.

그 결과 경험자(59%), 노력가(24%), 성취자(9%) 유형이 가장 크게 나타났으며, 이들 유형 간 매체 활용에 있어서도 차이를 보이는 것으로 나타났다. 여기서 중요한 것은 Y세대는 스스로를 경험자라고 인식하고 있는 비율이 59%를 차지하고 있다는 점이다.

한편 Y세대 여성 대학생은 Y세대 남성 대학생에 비해서 전반적으로 매체를 활용하려고 하고 있으며, 특히 잡지, 점포 내 광고, 직접우편, 일일뉴스 등은 남성 대학생에 비해 활용도가 유의하게 높은 것으로 나타났다(Valentine and Powers, 2013).

VALS에 의한 개인 가치는 친환경 관련 태도에도 영향을 미치는 것으로 나타났다. 서여주 등(2015)은 VALS의 하위 요인을 보수안정성향, 지식성향, 실행성향, 자극성향, 유행추구성향으로 분류하고 각각이 친환경 관련 태도에 미치는 영향을 살펴보았는데, 보수안정성향, 지식성향, 유행추구성향은 친환경 태도에 긍정적인 영향을 미친 반면 자극성향(새로움 추구)은 부정적인 영향을 미치는 것으로 나타났다.

토론 주제

■ 수단-목적사슬과 래더링기법을 활용하여 다음의 작업을 해 보십시오.

먼저, 특정 제품범주(예: 치약 제품, 휴대폰 제품, 화장품, 신발 등)의 속성-편익(성과)-가치를 작성해 보시고 HVM 형태로 표현해 보십시오. 그 다음으로 특정 제품범주 내에 있는 각 브랜드별로 속성-편익(성과)-가치를 작성해 보시고 HVM 형태로 표현해 보십시오. 마지막으로 어떤 브랜드로부터도 연결이 되지 않은 속성, 편익, 가치가 있다면 표시를 해 보십시오. 그러면 이와 같이 어떤 브랜드와도 연결이 되어 있지 않은 속성, 편익, 가치는 새로운 시장 기회가 될 것입니다. 이를 활용하여 신제품을 개발한다면 어떻게 포지셔닝을 하는 것이 좋을지에 관하여 토의해 보십시오.

참고문헌

서여주·임은정·김현정(2015), 소비자의 라이프스타일(VALS)이 친환경 소비태도-의 도-행동에 미치는 영향에 관한 연구, 소비자문제연구, 46(1), 29-51.

이지연·김미경(2011), 개인가치에 따른 유·아동복 쇼핑성향과 유·아동복의 착의역할 모델, 한국의상디자인학회지, 13(3), 31-43.

이학식·안광호, 하영원 (2015), 소비자행동: 마케팅전략적 접근, 학현사.

정경애(2000), 소비자의 가치관과 태도가 구매 후 불평행동에 미치는 영향의 지역간 차이, 마케팅연구, 15(1), 205-223.

Ahmad, N., A. Omar, and T. Ramayah (2010), Consumer lifestyles and online shopping continuance intention, *Business Strategy Series*, 11(4), 227-243.

Allen, Michael W. (2002), Human values and product symbolism: do consumers form product preference by comparing the human values symbolized by a product to the human values that they endorse?, *Journal of Applied Social Psychology*, 32(12), 2475-2501.

Allen, Michael W., Richa Gupta, and Arnaud Monnier (2008), The interactive effect of cultural symbols and human values on taste evaluation, *Journal of Consumer Research*, 35(2), 294-308.

Beatty, Sharon E., L.Kahle, P. Homer, and S. Misra (1985), Alternative measurement approaches to consumer values: the list of values and the Rokeach value survey, *Psychology and Marketing*, 2(3), 181-200.

Berkman, Harold W. and Christopher C. Gilson (1974), Consumer lifestyle and market segmentation, *Journal of the Academy of Marketing Science*, 2(1), 189-200.

Christensen, G. L. and J. C. Olson (2002), Mapping consumers' mental models with ZMET, *Psychology and Marketing*, 19(6), 477-501.

Deeter-Schmelz, Dawn R., Daniel J. Goebel, and Karen N. Kennedy (2008), What are the characteristics of an effective sales manager? an exploratory study comparing salesperson and sales manager perspectives, *Journal of Personal Selling and Sales Management*, 28(1), 7−20.

Durgee, Jeffrey F., Gina C. O'Connor, and Robert W. Veryzer (1996), Observations: translating values into product wants, *Journal of Advertising Research*, 36(6), 90−102.

Gengler, Charles E., David B. Klenosky, and Michael S. Mulvey (1995), Improving the graphic representation of means−end results, *International Journal of Research in Marketing*, 12(3), 245−256.

Gonzalez, A. M. and L. Bello (2002), The construct 'ifestyle' in market segmentation: the behavior of tourist consumers, *European Journal of Marketing*, 36(1/2), 51−85.

Gutman, Jonathan (1982), A means-end chain model based on consumer categorization processes, *Journal of Marketing*, 46(2), 60-72.

Horley, J., B. Carroll, and B. R. Little (1988), A typology of lifestyles, *Social Indicators Research*, 20(4), 383−398.

Jägel, T., K. Keeling, A. Reppel, and T. Gruber (2012), Individual values and motivational complexities in ethical clothing consumption: a means−end approach, *Journal of Marketing Management*, 28(3−4), 373−396.

Kahle, L. R. (Ed.) (1983), *Social values and social change: adaptation to life in America*, New York: Praeger.

Kahle, L. R., Sharon E. Beatty, and P. M. Homer (1986), Alternative measurement approaches to consumer values: the List of Values (LOV) and Values and Lifestyles (VALS), *Journal of Consumer Research*, 13(3), 405-409.

Krystallis, A., M. Vassallo, and G. Chryssohoidis (2012), The usefulness of Schwartz's 'Values Theory' in understanding consumer behaviour towards differentiated products, *Journal of Marketing Management*, 28(11−12), 1438−1463.

Maslow, A. H. (1954), *Motivation and personality*, Harper, New York, NY.

Plummer, Joseph T. (1974), The concept and application of life style segmentation, *Journal of Marketing*, 38(1), 33−37.

Reynolds, Thomas J. and J. Gutman (1988), Laddering, theory, method, analysis, and interpretation, *Journal of Advertising Research*, 28(1), 11−31.

Rokeach, M. (1973). *The nature of human values*, New York: Free Press.

Schwartz, Shalom H. (1992), Universals in the content and structure of values: theoretical advance and empirical tests in 20 countries, *Advances in Experimental Social Psychology*, 25, 1-65.

Schwartz, Shalom H. and K. Boehnke (2004), Evaluating the structure of human values with confirmatory factor analysis, *Journal of Research in Personality*, 38(3), 230－255.

Schwartz, Shalom H. and W. Bilsky (1987), Toward a universal psychological structure of human values, *Journal of Personality and Social Psychology*, 53(3), 550－562.

Schwartz, Shalom H. and W. Bilsky (1990), Toward a theory of the universal content and structure of values: extensions and cross－cultural replications, *Journal of Personality and Social Psychology*, 58(5), 878-891.

Schwartz, Shalom H., G. Melech, A. Lehman, S. Burgess, M. Harris, and V. Owens (2001), Extending the cross－cultural validity of the theory of basic human values with a different method of measurement, *Journal of Cross－Cultural Psychology*, 32(5), 519－542.

Torelli, Carlos J., A. Özsomer, Sergio W. Carvalho, Hean T. Keh, and N. Maehle (2012), Brand concepts as representations of human values: do cultural congruity and compatibility between values matter?, *Journal of Marketing*, 76(4), 92－108.

Valentine, Dawn B. and Thomas L. Powers (2013) Generation Y values and lifestyle segments, *Journal of Consumer Marketing*, 30(7), 597－606.

Wells, William D. (1975), Psychographics: a critical review, *Journal of Marketing Research*, 12(2), 196－213.

Wells, William D. and Douglas J. Tigert (1971), Activities, interests and opinions, *Journal of Advertising Research*, 11(4), 27-35.

Zablocki, B. D. and R. M. Kanter (1976), 'The differentiation of life－styles, *Annual Review of Sociology*, 2, 269－298.

[8장 참고 인터넷 기사 및 자료]
국립국어원, 표준국어대사전, http://stdweb2.korean.go.kr/

CHAPTER

09

◆ ◆ ◆

태도 및 태도변화

■ 일, 가정, 생활에 대한 태도는 소비자들의 행동에 큰 영향을 미친다. 일보다 가정을 중요시 여기는 경우 정시에 퇴근하는 경향이 있다.

■ ○○회사의 CEO 혹은 임직원들이 사회적 물의를 일으키는 경우 (그 제품 자체는 변한 것이 없다고 할지라도) 그 회사 제품의 매출액이 일시적 혹은 장기적으로 하락하는 경우를 볼 수 있다.

■ '가치-태도-성과'가 유기적인 연관성이 있음을 보여주는 사례로서 파타고니아를 들 수 있다. 파타고니아는 미국의 3대 아웃도어 브랜드(노스페이스, 콜롬비아스포츠, 파타고니아) 중 하나로서 매출의 1%를 환경보호단체에 기부하는 등 환경 보호 활동에 적극적인 것으로 알려져 있다. 파타고니아는 환경 피해를 최소화하기 위해 환경친화적인 제품, 장기간 사용할 수 있는 품질 좋은 제품을 생산하고 있다고 설명하고 있다. 파타고니아 제품을 구매하는 소비자는 기업과 환경 보호 가치를 공유하고 있으며, 파타고니아 제품은 친환경의 고품질 제품이므로 소비자들은 더 높은 가격으로도 지불할 가치가 있다고 생각하여 비교적 높은 파타고니아 제품 가격을 수용한다고 '하버드비즈니스리뷰'에서 분석한 바 있다.

출처: 연선옥(2017.12.28.).

■ 오뚜기는 착한 기업으로 명성을 이어왔다. 심장병 어린이를 후원하고, 상속세를 철저히 납부하며, 비정규직의 비중이 낮은 것 그리고 가격을 한동안 올리지 않은 것들이 착한 기업의 명성을 얻게 된 주된 이유라고 할 수 있다. 오뚜기는 기업 실적도 지속적으로 상승하고 있는

데, 업계에서는 신제품 출시 등의 이유 외에도 착한 기업 이미지로 인해 소비자가 호의적인 태도를 가져 선호도가 상승한 것도 이유 중 한 가지로 보고 있다.

출처: 오뚜기 홈페이지.

태도는 소비자 심리 및 행동과 관련하여 가장 많은 연구가 이루어져 온 분야 중 하나이다. 소비자가 자사의 제품 혹은 브랜드를 호의적으로 받아들이도록 하는 것은 마케터의 가장 중요한 과업 중 한 가지인데, 그 이유는 소비자가 자사의 제품 혹은 브랜드에 대해서 호의적으로 생각하고 있거나 호의적인 감정을 느끼고 있는 경우 그 소비자는 자사의 제품 혹은 브랜드를 구매할 가능성이 그렇지 않은 경우에 비해 일반적으로 높기 때문이다. 태도가 소비자 심리 및 행동 분야에서 많이 연구된 이유는 태도가 소비자들의 행동을 비교적 잘 예측할 수 있는 선행 가늠자로서 역할을 충실히 수행하고 있기 때문이다.

제1절 태도의 정의 및 기능

1.1 태도의 정의

태도에 관한 정의도 다양하다.[1] 그러나 소비자 심리 및 행동 분야에서 태도와 관련하여 가장 보편적으로 활용되는 정의는 "어떤 대상과 관련하여 지속적으로 호의적인 방식 혹은 비호의적인 방식으로 반응하는 학습된 선유경향"(Fishbein and Ajzen, 1975: 6)이다. 이 태도의 정의에는 몇 가지 중요한 개념들이 포함되어 있다.

---

[1] 일반적으로 활용되는 태도에 관한 개념과 소비자 심리 및 행동에서 개념화된 태도 간에는 그 활용에 있어 일정 부분 차이를 두고 있다. 표준국어대사전에서는 태도를 "몸의 동작이나 몸을 가누는 모양새", "어떤 일이나 상황 따위를 대하는 마음가짐. 또는 그 마음가짐이 드러난 자세", "어떤 일이나 상황 따위에 대해 취하는 입장" 등으로 기술하고 있다(http://stdweb2.korean.go.kr).

첫째, 태도에는 대상(object)이 있다. 대상은 구체적인 제품차원일 수도 있고 추상적인 제품범주차원일 수도 있다. 중요한 것은 태도에서는 전통적으로 대상을 다속성(multi-attribute)을 가진 것으로 보고 있다는 점이다.

둘째, 태도는 대상에 대한 반응이 포함되어 있다. 대상에 대한 반응은 여러 가지일 수 있으나 반응의 중요한 방법 중 하나인 행동과의 연계성이 내포되어 있다는 점이다.

셋째, 태도는 지속성을 가지고 있다는 점이다. 태도는 한 번 형성되면 비교적 안정적으로 유지되려는 성향이 있으며, 태도를 바꾸기 위해서는 태도변화가 필요하다. 또한 태도는 다른 유사한 태도와의 일치성이 고려되기도 한다. 특히 대상에 대한 지속성은 태도에 있어서 중요한 의미를 지닌다. 즉, 태도 대상에 대해 기존에 알고 있던 정보와 불일치하는 정보가 유입되는 경우 소비자는 인지부조화(cognitive dissonance)를 경험하게 되며, 이러한 인지부조화를 해소하기 위해 태도변화를 시도하게 된다.

넷째, 태도는 평가적 측면을 포함하고 있다. 평가는 호의적인 것부터 비호의적인 것까지의 호의성의 스펙트럼 상의 어디엔가 위치할 수 있다. 이것은 태도가 강도(intensity)를 가지고 있음을 의미한다. 그러나 평가의 성격은 태도를 보는 관점에 따라 달라질 수 있다. 즉, 태도를 인지적 성격, 감정적 성격, 행동의도적 성격 중 무엇으로 보느냐에 따라서 평가의 성격은 달라질 수 있다.

다섯째, 태도는 학습이 된다는 점이다. 태도는 자신의 직간접적인 경험이 태도가 형성되는 데 중요한 요인으로 작용하며, 태도변화를 가져오는 요인에 따라서 태도는 변할 수 있다.

여섯째, 선유경향[선행경향성](predisposition)이라는 점이다. 태도는 학습에 의해 일관성 있게 반응하려는 성향을 가지고 있다는 점이다.

1.2 태도의 구성요소

태도는 3차원모형, 즉 인지적 요소, 정서적(감성적) 요소, 행동적(행동의도적) 요소를 포함하고 있는 것으로 보는 의견과 단일차원, 즉 정서적(감성적) 요소를 중심으로 이해하려는 의견이 있다. 태도를 단일차원으로 이해하려는 경우에는 인지적 요소는 태도에 영향을 미치는 선행요인으로 보고 있으며 행동적(행동의 도적) 요소는 태도의 결과요인으로 보려는 시각이다.

　인지적(cognitive) 요소는 개인이 태도 대상에 대해 가지고 있는 신념(belief) 혹은 사고(thought)를 의미한다. 예컨대 달리기는 유산소 운동으로서 몸안의 나쁜 물질들을 배출하고 폐활량을 높여 건강에 유익한 운동이라는 생각 혹은 신념은 인지적 요소에 해당할 것이다.

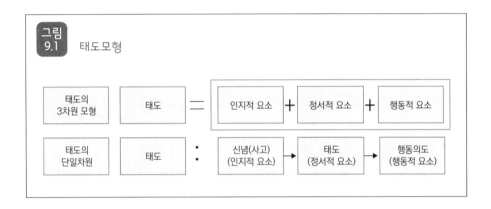

그림 9.1 태도모형

　정서적(affective) 요소는 태도가 형성되는 대상에 대해 소비자들이 가지고 있는 감정의 연계성을 의미한다. 예컨대 어떤 사람의 몸맵시가 좋아졌고 자신은 그것을 부러워하였는데, 몸맵시가 좋아진 이유가 그 사람이 달리기를 열심히 했기 때문이라고 한다면 자신이 달리기에 대한 태도가 형성될 때 긍정적 감정이 연계된다는 것이 정서적 요소에 해당될 것이다.

　행동적 혹은 행동의도적(conative or behavioral) 요소는 태도 대상과 관련된 활동 혹은 행동을 의미한다. 달리기가 건강에도 좋고(몸맵시를 유지할 수 있다는) 긍정적 감정을 가지고 있으므로 달리기를 해야겠다는 활동(행동)의도를 갖게 되는 것 혹은 달리기를 하는 것이 행동적 요소에 해당될 것이다. 인지적 요소와 정서적 요소의 강도가 강할수록 행동적 요소로 이어질 가능성은 높다고 하겠다.

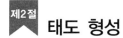 태도 형성

어떤 대상에 대한 태도가 형성되는 것을 설명하는 틀로서 소비자 심리 및 행동 분야에서 가장 많이 언급되는 것으로는 태도의 기능적 이론, 다속성모형, 균형이론 등이 있다.

2.1 태도의 기능적 이론: 태도의 동기 접근방법

(1) 태도의 기능

태도의 기저에 놓여 있는 동기(motive)를 이해하는 것은 태도의 형성과 태도변화를 이해하는 데 중요하다. 소비자가 어떤 대상에 대해 가지고 있는 태도는 어떤 동기를 가지고 있다고 보는 것이 태도의 동기 접근방법이고, 이 접근방법을 제안한 Katz(1960)는 동기를 태도가 가지고 있는 기능(function)으로 보았다. 이러한 이유로 태도의 기능적 이론은 태도의 동기적 접근방법이라고 한다.

소비자들이 태도를 형성하거나 태도변화를 가져올 때 그 기저에 놓여 있는 동기 혹은 기능을 이해하는 것은 마케터에게 매우 중요한 과업이라고 할 수 있다. 왜냐하면 태도는 행동과 밀접하게 연관되어 있는데, 소비자가 가지고 있는 태도의 기저에 놓여 있는 동기가 구매동기가 될 가능성이 높기 때문이다. 또한 태도는 여러 가지 기능이 있는데, 소비자들이 구매를 할 때 혹은 제품에 대해 평가를 할 때 태도의 기능 중 한 가지 기능만이 주로 영향을 미치는 경우도 있으나 여러 가지 기능이 복합적으로 영향을 미치는 경우들이 있다. 따라서 마케터는 소비자 태도를 기능적 차원에서 이해를 한 후 자사 제품 혹은 브랜드와의 적합성, 광고전략 및 마케팅 전략 등을 고려하여 제품 혹은 브랜드에서 어떤 기능에 초점을 맞추어야 할 것인지를 결정할 필요가 있다. 태도가 가지고 있는 기능은 실용적 기능, 가치표현적 기능, 자아방어적 기능, 지식 기능, 사회조정적 기능 등을 가지고 있으며 각각의 내용은 다음과 같다(Katz, 1960; Sharma and Chan, 2017).

첫째, 태도는 실용적 기능(utilitarian function)을 가지고 있다. 실용적 기능은 수단적 기능(instrumental function)이라고도 한다. 실용적 기능 혹은 수단적 기능은 소비자들이 효용을 극대화하는 대상물 혹은 가치가 높은 대상물 혹은 보상과 처벌 간의 긍정적 차이가 큰 대상물을 선호한다는 동기를 말한다. 예컨대 실용적 기능은 소비자들이 처해 있는 환경에서 태도 대상물로부터 오는 보상(특히 실용적 보상)은 최대화하고 처벌(특히 실용적 처벌)은 최소화하는 것에 대해 호의적인 태도를 보일 것이라는 특징을 가지고 있다(Herek, 1987; Katz, 1960).

둘째, 태도는 가치표현적 기능(value-expressive function)을 가지고 있다. 가치표현적 기능은 사회정체성 기능(social identity function)이라고도 한다. 가치표현적 기능은 소비자들이 자기 자신과 관련하여 스스로 중요하다고 여기는 것(예컨대 자신의 핵심적 가치, 자기 특유의 선호도)과 타인에 대한 자기지각(self-perception), 즉 타인이 자신을 지각해 주기를 바라는 것에 대하여 표현을 하려는 동기를 말한다. 가치표현적 기능은 대인 커뮤니케이션을 촉진하고 자기와 마음이 맞는 소비자를 식별하는 데 도움을 준다(Katz, 1960; Shavitt, 1990).

셋째, 태도는 자아방어적 기능(ego-defensive function)을 가지고 있다. 자아방어적 기능은 자기 자신의 이미지를 방어하여 스스로에 대해 좋은 기분을 가지려는 동기를 말한다. 자아방어적 기능은 자신의 자존감(self-esteem)을 지키는 데 도움을 주며, 내적 갈등으로부터 오는 불안(anxiety)에 대처하는 데에도 도움을 준다. Smith et al.(1956)는 이것을 외부화 기능(externalization function)이라고 하였다. 사람들은 자기를 둘러싸고 있는 내적 환경 혹은 외적 환경으로부터 오는 위협에 대항하여 자기를 보호하기 위하여 거부(denial), 억제(repression), 투영(projection)과 같은 방어적 메커니즘을 활용하는 것을 볼 수 있다.

넷째, 태도는 지식기능(knowledge function)을 가지고 있다. 사람들은 어떤 대상 혹은 이슈에 대해서 정확하게 판단을 하고 싶어한다. 지식기능은 자기와 자기를 둘러싸고 있는 환경을 의미있고, 안정적이며, 조직적으로 파악하기를 원하는 동기를 말한다. 즉, 정보처리 환경에서 태도 대상물에 대해서 여러 가지 정보들이 복합적으로 소비자에게 투입이 되는데, 소비자는 이러한 정보들을 자신이 가지고 있는 어떤 준거틀을 이용하여 일관성 있게 이 정보들을 조직화하고 구조화하여 요약된 형태의 정보를 가지도록 도움을 주는 것을 지식기능이라고 한다(Fazio et al., 1989). 이러한 태도의 지식기능은 소비자들이 초기에 태도를 형성할 때에는 활용되었을 가능성이 있는 모든 구체적인 정보를 참조하지 않고 소비자들이 빠르게 의사결정을 하는 것을 도와준다.

다섯째, 태도는 사회조정적 기능(social-adjustive function)을 가지고 있다. 사회조정적 기능은 소비자들이 준거집단을 식별하고, 무난하고 효율적인 사회적 상호작용을 보장하기 위하여 타인의 기대에 동조하거나 기대에 부응하는 것을 도와준다(Smith et al., 1956; Snyder and DeBono, 1989).

(2) 태도의 기능과 마케팅

태도의 기능적 동기 접근방법은 마케터에게 중요한 시사점들을 제공하고 있는데, 이와 관련된 사항들을 정리해 보면 다음과 같다.

① 실용적 기능은 보상과 처벌에 대한 기본적인 원칙과 관련된 것이다. 사람들은 제품 혹은 서비스가 쾌락을 제공하는지 혹은 고통을 제공하는지에 기초하여 태도를 개발한다. 실용적 기능을 제공하는 태도는 소비자의 자기이익(self-interest)과 연계된 것으로 소비자들이 자신의 소비 경험으로부터 편익 혹은 혜택을 최대한으로 끄집어내는 것에 도움을 준다(Herek, 1987; Shavitt, 1989, 1990). 실용적 기능을 제공하는 태도는 제품 혹은 서비스가 결과(외재적 동기부여)의 수단으로서 지각되는 반면 외양, 스타일, 위신, 존중과 같은 내재적 요인 혹은 쾌락적 요인은 관련성이 낮다. 예컨대 진통제를 선택할 때 진통억제효과가 신속하게 나타나기를 바라는 소비자는 가격보다는 진통억제효과가 신속하게 나타나는 진통제를 선호할 것이다. 그러나 실용적 태도의 강도는 제품 유형에 따라 달라질 수 있다(Krosnick and Petty, 1995).

② 가치표현적 태도 기능은 자기일치성(self-congruence) 제품 혹은 브랜드를 선택하는 데 영향을 미친다. 가치표현적 태도 기능은 자신의 사회적 정체성, 즉 소비자들이 자신이 가지고 있는 핵심 가치와 자기개념을 자기 주변에 있는 타인에게 표현하도록 도움을 준다(Shavitt, 1990; Snyder and DeBono, 1989).

또한 가치표현적 태도 기능은 특정 제품 혹은 브랜드를 선택한 이유에 관한 정당성을 부여하는 역할을 한다. 가치표현적 태도에 영향을 받은 소비자들은 자신의 구매결정에 대해 타인들이 표현할 것으로 예상되는 반응에 기초하여 의사결정을 한다(Shavitt, 1990; Snyder and DeBono, 1989). 이러한 상황에서 소비자는 자신의 제품관련 선택과 의사결정을 자기 주변의 타인들에게 설명하거나 정당화시켜야 하는 의무감을 가지게 될 가능성이 있다. 태도가 가치표현기능을 제공하는 정도가 증가함에 따라서 소비자들이 자신의 의사결정을 타인에게 정당화시켜야 할 필요성이 증가할지도 모르며, 사회적으로 더 바람직한 방법으로 행동해야 할 것으로 생각할 것이다.

소비자들이 가치표현적 기능으로 태도를 보유하고자 하는 경우, 소비자들은 제품이 가지고 있는 내재적 기능의 속성들(예컨대 품질, 내구성 등)을 촉진하는 메시지에 더 민감하게 반응한다(Snyder and DeBono, 1985). 그 이유는 내재적 기능의 속성을 강조하는 메시지는 소비자들의 기저에 놓여있는 가치와 성향의 관점에서 쉽게 해석할 수 있기 때문이다.

또한 가치표현적 기능은 특정한 사회적 정체성을 드러내는 활동, 관심, 의견을 개발하도록 만들기(Katz, 1960; Shavitt, 1990) 때문에 제품 혹은 브랜드를 특정한 사회적 정체성을 드러내는 활동, 관심, 의견들과 연계되도록 만드는 것을 고려할 필요가 있다.

③ 개인을 외부의 위협 혹은 내적 불안정감으로부터 보호하는 데 도움을 주는 태도는 자아방어적 기능을 수행한다(Locander and Spivey, 1978). 자아방어적 기능은 내적 그리고 외적 어려움을 회피하거나 조정하기 위한 메커니즘으로 작동할 뿐 아니라 자신의 개인적인 아이덴티티를 표현하기에 편리한 배출구로서 선정된 대상물을 통해 개인의 자기 이미지를 방어하는 데에도 도움을 준다(Hogg and Abrams, 1988). 자아방어적 기능은 동료집단과 사회적 트렌드와 같은 외적 영향력에 의하여 광범위하게 영향을 받는데, 이러한 영향력은 외부 세계에 이미지를 투영하려는 소망을 반영한 것이다(Kardes, 2002). 그러므로 자아방어적 기능은 자기 자신이 가지고 있는 가치보다는 타인이 가치고 있는 가치 위주(지향)인 것으로 보인다. 자아방어적 기능은 소비자들이 자신의 자존감을 고양하거나 자기의 자아를 북돋아 보기 위하여 브랜드를 구매하려는 경우 관찰된다.

소비자의 자아를 위협하는 자아와 관련이 깊은 이슈 혹은 제품에 관한 메시지는 소비자들에 의해 격하될 수도 있다(Lapinski and Boster, 2001). Korgaonkar

등(1985)은 자아방어적 기능과 점포 선호도 간에 긍정적 관계가 있음을 발견하였다. 마케터는 일반적으로 사회적 당혹감을 느끼는 것이 개입된 상황을 이용하기도 한다. 즉, 마케터는 자사의 제품 혹은 서비스가 소비자들이 사회적 당혹감을 느끼는 상황에 놓이는 것을 회피하도록 함으로써 자기방어를 할 수 있도록 어떻게 도움을 주는지를 부각하는 활동들을 한다.

④ 지식기능을 제공하는 태도는 소비자들이 자신의 준거틀 내에서 질서, 명확성, 일관성을 제공하기 위하여 자신의 세계를 의미있고 일관성 있는 방법으로 구성하고 범주화하도록 도움을 준다(Herek, 1987).

제품 범주에 대한 지식이 많은 소비자들은 의사결정과 판단을 할 때 맥락이 서로 다른 상황에서도 정의가 명확히 서 있는 기준을 활용하여 의사결정과 판단을 내릴 가능성이 높다(Bettman et al., 1998). 특정 제품 영역에서 지식이 많은 소비자는 맥락 효과에 영향을 받을 가능성이 낮으며 만족스러운 제품 선택을 할 가능성이 높다.

⑤ 사회조정적 기능을 제공하는 태도는 사람들이 사회적 관계를 유지하고 사회적 상황에서 타인으로부터 인정을 받는 데 도움을 준다(Smith et al., 1956; Snyder and DeBono, 1989). 특정 패딩점퍼가 학생들 사이에서 급속히 전파된 것은 태도의 사회조정적 기능과 무관하지 않아 보인다.

명품의 구매와 관련된 태도의 기능적 동기가 있는 반면 모조품(counterfeit product)에 대한 태도의 기능적 동기를 조사한 것이 있다. 소비자들이 모조품에 대해 선호도가 형성되는 이유를 태도의 기능적 동기 관점에서 살펴본 연구에 의하면 가치표현 기능과 사회적 조정 기능이 모조품에 대한 소비자 선호에 영향을 미치는 것으로 나타났다(Wilcox et al., 2009). 또 다른 연구에서는 가치표현 기능, 자기방어 기능, 지식 기능, 사회조정적 기능은 모조품 평가에 부정적인 영향을 미친 반면 실용적 기능은 모조품 평가에 긍정적인 영향을 미치는 것으로 나타났다(Sharma and Chan, 2017).

제3절 **태도의 다속성모형**

3.1 기대-가치모형

(1) 기대-가치모형의 의미

태도의 다속성모형은 태도 대상이 복수의 속성을 가지고 있고, 소비자들의 특정 대상에 대한 태도는 특정 대상이 가지고 있는 다속성들에 대한 소비자의 평가를 통해 형성된다고 보고 있다.

다속성모형이 가지고 있는 중요한 구성요소로는 속성, 신념, 평가가 있다. 즉, 소비자들의 특정 대상물에 대한 태도는 대상물이 가지고 있는 각 속성과 그 속성의 중요도, 그리고 그 속성을 특정 대상물이 가지고 있을 것이라는 신념의 정도가 반영된 평가로 구성된다.

속성은 태도 대상이 가지고 있는 특성들 혹은 특질들(features)을 말한다.
신념은 특정 대상이 특정 속성들을 가지고 있는 정도를 말한다.
평가는 특정 속성들에 부여된 중요성의 정도를 말한다.

(2) 기대-가치모형의 구조와 태도형성

다속성태도모형은 (태도 대상이 가지고 있는) 속성, (특정 대상이 특정 속성들을 가지고 있다고 믿는) 신념, (특정 속성들에 부여된 중요성에 따라 가중치가 부여된) 평가와 같은 개념을 활용하여 소비자들이 태도를 형성하는 과정을 설명하고 있다. 다속성태도모형을 기대-가치모형(expectancy-value model)이라고도 하는데, 이 모형에서는 사람들은 어떤 대상 혹은 대상물(예컨대 제품 혹은 브랜드)을 구성하고 있는 속성들에 대한 기대와 평가에 기초하여 그 대상(대상물)에 대한 태도를 형성한다고 보고 있다. 기대-가치모형에 입각한 태도형성 모형은 다음과 같이 표현될 수 있다(Cohen et al., 1972; Ajzen and Fishbein, 2008).

$$A_O \approx \sum_{i=1}^{p} b_i e_i$$

다속성태도 모형에서는 특정 대상에 대한 태도는 그 대상을 평가하는 데 고려되는 속성들(예컨대 휴대폰을 평가하는 데 고려되는 속성들)과 그 속성과 관련된 특정 대상에 대한 신념(예컨대 갤럭시S8이 그 속성을 가지고 있을 것이라는 믿음과 관련된 신념)으로 구성되어 있다. 이를 좀 더 상세하게 설명하면 다음과 같다(Albarracin et al., 2001; Fishbein and Ajzen, 1975; Fishbein et al., 1992).

먼저 A_O는 대상(o: object)에 대한 태도(A: Attitude)를 의미한다. 즉, 태도가 형성되기 위해서는 특정 대상(혹은 대상물)이 있어야 한다. 태도 대상은 물체적 성격(예컨대 특정 제품, 브랜드 로고)일 수도 있고 비물체적 성격(예컨대 브랜드 이미지, 서비스, 특정 이슈)을 가질 수도 있다. 즉, 어떤 것이든 사람들이 태도를 보유하고 있다면 그것은 태도 대상(혹은 대상물)이 된다.

b_i는 속성(i)에 대한 신념(b: belief)을 의미한다. 신념은 소비자가 태도의 대상(예컨대 갤럭시S8), 대상의 특성(예컨대 갤럭시S8의 홍채인식기능), 그 대상이 다른 대상과 가지고 있는 관계(예컨대 갤럭시S8과 아이폰6)에 대해 가지고 있는 사고(생각)를 말한다. 신념을 제품 혹은 브랜드 맥락에서 말한다면 신념은 태도의 특정 대상에 대한 것이므로 특정 제품 혹은 브랜드에 대한 신념을 의미한다. 즉, 특정 브랜드(예컨대 갤럭시S8)가 어떤 속성(예컨대 휴대폰을 평가하는 속성 중 정보처리 속도)에 대해서 가지고 있을 것이라고 믿는 신념을 의미한다.

소비자들은 태도 대상에 대하여 많은 수의 속성을 고려할 수도 있으나 정보처리 능력의 제한과 관심도에 따라 구매와 관련하여 고려하는 속성의 수는 제한이 되는 경우가 많다. 이와 같이 구매를 위해 고려되는 속성을 부각된(salient) 속성이라고 하며 위의 수식에서는 p개의 속성이 부각된 속성에 해당된다(예컨대 휴대폰을 구매할 때 휴대폰의 가격, 음질, 속도, 디자인, 보안성을 고려하여 구매한다면 이 소비자는 5가지 속성을 고려하고 구매하는 것임). 따라서 소비자는 p개의 속성이 평가 대상에 포함되는 속성으로 한정되며, 부각된 속성에 따른 부각된 신념은 소비자들이 제품 혹은 브랜드를 평가하는 데 활용된다. 그러나 소비자에 따라서는 p개가 1개일 수도 있고(이 경우에는 단일의 기준을 가지고 속성에 대한 신념을 형성하게 됨) 무한히 많을 수도 있다. 즉, 고려되는 속성의 수는 소비자의 주관적 기준에 의존하게 된다.

e_i는 속성(i)에 대한 평가(e: evaluation)를 의미한다. 속성은 평가 대상 제품(예컨대 휴대폰)에 대한 속성을 의미한다. 속성에 대한 평가에는 속성의 중요도가 반영된다. 즉, 평가는 대상(대상물)에 얼마나 가치가 있고 중요한지를 자기 자신 혹은 타인에게 보여지기를 원하는 자기 관점에서 등급을 매기는 과정을 말한다. 등급은 연속형으로 측정될 수도 있고 범주형으로 측정될 수도 있다.

기대－가치모형은 마케터에게 태도형성에 관한 가장 기본적인 정보를 제공하지만 마케터는 이를 다양한 마케팅 전략에 활용할 수 있는 장점을 지니고 있는 모형이기도 하다. 이 모형을 구성하고 있는 요소 중 평가와 신념은 태도 대상에 따라 잘 구분해야 할 필요가 있다. 예컨대 어떤 소비자가 승용차를 구매하려고 하는 경우 구매 기준으로 디자인, 연비, 가격을 고려하고 있다고 가정하고, 고려대안집합 속에 소나타, 말리브, QM6가 있다고 가정해 보자. 이 경우 태도 대상의 속성에 대한 평가는 승용차라는 제품유형이 가지고는 속성, 즉 평가기준에 해당하는 것(디자인, 연비, 가격) 각각에 대한 중요성이 반영된 평가를 의미한다. 예컨대 평가기준의 합을 100%라고 하고 어떤 소비자가 디자인은 50%, 연비는 20%, 가격은 30%만큼 비중을 두어 구매를 고려한다면 이것은 결국 확률로 환산되는 경우 디자인의 중요성은 0.5, 연비의 중요성은 0.2, 가격은 0.3의 중요도로 가중치가 부여되어 평가에 반영됨을 의미한다.

한편 신념은 개별 제품 혹은 브랜드에 부여되는 신념을 의미한다. 예컨대 각 속성에 대한 평가를 소비자로부터 이끌어내기 위해서 각 속성을 10점을 만점으로 정한 경우 소비자들은 각 속성별로 소나타, 말리브, QM6 각각에 대한 신념을 결정하게 되므로, 신념은 개별 브랜드 단위로 부여된다. 예컨대 디자인에 대해서 소나타, 말리브, QM6 각각의 신념 점수가 부여된다.

결국 각 브랜드에 대한 평가는 제품유형에 대해 고려하는 속성의 중요도와 각 브랜드별로 해당 브랜드가 각 속성에 대해 가지고 있을 것이라고 기대하는 신념이 계산되어 브랜드별로 최종적인 평가수치가 산출된다.

의사결정 규칙과 태도 형성 사례

① 문제인식: 새로운 집으로 이사

② 정보탐색

새로운 집을 선택하는 기준 설정: 가격, 학교와의 거리, 정원 크기, 입지, 수리 필요 정도, 부엌의 크기

고려대안집합 설정: 집과 관련된 정보 탐색 과정을 거쳐 대략 4개의 집(A지역 집1, A지역 집2, B지역 집3, B지역 집4)으로 압축

③ 대안평가: 제품범주(본 사례에서는 집)에 대한 각 속성별 대안평가 기준 마련 (각 속성의 중요도 등이 반영된 가중치 결정, 즉 속성에 대한 평가) [경우에 따라서는 동일 제품범주 가 아닐 수도 있음]

[각 속성에 대한 평가 점수]

속성의 원자료	속성(b_i)	평가 점수(e_i)
○○,○○만원	가격	3
○○○○m	학교와의 거리	2
○○m^2	정원 크기	1
○○○지역	입지	4
○○○○만원	수리 필요 정도	1.5
○○m^2	부엌 크기	4

④ 대안평가: 제품 혹은 브랜드에 대한 평가(각 제품 혹은 브랜드가 해당 속성을 어느 정도 충족하는지에 대한 소비자의 신념)

속성	평가점수(e_i)	대안들의 속성에 대한 신념(b_i)			
		집1	집2	집3	집4
가격	3	4	5	3	6
학교와의 거리	2	2	4	6	4
정원 크기	1	2	3	4	4
입지	4	6	5	2	3
수리 필요 정도	1.5	4	3	4	1
부엌 크기	4	6	5	5	4

- 대안평가를 하는 경우 어떠한 의사결정 규칙을 사용할 것인지, 그리고 비교 방법을 대안(브랜드 혹은 제품)기준으로 할 것인지 혹은 속성기준으로 할 것인지를 정한다.

- 보상적 평가는 주로 브랜드(제품)별 평가와 관련성이 깊다. 브랜드(제품)별 평가는 집1의 각 속성에 대한 신념과 각 속성에 대한 평가점수를 곱해서 합산한 가치 점수($(4 \times 3) + (2 \times 2) + (2 \times 1) + (6 \times 4) - (4 \times 1.5) + (6 \times 4) = 12 + 4 + 2 + 24 - 6 + 24 = 60$)를 산출하고, 집2($15 + 8 + 3 + 20 - 4.5 + 20 = 61.5$), 집3($9 + 12 + 4 + 8 - 6 + 20 = 47$), 집4($18 + 8 + 3 + 12 - 1.5 + 16 = 55.5$)에 대해서도 각각 가치 점수를 산출한 후 가장 가치 점수가 높은 집2를 선택하는 것이다.

- 비보상적 평가는 주로 속성별 평가와 관련성이 깊다. 사전편집식 규칙을 사용하는 경우 평가 점수가 가장 높은 입지, 부엌 크기(소비자에 따라서는 부엌크기, 입지 순일 수도 있음), 가격, 학교와의 거리, 수리 필요정도, 정원 크기의 순서로 고려하여 입지 측면에서 가장 점수가 높은 집1을 선택할 것이다. 속성제거식 규칙을 사용하는 경우 입지와 부엌크기는 5점 이하는 제거, 가격과 학교와의 거리는 4점 이하는 제거라는 규칙을 수립한 경우 입지와 부엌 크기 측면에서 집3과 집4는 탈락하며, 가격과 학교와의 거리 측면에서 집1은 탈락하므로 결국 집2를 선택하게 된다. 결합식 규칙은 예를 들어 어떤 소비자가 각각의 속성에 대해 3점 이상(부정적 기준은 3점 이하)을 충족해야 한다는 기준을 설정하는 경우 고려하는 모든 속성이 충족기준에 해당되는 집2를 선택하게 될 것이다. 분리식 규칙은 예를 들면 어떤 소비자가 중요한 속성인 입지 혹은 부엌 크기가 5점 이상인 대안을 선택하겠다고 한 경우 입지 혹은 부엌 중 한 가지 속성이라도 5점 이상인 속성을 가지고 있는 대안은 선택대상에 포함되는 것이므로 위의 사례에서는 집1, 집2 그리고 집3이 선택대상에 포함되고 집4는 탈락하게 된다. 이 경우에는 다른 의사결정 규칙을 통해 집1, 집2, 집3 중에서 최종적인 대안을 선택할 수도 있고, 속성의 절삭탈락(cut-off)점수를 높여서 의사결정을 할 수도 있을 것이다. 만약 모든 긍정적 속성 중 한 가지 속성이라도 6점 이상인 속성을 가지고 있는 대안을 선택한다고 하는 경우 위의 사례에서는 집1, 집3 그리고 집4이 선택대상에 포함되고 집2는 탈락하게 된다.

⑤ 선택: 각 대안을 대안 평가방법에 따라 평가 후 특정 대안을 선택

출처: Szmigin and Piacentini(2015).

다속성 모형에는 '속성 만족도—중요도 모형'도 있다. 속성 만족도—중요도 모형은 기본적으로 기대—가치모형과 유사한 구조를 취하고 있으나 기대—가치모형에서의 각 브랜드(제품)가 가지고 있는 속성에 대한 신념이 속성 만족도—중요도 모형에서는 각 브랜드(제품)에 대한 만족도로 대체되어 산출된다는 점에 차이가 있다. 기대—가치모형이 대상에 대한 태도 형성에 초점이 맞추어진 반면 속성 만족도—중요도 모형은 대상에 대한 선호도 형성에 초점이 맞추어져 있다는 차이점이 있다. 그러나 두 모형 모두 다속성 모형이며 보완적 규칙이 적용되는 모형이라는 점에서 공통점이 있다.

(3) 다속성 모형의 마케팅 전략적 의미

다속성 모형에 기초하여 소비자 심리 및 행동을 이해하고, 소비자들의 자사 브랜드(제품)에 대한 태도를 유지하거나 변화시키려는 시도는 마케팅 전략에서 가장 빈번하게 활용되는 전략적 사고 체계 중 하나이다. 다속성 모형 중 속성 만족도—중요도 모형을 통해 마케팅 전략을 수립하는 방법은 고객만족 부분에서 설명하였으므로 여기에서는 기대—가치모형을 중심으로 설명하고자 한다. 기대—가치모형을 통해 소비자들의 태도 변화를 유도하는 방안은 다음과 같다.

첫째, 자사 브랜드에 대한 속성 신념(b_i)을 변화시킨다. 제품의 경우 품질 개선을 통해 소비자들의 자사 브랜드의 해당 속성에 대한 신념을 강화하고 이를 설득시키는 방법이 있을 것이다. 이때 강화하려는 속성의 우선순위는 타 브랜드와 대비하여 태도 점수를 가장 많이 상승시킬 수 있는 것이어야 하고, 가치 합산 점수가 경쟁 브랜드를 능가할 수 있도록 신념을 향상키는 것이 필요하다. 예컨대 위의 집 선택 사례에서는 집1의 경우 가격에 대한 신념을 4점에서 5점 혹은 학교와의 거리에 대한 신념을 2점에서 3점 혹은 정원 크기에 대한 신념을 2점에서 4점으로 향상시키게 되면 가치 합산 점수는 가장 높아지게 된다.

한편 경우에 따라서는 신속하게 정책을 시행할 수 있는 것부터 시행해 나가는 것도 하나의 방법이며, 이 경우에도 가치 합산 점수는 경쟁 브랜드를 능가할 수 있도록 신념을 향상시키는 것이 필요하다.

둘째, 속성과 관련된 평가(e_i)를 변화시킨다. 소비자들이 대상에 대한 속성을 평가할 때 해당 속성의 중요도를 바꾸도록 하는 것을 말하며, 이 경우 각 브랜드 입장에서는 자사 브랜드가 상대적으로 강점을 가지고 있는 속성에 대해 소비자들이 기존에 평가한 것보다 중요도를 더 높이도록 하는 것인데, 이 경우에도 자사 브랜드의 가치 합산이 가장 높은 수준까지 중요도를 향상시키는 것이 필요하다. 예컨대 위의 집 선택 사례에서 집1의 경우 입지에 대한 평가를 4점에서 5점으로 향상 혹은 부엌 크기에 대한 평가를 4점에서 5점으로 향상시키는 경우 가치 합산 점수는 경쟁 브랜드 보다 높아진다. 그런데 속성에 대한 평가는 각 브랜드에 대한 신념과는 달리 제품선택 기준에 대한 내적 평가, 즉 소비자의 내적 가치를 반영하고 있으므로 일반적으로 각 브랜드에 대한 신념을 변화시키는 것보다 속성 평가를 변화시키는 것이 더 어려운 과제일 수 있다.

셋째, 소비자가 중요하게 고려하지 않았던 속성을 부각된 속성으로 고려하도록 유도하여 태도 변화를 가져오는 것이다. 예컨대 위의 집 선택 사례에서 교통 편리성은 소비자의 현재 속성 기준에 들어 있지 못하거나 들어 있다고 하더라도 특정 속성(예컨대 입지)의 일부분으로 영향력이 미미하게 고려되는 속성일 수도 있는데, 집1의 경우 집2에 비해서 교통 편리성이 우월하다면 이러한 속성을 새로운 속성으로 부각시켜 소비자들이 제품 선택 기준으로 고려하도록 하

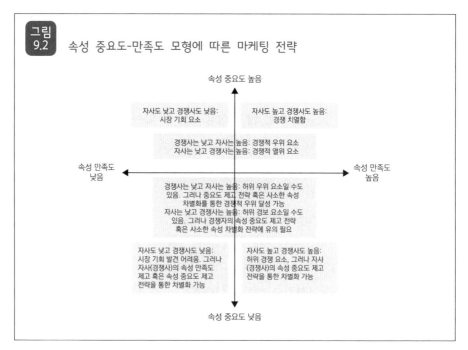

그림 9.2 속성 중요도-만족도 모형에 따른 마케팅 전략

출처: 이학식 등(2015)에서 발췌 및 수정·보완

고, 그 속성의 중요성과 각 집의 평가를 합산했을 때 집1이 가장 높은 가치 합산 점수를 받을 정도 이상으로 차별화를 시키면 될 것이다.

다속성 태도 모형은 ① 경쟁사 대비 자사의 강약점 분석, ② 시장세분화에 적용(모형에서 평가나 중요도가 소비자 추구 편익에 해당되는 경우 이것을 기준으로 편익 세분화 실시), ③ 포지셔닝 전략 수립의 지침 제공(집 선택 사례에서는 집1의 경우 입지와 부엌 크기를 중심으로 포지셔닝 실시), ④ 신제품 개발(집 선택 사례에서는 교통 편리성이 고려된 위치에 집을 지음), ⑤ 제품개선(집 선택 사례에서는 집1의 경우 부엌 크기를 넓히는 것), ⑥ 촉진전략 수립(집 선택 사례에서는 집1의 경우 입지와 부엌 크기를 중심으로 비보완적 의사결정을 하도록 메시지 소구) 등 마케팅 전영역에서 활용이 가능하다.

'속성 중요도−만족도 모형'에 따라 마케팅 전략적 시사점을 얻을 수도 있다.

최근에는 소비자의 태도형성을 인지적 측면과 감성적 측면을 고려한 소비자 경험 혹은 체험적 요소를 반영하는 모형들에 대해 활발한 연구가 진행되고 있기도 한다.

제4절 합리적 행동이론과 계획된 행동이론

4.1 합리적 행동이론과 계획된 행동이론 개요

소비자 심리 및 행동에서 다루고 있는 여러 변수들 중 태도가 행동을 예측하는 데 상당히 효과적인 선행 가늠자로서 역할을 수행하지만 태도와 행동 간의 일관성이 떨어지는 현상들이 관찰되면서 태도와 행동 간의 일치성을 높이는 것에 관한 관심이 증대되었다.

태도와 행동 간의 일치성을 높이려는 시도 중 가장 널리 알려진 것으로는 합리적 행동이론(theory of reasoned action)과 계획된 행동이론(theory of planned behavior)을 들 수 있다(Albarracin et al., 2001).

합리적 행동이론과 계획된 행동이론에서 중요하게 다루어지는 변수들로는 행동의도(behavioral intention), 특정 행동에 대한 태도, 주관적 규범, 지각된 행동통제(행동통제지각), 행동적 및 규범적 통제 신념(Albarracin et al., 2001; Fishbein et al., 1992) 등이 있다. 이 두 가지는 모두 기존 태도모형에 행동의도(behavioral intention)를 추가하고 있다는 점이다. 행동의도는 어떠한 방법으로 행동을 하려는 의향을 말한다. 합리적 행동이론(Ajzen and Fishbein, 1977, 1980; Fishbein and Ajzen, 1975)과 계획된 행동이론(Ajzen, 1991; Ajzen and Driver, 1991; Ajzen and Madden, 1986; Schifter and Ajzen, 1985)은 사람들의 행동의도가 행동을 잘 예측하는 선행 가늠자로서의 역할을 수행한다는 전제를 하고 행동의도를 높이는 방안을 모색한 모형으로 여러 분야에서 검증을 해 본 결과 비교적 사람들의 행동을 성공적으로 예측하고 있는 것으로 나타났다(Ajzen, 1991; Albarracin et al., 2001; Sheppard et al., 1988). 합리적 행동이론은 태도를 설명하는 다속성모형에 사회적 요인을 추가한 것이며, 계획된 행동이론은 합리적 행동이론에 개인의 행동통제가능성을 추가한 모형이다.

4.2 합리적 행동이론: 확장된 Fishbein모형

다속성태도모형 중에서 가장 널리 소개된 모형은 Fishbein모형이다. 이 모형에서는 기대−가치모형을 기반으로 소비자들이 태도를 형성하는 과정을 설명하고 있는데, Fishbein모형이 일반적인 기대−가치모형과 차이가 나는 점은 Fishbein모형에서는 태도 대상 자체보다는 (그 태도 대상과 관련하여 이루어지는) 행동에 대한 태도(예컨대 갤럭시S8 자체에 대한 태도보다는 갤럭시S8을 구매한 행동에 대한 태도)를 강조하고 있다는 점이다. 즉, Fishbein모형에서는 행동에 대한 태도를 측정(평가)하고 있는데, 이 모형은 합리적 행동이론을 바탕으로 확장된 Fishbein모형으로 불리고 있다. 확장된 Fishbein모형인 합리적 행동이론은 다음과 같이 구성되어 있다(Albarracin et al., 2001; Fishbein et al., 1992).

$$B \approx I$$

어떤 사람의 외적 행위(B: Behavior)는 의도(I: Intention) 혹은 그 행동을 수행하려는 의향(willingness)의 함수이다. 이때 외적 행위는 일반적으로 자기 보고

식으로 측정된다(예컨대 "앞으로 6개월 이내에 당신이 이 제품을 다시 사용할 가능성은 얼마나 되십니까?"). 그러므로 어떤 사람이 만일 ○○제품을 구매할 의도를 가지고 있다면 그 사람은 그 ○○제품을 구매할 가능성이 있다.

의도는 그 행동을 수행하는 것에 대한 태도와 주관적 규범의 영향을 받는다. 태도는 사람이 특정 행동에 대해 긍정적 대 부정적 평가를 내리는 정도를 의미하며, 양극단 어의차이척도법으로 측정하는 것이 일반적이다. 태도 측정의 예를 불쾌－유쾌, 현명하지 못함－현명함, 나쁨－좋음, 불필요함－필요함, 불편함(편리하지 못함)－편함(편리함) 등이 있다.

주관적 규범은 사람은 특정 행동을 해야만 한다 혹은 하지 말아야만 한다와 같이 중요한 타인이 생각하는 것에 대한 지각을 말하며, 전형적으로는 "나에게 중요한 사람들은 내가 ○○제품을 사용해야 한다고 생각한다"와 같은 질문에 동의하는 정도를 표시하도록 하는 것이다.

$$I \approx A_{BW1} + SN_{BW2}$$

공식화하면 행동의도(I)는 행동(B)을 수행할 의향을 말하며, A_B는 수행하는 행동(B)에 대한 태도(A: Attitude), SN_B은 행동(B)에 관한 주관적 규범(SN: Subjective Norm), 그리고 w_1과 w_2는 각각 A_B와 SN_B에 대한 가중치를 의미한다.

다수의 연구 결과를 보면 행동의도는 주관적 규범 보다는 태도가 더 크게 영향을 미치는 것으로 나타났다.

특성 행동에 대한 태도는 수행하는 행동이 가져올 다양한 결과들에 대한 신념과 그러한 신념들에 대한 평가적 측면, 즉 결과들에 대한 평가의 함수라고 가정한다. 태도에 대한 기대－가치 추정은 특정 결과들 각각의 발생에 관한 부각된 신념(b_i, $i = 1, \cdots p$)에 그 결과에 대한 평가적 영향력(b_i, $i = 1, \cdots p$)을 곱한 가중치를 부여함으로써 얻어진다. 그러므로 만일 사람이 어떤 제품을 사용하는 것이 긍정적 결과는 가져오고 부정적 결과는 예방할 것이라는 신념을 가지게 된다면 그 사람은 특정 제품을 사용하는 것에 대해 긍정적 태도를 가지게 될 가능성이 높다.

$$A_B \approx \sum_{i=1}^{p} b_i e_i$$

A_B는 수행하는 행동(B)에 대한 태도, b_i는 수행하는 B 행동이 i의 결과를 가져올 것이라고 믿는 신념의 강도, 그리고 e_i는 i결과에 대한 평가, p는 부각된 결과의 수를 말한다. 태도의 기저에는 신념과 평가가 있고, 이러한 신념과 평가가 태도를 결정한다는 가정 때문에 $\sum b_i e_i$항은 간접적인 태도로 표시된다. 행동 혹은 결과 신념은 전형적으로 행동을 일군의 결과와 연결하는 양극단 확률 진술문으로 측정된다("내가 ○○제품을 사용하는 것은 XYZ를 얻고자 하는 것이다"라는 진술문에 대해 "전혀 그럴 것 같지 않다"부터 "매우 그럴 것 같다"와 같은 응답 대안을 제시해 주는 것). 한편 결과 평가는 양극단 평가적 항목("XYZ를 얻고자 하는 것은 …"과 같은 문장에 응답 대안으로 "매우 나쁘다"부터 "매우 좋다"까지 제시해 주는 것)으로 측정되는 경우가 많다. 모형의 구성요소들은 태도는 신념에 기초하는 것으로 가정하고 있다.

주관적 규범은 각 준거인들에게 순응하려는 동기부여에 의해 가중치가 부여되며, 부각된 신념들의 영향을 받는다.

예를 들면 어떤 사람은 만일 자신이 중요하게 생각하는 다른 사람이 ○○제품을 사용해야 한다고 생각하고 있다고 믿는 신념을 가지고 있고, 자신이 그 사람의 의견에 순응하려는 동기부여가 되어 있다면 그 사람은 ○○제품을 사용하는 것에 대한 사회적 압력을 지각할 가능성이 높다.

$$SN_B \approx \sum_{j=1}^{q} nb_j m_j$$

SN_B는 B행동에 대한 주관적 규범, nb_j는 j 준거인이 그 사람이 그 행동을 수행해야 한다 혹은 수행하지 말아야 한다고 생각하고 있는 규범적 신념, m_j는 j 준거인에 순응하려는 동기부여의 정도, q는 준거인의 수를 의미한다. 주관적 규범은 규범적 신념과 순응하려는 동기부여에 기초하고 있다고 가정하기 때문에 $\sum nb_j m_j$항은 간접적인 주관적 규범이라고 한다. 규범적 신념은 특정 준거인의 의견에 대한 양극단 확률 진술문으로 측정하는 것이 일반적인 방

법이다. 한편 순응하려는 동기부여는 단일극단 항목(예컨대 "일반적으로 나는 나의 부모님께서 내가 하기를 원하는 것을 하고 싶다")으로 측정하는 것이 일반적이다. $\sum nb_j m_j$항의 활용은 주관적 규범을 예측하기 위한 구성요소는 주관적 규범은 중요하게 생각하는 준거인들의 지각된 위치 혹은 준거인들에게 순응하려는 동기부여가 변함에 따라서 변화할 수 있다고 가정한다. 이론에 따르면 이 구성요소는 간접적으로만 행위에 기여한다.

4.3 계획된 행동이론

합리적 행동이론이 의지적 행동을 비교적 잘 설명할 수 있음에도 불구하고 Ajzen(1991)은 완전하게 의지적 통제 아래 있지 않는 의도와 행동을 예측하려는 노력의 일환으로 지각된 행동통제(행동통제지각: perceived behavioral control) 변수를 추가하였다.

행동통제지각은 사람들이 행동을 통제하는 것에 대한 지각을 말한다. 행동통제지각에서는 사람이 과거 행동의 성과에서 직면했던 방해요인들을 반영하는 것으로 가정한다.

행동통제지각을 모형에 포함함으로써 Ajzen의 계획된 행동이론은 지각된 행동통제가 행동에 직접적으로 영향을 미칠 수 있다고 가정한다.

$$B \approx I + PBC$$

B는 행동, I는 의도, PBC는 행동통제지각을 말한다. 행동통제지각이 행동예측에 기여하는 것을 추가하였는데, 행동통제지각은 사람이 특정 대상물을 사용하려는 의도에 영향을 미친다고 가정한다. 즉, 행동통제지각이 높은 사람은 행동통제지각이 낮거나 없는 사람에 비해서 특정한 행위를 수행하려는 의도를 형성할 가능성이 높다고 본다.

$$I \approx A_B + SN_B + PBC$$

I, A_B, SN_B, PBC 는 이미 설명을 하였다. 일반적으로 행동통제지각은 (a) 사람이 자신이 특정 행동을 원한다면 그 행동을 수행할 능력이 있는지 혹은 없는지, (b) 그 행동을 수행하는 것이 자기 자신에게 달려있는지 혹은 아닌지, (c) 그 행동을 수행하는 것이 쉬운지 혹은 어려운지와 관련된 지각의 총합으로 측정된다.

4.4 합리적행동이론과 계획된 행동이론에 대한 재검토

합리적 행동이론과 계획된 행동이론이 행동예측에 유용하게 활용되고 있음에도 불구하고 몇 가지 문제점으로 지적되는 것들이 있다.

첫째, 많은 연구는 기준 변수(criterion variable)로서 과거 행동을 회고적(retrospective)으로 보고하도록 하기 때문에 행동이 의도와 태도에 의한 결과인지 아니면 행동이 의도와 태도를 이끌었는지에 관한 정도를 결정하는 것이 일반적으로 어려울 수 있다(Bern, 1965).

둘째, 합리적 행동이론이 행동은 의도에 의해서만 영향을 받는다고 가정하고 있지만 태도와 과거행동이 미래 행동에 직접적으로 영향을 미칠 수도 있다(Bargh, 1997). 이러한 견해에 의하면 사람들의 현재 행동은 습관적일 수도 있고, 환경자극에 의해 자동적으로 촉발될 수도 있다.

셋째, 행동통제지각에서 통제라는 것은 사람이 특정 행동을 수행할 의도를 가지고 있을 때에만 적합성을 확보할 수 있으므로 단순히 행동을 통제할 수 있는지에 대한 지각이 행동을 예측할 수 있다고 본 것은 문제가 있다. 또한 행동통제지각은 태도에 따라 달라질 수도 있다는 문제가 있다. 예컨대 사람들이 어떤 대상에 대해 호의적인 태도를 가지고 있다면 긍정적 의도로 발전될 가능성이 높고 그 행동을 통제할 가능성이 높다고 지각할 것이다. 그러나 사람들이 어떤 대상에 대해 부정적 태도를 가지고 있고 그 대상물을 사용하지 않도록 하는 규범적 압력을 지각한다면 통제에 대한 지각은 그 대상물을 사용하려는 의도와는 실질적으로 무관하게 나타날 수도 있다.

이러한 주장들이 있음에도 불구하고 계획된 행동이론은 합리적 행동이론에 행동지각통제 변수를 추가적으로 포함하고 있으므로 최근까지도 소비자들의 행동의도 혹은 행동을 예측하려는 이론적 기반으로 활발하게 활용되고 있다.

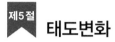

태도변화

태도는 장기적 성격을 가지고 있기도 하지만 일시적 성격을 가지고 있기도 하다. 예컨대 동물학대에 대해 거부감을 가지고 있는 사람은 동물을 실험대상으로 사용한 제품에 대해 거부감을 느끼는 경향, 즉 그러한 제품에 대해 비호의적인 반응을 보이는데, 이것은 일단 형성된 태도는 장기적인 성격을 가지고 대상물에 대해 일관된 반응을 보일려는 성향을 반영한 것이라고 볼 수 있다. 반면 ○○회사의 제품에 대해 평상시에는 특별한 기질적 성향을 가지고 있던 사람들도 ○○회사의 CEO가 사회적 규범에 적합하지 않은 행동을 한 것이 보도되는 경우 사람들은 ○○회사가 생산/판매하는 제품에 대해 강한 거부감을 가지게 되는 경우가 있는데, 이러한 반응은 이전부터 가지고 있던 태도가 일관되게 반응한다기보다는 현재 상황에서 유입된 정보가 태도에 영향을 미친 것이라고 볼 수 있다. 물론 이러한 경우에도 이 새로운 정보가 사람들의 기억에 갱신이 일어나서 장기기억 속에 저장된다면 장기적인 성격으로 변화될 수도 있다.

5.1 균형이론과 일치성이론

Heider의 균형이론(balance theory)은 소비자 심리 및 행동 그리고 마케팅 분야에서 태도를 설명하는 데 매우 유용한 분석 틀을 제공하고 있다. 예를 들면 마케팅 분야에서는 제품뿐 아니라 제품의 광고 모델 혹은 영업사원 등이 소비자의 해당 제품에 대한 태도를 형성하는 데 영향을 미칠 수 있기 때문이다.

균형이론은 사람들은 자신의 신념과 태도 간의 정합성(alignment) 유지를 통해 심리적으로 안정된 느낌을 갖고 싶어 한다는 것을 전제로 하여 ① 사람(예컨대 소비자), ② 사람(예컨대 소비자)이 태도 대상(예컨대 소비자가 고려하는 브랜드)에 대해 갖는 지각 그리고 ③ 사람(예컨대 소비자)의 태도 대상(예컨대 소비자가 고

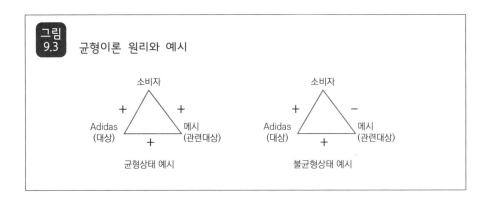

그림 9.3 균형이론 원리와 예시

러하는 브랜드)과 연계되어 있는 다른 사람 혹은 대상(예컨대 소비자가 고려하는 브랜드의 광고 모델 혹은 영업사원)의 세 가지 요소를 고려하여, 이 세 가지 요소 간의 관계를 통해 태도가 형성되거나 태도 변화가 일어나는 조건을 살펴보는 이론이라고 할 수 있다.

<그림 9.3>에서 '+'는 긍정적 관계, '−'는 부정적 관계를 나타내는데 긍정적 관계가 홀수(하나 혹은 셋)를 이루고 있을 때 균형을 이룬다고 할 수 있다. 예컨대 소비자가 소비자가 호의적으로 평가하는 대상을 관련 대상 역시 호의적으로 평가하고 있다면 균형을 이루고 있는 것으로 볼 수 있다. 그러나 소비자가 호의적으로 평가하는 대상을 소비자가 부정적으로 보는 관련 대상이 호의적으로 보고 있다면 소비자는 평가 대상과 관련 대상 간에 인지부조화를 겪게 될 가능성이 높고, 이러한 인지부조화를 해소하기 위해서는 평가 대상 혹은 관련 대상에 대한 태도를 바꾸어야 균형 상태를 회복할 수 있을 것이다.

일치성이론(congruity theory)은 균형이론을 발전시킨 이론으로 태도의 강도까지를 고려하는 이론이다. 이 이론에 의하면 불균형을 촉발한 관계들이 균형 상태로 회복되는 과정에서 보다 강력한 관계를 구성하고 있는 것이 더 큰 영향력을 발휘하여 약한 관계를 구성하고 있는 것 간의 관계를 변화시킨다고 보고 있다. 그림의 불균형상태 예시에서 만일 소비자의 Adidas에 대한 충성도는 매우 높은 반면 메시에 대해 크게 부정적 평가를 하지 않는다면 소비자의 Adidas에 대한 관계의 강도가 소비자의 메시에 대한 관계의 강도보다 크므로 이 소비자는 메시에 대한 관계를 긍정적으로 변화시킬려는 시도를 할 것이라는 점을 이 이론은 시사하고 있다.

균형이론은 태도의 3차원 모형에도 적용될 수 있다. 균형이론에 의하면 태도 대상에 대한 인지, 정서(감정), 행동(행동의도) 간의 일관성을 유지하여 균형을 이루는 것이 심리적 동인을 강하게 활성화시킬 수 있다고 본다. 즉, 태도 대상에 대해 긍정적 인지와 긍정적 정서(감정)를 가지고 있는 경우 그리고 그 강도가 강한 경우에는 행동으로 연결될 가능성이 높은 반면 인지와 정서(감정) 간에 불균형이 발생되면 행동으로 연결될 가능성이 낮아진다는 것이다. 예컨대 패스트 푸드에 대한 정서적 요소(예컨대 맛)는 긍정적이지만 인지적 요소(예컨대 칼로리)는 부정적이라면 불균형 상태에 놓이는 것이므로 이 경우에는 행동(예컨대 구매)으로 연결되는 것이 약화될 가능성이 있다.

5.2 정교화가능성모형

태도변화와 관련하여 소비자 심리 및 행동 분야에서 가장 널리 알려진 이론은 정교화가능성모형(Elaboration Likelihood Model: ELM)이다(Petty and Cacioppo, 1986). 이 모형에서는 소비자들이 커뮤니케이션 메시지에 반응하는 방법에 관하여 기술하고 있다. 정교화가능성모형은 소비자들의 태도가 형성되고 변화되는 심리적 과정을 설명하고 있다. 이 모형에서 핵심적인 개념들은 정교화 연속체(elaboration continuum), 동기부여(motivation)와 능력(ability)이다. 정교화 연속체는 주어진 광고 메시지 혹은 설득적 커뮤니케이션 상황에서 사고의 양을 묘사한다(Petty and Briñol, 2012). 그리고 동기부여와 능력은 소비자가 해당 메시지를 처리할 동기부여가 되어 있는지 여부와 해당 메시지를 처리할 능력이 있는지 여부에 해당된다. 소비자가 정보처리 능력과 동기부여가 되어 있는 경우 태도는 중심경로(central route), 즉 개입(engagement)이 높고 깊은 사고를 통해 태도가 형성되는 반면 정보처리 능력 혹은 동기부여 중 한 가지라도 갖추어지지 않은 경우 주변경로(peripheral route), 즉 적은 사고를 통해 태도가 형성된다. 중심경로에 의한 처리는 메시지 정보에 집중하고 자신의 기존의 지식과 새로운 정보의 연관성을 논리적으로 추론한다. 한편 주변경로에 의한 처리는 메시지보다는 광고모델, 감정과의 연계성에 중점을 둔다.

중심경로를 통해 형성된 태도는 지속적인 성격을 갖는 반면 주변경로를 통해 형성된 태도는 지속성이 떨어진다.

정교화가능성모형은 마케터에게 몇 가지 시사점을 주고 있다. 첫째, 자사 제품이 경쟁적 우위를 가지고 있는 속성은 중심경로를 통해 태도가 형성되도록 하는 것이 바람직하다는 것이다. 둘째, 주변경로를 통해 형성된 태도는 지속성이 약하므로 주변경로를 통해 형성된 태도를 중심경로를 통해 형성된 태도 수준으로 강화를 시키는 것이 필요하다. 셋째, 중심경로를 통한 태도형성이 어려운 경우(예컨대 소비자들이 제품의 장점을 잘 모른다거나 제품에 대한 접근가능성이 떨어지는 경우)에는 주변경로를 통해 소비자에게 호의적인 태도를 형성시킨 후 제품에 대한 관여도, 동기부여 혹은 능력을 향상시켜서 소비자들이 지속적으로 자사 제품 혹은 브랜드에 호의적인 태도를 갖도록 유지시키는 것이 필요하다.

토의 주제

- 다속성 태도 모델에 정서적인 내용을 포함할 경우 가치 점수는 어떻게 산출하는 것이 바람직할 것인가에 관하여 토론해 보십시오.
- 태도와 행동 간에는 격차(gap)가 있습니다. 이와 같이 태도와 행동 간에 존재하는 격차를 줄이는 방안은 무엇이 있는지 토론해 보십시오.

참고문헌

이학식·안광호, 하영원 (2015), 소비자행동: 마케팅전략적 접근, 학현사.

Ajzen, I. (1991), The theory of planned behavior, *Organizational Behavior and Human Decision Processes*, 50(2), 179−211.

Ajzen, I. and M. Fishbein (1977), Attitude−behavior relations: a theoretical analysis and review of empirical research, *Psychological Bulletin*, 84(5), 888−918.

Ajzen, I. and M. Fishbein (1980), *Understanding attitudes and predicting social behavior: attitudes, intentions, and perceived behavioral control*, Englewood Cliffs, NJ: Prentice Hall.

Ajzen, I. and M. Fishbein (2008), Scaling and testing multiplicative combinations in the expectancy-value model of attitudes, Journal of *Applied Social Psychology*, 38(9), 2222−2247.

Ajzen, I. and B. L. Driver (1991), Prediction of leisure participation from behavioral, normative and control beliefs: An application of the theory of planned behavior, *Leisure Studies*, 13(3), 185−204.

Ajzen, I. and T. J. Madden (1986), Prediction of goal−directed behavior: attitudes, intentions and perceived behavioral control, *Journal of Experimental Social Psychology*, 42, 426−435.

Albarracin, D., Blair T. Johnson, Martin Fishbein, and Paige A. Muellerleile (2001), Theories of reasoned action and planned behavior as models of condom use: a meta−analysis, *Psychological Bulletin*, 127(1), 142−161.

Bargh, J. A. (1997), The automaticity of everyday life, in R. S. Wyer (Ed.), *Advances in social cognition* (Vol. 10), Mahwah, NJ: Erlbaum, 1−62.

Bern, D. J. (1965), An experimental analysis of self−persuasion, *Journal of Experimental Social Psychology*, I, 199−218.

Bettman, James R., Mary Frances Luce, and John W. Payne (1998), Constructive consumer choice processes, *Journal of Consumer Research*, 25(3), 187－217.

Cohen, Joel B., M. Fishbein, and Olli T. Ahtola (1972), The nature and uses of expectancy－value models in consumer attitude research, *Journal of Marketing Research*, 9(4), 456－460.

Fazio, R. H., M. C. Powell, and C. J. Williams (1989), The role of attitude accessibility in the attitude－to－behavior process, *Journal of Consumer Research*, 16, 280‒288.

Fishbein, M. and A. Ajzen (1975), *Beliefs, attitudes, intentions, and behavior: an introduction to theory and research*, Reading, MA: Addison－Wesley.

Fishbein, M., A. Bandura, H. C. Triandis, F. H,Kanfer, M. H. Becker, and S. E. Middlestadt (1992), *Factors influencing behavior and behavior change* (Report prepared for the National Institute of Mental Health). Bethesda, MD: National Institute of Mental Health.

Herek, G. M. (1987), Can functions be measured? a new perspective on the functional approach to attitudes, *Social Psychology Quarterly*, 50, 285－303.

Hogg, M. A. and D. Abrams (1988), *Social identifications: a social psychology of intergroup relations and group processes*, NY: Routledge.

Kardes, Frank R. (2002), Consideration set overvaluation: when impossibly favorable ratings of a set of brands are observed, *Journal of Consumer Psychology*, 12, 353－361.

Katz, D. (1960), The functional approach to the study of attitudes, *Public Opinion Quarterly*, 24, 163－204.

Korgaonkar, P. K., D. Lund, and B. Price (1985), A structural equations approach toward examination of store attitude and store patronage behavior, *Journal of Retailing*, 61, 39－60.

Krosnick, J. A. and R. E. Petty (Ed.) (1995), *Attitude strength: antecedents and consequences* (Vol. 4), Hillsdale, NJ:Lawrence Erlbaum Associates, Inc.

Lapinski, M. K. and F. J. Boster (2001), Modeling the ego－defensive function of attitudes, *Communication Monographs*, 68, 314－324.

Locander, W. B. and W. A. Spivey (1978), A functional approach to attitude measurement, *Journal of Marketing Research*, 15, 576－587.

Petty, R. E. and P. Briñol (2012), The elaboration likelihood model: three decades of research, in P. A. M. Van Lange, A. Kruglanski, and E. Tory Higgins (Eds.), *Handbook of theories of social psychology*, London: Sage, 224–245.

Petty, Richard E. and John T. Cacioppo (1986), The elaboration likelihood model of persuasion, *Advances in Experimental Social Psychology*, 19, 123–205.

Schifter, D. E. and I. Ajzen (1985), Intention, perceived behavioral control and weight loss: an application of the theory of planned behavior, *Journal of Personality and Social Psychology*, 49(3), 843–851.

Sharma, P. and Ricky Y. K. Chan (2017), Exploring the role of attitudinal functions in counterfeit purchase behavior via an extended conceptual framework, *Psychology & Marketing*, 34(3), 294–308.

Shavitt, S. (1989), Operationalizing functional theories of attitude, in A. R. Pratkanis, S. J. Breckler, and A. G. Greenwald (Eds.), *Attitude structure and function*, Hillsdale, NJ: Lawrence Erlbaum, 311–337.

Shavitt, S. (1990), he role of attitude objects in attitude functions, *Journal of Experimental Social Psychology*, 26, 124–148.

Sheppard, B. H., J. Hartwick, and P. R. Warshaw (1988), The theory of reasoned action: a meta–analysis of past research with recommendations for modifications and future research, *Journal of Consumer Research*, 15(3), 325–343.

Smith, M. B., J. S. Bruner, and R. W. White (1956), *Opinions and personality*, New York, NY: John Wiley & Sons.

Snyder, M. and K. G. DeBono (1985), Appeals to image and claims about quality: understanding the psychology of advertising, *Journal of Personality and Social Psychology*, 49, 586–597.

Snyder, M. and K. G. DeBono (1989), Understanding the attitude functions: lessons from personality and social behavior, in A. R. Pratkanis, S. J. Breckler, and A. G. Greenwald (Eds.), Attitude structure and function, Hillsdale, NJ: Erlbaum, 339–359.

Steele C. M. (1988), The psychology of self–affirmation, *Advances in Experimental Social Psychology*, 21, 261-302.

Szmigin, I. and M. Piacentini (2015), Consumer behavior, Oxford University Press:UK.

Wilcox, K., H. M. Kim, and S. Sen (2009), Why do consumers buy counterfeit luxury brands?, *Journal of Marketing Research*, 46(2), 247−259.

[9장 참고 인터넷 기사 및 자료]

연선옥(2017), '매출 7700억원' 美 3대 아웃도어 ⋯ 매출 1%는 환경보호에 기부, 비즈조선, 2017.12.28, http://biz.chosun.com/site/data/html_dir/2017/12/27/2017122702318.html

오뚜기 홈페이지, http://www.ottogi.co.kr

CHAPTER

10

◆ ◆ ◆

학습

 제1절 학습 개요

도입예시

1. 기업에서 신제품이 나오면 광고를 많이 할 뿐 아니라 제품의 사용법 등을 홈페이지에 올려 놓는 경우를 많이 볼 수 있다.
2. 인공지능 알파고가 이세돌 9단에게 1패를 하였으나 전반적으로 승리를 더 많이 하였고 중국의 카이제 9단에게는 한판도 내주지 않고 모두 승리를 거두었다는 기사가 나왔다. 이 기사들 중 인공지능의 특징 중 하나로 기계 학습(machine learning)이라는 용어가 나온다.
3. 부모님과 자녀들은 입맛이 비슷한 경우를 많이 볼 수 있다.
4. 애플의 아이폰이 처음 출시되었을 때에는 스마트폰의 용도에 대한 광고를 많이 한 반면 제품이 많이 확산된 이후에는 고급스러운 이미지 광고에 치중하는 것을 볼 수 있었다.

소비자들은 자신이 직접 경험을 함으로써 경험을 통해 무엇인가를 배우거나 의미를 갖게 되는 경우도 있고, 타인의 경험을 관찰(간접 경험)하거나 따라함으로써 무엇인가를 배우거나 의미를 갖게 되는 경우도 있다.[1] 소비자 심리 및

---

1 표준국어대사전에서는 학습을 "배워서 익힘", "『심리』에서 경험의 결과로 나타나는, 비교적 지속적인 행동의 변화나 그 잠재력의 변화. 또는 지식을 습득하는 과정"(http://stdweb2.korean.

행동 분야에서는 배움, 연습, 경험 등을 통해 지식 혹은 기술(skill)을 획득하는 활동 혹은 과정을 학습(learning)으로 보고 있다.

학습은 행동주의적(behavioral) 학습과 인지주의적(cognitive) 학습으로 구분된다. 행동주의적 학습은 자신을 둘러싸고 있는 환경에서 발생하는 변화에 대한 반응으로서 학습이 이루어지는 것과 관련된 것이다. 예컨대 갤럭시8의 기능 중 홍채인식 기능에 대한 광고를 보았을 때(환경에서 발생하는 변화로서의 외부적 자극), 홍채인식과 같은 새로운 첨단기술이 스마트폰에 적용된 것에 대한 놀라움(반응)으로 인하여 갤럭시8은 첨단기술제품임을 인식(학습)하는 것과 관련된 것이다.

행동주의적 학습에서는 자극-반응 혹은 반응(행동)-결과(성과)와 같은 인접한 사건 간의 연상(association)을 학습하도록 하며, 이러한 연상은 조건화(conditioning) 과정을 통해 이루어진다. 행동주의적 학습에서 조건화 과정은 고전적 조건화 과정과 조작적(수단적) 조건화 과정으로 구분된다.

인지주의적 학습은 내적 정신 과정 그리고 의식적인 사고를 통한 학습에 초점을 맞춘다. 예컨대 세탁기를 구매하기 위해 신문, 잡지의 광고를 읽고 기억 속에 저장되어 있는 세탁기 관련 정보를 인출하여 유입된 정보가 기억에 저장되어 있는 정보와 일치하는지를 분석하는 것(내적 정신 과정) 그리고 광고의 메시지 주장을 기억 속에 저장된 정보를 인출하여 지지하거나 반박하는 내용을 생성해 내는 것(의식적인 사고)을 통해 그 회사 제품은 광고에서 한 주장이 모두 맞기 때문에 신뢰를 할 수 있다는 신념을 가지는 것(학습)에 초점을 맞춘다.

학습은 학습에 영향을 미치는 요인이 매우 많고 학습 그 자체가 복합적인 성격을 가지고 있으므로 학습을 하나의 개념으로 정리하기는 쉽지 않다. 따라서 소비자 심리 및 행동에서는 학습과 관련된 것들을 학습의 주요 구성 요소인 자극, 반응, 보상(incentives)의 관계를 설명하고 규명하는 데 집중하고 있다.

go.kr)으로 서술하고 있다.

제2절 **연상학습과 고전적 조건화**

2.1 고전적 조건화 내용

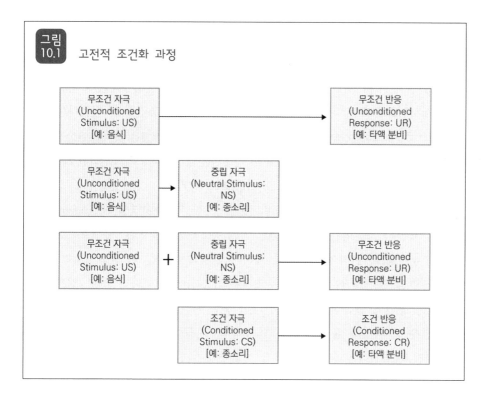

그림 10.1 고전적 조건화 과정

고전적 조건화(classical conditioning)는 Pavlov의 실험에서 출발하였다 (Wells, 2014). Pavlov는 개의 소화 과정을 연구하던 중 이상한 점, 즉 연구원이 개가 있는 방으로 들어가면 개들이 침을 분비한다는 것을 발견하였다. Pavlov 는 이러한 현상을 종소리를 가지고 실험을 한 결과 고전적 조건화라고 명명된 학습모형을 제시하게 되었다. 고전적 조건화의 과정은 다음과 같다. 먼저 개에 게 음식을 주면 침이 분비되었다. 그 다음 순서로 개에게 음식을 주면서 종소리 를 함께 듣게 하였는데 역시 침이 분비되었다. 그 후에 개에게 음식은 없이 종 소리만 들려 주어도 침이 분비되었다.

이러한 과정을 고전적 조건화에서의 자극(무조건자극, 중립자극, 조건자극), 반응(무조건반응, 조건반응) 관계를 중심으로 다시 설명하면 다음과 같다. 무조건자극(음식)이 제시된 경우 무조건반응(침 분비)이 나타났다. 무조건자극(음식)이 중립자극(종소리와 같이 사전적으로 무조건 반응을 일으키는 자극과는 관련이 없는 자극)과 함께 제시된 경우에도 무조건반응(침 분비)이 나타났다. 무조건자극(음식)이 없는 상태에서도 중립자극(종소리)이 무조건반응(침 분비)과 같은 반응이 나타났는데, 여기에서의 무조건반응(침 분비)은 중립자극(종소리) 없이 무조건자극(음식)만 있던 상태에서 나타난 무조건반응(침 분비)과는 의미가 다르다. 즉, 여기에서의 반응(침 분비)과 자극은 이전에 무조건자극(음식)과 중립자극(종소리)이 인접하여 제시됨으로써 어떤 반응(침 분비)이 일어나도록 조건화가 되었다는 것을 의미하므로 종소리는 중립자극(침 분비와 같은 반응이 발생하는 것과 무관한 자극)에서 조건자극(무조건자극 없이도 침 분비와 같은 반응이 일어나도록 조건화된 자극)으로 바뀌며, 반응도 무조건반응에서 조건반응으로 바뀐다.

고전적 조건화에서 가장 중요한 개념 중 한 가지는 연상(association)에 있다. 즉, 고전적 조건화는 이전의 중립 자극(종소리: 궁극적으로는 조건자극)은 특정 반응(침 분비)과 관련하여 기존에 존재하는 연상과는 다른 자극(음식: 무조건자극)이지만 만일 조건자극(종소리)이 무조건자극(음식)이 일어나기 바로 직전 혹은 일어나는 동안에 반복적으로 발생한다면 중립자극(종소리)이 무조건자극이 이끌어낸 반응(침 분비)과 동일한 반응(침 분비)을 이끌어 낼 수 있는 것을 말한다.

고전적 조건화는 단일의 반응을 이끌어내는 단일의 자극을 조건화하는 것에 초점이 맞추어져 있다. 예컨대 마케팅에서 광고에 노출되는 것을 통하여 브랜드명에 대한 정서적 반응을 조건화하는 것에 관심을 기울인 것이 여기 해당된다. 고전적 조건화는 무조건자극과 조건자극 간의 연계성, 즉 조건화된 자극이 본능적으로 반응을 보이도록 만드는 무조건자극과 짝을 이루어서 제시됨으로써 반응이 나타난다는 점에서 일차조건화(first-order conditioning)라고도 한다.

한편 조건자극과 조건자극이 짝을 이루어서 제시됨으로써 반응이 나타나는 경우도 있는데 이를 고차조건화(higher-order conditioning)라고 한다. 즉, 첫 번째 조건자극이 무조건자극과 함께 제시되기 직전 혹은 직후에 첫 번째 조건자극과 강한 연상관계를 이루고 있는 두 번째 조건자극이 첫 번째 조건자극과 함께 제시되는 것이다. 예를 들면 노화방지 화장품(첫 번째 조건자극)이 매우 긍정적 이미지를 가지고 있는 유명인 광고모델(무조건 자극)과 함께 제시되기 직전 혹은 직후에 노화방지와 강한 연상관계를 이루고 있는 잘 알려진 음악(잘 알려진 음악은 이 음악을 아는 사람에게는 이미 조건화가 되어 있는 것임)이 함께 제시되는 경우를 말한다. 이 경우 잘 알려진 음악(두 번째 조건자극)이 유명인 광고모델(무조건 자극)이 젊은 시절 부른 노래인데, 현재도 그 유명인 모델이 동일한 피부를 유지하고 있다(두 가지 조건자극과 무조건 자극 간의 연상 관계가 강하다)면 고차조건화의 효과는 더 높을 가능성이 있다.

2.2 고전적 조건화와 마케팅

(1) 일반화와 차별화

고전적 조건화는 광고를 비롯하여 마케팅에서 많이 응용되어 적용되는 원리이다. 가장 대표적인 것으로는 일반화와 차별화를 들 수 있다(Szmigin and Piacentini, 2015).

소비자들은 제품과 브랜드에 대해서 학습을 한다. 학습의 결과는 지식화되어 소비자의 기억 속에 자리잡게 되며, 유사하게 학습을 해야 할 상황이 발생하면 기억 속에서 관련정보를 인출하여 문제를 해결하고자 한다. 학습은 제품과 서비스에 대한 불확실성을 감소시켜 주며, 기억 속에 저장된 학습 규칙은 유사한 문제를 해결하는 데 적용됨에 따라 문제해결을 일반화시키는 경향이 있다.

자극 일반화는 조건자극과 유사한 어떤 자극이 조건반응과 유사한 반응을 일으킬 때 발생한다. 자극 일반화는 브랜드 확장에서 많이 활용된다. 즉, 어떤 분야에서 긍정적인 반응을 받았던 브랜드(예컨대 이미 의류 분야에서 세련되고 심플하다는 브랜드 개성을 구축하여 소비자들로부터 긍정적인 반응을 얻은 조르지오 아르마니 브랜드)를 다른 분야(예컨대 선글라스)에서도 긍정적 반응이 나올 것으로 기대하고 브랜드 확장을 시도하는 것은 이와 같은 원리로 해석할 수 있다.

한편 자극 차별화는 유사한 자극 간의 차별성을 학습하는 것이다. 예컨대 한방화장품이라고 하더라도 인삼성분이 들어있다고 하는 경우와 사포닌 성분이 들어있다고 하는 경우 소비자들은 같은 것으로 받아들일 수도 있는(예컨대 인삼에서 사포닌 성분에 대해 강한 인상을 형성하고 있어서 인삼과 사포닌을 동일 시 하는 경우에는 같은 것으로 받아들일 가능성이 있음) 반면 서로 다른 것(예컨대 인삼에서 사포닌 성분 이외에도 유용한 성분들이 많이 있으므로 이러한 다른 성분에 대해 강한 인상을 형성하고 있어서 인삼과 사포닌을 동일 시 하지 않는 경우에는 서로 다른 것으로 받아들일 가능성이 있음)으로 받아들일 수도 있다. 차별화는 마케팅에서는 제품차별화 혹은 포지셔닝 등에 많이 활용될 수 있다.

(2) 고전적 조건화 영향 요인

고전적 조건화가 마케팅에서 효과적으로 영향을 나타내기 위해서는 몇 가지 조건이 필요한데, 이에 해당하는 것으로는 무조건자극의 강도, 무조건자극과 조건자극 간의 연상 작용의 지속성(연상 작용이 제거되는 것을 소멸이라 함), 반복의 정도, 자극이 주어지는 순서, 소비자의 관여도, 자극에의 친숙성 등이 있다(이학식 등, 2015).

(3) 광고에서의 고전적 조건화

고전적 조건화는 광고에서 많이 연구되고 활용되었으며, 상당히 유용한 것으로 나타났다. 많은 유형의 광고들은 브랜드명(브랜드명은 초기에는 브랜드명과 연상된 인지적 혹은 정서적 반응이 적거나 없음)을 기존에 존재하는 긍정적인 인지적 혹은 정서적 반응을 이끌어 낼 수 있는 콘텐츠(광고모델, 그림, 음악, 단어 등)와 함께 제시한다. 이렇게 제시하는 중심적인 논리는 브랜드명에 대한 조건화된 반응으로서 긍정적 정서가 학습되기를 바라는 데 있다. 실험 상황에서 광고에 활용된 조건화 절차는 브랜드에 대한 태도를 강화한다.

사람들은 조건자극과 무조건자극 간의 관계에 주목하여 태도와 관련된 신념에 대해 추론을 하게 된다. 예컨대 고급화장지 광고에 아기고양이(kittens)가 등장하는 경우 소비자들은 이 광고에서 등장하는 고급화장지는 부드러움이 탁월하다는 것을 주장하려 한다고 추론하여 부드러움에 가치를 부여하여 광고의 주장을 믿는 정도에 따라서 자신의 태도를 변화시키기도 한다.

연상학습과 조작적 조건화(수단적 조건화)

3.1 조작적 조건화(수단적 조건화) 내용

조작적 조건화(operant conditioning)는 수단적 조건화(instrumental conditioning)라고도 한다. 조작적 조건화는 바람직한 반응에 이어지는 강화를 통해서 행동이 변화되는 것을 말한다. Skinner는 박스 안에 비둘기를 놓은 후 레버를 누르면 먹이가 나오도록 하였는데, 비둘기가 먹이를 먹기 위해 레버를 누르는 것을 관찰하고, 레버를 누름으로 인해서 먹이가 나오는 것을 목격한 것이 레버를 누르는 행동을 강화시켰다고 보았다. 이것을 좀 더 일반화시키면 조작적 조건화에서는 학습이 이전 행동의 성과 결과로서 행동이 변화되거나 수정될 때 발생한다고 보고 있다(Szmigin and Piacentini, 2015).

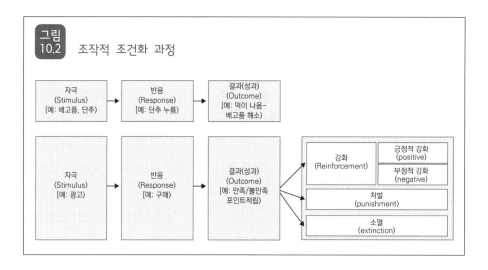

그림 10.2 조작적 조건화 과정

조작적 조건화에서 반응과 반응의 결과(성과)는 크게 세 가지, 즉 강화(reinforcement), 처벌(punishment) 그리고 소멸(extinction)로 구분된다.

강화는 어떤 수준이나 강도가 높아지는 것을 의미하는데, 긍정적 강화는 자극에 따른 반응이 긍정적 성과를 산출하는 반응이 되어서 강화가 이루어지는 것을 말하며, 부정적 강화는 자극에 따른 반응이 부정적 성과를 제거하는 반응이 되어 강화가 이루어지는 것을 말한다. 긍정적 강화의 예로는 고객만족과 포인트 적립 등을 들 수 있다. 예컨대 온라인 쇼핑몰에서 제품을 구입하였는데 그 제품에 대해 만족스러울 뿐 아니라 그 제품의 구매로 인하여 적립되는 포인트가 다른 쇼핑몰에 비해 많다면 이 소비자는 다음에 다른 제품을 구매할 필요가 있을 때 다른 조건이 동일하다면 이 온라인 쇼핑몰에서 재구매를 할 가능성이 높다. 한편 부정적 강화의 예로는 소비자가 경험하는 부정적 문제의 해결 혹은 소비자 욕구가 부정적 문제를 제거하는 것에 두는 경우 등을 들 수 있다. 예컨대 소비자는 빨래에 붙어있는 찌든 때를 제거하는 데 어려움을 겪고 있는데, 어떤 세제가 다른 세제에 비해 다른 조건이 동일한 경우, 이 찌든 때를 잘 제거한다면 소비자는 다음에도 빨래를 할 때 찌든 때를 제거하는 것이 목표라고 한다면 이 세제를 재구매할 가능성이 높을 것이다.

강화와 관련하여 마케팅에서 중요하게 여기는 것 중 한 가지는 강화 스케줄과 관련된 사항이다. 강화 스케줄은 강화가 언제(강화 시기, 주기) 그리고 어떠한 방법(고정, 가변)으로 소비자에게 적용될 것인지와 관련된 것으로 강화 스케줄에 따라 소비자들의 강화 강도는 영향을 받는다.

일반적으로 언급되는 강화 스케줄로는 고정비율 스케줄, 고정주기 스케줄, 가변적 스케줄, 가변적 주기 등이 있다. 고정비율 스케줄은 특정한 반응 횟수가 달성된 이후에 강화가 주어지는 것이다. 고정주기 스케줄은 특정한 기간이 지난 후에 강화가 주어지는 것이다. 가변 스케줄은 비규정적인 기준에 따라 강화가 주어지는 것이다. 가변주기의 비율은 알려져 있지는 않지만 지속적으로 강화가 주어지는 것이다.

처벌은 자극에 대한 반응이 바람직하지 않은 결과, 부정적인 결과(성과)를 가져오는 것을 말한다. 예컨대 어떤 소비자가 화려한 옷을 구매하여 입고 모임에 나갔는데, 그 모임의 구성원들로부터 그 옷에 대해 어울리지 않는다는 말을 들은 경우 그 소비자는 이 화려한 옷을 다시 구매하지 않을 가능성이 높다.

소멸은 자극, 반응, 결과 간의 연결이 제거되는 것을 말한다. 예컨대 온라인 쇼핑몰에서 제품을 구입할 때 적립되는 포인트가 다른 쇼핑몰에 비해 많았으나 적립되는 포인트가 중단되거나 다른 쇼핑몰에 비해 적어진 경우, 다음에 다른 제품을 구매할 필요가 있을 때 다른 조건이 동일하다면 이 온라인 쇼핑몰에서 재구매를 할 가능성은 이전에 비해서 낮아질 가능성이 높다.

3.2 조작적 조건화(수단적 조건화)와 마케팅

조작적 조건화가 마케팅에서 효과적인 마케팅 성과를 내기 위해서는 몇 가지 고려사항이 있다.

첫째, 마케터는 강화의 유형을 결정할 필요가 있다. 제품의 성격에 따라서 긍정적 강화가 효과적인 경우가 있는 반면 부정적 강화가 효과적인 경우도 있다. 예컨대 우루사 광고에서는 "간 때문이야"라는 메시지를 활용한 경우도 있고 "간 덕분이야"라는 메시지를 활용한 경우도 있는데, 이 메시지들은 강화의 유형과 무관하지 않은 것으로 보인다.

둘째, 마케터는 강화 스케줄을 자사 상황에 맞도록 설계할 수 있어야 한다. 마케팅 상황에 따라서는 즉각적 보상이 이루어지는 것이 효과적인 경우가 있는 반면 일정한 기간 혹은 횟수를 두고 보상이 이루어지는 것이 효과적인 경우도 있다. 예컨대 예매를 하면 현장에서 구입하는 것보다 10% 저렴하게 구입할 수 있다는 것은 즉각적 보상의 형태인 반면 커피전문점 등에서 주로 활용하는 스탬프, 즉 10번 도장을 받으면 1잔 무료와 같은 것은 후자에 속할 것이다. 또한 한번 구매할 때 구매 금액에 따라서 받는 도장 수에 있어서 차별화를 두는 경우도 있다.

강화 스케줄과 관련하여 재미있는 실험의 결과가 발표된 적이 있다. 도장을 7번 받는 것은 동일하지만 어떤 스탬프는 처음부터 7번을 받도록 한 스탬프가 있는 반면 다른 스탬프는 3번 도장이 찍혀있는 상태에서 네 번째부터 도장을 찍어주는 스탬프가 있었다. 이 둘을 비교해 본 결과 후반부로 갈수록 후자의 스탬프가 전자의 스탬프에 비해서 점포를 방문하는 주기가 짧음을 발견하였다. 이것은 소비자들이 목표를 달성하기 위하여 목표와 가까운 위치에 다다를수록 목표달성 욕구가 커지기 때문에 이러한 현상이 발생한 것으로 해석할 수 있다. 즉 전자의 경우에는 5번 방문 시 목표달성까지 28%가 남아 있는 반면 후자의 경우 5번 방문 시 목표달성까지 20%가 남아 있는 것이기 때문이다(Kivetz et al., 2006).

셋째, 소멸의 시점을 전략적으로 선택해야 한다. 예컨대 어떤 사이트를 무료로 이용할 수 있도록 하다가 일정시점에 정책을 바꾸어 유료로 전환하는 경우를 볼 수 있다. 이러한 경우 기존에 무료로 이용하였던 긍정적 결과(성과)가 소멸되는 것이므로 소비자들로부터 반발을 사는 것이 보도되는 경우가 있다.

한편 소멸은 브랜드 전략에서도 효과적으로 활용된다. 예컨대 기존에는 긍정적 이미지를 가지고 있던 브랜드였으나 시대가 변화함에 따라서 부정적 이미지가 가미된 브랜드로 바뀌는 경우가 있다. 그러나 이 브랜드에 대해서는 여전히 구축되어 있는 브랜드 자산이 있고, 긍정적 이미지를 가지고 있는 소비자들이 있으므로 이 브랜드를 단기간에 철수해 버리는 것은 바람직하지 않을 수도 있다. 이러한 경우에는 기존에 긍정적 이미지를 가지고 있는 브랜드와 새롭게 생성한 브랜드를 함께 사용하다가 일정 기간이 경과한 후 기존의 브랜드는 철수하고 새로운 브랜드만 사용하는 경우를 볼 수 있는데, 이러한 경우가 소멸을 효과적으로 활용한 사례라고 할 수 있다.

3.3 조성(shaping)

조성(shaping)은 어떤 반응을 가져올 가능성이 높은 자극을 제공함으로써 궁극적으로는 다른 반응을 유도하는 것을 말하는 것으로 마케팅 분야에 다수 적용되고 있는 개념이다. 예를 들면 할인마트에서 특정 품목을 매우 저렴한 가격에 선착순 혹은 한정된 수량만큼 판매하는 것(예컨대 배추를 100원에 한정된 수량만큼 판매하는 것)과 같이 미끼상품(loss leader)을 통해 소비자를 점포 안으로 유인하는 것을 말한다. 이러한 마케팅 방법은 점포 안으로 들어온 소비자는 다른 제품도 구매할 가능성이 높다는 분석을 바탕으로 실시하는 정책이라고 할 수 있다.

조성은 미끼상품뿐 아니라 다양한 방법으로 실행되고 있다. 예컨대 매장 입구에 향기로운 과일을 진열하는 것은 소비자들의 기분을 긍정적으로 조성하려는 목적도 있으며, 매장 입구 가까운 곳에 시식코너를 마련해 놓는 것 혹은 체험 이벤트를 할 수 있는 공간을 마련해 놓는 것도 조성의 일환이라고 할 수 있다.

쇼핑 모멘텀 효과(shopping moment effect)는 조성에 의해 나타나는 효과라고 할 수도 있다. 이 효과는 비교적 저렴한 가격 혹은 크게 할인된 가격의 제품 혹은 부담없이 구매할 수 있는 제품을 매장 입구에 진열하여 소비자가 해당 제품을 구매함으로써 소비자들의 제품 구매에 대한 심리적 장벽을 완화하는 역할을 한다(Dhar et al., 2007).

 ## 제4절 컨셉형성: 본보기학습모형과 규칙기반 학습모형

컨셉형성(concept formation)은 심리학 분야에서 연구되어 온 것이지만 소비자 심리 및 행동 그리고 마케팅 분야에서도 활용이 점점 증가하고 있는 내용이다. 먼저 간단한 예로서 어떤 소비자가 자동차는 승용차, 버스, 트럭으로 구성되어 있다고 생각하고 있었는데, 광고를 보니 SUV라는 용어가 등장하고, SUV는 이 소비자가 일반적으로 생각하고 있던 승용차와는 다른 점이 많이 있어서 SUV는 승용차와는 다르다는 생각을 가지게 되었다고 가정해 보자. 컨셉은 사람들이 자신의 세계를 표현하는 데 활용하는 정신(mental)구조를 말한다. 앞의 예에서 보면 이 소비자의 정신구조에는 자동차가 포함되어 있음을 알 수 있다. 컨셉은 이산형태(즉, 개별적으로 구분된 것)일 수도 있고 연속형태일 수도 있다. 범주(category)는 이산적 컨셉이다. 예컨대 앞의 예에서 이 소비자의 자동차에 관한 컨셉은 자동차를 두 가지 범주(승용차 범주와 SUV 범주)로 나누어 생각하고 있음을 알 수 있다.

컨셉형성이 중요한 이유는 컨셉형성이 소비자들이 의사결정을 하는 데 영향을 미치기 때문이다. 소비자들은 의사결정 시 탐색 과정 단계를 거치는 동안 대안들을 가려내기 위하여 이산적 컨셉을 활용한다. 예컨대 앞의 예에서 만일 이 소비자가 자동차를 구매하려고 하는데 광고에서 본 SUV형태의 자동차가 마음에 들어서 SUV형태의 자동차를 구매하겠다는 생각을 가졌다고 한다면 승용차 형태의 자동차는 고려대안집합에 들어가기가 어려울 것이며, 심지어는 정보탐색 과정에서 일반 승용차는 제외될 가능성이 높다.

한편 여러 대안들 중에서 선택하는 경우에는 품질 혹은 시장가치와 같은 연속형 컨셉이 개입되는 것을 볼 수 있다. 예컨대 앞의 예에서 이 소비자가 SUV형태의 자동차를 구매하려고 정보 탐색을 한 결과 3가지 브랜드가 선택대안집합 속에 포함되어 있다고 한다면 이 소비자는 3가지 브랜드를 품질에 따라 A브랜드는 7점, B브랜드는 6.5점, C브랜드는 8.3점과 같이 각 브랜드의 품질을 연속형으로 인식할 수도 있다.

컨셉형성을 설명하는 이론적 모형으로는 본보기 모형(exemplar−based model)과 규칙기반 모형(rule−based model)이 있다. 본보기 모형은 그 범주의 가장 대표적인 본보기이거나 평균적인 본보기를 기준으로 컨셉을 형성해 나가는 것을 설명하는 모형이다. 본보기 모형을 통한 컨셉 형성은 상당한 인지적 자원없이 자동적으로 작동할 수 있는 단순한 연상 과정을 상정한다. 사람들이 어떤 새로운 것에 마주쳤을 때 사람들은 그 새로운 것과 유사한 것을 기억 속에 있는 다른 컨셉으로부터 정보를 불러들이고, 그 정보를 바탕으로 어떤 반응을 보일지를 결정한다. 예컨대 SUV형태를 가진 신차 모델을 보고 기억 속에 있는 SUV의 외양을 인출하여 신차의 외양과 일치하는 경우 그 신차를 신속히 SUV로 분류하는 것이 여기에 해당된다. 이것은 매우 간단하고 단순한 반응 과정이다. 그러나 경우에 따라서는 인지적 자원이 많이 수반되기도 한다. 예컨대 SUV형태를 가진 신차 모델이 자신의 기억 속에서 인출한 SUV의 외양과 비슷하다고 할지라도 그 신차가 자신의 기억 속에 저장되어 있는 SUV와 얼마나 유사한지를 알아보기 위해서 기억 속에 저장되어 있는 SUV를 기준으로 신차의 크기, 스타일 및 디자인, 배기량, 엔진성능 등을 비교한 후 그 신차의 품질과 가격 등에 대해 추론을 하는 경우도 있다. 또한 만일 품질과 가격이 알려져 있는 경우라면 기존 정보들을 종합하여 그 신차에 대한 태도적 신념(예컨대 성능에 비해서 가격이 비싸다, 가성비가 좋다)을 형성할 수도 있다.

규칙기반 모형에서는 자극을 이루는 각 속성과 특정 컨셉을 결합하는 규칙 간의 적합성(fit) 정도에 의존하여 컨셉이 형성이 되는 것을 설명하고 있다. 예컨대 어떤 사람이 SUV에 대해 각 속성별로 일정한 컨셉을 가지고 있는데, SUV 신차를 보았을 때 그 신차의 속성과 그 사람이 가지고 있는 SUV 속성과의 적합성이 높은 경우 그 사람은 그 신차를 SUV로 분류하는 것이 이에 해당된다.

구분	연상학습	규칙기반 학습
중심점	환경의 단서와 행동 반응 간의 예측적 관계	행동적 반응에 관한 일관된(coherent) 설명을 제공하는 규칙에 대한 인과적, 논리적 그리고 위계적 구조
과정	자동적, 직관적 그리고 유사성, 근접성, 인식, 반복, 강화와 같은 컨셉에 기초한 상대적으로 과도하지 않은 인지적 과정	심사숙고하는, 체계적인, 범주화, 기억, 설명, 분석적 표상과 같이 인지적으로 집중적인 과정
반응/행위	휴리스틱 그리고 연상 과정 그리고 상대적으로 적은 노력을 통해 학습한 예측적 반응	규칙을 식별하고 통합하는 노력을 기울인 이성적인 과정으로부터 합리적으로 행동
형태	묵시적, 휴리스틱, 적응적 그리고 자동성, 신속성, 재귀성과는 다른 관련된 형태	명시적, 연역적, 규칙기반 그리고 의식, 주의, 반사성과는 다른 관련된 형태
조건	직관, 경험	기억, 인지적 자원

출처: Jayanti and Singh(2010).

원형 모형들(prototype models)은 본보기 모형과 규칙기반 모형을 결합한 것이다. 원형 모형은 필수적으로 원형이 그 범주의 가장 대표적인 본보기이거나 평균적인 본보기라는 점에서 본보기 모형과 비슷하며, 원형 모형들에서는 이상적으로 분류된 자극과 비교하기 위하여 수집되는 유일한 본보기라는 점에서 본다면 추상적 규칙과 매우 유사하다.

Jayanti and Singh(2010)는 행동주의적 학습이론에서 중요시 하는 연상학습와 규칙기반학습의 특정을 비교하여 설명하고 있다.

제5절 인지적 학습

학습은 자극에 대한 자동적인 반응으로 나타나는 결과만을 말하고 있지는 않다. 예를 들면 사람들은 이전 구매 경험을 바탕으로 하여 현재의 구매 상황을 분석하여 평가적 판단을 하기도 한다.

인지적 학습은 의식적인 노력 혹은 사고를 통해서 새로운 정보를 획득하고 유지하는 것을 말한다(Szmigin and Piacentini, 2015). 인지적 학습에서는 자극에 대한 반응으로서 소비자들이 무엇(what)을 학습하는가보다는 어떻게(how) 학습이 되는지에 초점을 맞춘다. 고전적 조건화이론과 조작적 조건화이론에서는 학습은 자동적으로 일어나는 것을 가정하고 있지만 인지적 학습이론에서는 지속적인 의식(conscious) 과정을 전제로 한다.

소비자학습은 자동적으로 일어나는 것을 가정하고 있지만 인지적 학습이론에서는 지속적인 의식(conscious) 과정을 전제로 한다.

고전적 조건화이론과 조작적 조건화이론에서는 소비자의 머릿속에서 무엇이 일어나고 있는지에 대해서는 암실(block box), 즉 '깜깜이'라는 전제를 하고 있다. 마케터는 소비자들에게 어떤 자극(예컨대 어떤 일정한 조건하에서의 30% 가격할인)이 주어지는 경우 특정한 반응(예컨대 가격할인 이전에서는 구매를 망설이던 소비자가 30% 가격할인에 따라 구매를 함)을 촉발하는 것은 알 수 있지만 소비자들의 머릿속에서 무엇이 발생하여 이러한 결과가 나왔는지에 대해서는 실질적으로 알지 못한다는 것이다. 그러나 인지적 학습에서는 소비자들의 머릿속에서 무엇이 발생하여 이러한 결과가 나타났는지에 대해 관심을 가진다(예컨대 그 제품 소유자에 대해 부러움을 가지고 있던 소비자들이 이러한 가격할인에 열광적으로 반응함). 이러한 관심은 소비자들로부터 유사한 반응 혹은 행동을 가져오는 소비자 요인이 무엇인지를 분석하여 향후에도 유사한 반응을 촉발하는 소비자 요인을 알고자 하는 시도라고 할 수 있다.

인지적 학습은 사람의 머릿속에서 일어나는 것을 암실로 보지 않고 인지적 과정으로 보고 있는데, 이러한 인지적 과정은 기억, 목표, 기대 등을 포함하고 있다고 보고 있다. 예컨대 자극은 그 자극과 유사한 자극에 과거에 유입되었을 때 자신의 반응에 대한 기억을 떠올리고 그 자극과 관련된 바람직한 결과와 관련된 목표를 설정한 후 그 목표 달성이 가져올 결과에 대한 기대가 형성된다. 그리고 이러한 처리과정 이후에 반응을 하게 된다.

인지적 학습 전문성은 다섯 가지 측면에서 살펴볼 수 있다. 즉, 인지적 노력, 인지적 구조, 분석, 정교화, 기억 등이다.

인지적 학습이론은 자극에 대한 소비자 반응을 예측하는 데 유용한 정보를 제공한다.

Hoch and Ha(1986)는 광고물을 활용한 인지적 학습이 소비자 행동에 미치는 영향을 잘 보여주고 있다. 소비자들은 광고물 혹은 광고에서 한 메시지 주장을 제품 성능 혹은 성과에 대한 잠정적인 가설로서 받아들이고 제품 경험을 통해 이러한 잠정적 가설을 검증할 수 있다고 보고 있다. 만일 제품 품질에 대한 경험이 애매모호하지 않은 경우에는 광고에서 한 주장이 무시되거나 약화되는 반면, 제품 품질에 대한 경험이 애매모호한 경우 확증편향(confirmatory bias)에 의해 소비자들은 광고의 영향을 크게 받게 된다. 이러한 경우 소비자들은 잠정적으로 받아들인 가설이 맞는지에 대한 증거들을 중심으로 하여 주로 정보를 수집하는 경향이 있으므로 제품에 대해 호의적으로 생각하고 있는 소비자들은 그 제품에 대한 긍정적으로 해석할 가능성이 높다.

인지적 학습이론은 제품에 대한 사전 경험을 통해 증거들을 획득할 수 있는지의 여부도 중요하게 영향을 미친다. 예컨대 소비자들이 컴퓨터를 구매하고자 하는 경우 광고에서 한 주장을 보고 대리점 혹은 컴퓨터 판매점에 가서 해당 제품에 대한 경험을 직접적으로 해 본 후 구매할 수 있다. 그러나 여행을 가는 경우에는 해당 제품에 대한 이전 경험이 없는 한 구매 이전에 직접적인 경험을 할 수 있는 가능성은 거의 없고, 이러한 경우 광고, 영업사원의 설명, 구전 혹은 서비스/제품 제공자의 명성, 평판 등이 구매를 결정하는 데 매우 중요한 역할을 할 것이다.

경험으로부터 학습하는 것은 4단계의 과정을 거친다. 이 4단계는 가설화하기 → 노출 → 부호화 → 통합이다. 그리고 경험을 학습하는 것을 조절하는 역할을 하는 것으로는 해당 영역에 대한 친숙도, 학습하고자 하는 동기부여 그리

표 10.2 소비자학습 과정 관리				
동기부여 / 친숙도 애매모호성	학습에 대한 동기부여: 높음		학습에 대한 동기부여: 낮음	
	영역에 대해 친숙함	영역에 대해 친숙하지 않음	영역에 대해 친숙함	영역에 대해 친숙하지 않음
정보환경 애매모호성: 높음	강력한 신념 형성 가능 기존 신념이 새로운 학습 방해함	학습에 대한 수용성이 매우 높아 소비자학습 관리가 중요함	만족감(com placency)이 초기 학습을 방해함 소비자반응	학습이 시작되기 어렵고 유지되기도 어려움 학습에 대한 수용성이 높아 소비자학습 관리가 중요함
정보환경 애매모호성: 낮음	학습은 자발적이고 신속하게 일어나므로 소비자학습을 관리하기 어려움		학습이 일어나기 어렵지만 일단 학습이 시작되면 소비자학습을 관리하기 어려움	

출처: Sethna and Blythe(2016).

고 정보환경에 대한 애매모호성 등이 있다.

인지적 학습은 다섯 가지 요소로 구성되어 있다. 즉, 단서(cue), 동인(drive), 반응, 강화 그리고 보유(retention)이다. 단서는 학습을 장려하는 외적 방아쇠 역할을 하는 것을 말한다. 동인은 행위가 일어나도록 추진력을 불어넣는 자극을 말한다. 반응은 단서와 동인 간의 상호작용에 의해 소비자가 만들어내는 반응작용(reaction)을 말한다. 강화는 제품에 대한 경험으로 보상이 이루어지는 것을 말한다. 보유는 학습된 자료(material)가 시간이 경과하더라도 안정적인지(stability), 즉 학습된 자료가 얼마나 잘 기억되고 있는지를 말한다.

인지적 학습에는 대리 학습(vicarious learning)이 있다. 대리 학습은 타인(예컨대 다른 소비자, 경쟁자 등)의 경험으로부터 배우는 것이다. 이것은 매우 유용한 학습 방법으로 알려져 있는데, 그 이유는 시행착오에 의해 직접 경험을 하는 것에 비해서 대리 학습은 노력과 위험이 덜 든다는 장점이 있기 때문이다. 대리 학습은 직접 관찰하기 혹은 효과적인 커뮤니케이션이 요구된다. 마케팅에서 대리 학습은 광고물 등을 통해 많이 볼 수 있다. 광고주는 광고를 통해 제품을 어떻게 사용해야 하는지 그리고 그 제품을 통해 얻을 수 있는 장점에 대해 알려주기도 한다.

토론 주제

■ 특별 판매 제품은 매장 입구에 설치하는 경우도 있고 매장의 가장 뒤편에 설치하는 경우도 있습니다. 각각의 경우의 장단점은 무엇인지 토론해 보십시오.

■ 고전적 조건화 방법 혹은 조작적(수단적) 조건화 방법을 활용하여 영업직원이 고객과의 상담시 설득력을 높이는 기법이 무엇이 있는지 토의해 보십시오.

참고문헌

이학식·안광호·하영원 (2015), 소비자행동: 마케팅전략적 접근, 학현사.

Dhar, R., Huber, J., & Khan, U.(2007), The Shopping Momentum Effect, *Journal of Marketing Research*, 44(3), 370−378.

Hoch, Stephen J. and Y.−W. Ha (1986), Consumer learning: advertising and the ambiguity of product experience, *Journal of Consumer Research*, 13(2), 221−233.

Jayanti, Rama K. and Jagdip Singh (2010), Pragmatic learning theory: an inquiry−action framework for distributed consumer learning in online communities, *Journal of Consumer Research*, 36(6), 1058−1081.

Kivetz, R., O. Urminsky, and Y. H. Zheng (2006), The goal−gradient hypothesis resurrected: purchase acceleration, illusionary goal progress, and customer retention, *Journal of Marketing Research*, 43(1), 39−58.

Sethna, Z. and J. Blythe (2016), *Consumer Behaviour*, 3rd edition, LA:Sage.

Staddon, J. E. R. & Cerutti, D. T. (2003), Operant conditioning, *Annual Review of Psychology*, 54(1), 115−144.

Szmigin, I. and M. Piacentini (2015), *Consumer behavior*, Oxford University Press:UK.

Wells, V. K.(2014), Behavioral psychology, marketing and consumer behaviour: a literature review and future research agenda, *Journal of Marketing Management*, 30(11−12), 1119−1158.

[10장 참고 인터넷 기사 및 자료]
국립국어원, 표준국어대사전, http://stdweb2.korean.go.kr/

• • •

사회적 영향력: 준거집단(준거인), 구전, 소셜미디어

앨리스는 피겨 스케이팅을 시작하고 싶어 한다. 그래서 최종적으로 의사결정을 하기 전에 현지 스케이트 동호회에 의해 지도가 이루어지고 있는 스케이팅 세션을 보러 가기로 하였다. 그녀는 자기가 본 것에 호감을 갖게 되었다. 그리고 그 다음날 그녀는 스포츠용품점에 가서 피겨스케이트를 구매하기로 하였다. 앨리스는 점포에서 흰색 스케이트인 몇몇 브랜드를 보았고 동일한 수준으로 예뻐 보였다. 그래서 그녀는 흰색 스케이트를 신어보기 전에 스케이트장에서 보았던 모든 사람을 회상해 보았다. 한 가지 브랜드가 더 있는데, 이 브랜드는 다른 브랜드들과는 떨어진 곳에 있었다. 그 스케이트는 롤러블레이드 이후에 설계된 것으로 보인다. 이 스케이트는 흰색과 검정색 줄무늬가 있는 푸른색 스케이트이다. 앨리스는 이러한 스케이트를 타고 있던 사람을 떠올리지 못했다. 만일 앨리스가 개인적으로 흰색과 줄무늬 스케이트를 동일하게 좋아하고 앨리스의 동료 중 누구도 앨리스에게 조언을 해주지 않는다면 앨리스는 어떤 스케이트를 선택할 것인가?

① 앨리스는 어떤 경우 혹은 어떤 상황일 때 흰색 스케이트를 구매할까? 흰색 스케이트를 구매한다면 어떤 이유 때문에 구매했을까?
② 앨리스는 어떤 경우 혹은 어떤 상황일 때 푸른색 스케이트를 구매할까? 푸른색 스케이트를 구매한다면 어떤 이유 때문에 구매했을까?

출처: Papyrina(2012).

제1절 사회적 영향력

1.1 사회적 영향력과 소비자 심리 및 행동

소비자 심리 및 행동 그리고 마케팅 분야에서 사회적 영향력에 대한 관심이 점차 증가하고 있는 것으로 보인다. 소비자들은 개인적으로 의사결정을 하기도 하지만 타인들의 의견을 반영하여 의사결정을 하기도 한다. 특히 SNS(Social Network Service)를 비롯하여 사람과 사람을 연결하는 사회관계망 서비스 수단들은 사람들이 이러한 사회관계망 서비스에 참여하여 타인과의 상호작용이 증가함에 따라서 소비자들의 심리 및 의사결정에 있어서 타인의 영향력이 점점 증가하는 데 영향을 미치고 있다.

사회적 영향력의 대표적인 사례는 준거집단과 의견선도자(opinion leader)였다. 그러나 최근에는 이러한 사회적 영향력의 유형이 확산되고 있다. 예컨대 셀럽으로 표현되는 유명 연예인들, 중국의 왕홍과 같은 온라인 상에서의 파워블로거 및 1인미디어, 인플루언서, 다수의 팔로워를 거느린 SNS 스타, 온라인 커뮤니티 등은 모두 새롭게 부각된 사회적 영향력을 행사하는 개인 혹은 집단이라고 할 수 있다. 또한 구전은 전통적으로 마케터가 통제하기 어려운 사회적 영향력의 유형으로 취급되었으나 최근에는 빅데이터 분석 방법 등을 통해 온라인 상에서의 구전이 어떻게 전개되고 있는지를 신속히 파악하여 이에 적절히 대응하는 기업들도 생겨나고 있다.

본 장에서는 사회적 영향력이라는 주제 하에 준거집단(준거인), 구전 그리고 소셜미디어에 대해서 알아보고자 한다.

1.2 사회적 영향력과 소비자 수용성

개인의 행동을 결정하는 중요한 요인 중 한 가지는 타인 혹은 집단의 영향력이다. 즉, 개인의 행동은 자기 자신뿐 아니라 타인 혹은 집단의 영향을 받아 결정된다는 것이다. 그런데 이와 같이 타인 혹은 집단의 영향을 얼마나 크게 받는지는 그 영향을 받는 소비자의 특성, 상황적 특성 등에 따라 달라질 수 있다.

대인 간 영향력에 대한 소비자 수용성(Consumer Susceptibility to Interper-sonal Influence: CSII)에서는 개인이 대인 간의 영향력을 어느 정도 받는지에 관하여 설명하고 있다. 대인 간 영향력에 대한 소비자 수용성은 포괄적인 특질로서 개인별로 상이할 수 있으며, 개인의 다른 특질 및 특성과도 관련되어 있다. 대인 간 영향력에 대한 소비자 수용성은 제품과 브랜드의 획득과 활용을 통해 중요한 타인의 의견에서 자신의 이미지를 확인(식별)하거나 강화하려는 욕구, 구매와 관련하여 타인의 기대에 동조할 의향, 타인을 관찰하거나 타인으로부터 정보를 추구함으로써 제품과 서비스에 대해 학습하려는 성향을 의미한다(Bearden et al., 1989).

대인 간 영향력에 대한 소비자 수용성은 몇 가지 특징을 가지고 있다 (Bearden et al., 1989).

① 대인 간 영향력에 대한 소비자 수용성은 포괄적인 특질이므로 한 가지 상황에서 개인이 상대적으로 영향을 받는 정도는 다른 상황에서의 영향력 정도와 긍정적인 관계를 가지고 있을 가능성이 높다.

② 대인 간 영향력에 대한 소비자 수용성은 그 사람의 다른 특성과도 관련이 있다. 예컨대 자존감이 낮은 사람은 사회적 반감을 회피하기 위하여 다른 사람의 제안을 수락하려는 성향이 있다. 따라서 자존감이 낮은 사람은 그렇지 않은 사람에 비해 쉽게 타인 혹은 집단의 영향을 받을 가능성이 높다.

③ 대인 간 영향력에 대한 소비자 수용성은 대상이 되는 집단의 성격에 따라 달라질 수 있다. 예컨대 대인 관계에서 있어서 자신을 드러내는 것이 약한 사람은 동료(peer)의 영향을 더 받을 가능성이 있다. Cocanougher and Bruce(1971)는 자신과 사회적 거리감이 있는 준거집단일지라도 소비자들이 그 집단의 구성원 혹은 활동에 호의적인 태도를 가지고 있다면 그 준거집단의 영향을 받을 수도 있음을 보여주었다.

제2절 준거집단 유형과 사회적 영향력(준거집단 영향력)의 유형

준거집단은 오래전부터 개인이 자신의 상황을 평가하기 위해 준거점으로 이용되기도 하였는데, 소비자 심리 및 행동 분야에서는 준거집단을 "개인의 평가, 열망, 행동 등에 중요하게 연관되어 있다고 생각되는 실제 혹은 가상의 개인 혹은 집단"(Park and Lessig, 1977: 102), "개인의 행동에 직접 혹은 간접적 영향을 미칠 수 있는 집단"(이학식 등, 2015: 396) 혹은 "개인의 태도, 신념, 행동을 형성할 때 비교 혹은 지침을 위한 기초로서의 역할을 하는 집단"(Szmigin and Piacentini, 2015: 272)으로 보고 있으며, 포괄적으로는 개인의 행동에 유의미하게 영향을 미치는 개인 혹은 사람들의 집단(Bearden and Etzel, 1982)을 의미한다. Park and Lessig의 정의는 준거집단을 광범위한 개념으로 보고 있으며, 이학식 등의 정의는 집단에 초점을 맞춘 정의 그리고 Szmigin and Piacentini는 심리적인 면에 초점을 맞춘 정의로 보여진다.[1]

위의 정의들에서 공통적으로 찾아볼 수 있는 것은 어떤 소비자의 구매에 영향을 미치는 요인으로는 자기 자신뿐 아니라 그 개인이 소속되어 있거나 소속되기를 원하는 집단뿐 아니라 타인, 특히 자신이 중요하게 생각하는 타인이 포함된다는 점이다(Escalas and Bettman, 2005). 이러한 의미에서 준거집단을 포함하여 타인의 영향을 받는 모든 것을 포괄하는 것으로 사회적 영향력이라는 말을 사용하는 경우도 있다. 본서에서는 사회적 영향력 관점에서 준거집단에 대해 기술하고자 한다(본서에서는 group를 기존 문헌들과의 일관성을 유지하기 위해서 집단 혹은 그룹과 상호 교차적으로 사용하고자 한다.).

준거집단을 구분하는 기준은 다양하다. 일반적으로 활용되는 기준으로는 멤버십 여부(멤버십 그룹 대 비멤버십 그룹), 매력성의 성격(긍정적 그룹 대 부정적 그룹), 사회적 유대와 친밀도의 정도(1차 집단 대 2차 집단), 상호작용 접촉의 형태

---

1 표준국어대사전에서는 준거집단을 "개인이 자기의 행위나 규범의 표준으로 삼는 집단"(http://stdweb2.korean.go.kr)으로 기술하고 있다.

(직접적 상호작용 대 간접적 상호작용), 공식성(공식적 집단 대 비공식적 집단) 등이 있다(Hammerl et al., 2016; Szmigin and Piacentini, 2015).

❶ 멤버십 여부

멤버십 여부에 따라 멤버십 그룹(membership group)과 비멤버십 그룹(non-membership group)으로 구분해 볼 수 있다. 멤버십 그룹은 개인이 특정 그룹에 속해 있는(belong) 구성원(member)인 경우 해당 그룹을 말한다. 멤버십 그룹은 일정한 자격을 갖춘 경우 그룹 구성원이 될 수 있는 배타적 성격을 가지고 있다.

❷ 매력성의 성격

매력성(attractiveness)의 성격은 한 개인이 어떤 그룹의 멤버십에 대해 바람직하다고 여기는지를 말하는 것으로, 바람직함의 정도에 따라 긍정적 그룹 대 부정적 그룹으로 구분해 볼 수 있으며, 멤버십 여부와 결합하여 준거집단을 구분하는 데 사용되기도 한다.

긍정적 매력성을 지니고 있는 멤버십 그룹으로는 교신집단(contactual group) 혹은 연상집단(associative group)이 있고 긍정적 매력성을 지니고 있는 비멤버십 그룹으로는 열망집단(aspiration group)을 들 수 있다. 교신집단 혹은 연상집단은 정기적으로 상호작용이 이루어지고 있는 집단으로서 상당히 가까운(proximity) 집단을 말한다. 예를 들면 Harley-Davidson의 HOG(Harley Owners Group)와 같이 동일한 취미를 가지고 회원으로 가입되어 있는 동호회 등은 여기에 속한다.

열망집단은 개인이 존경하고 어떠한 방식으로든 호감을 가지게 되는 사람들로 구성된 집단으로서 개인이 소속되기를 희구하는 집단을 말한다. 열망집단은 사람들이 되고자 열망하는 지위 혹은 상태를 나타낸다. 예컨대 패션분야에 관심이 높은 소비자는 트렌드 세터들을 열망집단으로 선정하고 이들의 패션을 따라서 특정 제품 혹은 브랜드 소비가 이루어질 가능성이 있다. 열망집단은 기대열망집단과 상징적 열망집단으로 구분되는데, 전자는 개인이 미래 일정시점에 소속되기를 희구하는 집단(예컨대 조직 내에서 신입사원이 임원이 되고자 희구하는 경우 임원집단)을 말하는 반면 후자는 집단의 신념 등을 받아들이기는 하지만 개인이 그 집단에 소속될 가능성이 매우 희박한 집단을 말한다.

한편 준거집단 중에는 개인이 부정적으로 여기는 집단도 있다. 부정적 집단으로는 거부집단과 분리집단 혹은 회피집단이 있다. 거부집단(disclaimant group)은 현재 소속되어 있거나 과거에 소속되었던 집단이지만 더 이상 연결되기를 원치 않는 집단을 말한다. 예컨대 과거에는 ○○연예인 팬클럽에 가입하여 활동하였으나 해당 연예인이 사회적 물의를 일으켜서 부정적 이미지를 가지게 된 경우 해당 팬클럽에서 탈퇴하는 것은 여기에 해당될 것이다. 한편 분리집단(dissociative group) 혹은 회피집단(avoidance group)은 개인이 연상되고 싶어 하지 않는 집단 혹은 비호감을 갖고 있는 그룹을 말한다. 예컨대 음주를 부정적으로 여기는 소비자는 애주가 그룹을 회피 그룹으로 간주할 가능성이 높다. 제품 혹은 브랜드가 분리집단 혹은 회피집단과 연계되는 경우에는 제품 혹은 브랜드 이미지에 손상을 가져올 수 있다.

❸ 사회적 유대와 친밀성의 정도

사회적 유대와 친밀성의 정도에 따라 1차 집단(primary group)과 2차 집단(secondary group)으로 구분할 수 있다. 1차 집단은 가족, 친구 등과 같이 사회적 유대와 친밀성이 강한 집단을 말하는 반면 2차 집단은 사회적 유대와 친밀감이 상대적으로 약한 집단을 말한다.

❹ 상호작용 접촉의 형태

상호작용 접촉의 형태에 따라 직접적 상호작용 접촉과 간접적 상호작용 접촉으로 구분해 볼 수 있다. 직접적 상호작용 접촉은 '면대면'(face-to-face)으로 이루어지는 것을 말하는 반면 간접적 상호작용 접촉은 인터넷 등과 같이 '면대면' 이외의 수단으로 이루어지는 접촉을 말한다.

❺ 공식성

공식성에 따라 공식적 집단(formal group)과 비공식적 집단(informal group)으로 구분해 볼 수 있다. 공식적 집단은 일정한 구조를 갖추고 있고, 공식화된 규약(constitution)이 있으며 구성원에 대한 지도 지침(rule of conduct)이 있는 집단을 말하는 반면 비공식적 집단은개인들에 공통성을 가지고 있으나 공식적인 연계성은 없는 집단을 말한다.

한편 개인이 자동적으로 소속되는 집단을 사회적 범주집단이라고 하기도 한다. 예컨대 연령, 학력, 직업 등으로 그룹이 분류되는 경우 특정 그룹에 자동으로 속하게 되는 경우를 말한다.

사회적 영향력(준거집단 혹은 대인 관계)이 수용자에게 미치는 것은 몇 가지 유형으로 나누어 볼 수 있는데, 이러한 유형들은 소비자 심리 및 행동에 공통적으로 영향을 미치는 경우도 있는 반면 서로 상이하게 영향을 미치는 경우도 있다. 따라서 기업 마케터 입장에서는 각 사회적 영향력 유형과 기업 마케터의 산업, 브랜드, 제품, 서비스와의 연관성을 고려하여 사회적 영향력의 유형을 이해할 필요가 있다. 사회적 영향력(준거집단 영향력)의 유형에 관해 소비자 심리 및 행동 그리고 마케팅 분야에서 자주 언급되는 것으로는 정보적 영향력, 규범적 영향력 혹은 실용적 영향력(이 두 가지는 규범적 영향력을 두 가지로 구분한 것이라고 보는 견해도 있다)과 가치표현 영향력 등이 있다. 이하에서는 사회적 영향력의 유형과 소비자 심리 및 행동 간의 관계에 관해 설명한다(Bearden et al., 1982; Park and Lessig, 1977).

(1) 정보적 영향력

정보적 영향력(informational influence)은 타인으로부터 정보를 받아들이려는 성향을 말한다. 정보적 영향력은 불확실성과 비교 심리에 원천을 두고 있다. 사회심리학 분야에서 정보적 영향력은 비교(comparison) 개념에서 출발하였다. 예컨대 자기에 대한 평가 기준으로서 준거집단을 활용하거나 자신의 사회적 지위를 파악하고자 할 때 준거집단 혹은 준거인과 자신을 비교하여 사회적 지위에 대한 판단을 내리는 것이 여기에 해당된다(Deutsch and Gerard, 1955). 소비자 행동 분야에서는 제품 혹은 브랜드 평가에 대한 불확실성을 낮추기 위하여 정보적 영향력을 받아들인다. 불확실성에 대처하는 방법 중 한 가지는 타인으로부터 나온 정보를 추구하는 것이다. 예컨대 온라인 상에서 제품 리뷰 정보를 소비자들이 제품 구매에 활용하는 것이 여기에 속한다. Bumkrant and Cousineau (1975)는 사람들은 타인이 내린 제품 평가를 제품에 대한 정보 원천으로 활용한다고 하였다.

정보적 영향력은 두 가지 방향으로 발생한다. 첫째, 개인은 지식이 풍부한 타인 혹은 권위를 갖춘 타인으로부터 정보를 탐색할 수도 있다. 예컨대 의견선도자, 전문가 그룹, 파워블로거 등으로부터 정보를 적극적으로 탐색하는 것이 여기에 속한다. 둘째, 개인은 타인의 행동을 관찰함으로써 추론을 할 수도 있다. 예컨대 롤 모델의 언행을 관찰하여 자신이 롤 모델과 동일한 방향으로 언행을 일치시키려고 하는 것이 여기에 속한다. 이러한 부류의 영향력은 개인과 준거집단과의 실질적인 상호작용이 없이도 일어날 수 있다.

정보적 영향력은 내면화(internalization) 과정을 통해 작동한다. 내면화 과정은 타인으로부터 얻은 정보가 자신을 둘러싸고 있는 환경을 이해하는 데 필요한 자신의 지식을 향상시킬 때 혹은 이러한 자신을 둘러싸고 있는 환경에 대처할 능력을 향상시킬 때 발생하고, 그 정보를 수용(내면화)하게 된다. 내면화 과정이 용이하게 작동을 하기 위해서는 정보 원천의 신뢰성(credibility)이 중요하다. 정보원천의 신뢰성은 동조를 이끌어 내는 데 핵심적인 역할을 수행한다. 정보적 영향력은 제품 평가, 제품 혹은 브랜드 선택 등의 소비자 의사결정 과정에 영향을 미치는 것으로 알려져 있다.

(2) 규범적 영향력 혹은 실용적 영향력

개인은 개인적 규범, 태도, 가치의 원천으로서 준거집단을 활용하기도 한다. 규범적 영향력은 타인의 기대에 동조하려는 성향을 말한다. 소비자 행동 분야에서는 실용적 영향력(utilitarian influence)을 이와 유사한 의미로 활용하고 있다. 실용적 영향력은 보상을 받거나 처벌을 회피하기 위해서 타인의 기대에 동조하려는 개인의 시도가 반영된 것이며, 실용적 영향력은 순응(compliance)과정을 통해 작동한다고 보고 있다(Burnkrant and Cousineau 1975). 순응은 개인이 보상을 얻거나 처벌을 회피하기 위하여 타인의 기대에 부합하려고 할 때 발생한다. 즉, 만일 사람이 어떤 행동으로 인하여 타인으로부터 보상이나 처벌을 받게될 것이고, 이러한 보상 혹은 처벌이 자신에게 중요하다고 느끼게 되면 그 사람은 이러한 타인의 기대를 충족시켜주는 것이 유용한 것임을 알게 될 것이다.

규범적 영향력은 '동조하지 않으면 위험하다'는 컨셉과 순응 프로세스를 말한다(Kelman, 1961). 제품 구매 상황에 있는 개인은 다음과 같은 경우에 다른 개인 혹은 집단이 선호하는 것 혹은 기대하는 것에 동조할 것으로 예상된다(Park and Lessig, 1977).

① 제품 구매 상황에 있는 개인이 다른 개인 혹은 집단이 중요한 보상 혹은 처벌을 중재하고 있다고 생각하는 경우
② 제품 구매 상황에 있는 개인이 자신의 행동이 타인 혹은 집단에게 알려

지거나 눈에 띄게 될 것이라고 믿는 경우

③ 제품 구매 상황에 있는 개인이 보상이 있다는 것을 알아차리게 되거나 처벌을 회피하려는 것에 동기부여가 되어 있는 경우

규범적 사회적 영향력은 보상과 처벌이라는 관점에서 실용적 준거집단 영향력과 유사한 의미로 활용되지만 보상과 처벌이 특정한 집단 구성원과 구체적으로 규정화된 규범이 수반되는 명시적 보상과 처벌로부터 나온다는 점에서 실용적 영향력과 차이가 있다.

(3) 가치표현적 영향력

가치표현적 영향력(value−expressive influence)은 어떤 타인 혹은 집단과의 심리적 연상(association)에 관한 욕구를 말한다. 즉, 중요한 타인 혹은 준거집단과의 연상을 통해 자기개념(self−concept) 혹은 자기이미지(self−image)를 제고하려는 개인의 바람을 반영한 것이다. 준거인과의 동일시(referent identification)를 통해 개인의 자기개념이 지지를 받거나 자기이미지를 제고하려는 욕망이 가치표현 영향력에 대한 동기부여 요인으로 작용한다(Kelman, 1961). 예컨대 사람들은 자기 자신을 긍정적인 준거인과 연계되기를 원하기도 하고 부정적인 준거인과는 연계되지 않기를 원한다(Kelman, 1961). 가치표현적 영향력은 타인에 의해 표현된 지위를 수용하는 것이 반영되어 있다.

가치표현적 준거집단 영향력은 두 가지 상이한 과정으로 특징을 구분해 볼 수 있다. 첫째, 개인이 준거집단 혹은 준거인과 닮아지려고 하거나 호감을 가지려고 하는 것이다. 즉, 개인은 준거집단을 자기 자신을 표현하거나 자기개념을 강화하기 위하여 준거집단을 이용한다. 이 경우 자기 자신을 표현하려는 욕망과 준거집단에 따라붙는 심리적 이미지 간에는 일치성이 있어야 한다.

둘째, 준거집단 혹은 준거인에 대한 애착 혹은 호감에서 나오기도 한다. 개인은 준거집단에 대한 순수한 호감(감정) 때문에 가치표현적 준거집단의 영향을 받는다. 이것은 개인의 자기 이미지와 준거집단에 따라붙는 심리적 이미지 간의 일치성을 반드시 필요로 하지 않는다.

가치표현 영향력은 동일시 과정을 통해 작동된다. 동일시 과정은 개인이 타인의 어떤 행동 혹은 의견을 받아들일 때 일어난다. 그 행동 혹은 그 의견을 받아들이는 이유는 그 행동 혹은 의견이 자기가 규정한 대인 간 혹은 사회적

관계를 충족시키는 것과 연관되어 있기 때문이다(Brinberg and Plimpton, 1986; Park and Lessig, 1977). 가치표현적 영향력은 제품을 선택하는 의사결정 간에도 차이가 있다. 예를 들면 소비과시에 있어서의 차이, 소비자 선호의 이질성에 따라서 달라지는 서비스에 있어서의 차이, 준거인과의 유사성 정도에 따라서 가치표현적 영향력은 달라질 수 있다.

 ## 제3절 제품/브랜드의사결정에 영향을 미치는 준거집단 영향력

준거집단 혹은 사회적 영향력이 생기는 것은 사회적 상호작용에 대한 기회 혹은 행동에 대한 공적 조사가 요구된다. 정보를 추구하는 것, 타인의 선호에 동조하는 것, 타인의 가치를 받아들이는 것 등은 모두 의사결정, 의견 혹은 행동에 대한 커뮤니케이션 혹은 관찰이 개입된다. 구매상황에서는 제품 혹은 브랜드가 타인의 눈에 띄는 것을 의미한다.

Bourne(1957)는 제품과 브랜드 의사결정에 미치는 준거집단 영향력은 두 가지 형태의 과시성(conspicuousness)의 함수라고 보았다(Bearden et al., 1982 재인용). 제품과 관련된 과시성은 배타성(exclusive)에 있다. 즉, 어떤 제품이 아무리 가시성이 높더라도 다수의 사람들이 그 제품을 소유하고 있다면 그 제품은 과시성 측면에서 효용성이 떨어진다는 것이다. 제품을 사치제품(luxury)과 필수제품(necessity)으로 구분하는 것은 과시성을 기준으로 구분하는 한 가지 예에 속할 것이다. 정의 상으로 보면 필수제품은 대부분의 사람들이 소유하고 있는 반면 사치제품은 일정한 수준의 배타성을 가지고 있다.

브랜드 결정에 영향을 미치는 준거집단 영향력은 브랜드가 타인에 의해 관찰되거나 식별되는지와 관련된다. 이것은 제품이 어디에서 소비되는지와 관련이 깊다. 공개적으로 소비되는 제품은 타인이 관찰하기가 용이한 반면 개인적으로(타인이 잘 모르게) 소비되는 제품은 타인이 관찰하기에 용이하지 않다.

공개적 소비와 개인적 소비 그리고 사치제품과 필수제품을 결합하면 네 가지의 제품 사용 조건들, 즉 ① 공개적으로 소비되는 사치제품, ② 공개적으로 소비되는 필수제품, ③ 개인적으로 소비되는 사치제품, ④ 개인적으로 소비되는 필수제품이 도출된다.

Bearden et al.(1982)은 이러한 네 가지 조건에 각각 부합하는 제품들을 목록을 제시하였다.

표 11.1 브랜드사용상황과 제품 성격에 따른 준거집단 영향력

구분	조건	준거집단 영향력과 제품 예시
공개적-사치품	제품: 사치제품 브랜드: 공개적 사용	제품에 대한 준거집단 영향력 강함 브랜드에 대한 준거집단 영향력 강함 예시) 골프 클럽, 스키, 범선(요트)
공개적-필수품	제품: 필수제품 브랜드: 공개적 사용	제품에 대한 준거집단 영향력 약함 브랜드에 대한 준거집단 영향력 강함 예시) 손목시계, 자동차, 남성 수트
개인적-사치품	제품: 사치제품 브랜드: 개인적 사용	제품에 대한 준거집단 영향력 강함 브랜드에 대한 준거집단 영향력 약함 예시) TV, 게임, 사냥개용 목줄, 쓰레기분쇄기, 제빙기
개인적-필수품	제품:필수품 브랜드: 개인적 사용	제품에 대한 준거집단 영향력 약함 브랜드에 대한 준거집단 영향력 약함 예시) 메트리스, 전기스탠드, 냉장고

출처: Bearden et al.(1982)에서 일부 수정.

정보적 영향력은 의사결정 유형, 즉 제품(제품성격) 대 브랜드(사용상황)에 영향을 미치는 것으로 나타났다. 브랜드에 비해 제품의 경우 정보적 영향력을 더 받는다.

사치제품–필수제품 차원은 정보적 영향력에 대한 지각에 민감한 반면 공개적–개인적 차원은 가치표현적 영향력과 실용적 영향력에 대한 지각의 영향을 많이 받는 것으로 나타났다.

준거집단의 영향력 유형은 제품에 따라서도 차이를 보인다. 예컨대 남성 수트를 구매하는 데 있어서 가치표현적 영향력은 정보적 영향력 혹은 실용적 영향력보다 더 중요하게 영향을 미치는 영향력 요인으로 나타났다(Bearden et al., 1982).

준거집단의 영향력은 사람이 단순히 준거집단을 상상하는 것만으로도 영향을 미칠 수 있다. 예컨대 Schulz(2015)는 소비자들이 준거집단을 청중으로 상상하는 경우 소비자는 특정 역할에 대한 기대가 형성되고, 그 형성된 기대에 따라 학습하고 역할에 필요한 기술을 습득하는 데 영향을 미친다는 것을 질적 분석을 통해 파악하였다.

Hammerl et al.(2016)은 브랜드가 어떠한 유형의 준거집단과 연상관계를 이루고 있는지에 따라서 소비자 행동에 차이가 발생함을 설명하고 있다. 즉, 소비자가 특정 브랜드를 상징적 의미 때문에 이용하고 있는 경우, 만일 그 브랜드가 소비자가 생각하는 부정적 집단과 연상관계를 이루게 된다면 그 소비자는 그 브랜드를 상징적 의미 때문에 이용하는 것을 약화시키게 될 것이라고 하였다.

준거집단 영향력 이외에도 사회적 영향력으로서 준거인의 영향력도 커지고 있는 상황이다. 준거인은 의견선도자(opinion leader), 시장전문가(market maven), 트렌드 세터(trend setter), 셀럽(celeb), 인플루언서(influencer) 등 다양한 용어로 불리고 있다.

 제4절 구전, 소셜 미디어

- 구전은 광고 등과 같은 기업 주도의 마케팅 수단에 비해 구매 영향력이 더 크다.
- '좋아요' 숫자는 구매에 영향을 미친다.
- 유명 연예인이 특정 프로그램에서 착용한 의상, 악세사리 등이 그 다음 날 완판 혹은 매진되는 경우를 볼 수 있다.
- 맛집을 소개하는 프로그램을 보고 찾아가본 적이 있다.

4.1 구전의 중요성과 유형

인적 영향력은 구전(WOM: Word Of Mouth)을 통해 이루어지는 경우가 많다. 구전과 유사한 개념으로 사용되는 용어로는 입소문, 버즈(buzz), 바이럴(virul) 혹은 'word of mouse' 등이 있다.

구전은 브랜드, 제품, 서비스, 판매자, 기업 등과 관련해서 비상업적으로 인식되는 커뮤니케이터와 수신자 간에 구두(oral)로 이루어지는 사람 대 사람 간의 인적 커뮤니케이션(Arndt, 1967)이라고 할 수 있다. 구전은 유형적인 측면에서는 비공식적 커뮤니케이션(개인과 개인 간의 대화)이고, 내용적인 측면에서는 긍정적인 것뿐 아니라 부정적인 것까지 포함(제품의 장점뿐 아니라 단점도 얘기함)되며, 형태적인 측면에서는 면 대 면(face to face) 맥락뿐 아니라 온라인 맥락에서 발생하는 것도 포함(SNS 혹은 특정 웹사이트에 특정 제품에 대한 의견을 남김)된다.

구전은 오프라인에서의 구전과 온라인에서의 구전으로 구분되기도 한다. 온라인 구전은 인터넷, 이메일, SNS, 메신저, 모바일 등을 비롯하여 온라인 상에서 이루어지는 구전을 뜻하기도 하며, 좀 더 구체적으로는 어떤 제품 혹은 기업에 관한 잠재적 소비자, 실제적 소비자 혹은 이전의 소비자에 의해 만들어진 긍정적 혹은 부정적 진술로서 인터넷 혹은 모바일을 통해 다수의 사람 혹은 기관이 입수가능하게 만들어진 것을 의미하기도 한다.

또한 구전은 내생적 구전(endogenous WOM)과 외생적 구전(exogenous WOM)으로 구분되기도 한다. 내생적 구전은 소비자들 간에 자연스럽게 이루어지는 대화 중에 제품 혹은 브랜드에 대한 정보를 전달하는 것을 말하는 반면, 외생적 구전은 기업에서 실시하는 마케팅의 직접적인 결과로 나타나는 것을 말한다. 온라인 상에서는 기업이 웹사이트를 만드는 경우도 있지만 소비자들이 제품과 서비스에 대한 논평(review)을 할 목적으로 웹사이트를 개발하기도 한다. 소비자들은 기업이 만든 웹사이트와 소비자들이 만든 웹사이트를 모두 방문하여 정보와 조언을 얻는 것으로 보인다. 예를 들면 네덜란드에서 실시된 전국적 조사에 의하면 소비자들이 휴가계획을 세울 때 49%는 기업이 만든 사이트에서 그리고 36%는 소비자가 만든 사이트에서 정보를 찾는 것으로 나타났다.

한편 온라인 구전은 정보가 매우 신속하게 확산되는 강력한 매체이며, 기록된 정보를 없애기 어려운 매체이기도 하다.

4.2 구전의 활용 및 효과

구전은 다음과 같은 효과가 있으므로 마케터는 구전의 효과를 잘 이해하고, 이를 효과적으로 활용하는 역량을 보유해야 한다(de Matos and Rossi, 2008; Wangenheim and Bayón, 2007).

① 구전은 신규고객을 획득하는 데에도 유용하게 활용된다.
② 기존고객의 만족도와 충성도를 제고하는 데 효과적이다.
③ 재구매를 가져오는 데에도 효과적으로 활용될 수 있다.
④ 소비자는 긍정적 구전을 함으로써 브랜드에 대한 충성도가 더 높아지기도 한다.
⑤ 구전이 구매에 미치는 영향력은 광고 혹은 다른 커뮤니케이션 수단들에 비해 더 강력하다. 그 이유는 구전이 비상업적인 정보원천으로 받아들여지기 때문이다.

마케터는 구전의 장점을 활용하는 방안을 알고 있는 것이 중요하며, 경우에 따라서는 구전을 촉진을 위한 수단으로 활용할 수도 있다. 구전을 하도록 자극하는 방법으로는 다음과 같은 것들이 있다.

① 사람들이 해당 제품을 직접 써보도록 하는 것인데, 구매 전에 해당 제품을 체험해 보고 그 결과를 입소문을 내도록 하는 것이다.
② 재미있는 광고 혹은 궁금증을 유발하는 광고를 통해 소비자들이 그 광고 자체에 대해 재미있는 내용 혹은 궁금증을 해소하려는 내용에 대해 구전을 스스로 하도록 한다. Moldovan and Lehman(2010)은 창의적인 광고물에 대해 구전을 들은 사람은 자신이 그 광고물을 스스로 본 이후 구매의도가 크게 상승하는 결과가 나타남을 보여주었다.
③ 많은 웹사이트에서는 제품에 관해 소비자들이 서로 커뮤니케이션을 할 수 있도록 장려한다. 어떤 사람이 메시지를 전송(forward) 혹은 리트윗

(retweet)하는 것은 그 메시지를 보증(endorse)하는 것을 의미하기도
한다.

구전과 관련하여 유의하여야 할 것이 있다. 소비자들은 구전을 비상업적
정보원천으로 기대하므로 만일 기업이 구전을 주도하는 경우에는 소비자들이
그 내용에 대해 반발하는 경우도 있다. 파워 블로거가 제조사 등으로부터 후원
을 받아서 특정 제품에 대해 소개를 하는 경우 해당 제품에 대한 소개가 제조
자로부터 후원을 받아서 이루어진 것임을 밝혀야 하는 것은 구전의 이러한 성
격과 관련이 깊다.

4.3 소셜 미디어

소셜 미디어(Social Media)는 블로그, 메신저, 사회관계망 서비스, 1인미디
어 등을 통칭해서 사용하는 말이며, 소셜 미디어는 구전 측면에서 보면 사용자
가 만들어 내는 구전 컨텐츠를 양산하는 매체로서의 성격을 지니고 있다. 소셜
미디어의 대표적인 것으로는 Facebook, Tweeter, Pinterest, Cacao Talk,
LINE, WeChat 등이 있다. 소셜미디어는 누구나 쉽게 다른 사람이 하는 것을
추종할 수 있으며, 광범위한 사람들과 즉흥적으로 대화를 할 수 있는 수단이기
도 하다.

직무능력 향상을 위한 토의 및 실습

- Bearden et al.(1982)이 제시한 브랜드 사용 상황과 제품 유형에 따른 준거집단의 영향력
  은 지금도 많이 활용되고 있는 분석틀이지만 각 내용과 관련하여 예시로 제시된 제품 유형
  은 지금과는 차이가 있을 것이며, 문화적 차이도 있을 것입니다. 우리나라 현실에서 볼 때
  각 유형에 적합한 제품의 예시를 들어 보시고, 각 제품별로 준거집단의 영향력을 극대화하
  기 위한 설득 메시지를 작성해 보십시오.
- 동일한 제품일지라도 브랜드 사용 상황과 제품 유형에 따라 준거집단의 영향력 차별화가 가
  능할 것입니다. 동일한 제품이 공개적-사치품으로 포지셔닝하고자 하는 경우와 공개적 필수

품으로 포지셔닝을 하고자 하는 경우 마케팅 방법이 어떻게 달라져야 하는지를 토의해 보십시오.

참고문헌

이학식·안광호·하영원 (2015), 소비자행동: 마케팅전략적 접근, 학현사.

Arndt, J. (1967), Role of product－related conversations in the diffusion of a new product, *Journal of Marketing Research*, 4(3), 291－295.

Bearden, William O. and Michael J. Etzel (1982), Reference group influence on product and brand purchase decisions, *Journal of Consumer Research*, 9(2), 183－194.

Bearden, William O., Richard G. Netemeyer, and Jesse E. Teel (1989), Measurement of consumer susceptibility to interpersonal influence, *Journal of Consumer Research*, 15(4), 473－481.

Brinberg, D. and L. Plimpton (1986), Self－monitoring and product conspicuousness on reference group influence, *Advances in Consumer Research*, 13, 297－300.

Burnkrant, Robert E. and Alain Cousineau (1975), Informational and normative social influence in buyer behavior, *Journal of Consumer Research*, 2(3), 206－215.

Cocanougher, A. Benton and Grady D. Bruce (1971), Socially distant reference groups and consumer aspirations, *Journal of Marketing Research*, 8(3), 379－381.

de Matos, C. A. and C. A. V. Rossi (2008), Word－of－mouth communications in marketing: a meta－analytic review of the antecedents and moderators, *Journal of the Academy of Marketing Science*, 36(4), 578－596.

Deutsch, M. and Harold B'. Gerard (1955), A study of normative and informational social influences upon individual judgment, *Journal of Abnormal and Social Psychology*, 51(3), 624－636.

Escalas, J. E. and J. R. Bettman (2005), Self－construal, reference groups and brand meaning, *Journal of Consumer Research*, 32(3), 378－389.

Hammerl, M., F. Dorner, T. Foscht, and M. Brandstätter (2016), Attribution of symbolic brand meaning: the interplay of consumers, brands and reference groups, *Journal of Consumer Marketing*, 33(1), 32−40.

Kelman, Herbert C. (1961), Processes of opinion change, *Public Opinion Quarterly*, 25(1), 57−78.

Moldovan, S. and D. Lehmann (2010), The effect of advertising on word−of−mouth, *Advances in Consumer Research*, 37, 119.

Papyrina, V. (2012), If I want you to like me, should I be like you or unlike you? the effect of prior positive interaction with the group on conformity and distinctiveness in consumer decision making, *Journal of Consumer Behaviour*, 11(6), 467−476.

Park, C. Whan and V. Parker Lessig (1977), Students and housewives: differences in susceptibility to reference group influence, *Journal of Consumer Research*, 4(2), 102−110.

Schulz, Heather M. (2015), Reference group influence in consumer role rehearsal narratives, *Qualitative Market Research: An International Journal*, 18(2), 210−229.

Szmigin, I. and M. Piacentini (2015), *Consumer behaviour*, UK:Oxford University Press.

Wangenheim, Florian v. and T. Bayón (2007), The chain from customer satisfaction via word−of−mouth referrals to new customer acquisition, *Journal of the Academy of Marketing Science*, 35(2), 233−249.

[11장 참고 인터넷 기사 및 자료]
국립국어원, 표준국어대사전, http://stdweb2.korean.go.kr/

12

• • •

가족 및 가구

가족은 그동안 소비자행동 분야에서 연구가 상대적으로 정체되어 있던 분야로 보인다. 그 이유로는 여러 가지가 있을 수 있으나 소비자 심리 및 행동의 분석단위가 개인을 중심으로 이루어져왔다는 부분, 가족이라는 소비자행동 분석단위를 가족전체, 부부 혹은 부모와 자녀 간의 관계 등을 중심으로 보았다는 점, 그리고 가족(family)과 가구(household)를 분리하여 생각한 것에도 원인이 있다고 판단된다.[1]

본 장에서는 가족을 인구구조, 서로 다른 세대(generation)가 공존하는 의사결정체 그리고 가구 측면에서 다루고자 한다.

최근 1인가구가 전체 가구에서 차지하는 비중이 가장 높은 것으로 나타나면서 가구에 대한 관심이 증가한 것으로 보인다. 그러나 이미 가족을 구성원 중심의 가족구조로 파악하는 연구자들은 1인가구가 증가하는 현상에 주목을 하고 1인가구를 통한 마케팅 방안을 준비하였던 것으로 보인다. 1인가구의 등장은 1인가구에 해당하는 그 소비자의 라이프스타일, 구매 목표 등에서 그렇지 않은 가구에 비해 많은 차이를 가져왔으며, 이것은 마케팅 성과에도 직접적인 영향

---

1 표준국어대사전에 의하면 가족(家族)은 "주로 부부를 중심으로 한, 친족 관계에 있는 사람들의 집단. 또는 그 구성원. 혼인, 혈연, 입양 등으로 이루어진다"로 되어 있으며, 가구(家口)는 "집안 식구" 혹은 "집안의 사람 수효" 혹은 "『법률』현실적으로 주거 및 생계를 같이하는 사람의 집단"으로 되어 있다(http://stdweb2.korean.go.kr).

을 미쳐왔다. 예컨대 1인이 혼자 식사를 하기에 불편하지 않도록 점포의 레이아웃을 바꾼 것, 편의점에서 도시락매출이 증가한 점, 애완동물 및 관련사료 시장 규모의 증가, 1인이 구매하기에 적당하도록 제품의 규모를 축소한 것, 김장김치를 담그려는 가구의 감소(김치를 주문하여 먹는 현상) 등 이루 헤아릴 수 없이 많은 현상들이 가구구조의 변화와 함께 발생하고 있다.

이상에서 열거한 사항들이 가족구조의 변화만으로 모든 것을 설명할 수 있는 것은 아닐 것이다. 소비자 심리 및 행동 자체가 그러하듯이 어느 한 가지 요인만 가지고 모든 것을 설명할 수는 없다. 그러나 가족구조가 이러한 변화에 영향을 미쳤을 가능성은 매우 높다는 점에서 가족구조를 파악하는 것은 소비자 심리 및 행동을 이해하는 데 있어서 매우 중요하다고 하겠다. 가족구조를 파악하는 여러 가지 방법이 있으나 본 장에서는 가족수명주기(family life cycle) 관점에서 가족구조를 설명하고자 한다.

제1절 가족구조와 가족 의사결정

미국 통계국(Bureau of the Census of the U. S.)에서 정의를 내린 바에 의하면 가족(family)은 혈연, 혼인 혹은 입양 그리고 함께 거주하는 것과 관련하여 2인 이상의 사람들로 구성된 것을 말한다(Verma and Kapoor, 2003). 가족을 연구 대상으로 삼는 연구자들은 가족을 분석 단위로 생각한다. 가족 의사결정은 개인, 가족 혹은 가구가 구매하는 조건에서 가족 구성원이 어떻게 다른 구성원과 상호작용을 하고 영향을 미치는지를 파악하는 것이다. 한 가족 내에서 구성원들은 서로 다른 제품을 구매하는 데 있어서 의사결정 과정에 영향을 미친다. 이것은 특히 가족의 여러 구성원들이 사용하는 내구재와 같이 가치가 높은 아이템을 구매하는 경우 더욱 이러한 현상이 발생한다.

가족 의사결정은 사적이고 친밀한 관계 그리고 사회적 집단 내에서 이루어지므로 관찰하기가 용이하지 않다. 더욱이 가족 소비 의사결정은 가족 구성원 서로 간에 독립적으로 이루어지지 않는 경우들이 많다. 대부분의 가정에서 가족 구성원들의 필요와 욕구는 한정된 자원을 넘어서는 경우들이 많다. 자원을 최적으로 배분하는 것이 필요하며, 경쟁제품 간의 상충관계가 종종 나타나기도 한다.

가족 의사결정은 복잡한 과정을 거친다. 가족 의사결정은 문화권에 따라서도 달라진다. 예컨대 인도 가족들은 가족 유대감(bonds)이 매우 강하며, 각각 내구재를 구매하는 것이 실질적으로 비용이 적지 않게 들어가기 때문에, 다수의 가족 구성원이 의사결정 과정에 불가피하게 개입된다. 의사결정과정은 문제인식, 정보탐색, 구매를 중심으로 살펴보고자 한다(Verma and Kapoor, 2003).

주창자(initiator)는 특정 제품 혹은 서비스를 구매하는 아이디어를 최초로 제안한 사람을 말한다. 가족 구성원 중 누구든지 특정 제품 혹은 서비스가 필요함을 표현할 수는 있다. 논의가 되고 있는 제품은 주창자의 개인적 사용보다는 가족 구성원 전체가 사용하는 것일 경우가 많다. 남편은 손빨래에 의한 옷의 세척력에 만족하지 못할 수도 있다. 이러한 경우 남편은 세탁기를 구매하는 과정을 진행하자고 주창할 수 있을 것이다. 한 가족 내에서 특정 제품에 대한 필요성은 어떤 내부적 혹은 외부적 자극에 의해 촉발되기 전까지는 잠재되어 있을 수 있다. 내부적으로는 평상시 필요/욕구 중 어떤 필요/욕구는 역치수준(threshold level)까지 상승하여 가족 구성원 중 1인 이상이 그 제품을 구매하려는 욕망을 표현하고 그 생각이 다른 가족 구성원 간에 공감대가 형성될 때 구매를 위한 추진을 하게 될 것이다. 외부적으로는 광고물 혹은 구전 커뮤니케이션과 같은 다양한 자극이 1인 이상의 가족 구성원에 의해 추창 과정을 이끌 수도 있다. 주창자는 의사결정과정의 초기에 해당하는 필요인식 단계에서 적절한 역할을 수행한다.

구매 의사결정 맥락에서 영향력 행사자(influencer)는 그 사람의 시각이 최종 의사결정에 비중있게 전달되는 사람이다. 영향력 행사자로서 행동하는 어떤 가족 구성원이든 다양한 방법으로 구매 의사결정에 영향을 미칠 수 있다. 가족 구매의사결정의 경우 영향력 행사자는 특정한 제품에서 구입가능한 특질과 선택된 브랜드와 관련하여 자신의 시각을 표현한다. 가족 의사결정 과정은 조직 구매자의 구매 과정과 유사한 점이 많다. 예컨대 가족 의사결정 과정과 조직 구매자의 구매과정에는 운영과 관련하여 자기 분야에서 전문가를 포함하여 구매

의사결정에 영향을 미치는 여러 사람(조직에서는 여러 부서 포함)이 관련된다는 점이다.

그러나 가족 의사결정의 경우 영향력 행사자는 전문성을 가지고 있지 않고, 가족 동태성에 기반을 둔 각자의 역할을 가지고 있을 수 있다. 영향력 행사자는 자기 역할을 자발적으로 착수할 수도 있고 다른 구성원에 의해 그 역할이 배정될 수도 있다. 가족에게 있어서 소비자 내구재의 구매는 불가피하게 전체 구성원에게 영향을 미칠 것이다. 일단 특정 제품이 구매될 것이라고 결정이 되면 전체 구성원들은 그 제품과 관련된 입수가능한(available) 정보는 모두 가족 구성원에게 제공할 가능성이 있다. 그때 특정 구성원들에게는 제품에 대한 어떤 정보를 취합하는 과업이 배당될 수도 있다. 추가적인 자료를 수집하는 것과 관련하여 영향력 행사자는 다양한 정보원천을 활용할 가능성이 있는데, 다양한 정보원천에는 인적, 상업적, 공공적 그리고 실험적, 경험적 정보원천 등이 활용될 수 있다. 정보를 수용하는 정도와 영향력 행사자의 선호도는 변할 수 있다. 이러한 제안들이 고려되는 범위에 관해 이해할 필요가 있다.

가족들이 이전 단계에서 수집된 정보에 바탕을 두고 의사결정과정을 진행함에 따라 구성원 중 일부는 구매하게 되는 제품의 특성을 최종적으로 결정하여야 하는 책임을 지게 된다. 이 단계는 구매의도가 확인되고 그 제품에 대한 가족 구성원들의 필요 및 욕구가 충족된다는 결정이 나온 이후에 온다. 구매의도를 수행하는 결정을 하는 사람은 구매와 관련된 하위 의사결정들을 구성하게 될 것이다. 구매와 관련된 하위 의사결정들에는 브랜드 결정, 제공자(vendor) 결정, 구매 시기 결정 그리고 지급결제 방법 결정 등이 포함된다.

의사결정자(decider)의 역할을 가진 사람은 가족 구성원들이 자발적으로 혹은 다른 구성원들의 지시에 의해서 수집한 정보를 취합하기 위하여 가족의 다른 구성원들의 조언을 구해야 한다. 가족 구성원들이 조언을 한 내용들은 구성원별로 상이할 수 있고, 고려하고 있는 제품에 따라서도 달라질 수 있다. 비록 다양한 가족 구성원들이 자신의 의견과 정보를 수집하여 제공하는 등 영향력 행사자로서 행동을 한다고 할지라도 이러한 정보를 구매 결정을 위해 가려내는 사람은 의사결정자이다.

가족 동태성과 관련하여 Davis and Rigaux(1974)는 구매 의사결정의 주요

과정, 즉 문제인식, 정보탐색 그리고 구매결정에서 남편과 아내의 상대적인 영향력을 탐색해 보았으며, 그들은 문제인식과 최종 결정 단계에서는 공동으로 개입하는 경향이 높음을 발견하였다.

Curry and Menasco(1979)는 가격이 높은 내구재의 경우에는 남편과 아내가 구매하려는 내구재가 속한 제품의 브랜드들 중에서 다속성 브랜드 한 가지를 선택한다는 것을 발견하였다. 그 연구에서는 브랜드 효용에 관한 선택 전 합의와 공동 의사결정의 결과로서 상대 배우자에 대한 선택 후 효용 손실에 관한 상이한 정보처리 전략에 대해 조사하였다.

Filiatrault and Brent Ritchie(1980)는 역할 지배성과 반응 합일성의 패턴에 있어서 실질적으로 변동성을 드러내고 있는 구성이 상이한 가구 의사결정 단위 내에서 지각된 영향력에 관한 비교연구를 하였다.

이 연구에서는 비록 아이들은 휴가와 숙박시설 선택 의사결정에서 상대적으로 지각된 영향력이 미미해 보이지만 아이들은 특정한 선택의 결과에는 여전히 영향을 미치고 있음이 나타났다.

닌텐도의 가족 마케팅

닌텐도의 가족 마케팅은 유명한 사례로 기록되어 있다. '닌텐도 DS'는 한때 세계 게임 산업의 판도를 바꿀 정도를 인기를 끌었던 제품이었다. 이 제품은 대부분의 게임회사들이 기존 게임 소비자들의 만족도를 높이는 방안에 집중하고 있을 때, 기존 게임회사와는 다른 생각 즉, 게임은 왜 소수의 사람들만이 즐기고 있을까를 고민했다고 한다. 이것은 마케팅의 시각을 기존 소비자 유지 중심에서 신규 소비자 창출로 변화를 가져왔다는 점에서 유명한 사례로 꼽힌다.

닌텐도DS는 기존의 게임들이 복잡하고 현란한 반면 간단하고 직관적으로 즐길 수 있는 게임이 필요하다는 것에 착안을 하여 탄생하였다. 닌텐도DS는 게임의 성능으로 본다면 그리 뛰어난 제품은 아니었다고 한다. 그러나 이 제품이 성공할 수 있었던 이유는 그동안 게임을 즐기고 싶은 욕구는 있지만 즐길 만한 게임을 찾지 못했던 중장년층에게 집에서 가족들이 함께 즐길 수 있는 문화로서의 게임을 즐길 수 있는 방안을 마련해 주었다는 점이다.

출처: 김광희(2012), 안혜리(2010).

제2절 **가족(가구)생애주기[family(household) life cycle]**

가족생애주기는 사회학 문헌에서 먼저 나오기 시작하였으나 마케팅에서 가족생애주기에 관심을 갖기 시작한 1950년대부터인 것으로 알려져 있다. 가족생애주기를 일정한 단계로 나누는 이유는 가족구성원들이 가족생애주기 단계 중 어디에 속하는가에 따라서 소비자들의 구매행동에 변화가 생기기 때문이다. 예컨대 소득, 내구재, 자산, 부채 등과 관련된 지출구조 그리고 재무적 상태(position)에 대한 주관적 기분 등은 생애주기에 따라 달라질 수 있다(Wagner and Hanna, 1983; Wells and Gubar, 1966).

따라서 마케터는 가족생애주기를 시장세분화 기준으로 활용하여 시장세분화전략 등에 자연스럽게 활용할 수도 있을 것이다.

가족생애주기는 단순히 연령으로 구분하여 소비행동의 차이를 보는 것에 비해서 좀 더 효과적인 방법인 것으로 보인다. 가족의 소비패턴을 구분하는 중요한 요인들은 몇 가지가 있는데, Lansing and Kish(1957)는 이러한 요인으로 다음과 같은 여섯 가지, 즉 ① 가족의 수입, ② 부채(indebtedness), ③ 아내가 일을 하고 있는지 여부, ④ 주택 보유, ⑤ 신차구매, ⑥ TV세트 구매를 들고 있다.

따라서 가족생애주기를 몇 단계로 나누고 각 단계의 특징이 무엇인지를 파악하는 것은 소비자 심리 및 행동을 이해하려는 사람들에게는 중요한 과업이 될 것이다.

가족생애주기를 9단계로 나눈 경우 각 단계의 특징은 다음과 같다.

그러나 이러한 구분은 현대 가족생애주기와는 맞지 않는 부분이 많이 있음을 지적받았고, 이러한 지적 사항들을 수용하여 나온 것은 Murphy and Staples(1979)의 가족생애주기이다.

가족생애주기가 효과적으로 적용될 수 있는 분야는 가족생애주기에 따라서 소비 혹은 구매 패턴에 커다란 차이를 보이는 산업 혹은 제품이 될 것이다. 자동차, 금융 분야는 가족생애주기에 따른 소비 혹은 구매패턴에 있어서 차이가 나는 대표적인 산업 분야이다.

표 12.1 가족생애주기

구분	내용	특징
독신 단계	가정에서 거주하지 않는 젊은 단독 거주자	재무적 부담은 적음 패션에서는 의견선도자 레크레이션 지향적 구매: 기본적인 부엌 장비, 기본 가구, 자동차, 게임과 일치하는 장비, 휴가
신혼부부	젊고, 아이는 없음	재무적으로 좀 나은 상태 구매율이 높고, 내구재에 대한 평균 구매가 높음 구매: 자동차, 냉장고, 난로, 감각적이고 내구성 있는 가구, 휴가
충만한 보금자리I	6세 미만의 어린자녀	집 구매 최고조 유동 자산 적음 재무적 상태와 저축자금의 규모에 대해 불만족 신제품에 대한 관심 광고된 제품을 선호함 구매: 세탁기, 드라이기, TV, 아기용품, 비타민
충만한 보금자리II	6세 이상 어린자녀	재무적 상태 양호 아내 중에 일을 하는 사람도 있음 광고 영향을 덜 받음 패키지 형태의 대량 제품 구매, 다수단위로 구매 구매: 음식료, 세탁용품, 자전거, 음악레슨, 피아노
충만한 보금자리III	독립하지 않은 자녀가 있는 나이든 부부	재무적 상태 여전히 양호 아내 중에 일을 하는 사람이 많아짐 자녀 중에 직업을 갖는 자녀가 생김 광고의 영향을 받는 것이 어려워짐 구매: 새롭고 취향에 맞는 가구, 여행, 필수품이 아닌 가전제품, 보트, 치과서비스, 잡지
빈 보금자리I	나이든 부부, 함께사는 자녀들 없음, 가장은 직장을	집 소유 최고조 재무적 상태와 저축자금의 규모에 대해 만족 여행, 레크레이션, 자기를 위해 교육투자

	다님(노동을 함)	선물하기, 기여하기 신제품에 관심 없음 구매: 휴가, 사치품, 집 수리/개선
빈 보금자리II	나이든 부부, 함께사는 자녀들 없음, 가장은 은퇴함	소득이 급격히 감소 집 유지하기 구매: 의료장비, 의료보호, 건강보조제품 수면, 소화
노년I	혼자 살고있음, 직장은 있음(노동을 함)	소득은 있으나 집은 매도하고자 함
노년II	혼자 살고있음, 은퇴함	의료제품, 소득 급격히 하락 특별한 주의, 관심, 안전 필요

출처: Wells and Gubar(1966).

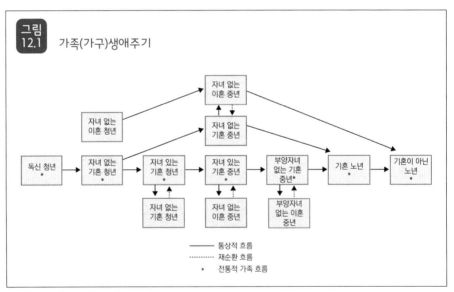

그림 12.1 가족(가구)생애주기

출처: Murphy and Staples(1979).

가족생애주기는 인구통계적 변수들이 결합될 경우 금융서비스 활용에 있어서 탁월한 지표로 활용될 수 있다. 즉, 가족생애주기 단계의 변화는 금융서비스에 대한 욕구에 차이가 나도록 만들고, 이것이 가족생애주기단계 상의 각 세분시장별로 서로 다른 마케팅 전략을 개발하는 지침을 제공하는 역할을 수행할 수 있다. Javalgi와 Dion(1999)은 은행산업을 대상으로 가족생애주기와 소비자 행동 간의 관계를 조사하였는데 가족생애주기에 의한 세분집단 간에는 금융기관 선택 기준, 금융자산 보유, 금융에 대한 태도 등이 상이함을 발견하였다. 이러한 차이는 마케터가 마케팅 전략과 마케팅 믹스 전략을 개발하는 데 효과적으로 활용될 수 있다. 예컨대 마케팅 믹스 전략의 특성으로는 입지와 시간 편의성, 저축에 대한 높은 금리와 대출에 대한 낮은 금리, 당좌예금 활용을 위한 최소잔고, 저당 대출, 자동차 대출, 개인 신용대출 등 대출관련상품의 구입가능성, 개인 서비스, 신속한 서비스, 종업원의 숙련도, 재무적 조언의 질, 전반적인 서비스 품질 등 다양한 것들이 있다. 이러한 요인들은 제품 차원, 가격 전략, 전달 차원 등으로 재구분해 볼 수 있다. 그리고 조직의 특성을 들 수 있다. 예컨대 펀드의 안전성, 양호한 평판, 지역사회에 대한 관심 등은 조직 특성으로 볼 수 있다. 가족생애에 따라 이들 각각 요인에 대한 중요성에 차이가 있다. 따라서 마케터는 소비자들이 어떠한 기준을 가지고 자사 혹은 자사 제공물(제품 등)을 선택하는지 그리고 각 가족생애주기에 따라 어떠한 요소를 중요시 여기는지를 파악한 후 자사가 표적시장으로 고려하는 소비자들을 선정하여 해당 표적시장에 적합한 포지셔닝 및 마케팅 커뮤니케이션 전략을 전개하여 나가야 할 것이다.

가족생애주기 중 가족구조는 강박구매(compulsive buying)와 지위(status)소비와 같은 소비자 행동에 영향을 미칠 수도 있다. Roberts et al.(2004)은 가족구조가 물질주의와 강박구매에 영향을 미칠 수 있음을 보고하였고, 특히 가족구조와 강박구매 간에는 강한 관계가 있음을 보고한 바 있다.

가족마케팅과 금융사

가족마케팅이 활발하게 이루어지고 있는 분야 중 하나가 금융권이다. 금융권에서는 다른 산업에 비해 가족마케팅을 자주 진행하는 편이다. 아래에는 2017년 5월 가정의 달에 금융회사들이 진행한 가족단위 마케팅을 소개한 내용이다.

금융회사 '가정의 달' 이벤트

분야	회사	이벤트	내용
보험	동부 화재	내가 먼저, 가족사랑 '마음 우체통'	가족에게 마음을 담은 메시지를 보내면 심사 후 경품 (외식상품권, 영화 예매권) 지급
	한화 생명	함께 멀리 기부 특약	종신보험과 CI(중대 질병) 보험 가입하며 '기부 특약' 선택하면 보험료 1% 청년 돕는 기부금으로 적립
은행	국민	가족에게 전하는 사랑愛 메시지	통화 멤버십 플랫폼 '리브(Live) 메이트' 가입자가 홈페이지 등에 가족 에게 전하는 메시지를 등록하면 추첨 통해 여행 상품권 300만원 지급
	농협	주택청약종합저축 가정의 달 이벤트	주택청약저축 새로 가입하면 추첨 통해 백화점 상품권, 선불카드, 커피 쿠폰 등 지급
	신한	포니 패키지	자녀 용돈 지급 및 관리를 편하게 한 패키지 상품 가입하면 추첨 통해 여행상품권 등 경품 지급
	우리	우리 더드림 이벤트 시즌3	'위비 수퍼 주거래 통장'이나 '위비 프렌즈 적금' 가입하면 추첨 후 뮤지컬 티켓 등 지급
카드	신한	신한 오! 드림 페스티벌	음식·주유·해외 이용 시 포인트 추가 적립 및 주요 업종 최대 6개월 무이자 할부
	하나	사랑하는 가족과 함께하는 외식이벤트	홈페이지·앱으로 응모 후 5월 말까지 외식 업종 누적 결제 금액 30만원 넘으면 추첨으로 여행 상품권 등 지급

출처: http://news.chosun.com/site/data/html_dir/2017/05/10/2017051000925.html

제3절 세대

연령은 시장을 세분화하는 기준변수로 활용되는데, 그 이유는 비슷한 연령
대의 사람들은 유사한 사회문화적 영향을 받았을 것이고, 학교와 같은 공식 준
거집단을 통해 유사한 경험을 공유했을 것이므로 행동양식이 서로 유사할 가능
성이 있다는 데 근거를 두고 있다. 세대는 사회문화적으로 영향이 매우 큰 특정
이벤트 혹은 개인의 생활에서 중요한 변곡점을 중심으로 구분하는 경향이 있으
며, 마케팅에서 자주 활용되는 세대 구분으로는 베이비붐 세대, X세대, 밀레니
얼세대, Y세대, 청소년, tween 등이 있다. 이러한 구분은 학자들에 따라 연령대
기준에 차이가 있으며, 동질성이 높은 소비자 집단으로 보기에는 너무 거시적
구분이라는 비판을 하는 경우도 있으나 거시적인 측면에서 세대 간 차이를 파
악하고, 특정 세대를 중심으로 소비자를 이해하고자 하는 경우에는 유용한 개
념적 틀을 제공한다고 할 수 있다.

표 12.3	세대 구분과 소비자 행동

세대 구분	주요 특징
베이비붐 세대 (Baby Boomer)	• 1945년에서 1964년 사이에 출생한 사람들. 베이비붐 세대는 1세대(1945~1955)와 2세대(1956~1964)로 구분하기도 함. • 제2차 세계대전 후 낙관주의와 경제적 보장 시대에 태어난 사람 • 20세기 후반 사회적 문화적 변화에 중요한 역할을 함 • 저축 수준과 가용한 가처분 소득이 높은 사람들로서 중요한 시장 • 미디어 이용 행태: 아날로그중심(신문, TV시청시간 타세대에 비해 높음)
X세대 (Generation X)	• 1965년에서 1979년 사이 출생한 사람들 • 경쟁사회에서 성장 • 이 세대 사람들의 욕구는 다양함 • 금전적인 미래에 대해서는 비관적임 • 저가 수입품을 사용함 • 대화를 직접적으로 하기를 원함 • 미디어 이용 행태: 디지털 중심(베이비붐 세대에 비해 스마트폰 비중 높음)
Y세대 혹은 밀레니얼 세대(Generation Y or Millennials)	• 1980년에서 2000년 사이 출생한 사람들 • 서양에서는 베이비 붐 세대의 자녀 그리고 중국에서는 한 자녀 정책 세대의 자녀 • 1인 가구 비중 높음 • 물질주의 성향이 높고, 기술에 탐닉 • 소셜 미디어를 통해 모든 것을 기록하는 세대 • 경험중시 • 미디어 이용 행태: 인스타그램 선호
청소년 (teens)	• 2000년 이후 출생한 사람 • 미디어 이용 행태: 페이스북 선호함 • 차세대 소비 중심 • 디지털종족이라 불리는데, 소셜미디어를 많이 사용하고 상호작용하는 컨텐츠를 좋아함 • 청소년을 타겟으로 하는 기업은 캠페인을 할 때 강력한 상호작용 요소들을 포함함 • 청소년들의 스마트폰 사용 연구에서는 많은 저가격의 안드로이드 기반 폰이 청소년 시장에서 부상하고 있고, 청소년들 사이에서는 무료 앱의 구득가능성이 보편화되어 있음

| 아동
(tweens) | • 8세에서 12세 사이인 사람들
• 소비자로서 훈련을 받는 사람들
• 아동 그룹의 특징은 독립적으로 구매를 하기 시작하는 시기임 |

출처: 노승욱, 나건웅(2019.6.14.), 오상헌 등(2018.10.4.), Wallop(2014.7.31.)

토론 주제

■ 1인 가구의 증가에 따라 새롭게 생겨난 비즈니스는 무엇이 있으며, 쇠락한 비즈니스는 무엇이 있는지에 대해 토의해 보십시오.

■ 100세 시대에 대해 많이 언급되고 있습니다. 인구구조의 변화에 따라 연령대별로 새로 부각되는 비즈니스와 쇠락하는 비즈니스는 무엇이 있는지에 대해 토의해 보십시오. 그리고 새로 부각되는 비즈니스 기회를 마케팅 성과로 연계시키기 위한 구체적인 마케팅 계획을 수립해 보십시오.

참고문헌

김광희 (2012), 닌텐도의 성공과 실패에 관한 소고, 상업교육연구, 26(3), 71-90.

Curry, David J. and Michael B. Menasco (1979), Some effects of differing information processing strategies on husband-wife joint decisions, *Journal of Consumer Research*, 6(2), 192-203.

Davis, Harry L. and Benny P. Rigaux (1974), Perception of marital roles in decision processes, *Journal of Consumer Research*, 1(1), 51-62.

Filiatrault, P. and J. R. Brent Ritchic (1980), Joint purchasing decisions: a comparison of influence structure in family and couple decision-making units, *Journal of Consumer Research*, 7(2), 131-140.

Javalgi, Rajshekhar (Raj) G. and Paul Dion (1999), A life cycle segmentation approach to marketing financial products and services, *Service industries Journal*, 19(3), 74-96.

Lansing, John B. and L. Kish (1957), Family life cycle as an independent variable, *American Sociological Review*, 22(5), 512-519.

Murphy, Patrick E. and William I. Staples (1979), A modernized family life cycle, *Journal of Consumer Research*, 6(1), 12-22.

Roberts, James A., Carol F. Gwin, Carlos R. Martinez (2004), The influence of family structure on consumer behavior: a re-inquiry and extension of Rindfleisch et al. (1997) in Mexico, *Journal of Marketing Theory and Practice*, 12(1), 61-79.

Verma, DPS and S. Kapoor (2003), Dynamics of family decision-making : purchase of consumer durables, *Paradigm*, 8(2), 20.

Wagner, J. and S. Haiina (1983), The effectiveness of family eife cycle variables and consumer expenditure research, *Journal of Consumer Research*, 10(3), 281-291.

Wells, William D. And G. Gubar (1966), Life cycle concept in marketing research, *Journal of Marketing Research*, 3(4), 355－363.

[12장 참고 인터넷 기사 및 자료]

국립국어원, 표준국어대사전, http://stdweb2.korean.go.kr/

김신영(2017), 금융사 특별 이벤트로 가족사랑 전하세요, 조선일보, 2017.05.10, http://
   news.chosun.com/site/data/html_dir/2017/05/10/2017051000925.html

노승욱, 나건웅(2019.06.14.), Z세대가 온다, https://www.mk.co.kr/news/economy/
   view/2019/06/417639/

안혜리(2010), 닌텐도 위, 마케팅·인지도·이미지 압도적 1위, 중앙일보, 2010.03.05,
   http://news.joins.com/article/4045165

오상헌, 고재연, 김보라(2018.10.04.), 최강 소비신인류...'밀레니얼 파워'가 판을 바꾼
   다, https://www.hankyung.com/economy/article/2018100390211

Wallop, H.(2014.07.31.), Gen Z, Gen Y, baby boomers–a guide to the generations,
   https://www.telegraph.co.uk/news/features/11002767/Gen－Z－Gen－Y－baby
   －boomers－a－guide－to－the－generations.html

문화, 사회계층

■ 김치는 우리나라의 고유한 음식으로 우리나라를 대표하는 음식문화로 자리매김하였을 뿐 아니라 세계인의 입맛을 공략하는 글로벌 음식문화로도 발돋음을 하고 있다.

출처: 대유 위니아 홈페이지 (딤채 김치냉장고)	출처: 대상 종가집 홈페이지	출처: 비비고 홈페이지

■ 김치는 우리의 전통 음식문화로서 지금까지 이어져오고 있다. 그러나 소비자 행동 및 마케팅 측면에서 볼 때 김치를 둘러싸고 있는 문화는 두 가지 측면에서 상당히 변화가 있는 것으로 파악된다.

■ 첫째는 김치를 보관하는 방법에 관한 것이다. 김치는 전통적으로 개별 주택에서는 지상에서 항아리에 저장 및 보관하거나 땅을 파고 항아리를 땅에 묻어 김치를 보관하였다가 식사를 할 때 꺼내서 먹는 것이 보편적인 보관 방법이었다. 그러나 아파트 거주자의 증가라는 라이

프스타일의 변화는 김치의 보관 방법을 바꾸어 놓았다. 아파트 거주자들의 경우에는 항아리에 보관하기가 어렵다. 그리고 냉장고에 김치를 넣어서 보관할 때에는 다른 음식과의 냄새가 섞이면서 김치 고유의 맛을 즐기는 데 어려움이 있었다. 이러한 문제를 해결한 것은 김치냉장고였다. 위니아 만도에서 김치냉장고를 출시한 이래로 삼성전자, LG전자 등에서도 김치냉장고를 출시한 바 있으며, 김치냉장고 시장은 약 1조 원대의 시장으로 증가한 것으로 파악되고 있다.

■ 둘째는 김치를 담그는 것과 관련된다. 김장문화는 이웃들과 함께 겨울을 준비하여 김치를 담그면서 서로 간의 정을 나누는 우리나라의 독특한 문화였다. 그러나 아파트 거주자들의 증가, 주부들이 직장 등 사회참여 증가, 포장김치 구매의 편리성 그리고 직접 담그는 데 드는 비용 대비 포장김치의 효율성 등으로 인하여 김치를 담그는 것을 포기하는 주부가 늘고 있는 반면 김치를 구매해서 먹는 가정이 늘어나고 있다는 점이다. 조사자에 따라 금액에 차이는 있으나 식당, 직장, 가정을 포함한 전체 김치시장은 1조 원을 넘어선 것으로 보고 있으며, 이 중 일반 가정 대상 (포장)김치시장은 약 1,800억 원대까지 증가한 것으로 추정된다. 한편 김장문화는 우리의 고유한 문화로서의 면모가 점점 약화되어 가고 있는 것으로 보인다.

출처: 견다희(2017), 이선애(2017), 최현주(2017).

최근 소비자 심리 및 행동 분야에서 문화를 이해하는 것의 중요성이 부각되고 있는 것으로 보인다(하영원, 2017; Briley et al., 2014). 이러한 문화에 대한 관심은 각 문화에 속해 있는 소비자 심리 및 행동을 더 잘 이해하기 위하여 각 문화권 내의 소비자 심리 및 행동에 공통적으로 영향을 미치는 요인이 무엇이고, 서로 다르게 영향을 미치는 요인은 무엇인지 그리고 각 문화 특유의 영향 요인은 무엇인지를 규명하기 위한 시도라고 볼 수 있다.

우리들은 한국 문화와 미국 문화는 다르다 혹은 한국 문화와 중국·일본 문화는 다르다는 말을 한다. 그리고 어떤 경우에는 20대 문화와 30대 문화가 다르다는 말을 하기도 한다. 또한 부모 세대와 자녀 세대 간에는 세대차가 있다는 말을 하기도 한다. 앞에서 한국과 미국·중국·일본의 문화를 비교한 것은 나라를 기준으로 해서 문화에 차이가 있다는 것을 말하는 것인 반면 20대와 30대, 부모와 자녀 세대를 비교한 것은 한 나라 내에서 연령 혹은 세대를 구분하는 기준에 따라 비교해 보았을 때 문화에 차이가 있다는 것을 말한다. 이와 같이 문화는 일반적으로 국가 간을 비교할 때 활용되기도 하고 한 국가 내에서 어떤 요소를 기준으로 비교할 때에도 활용된다. 전자를 일반적으로 비교문화적 접근이라고 하고 후자는 동태적 문화라는 표현을 쓰기도 한다.

문화는 비교적 광범위한 개념일 뿐 아니라 복합적인 성격을 가지고 있어서 다른 주제들과 혼용되어 활용되기도 한다. 예컨대 가치는 개인적 가치, 사회적 가치로 구분하기도 하지만 문화적 가치라는 표현을 사용할 때도 있다.

마케터가 직무를 수행할 때 어떤 현상을 바라보고 분석하여 마케팅 전략을 수립하고 실행할 때에는 유연한 사고를 가지고 바라볼 필요가 있다. 예컨대 1인 가구가 증가하고 있다는 것은 가족생활주기 상으로 접근할 수도 있고, 라이프스타일로 접근할 수도 있으며, 문화적으로도 접근할 수 있다. 중요한 것은 그러한 현상을 어떠한 패러다임을 가지고 정확히 바라볼 수 있어야 하며, 그 현상으로부터 어떠한 마케팅 전략을 수립하고 실행하여야 소비자들의 행복과 웰빙을 증진하고 기업의 성과를 동시에 제고할 수 있는지를 추출해 내는 역량이 필요하다.

본 장에서는 문화와 소비자 심리 및 행동 간의 관계에 초점을 맞추고, 문화와 소비자 심리 및 행동에 미치는 영향을 중심으로 살펴보고자 한다.

제1절 문화의 성격

1.1 문화의 정의와 문화의 구성요소

문화가 다양한 것과 마찬가지로 문화에 대한 정의도 문화를 보는 관점에 따라 매우 다양하다. 문화는 사고, 언어, 행위, 가공물을 포함한 인간 행동의 통합된 패턴을 말하는 것으로서 세대를 성공적으로 이어주기 위하여 지식을 학습하고 전파하는 사람의 능력에 따라 변하는 것(Sheth and Mittal, 2004)으로 보는 시각도 있으며, 문화를 과정적인 측면에서 보아서 문화를 언어, 역사적 시기, 그리고 지리적 장소를 공유하는 사람들 간에 지각을 하고, 신념을 갖게 되며, 평가하고, 의사소통을 하고, 행동하는 기준을 제공하는 공유된 요소들로 구성되어 있다(Shavitt et al., 2008: 1103)고 보는 시각도 있다. 또한 문화를 비교문화 관점에서 보아 문화를 물질과 상징적 개념들을 광범위하게 묶은 것을 대리하는 것으로서 행동을 형성하고 행동의 방향을 제시하며, 아이디어, 관행, 제도, 제품, 가공품의 형태로 세상 안에 있는 것(Markus and Kitayama, 2010: 422)으로 보는 시각도 있다. 표준국어대사전에는 문화(文化)를 "자연 상태에서 벗어나 일정한 목적 또는 생활 이상을 실현하고자 사회 구성원에 의하여 습득, 공유, 전달되는 행동 양식이나 생활 양식의 과정 및 그 과정에서 이룩하여 낸 물질적·정신적 소득을 통틀어 이르는 말. 의식주를 비롯하여 언어, 풍습, 종교, 학문, 예술, 제도 따위를 모두 포함한다"(http://stdweb2.korean.go.kr/)로 기술하고 있다.

문화와 관련된 이러한 정의들은 사회적 가치 혹은 문화 차원, 사회적 관행, 가공물과 같은 사람의 외부에 있는 것과 언어, 독립적·상호의존적 자기해석 혹은 다른 특질과 같은 사람의 내부에 있는 것을 통합한다.

문화에 대한 정의가 이와 같이 다양함에도 불구하고 문화를 간략하게 정리해 보면 문화는 어떤 사회 구성원으로서 사람이 학습하고 공유하는 모든 것을 말한다고 할 수 있으며, 이러한 문화 속에는 아이디어, 규범, 도덕성, 가치, 지식, 솜씨, 기술, 도구, 물질적 대상물, 행동 등이 포함된다(Sheth and Mittal, 2004).

문화를 구성하는 주요한 요소로는 가치, 규범, 의례, 신화, 언어 등을 들 수 있다. 가치는 무엇이 좋고(나쁘고) 바람직한(바람직하지 않은) 것인가에 관한 관념이라고 할 수 있다. 규범은 행동의 규칙을 말한다. 규범은 해야 할 것과 하지 말아야 할 것에 대한 규준의 역할을 수행한다. 규범은 가치보다 조금 더 구체적이며, 수용가능한 행동과 수용불가능한 행동으로 나누어진다. 의례는 정해진 절차에 따라 일어나고 주기적으로 반복되는 경향이 있는 상징적 행동의 묶음이다. 신화는 사회의 중심 가치를 표현하는 이야기이다.

■ **오리온 초코파이와 중국**

오리온 초코파이는 세계 60여 개 국에서 21억 개 이상 판매가 이루어지고 있을 정도로 글로벌 브랜드로 자리매김하고 있다. 초코파이의 인기 원인 중 한 가지로 현지화 전략을 꼽는다. 초코파이는 각 나라의 문화를 반영하여 제품을 현지화하여 성공한 사례로 꼽힌다. 먼저 중국을 보자. 오리온 초코파이가 중국시장에 진출한 것은 1997년이다. 특히 중국 내에서는 결혼답례품으로 사용될 정도로 인기를 끌고 있다고 한다. 오리온 초코파이가 중국에서는 포장지에 '인(仁)' 글자(우리나라에서는 '정(情)' 글자)가 새겨져 있고, 포장지의 색은 빨간색 그리고 제품명은 '하오리여우 파이(好麗友派)'인데, 이 제품명의 의미는 '좋은친구 파이'라고 한다. 또한 각 지역의 기온 차이를 고려하여 어떤 지역에서는 초콜릿을 배합하여 입에 잘 녹도록 제품을 개발하였다고 한다.

■ **팔도 도시락과 러시아**

팔도 도시락은 러시아의 용기라면 시장의 선두주자이다. 러시아 팔도 도시락에는 마요네즈 소스가 들어있는 제품이 있는데, 이것은 러시아 소비자들이 마요네즈를 도시락에 넣어서 먹는 식습관을 반영한 것이라고 한다.

■ **밀키스, 레쓰비와 러시아**

밀키스는 파인애플맛을 비롯하여 총11가지 맛으로 러시아 시장에서 판매가 이루어지고 있고, 레쓰비는 에스프레소를 비롯하여 총9가지 종류가 러시아에서 유통된다고 한다. 이와 같이 다양한 종류의 제품이 판매되는 이유는 러시아의 경우 지역별로 선호하는 맛이 상이한데, 이를 반영한 결과라고 한다.

■ **메로나와 브라질**

남미 아이스크림 시장은 초콜릿 제품이 중심이고, 과일맛 아이스크림의 경우에는 과일 주스를 얼린 형태가 대부분을 차지하고 있다고 한다. 이러한 시장에 메로나는 우유와 과일 맛을 함께 즐길 수 있는 아이스크림으로 포지셔닝이 되어서 인기를 끌고 있다고 한다.

■ **스파우트껌과 중동 시장**

롯데 스파우트껌은 중동 시장에서는 스테디셀러 제품으로 통한다고 한다. 중동은 기후가 건조하므로 달콤한 껌 제품을 제공한 것이 인기의 비결이라고 한다. 시나몬향이 있는데 이것은 중동인들이 좋아하는 향이라고 한다.

■ 비비고와 미국

중국식 만두가 선점하고 있는 미국 시장에서 CJ 비비고는 웰빙 건강식으로 포지셔닝을 하고 있다고 한다. 이를 위해서 만두피는 얇게, 만두소는 채소, 육류는 닭고기를 넣고 있다고 한다.

■ 프리마와 중앙아시아

중앙아시아 지역은 추운 날씨와 유목문화로 인해 차와 가축의 젖을 짜마시는 문화가 형성되어 있는데, 프리마는 우유 대신 차에 넣은 식품으로 자리매김을 하였다고 한다. 또한 다양한 용도를 개발하여 커피, 빵, 차뿐 아니라 일반 요리에까지 사용되는 재료로 활용된다고 한다.

출처: 권혜련(2017).

1.2 문화의 특성

문화는 다음과 같은 특성을 가지고 있다(Sheth and Mittal, 2004).

첫째, 문화는 학습이 된다. 사람들은 문화를 가지고 태어나지는 않는다. 또한 사람의 본능적인 행동(예컨대 웃음, 울음) 그 자체는 태어날 때부터 가지고 있는 것이므로 문화라고는 할 수 없다. 그러나 대중 앞에서 웃음(울음)을 보이지 말아야 한다 혹은 대중 앞에서 언제 웃어야(울어야) 할지 혹은 웃을 때(울 때) 어떤 표정을 지어야 할지에 대해서 아는 것은 문화라고 할 수 있다. 그 이유는 이러한 행동은 어느 정도 학습에 의해서 결정되는 것이기 때문이다.

둘째, 문화는 사회를 규제한다. 문화는 행동의 규범과 기준을 제공하기도 하고 행동의 규범과 기준에서 일탈하는 경우에는 처벌이 가해짐으로써 사회를 규제하는 역할을 한다. 어떤 문화 안에 속해 있는 사람들은 그 문화에서 정해진 사는 규칙에 대해 알고 있다.

셋째, 문화는 생활을 더 효율적이 되도록 만드는 역할을 한다. 문화는 공유되는 것이므로 사람들을 문화를 자연스럽게 학습하게 된다. 따라서 다수의 사람들이 공유된 가치와 생각을 가지게 되므로 그룹으로 어떤 일이 진행되는 경우 문화적 가치와 맞는 경우에는 다수의 사람들이 자발적으로 참여함으로써 일이 신속하게 진행될 수 있다.

넷째, 문화는 적응성을 가지고 있다. 문화는 환경에 대해 인간이 반응을 보이는 것이다. 그리고 환경이 변화함에 따라서 문화는 그 자체가 새로운 환경이 요구하는 것에 적응해 간다. 예컨대 한국에서 기업을 하고 있는 회사가 해외에도 회사를 설립하는 경우 소비자와 직원을 대하는 방식이 현지에 맞게 적응을 하여야 한다. 해외로 진출하는 기업의 실패 사례로 지적되는 것들 중 많은 부분은 현지화에 실패를 하였다는 것인데, 이것은 문화적인 측면에서 보면 현지에 적응하지 못했다고 해석할 수 있다.

다섯째, 문화는 환경적인 성격을 가지고 있다. 문화는 사람들의 삶을 둘러싸고 있다. 환경과 마찬가지로 문화는 무엇인가 예상하지 못했던 것이 발생하기 전까지는 당연한 것으로 여겨진다.

여섯째, 다문화는 계층적 성격을 갖는다. 규모가 큰 집단의 문화는 규모가 작은 집단의 문화를 제약하기도 하고 형성하기도 한다. 미국과 같은 경우 다수의 문화적 배경을 가진 사람들이 함께 살아가고 있는데, 이러한 사회에서는 이와 유사한 일들이 문화적 제약사항으로 발생하기도 한다.

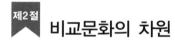

제2절 비교문화의 차원

2.1 문화차원

문화를 비교하여 문화권 간의 공통점은 무엇이고 차이점은 무엇인지를 밝히는 것을 비교문화라고 한다. 최근에는 소비자 심리 및 행동을 비교문화 관점에서 파악해 보려는 시도가 많이 이루어지고 있다. 이러한 시도가 많이 이루어지는 이유는 글로벌화의 진행과 관련이 깊다. 과거에는 외국인에게 자사 제품을 소개하기 위해서는 대부분 현지에 진출해야 하는 상황이 발생하였고, 해외에 진출하는 것 자체도 쉬운 일은 아니었다. 그러나 최근에는 국가 간의 교류, 특히 인터넷과 모바일 기술의 발달에 따라 우리나라 소비자(혹은 해외에 있는 소비자)가 해외(혹은 우리나라)에 있는 제품을 온라인을 통해서 혹은 여행 등을 통해서 직접구매하는 사례들이 늘어나고 있다. 이것은 전세계 시장의 연결성이 높아진 것을 의미하며 마케터 입장에서 보면 해외 현지에 직접 진출하지 않고도 해외 소비자들이 자사 제품을 많이 구매할 수 있는 방법이 있음을 의미한다.

비교문화 차원에서 가장 많이 언급되는 것은 Hofstede의 문화차원에 관한 것이다. Hofstede의 비교문화 차원은 국제경영 분야와 국제마케팅 분야에서 활발하게 연구가 이루어지고 있는 주제 중 한 가지이다.

Hofstede의 비교문화 차원에서는 각 문화권의 특색을 다섯 가지 차원(최초에는 네 가지 차원에서 출발하였으며, 이것이 다섯 가지 차원으로 증가하였고, 최근에는 여섯 가지 차원으로 비교하고 있다. 여섯 번째 차원에 대한 연구는 아직 활발하게 진행되고 있지는 않은 것으로 보이며, 네 가지 혹은 다섯 가지 차원에 대한 연구가 주로 이루어진 상황임)으로 구분하여 비교하고 있다. Hofstede(1980)는 문화를 지리적인 차원으로 구분하지 않고 사람의 마음을 기준으로 하여 그룹수준으로 접근하고 있는데, 그는 문화를 하나의 인간 집단과 다른 인간 집단을 구분하는 마음의 집합적인 계획서(programming)로 보았다(Hofstede, 1980). 이러한 차원에서 Hofstede는 문화적 가치 틀을 개발하였는데, Hofstede는 IBM 조직구성원을 대상으로 조사하고, 이를 국가별로 비교하여 문화적 차원을 제시하였으므로 조직 차원의 내용들이 많이 언급되고 있음을 알 수 있다. 그는 인간 집단을 구분하는 중요한 다섯 가지 차원을 제시하고 이를 국가별로 비교하였는데, 이 다섯 가지 차원은 다음과 같다(Hofstede, 1980, 1997, 2001).

첫 번째 차원은 개인주의(individualism) – 집단주의(collectivism)이다. 개인주의 대 집단주의는 각 문화 안에서 개인과 집단(group) 간의 관계를 묘사하고 있다. 개인주의 대 집단주의는 한 국가 내에 있는 사람들이 집단의 구성원으로서 행동하기 보다는 개인으로서 행동하기를 선호하는 정도를 의미한다고 하여 개인주의를 기준으로 이 개념을 설명하고 있다.

개인주의는 사람들이 자기 자신과 자신의 가까운 가족만 돌보려고 생각하는 느슨한 연결 형태의 사회적 틀로 보고 있다. 이것은 개인주의가 자기 자신만을 생각하는 것이 아니라 자신이 중요하게 생각하는 타인까지 돌보려는 의도가 포함되어 있음을 의미한다. 한편 집단주의는 사람들이 내집단(in – group)과 외집단(out – group)을 구분하고 있다는 점에서 개인주의와 차이가 있다. 일부 연구에 의하면 개인주의에 속하는 개인은 내집단에 소속된 사람과 외집단에 소속된 사람 간 평가에 있어서 차이를 보이지 않는 반면 집단주의에 속하는 개인은 내집단에 소속된 사람과 외집단에 소속된 사람 간 평가 차이가 존재한다는 결과도 있다. 집단주의에서 내집단의 중요성은 개인이 집단에 보이는 충성심에 있다. Hofstede는 집단주의는 내집단이 자신을 보호해 줄 것이라고 기대하고 그것에 대한 대가로 내집단에 충성심을 가지는 단단한 사회적 틀로 보았다 (Hofstede, 1980).

개인주의 대 집단주의가 독립된 개념인지 혹은 단일차원의 개념인지에 대한 논의가 있어 왔다. 이에 대한 전반적인 의견을 종합해 보면 개인주의와 집단주의가 단일차원(Hofstede, 1980)이라기보다는 독립적 차원이라고 보는 시각이 더 우세한 것으로 보인다(Markus and Kitayama, 1991).

두 번째 차원은 권력거리(power distance)이다. 권력거리는 제도와 조직에서의 권력이 불평등하게 배분되는 것을 한 사회가 수용하는 정도를 의미하기도 하고 조직 내에서 하급자가 상급자에게 동의하지 않음을 표현할 것이 기대되지 않는 정도 그리고 상급자가 의사결정 과정에서 하급자와 상의할 것으로 기대되지 않는 정도를 의미하기도 한다(Hofstede, 1980, 2001).

세 번째 차원은 불확실성 회피(uncertainty avoidance)이다. 불확실성 회피는 한 사회가 불확실한 상황과 애매모호한 상황에 위협을 느껴서 불확실하고 애매모호한 상황을 회피하려고 시도하는 정도를 의미한다(Hofstede, 1980). 불확실성 회피는 위험 회피(risk avoidance)와는 차이가 있다. 위험 회피는 사람들이 위험을 받아들이거나 회피하려는 의향을 기술하는 것인 반면 불확실성 회피는 명확한 규칙과 지침을 선호하는 것과 관련된다고 보았다. 이러한 불확실성 회피가 구체적으로 드러나는 방법으로는 직장경력에 있어서의 안정성을 제공하는 것, 공식적인 규칙을 더 많이 제정하는 것, 규범에서 벗어나는 아이디어와 행동은 용인하지 않는 것, 절대적인 진실을 믿는 것, 전문성 등이 포함된다(Hofstede, 2001).

불확실성 회피는 확실한 것을 선호하는 것과 관련이 있다. 예컨대 어떤 개인이 0.5의 확률로 150달러를 받는 것과 0에서 1 사이의 알려지지 않은 확률로서 150달러를 받는 것 중에 선택하도록 요청을 받은 경우 불확실성을 회피하려는 사람들은 비록 두 가지 선택 상황에서의 기댓값이 동일하다고 할지라도 0.5

의 확률로서 150달러를 받는 것을 더 선호한다(Wyer and Xu, 2010). 불확실성을 회피하려는 기질은 만일 부정적인 행동이 가져올 결과의 위험성을 피하려는 동기가 활성화되는 경우 다양한 선택 대안들이 보편적으로 주어지기를 원하는 마음가짐(mind-set)을 갖게 된다(Briley and Wyer, 2002).

네 번째 차원은 남성성-여성성(masculinity-femininity)이다. 남성성-여성성에서 남성성은 사회에서의 지배적인 가치가 남성적인 정도를 의미하며, 여성성은 남성성의 반대편에 서 있는 것으로 보았다. 남성적 가치로는 자기주장, 성과, 성공(돈과 여러 가지 사물 혹은 물건들을 취득하는 것), 경쟁 등이 있는데, 남성성에서는 이러한 가치가 우선한다고 본 반면 여성적 가치는 삶의 질, 따뜻한 인간관계 유지, 유대감, 친화적인 분위기, 지위의 보호, 물리적 조건, 협동 등이 있는데, 여성성에서는 이러한 가치가 우선한다고 보았다(Hofstede, 1980, 2001).

다섯 번째 차원은 장기지향성(long-term orientation)-단기지향성(short-term orientation)이다. 장기지향성은 끈기(persistence), 절약(thrift)과 같은 미래지향적 가치를 말하는 반면 단기지향성은 전통을 중시하고 사회적 의무를 다하는 과거지향적 가치와 현재지향적 가치를 말한다. Hofstede는 동양문화권은 서양문화권에 비해서 끈기, 절약 차원에서 장기지향성을 지니는 것으로 보았다.

2.2 문화차원과 마케팅

문화차원은 마케팅 분야에서 많이 적용되고 있다.

개인주의 사회에서는 개인의 이득에 초점을 맞추고, 직업 혹은 사적인 부를 축적하는 데 있어서 개인적 성취를 강조하는 경향이 있다. Mattila and Patterson(2004)는 할인을 해주고 용서를 구하는 것은 태국과 말레이시아(집단주의 사회)보다는 미국(개인주의 사회)에서 공정성 지각에 더 효과적임을 보여주었다. 이것은 서비스 실패에 따른 회복을 함에 있어서 보상(compensation)과 접촉직원의 특정한 행동은 집단주의 사회보다는 개인주의 사회에서 더 가치가 있게 느껴지는 것을 보여주는 것이다.

개인주의 사회에서는 사회적 영향력에 대한 수용성(susceptible)이 약한 반면, 집단주의 사회에서는 집단의 조화를 가치가 있는 것으로 여기며 집합적 집단의 상호의존성을 강조한다. 그러므로 집단주의 사회는 규범(norms)에 협력적 (cooperative)이고 민감하게 반응(responsive)한다. 그러므로 집단주의 사회는 서비스 실패 이후에 만족도를 회복(restore)하기 위하여 조직에서 수립한 정책과 절차를 더 높이 평가한다.

권력거리의 점수가 높은 문화에서는 복종(obedience)과 권위(authority)에 가치를 부여하고, 자율성이 결여된 것에 대해서도 감내(tolerance)하는 경향이 있다. 이러한 특징은 상호의존성(interdependence)이 몰입(commitment)에 미치는 영향을 권력거리가 조절하는 것으로 나타나기도 한다. Dash et al.(2006)은 권력거리가 작을수록 (예컨대 인도인보다는 캐나다인) 은행과 고객 간의 상호의존성이 몰입에 더 크게 영향을 미치는 것을 발견하였다. 또한 권력거리가 작은 경우에는 은행과 고객 간의 상호의존성의 불일치가 클수록(예컨대 고객의 은행에 대한 의존도는 높은 반면 은행의 고객에 대한 의존도는 낮은 경우) 몰입이 증가하였으나 권력거리가 큰 경우에는 오히려 감소하였다.

소비자들이 서비스 품질차원 중 무엇을 중요하게 여기는지에 대해서도 권력거리는 영향을 미친다. Dash et al.(2009)은 권력거리가 작은 경우에는 서비스의 반응성과 신뢰성을 중시여기는 반면 권력거리가 높은 경우에는 유형의 서비스 속성을 중시 여김을 보여주었다.

권력거리는 소비자들의 불만족스러운 서비스에 대한 반응에도 차이를 가져오는 것으로 보인다. Huang et al.(1996)은 대만의 고가 호텔에 투숙한 일본인과 미국인을 대상으로 불만족스러운 서비스에 대한 반응과 관련된 조사를 실시하였는데, 미국 투숙객이 일본 투숙객에 비해 불만족스러운 서비스를 받은 경우 충성도를 낮추겠다는 의도, 불평행동을 하겠다는 의도, 그리고 부정적 구전을 하겠다는 의도가 더 높은 것으로 나타났다.

권력거리는 서비스 회복 노력 수단에도 영향을 미치는 것으로 보인다. 예컨대 서비스 실패 상황에서 권력거리가 높은 문화의 소비자는 지위가 낮은 사람 보다는 높은 사람이 사과하는 경우 분배적 공정성을 더 높게 지각하는 것으로 나타났다(Patterson et al. 2006).

불확실성을 회피하려는 경향에 있어서 기질적으로 그리고 상황적으로 유도된 차이는 제품 선택에 영향을 미친다. Muthukrishnane et al.(2009)는 제품 선택 과업에서 속성이 열위이지만 정평이 나있는 브랜드(예컨대 Sony)와 속성은 우위이지만 정평 면에서 떨어지는 브랜드(예컨대 Toshiba)에 대한 선호도 조사를 하였다. 그 결과 기질적으로 불확실성을 회피하려는 성향을 가진 참여자들은 그렇지 않은 참여자들에 비해 기성 브랜드를 선택하려는 경향이 더 높았고, 이러한 결과는 대상 제품이 하이테크 제품과 같이 성과의 불확실성이 더 심각한 경우에는 특히 두드러지게 나타났다.

불확실성 회피가 높은 문화의 소비자들은 서비스 기업에 의해 제안된 구제 및 보상책(redress)에 더 민감하게 반응하는 경향이 있는데, 그 이유는 기업에서 제안한 구제 및 보상책을 서비스 실패가 가져온 불안(anxiety)과 스트레스를 감소시키는 수단으로 지각하기 때문이다. 또한 불확실성 회피가 높은 문화에서는 관계를 구축하고 유지할 때 관계가 구조화되어 있는 경우가 효과적이며 (Reimann et al. 2008), 불명확한 상황이 발생하는 경우에는 즉각적이고 전문성을 갖춘 응답을 해 주는 것이 필요하며, 불명확한 상황이 발생한 이유를 상세히 설명해 주는 것이 절차적 공정성을 제고하는 데 효과적이다(Patterson et al. 2006). 또한 불확실성 회피가 높은 문화의 소비자들에게는 불평 상황을 처리하는 접점 인력의 행동과 조직의 규칙들이 만족 평가에서 증대한 역할을 하게 된다.

남성성을 가진 문화는 사람들 간의 관계 보다는 교환의 결과에 대해 더 많은 주의를 기울인다. 그 결과 남성성을 가진 문화에서는 분배적 정의 차원에서의 성과에 더 민감하게 반응을 한다. McFarlin and Sweeney(2001)는 남성성을 가진 문화에서의 사람들은 명확한 성과 기준, 기업 절차의 적용에 있어서의 일관성과 정확성에 더 관심을 기울인다. 이것은 절차적 공정성에 민감함을 의미한다. 반면, 여성성을 가진 문화에서의 사람들은 인간 관계에 관하여 더 관심을 기울인다. 그러므로 여성성을 가진 문화에서의 사람들은 남성성을 가진 문화에서의 사람들에 비해서 서비스 문제를 처리하는 동안에 받게 되는 사람 대 사람 간의 대우에 더 민감하게 반응한다(Rouziès et al., 2017; Schepers, 2006).

제3절 문화와 소비자 심리 및 행동

문화는 소비자들의 정보처리 과정, 의사결정 과정 등에 광범위하게 영향을 미치는 것으로 나타났다. 이러한 문화의 영향은 기본적으로 소비자들이 자신과 타인 혹은 집단과의 관계를 정립하는 방식에 따라서 달라진다.

3.1 자기해석(Self-Construal)

문화는 자기 자신을 지각하는 것에 영향을 미칠 뿐 아니라 자기와 타인 간의 관계를 지각하는 데에도 영향을 미치는 것으로 나타났다. 문화권(서양인 혹은 동양인)에 따라 자기와 타인을 지각하는 방법에 있어서 뚜렷한 차이를 보인다(Markus and Kitayama, 1991; Simonson et al., 2001; Triandis and Gelfand, 1998). 서양문화에 속한 사람들은 자기 자신을 바라보고 이해할 때 독립적 자기해석, 즉 자기를 자율적이고, 독립된 인물이라는 관념을 가지고 바라보는 것이 지배적으로 우세하다(Markus and Kitayama, 1991).

서양 사람들은 주로 자기와 관련된 목표와 욕구에 중점을 두고 있고, 서양 사람들의 자기지각은 주로 남과는 다른 독특한(unique) 개인적 특성과 속성으로 구성되어 있다는 관념을 가지고 있으며, 타인을 자기 자신만큼 강하게 강조하지는 않는다. 반면에 동양 문화에 속한 사람들은 상호의존적 자기해석을 지배적으로 보유하고 있고 개인을 사회적 맥락과 분리할 수 없을 뿐 아니라 개인은 타인과 연결이 더 되어 있고 타인과의 구별은 덜 되어 있는 존재로 보고 있다(Markus and Kitayama, 1991). 동양 사람들은 사람 간의 관계와 관련된 영역, 타인의 의견이나 반응, 자신의 공적 자기(다른 사람들로부터 지각된 자기)가 나머지 사회 구성원으로부터 어떻게 보여지는지에 관해 중점을 둔다.

그러나 이러한 독립적 자기해석과 상호의존적 자기해석은 개인이 함께 가지고 있는 전형적인 특질로서 기질적으로 어느 한 가지가 우세한 경우도 있고 상황적으로 어느 한 가지가 우세하게 부각되는 경우도 있다(Aaker and Lee,

2001; Singelis, 1994). 전반적으로 상호의존적 자기해석과 독립적 자기해석은 비교문화 관점에서 소비자 조사를 하는 것과 관련이 깊은데, 그 이유는 이러한 자기해석들은 사람들이 사회적 연결성에 어느 정도로 중점을 두는지에 관한 성향을 잘 포착하기 때문이다(Kastanakis and Balabanis, 2012).

문화적 가치는 개인이 집단에 소속되는 이유에 있어서도 차이를 보인다(Triandis and Gelfand, 1998). 서양 사람들은 자기 자신의 욕구를 충족하기 위하여 집단에 가입하는 경향이 있는 반면 집단주의 사회에 속하는 사람들은 자기 자신이 소속된 집단에 기여하기 위해서 집단에 가입한다.

문화적 가치는 의식의 기본 단위에 있어서 차이를 보인다. 상호의존적 자기해석을 가진 사람들은 개인을 타인과 분리가 불가능한 존재로 지각하기 때문에 의식의 기본 단위는 개인이기보다는 개인과 타인과의 관계이다(Kim and Markus, 1999).

서양인들은 사람을 자율적인 개인, 차별화된 특질을 가지고 있는 개인, 특이성(singularity)을 추구하는 개인으로 보고 있다. 서양 사람들은 진정성이 있는 것이 되는 것을 원한다. 이것은 서양 사람들이 "참된 자기(true self)를 표현하기 위하여 개인적 목표와 개인의 자유에 높은 가치를 두고 있음을 의미한다. 서양 사람들은 순응(conformity)보다는 독특성(uniqueness)을 원한다(Kim & Markus, 1999). 그 결과 어떤 집단이 개인이 높은 우선순위를 둔 것을 제공하지 못한다면 합법적으로 변화를 요구하거나 심지어는 그 집단을 떠나버린다. 반면에 집단주의적 동양 사회에서의 유교적 가치는 사람들에게 겸손하고, 타인의 바람에 순응하며, 타인의 욕구에 주의를 기울이고, 자신의 행위가 내집단의 이미지, 조화 그리고 집단의 웰빙에 어떻게 비춰질 것인지 심사숙고할 것을 요구한다. 내집단 안에서 갈등을 경험한 사람들은 규정되어 있는 역할 기대치를 고수하고 현명하고 성숙하게 행동하며, 체면을 유지해야 한다. 전반적으로 동양의 전통에서 보면 개인의 자유는 집단에 대한 편익과 비용 조건에서 평가되며(Wong and Ahuvia, 1998), 평화롭고 조화로운 관계를 유지하는 행동으로 나타난다.

3.2 문화와 감정

문화에 따라 가지고 있는 감정의 유형, 감정을 표출하는 방법 등에 있어서 차이를 보인다. 문화적 차이를 연구하는 사람들은 감정을 자기중심적 감정과 타인중심적 감정으로 분류하여 문화 간의 감정 차이를 설명하고 있다.

자기중심적 감정은 개인의 내적 속성(자신의 욕구, 목표, 욕망, 능력)을 감정의 주요 준거로 삼고 있는 반면에 타인중심적 감정은 타인을 감정의 주요 준거로 삼고 있다. 분노(anger), 좌절(frustration), 자부심(pride)과 같은 감정은 자기중심적 감정으로 보는 반면 공감(sympathy), 대인 교감, 수치심(shame)과 같은 감정은 타인중심적 감정으로 보고 있다(Markus and Kitayama, 1991). 자기중심적 감정은 개인주의 사회에서 우세한 반면 타인중심적 감정은 집단주의 문화에서 더 널리 퍼져 있다.

타인의 감정에 대한 지각은 문화에 따라 차이가 난다. Masuda, Ellsworth et al.(2008)은 일본과 미국 참여자들을 대상으로 중심 인물의 얼굴 표현(즉, 분노 혹은 슬픔)으로부터 중심 인물의 감정을 판단하는 실험을 실시하였는데, 이때 동일한 감정을 표현한 타인들 혹은 다른 감정을 표현한 타인들이 중심 인물의 주변에 둘러쌓여져 있는 상태를 연출하였다. 실험 결과에 의하면 중심 인물을 둘러싸고 있는 주변 인물들(즉, 타인들)의 감정이 중심 인물의 감정을 판단함에 있어서 일본인의 지각에는 영향을 미쳤으나 미국인의 지각에는 영향을 미치지 못했다. 이것은 서양 사람들에 비해 동양 사람들은 사람들의 감정을 정확하게 평가하는데 맥락 정보가 필요하고, 맥락 정보에 의해 영향을 더 많이 받는다는 것을 의미한다. 반면 개인을 자율적이고 타인과는 분리해서 다루는 서양 사람들은 개인의 감정을 추론함에 있어서 별다른 어려움 없이 중심 인물의 얼굴에서 드러난 감정을 (집단의 감정과는 구분된) 개인의 내적이고 진정성 있는 감정의 상태를 표현한 것으로 본다. 시각추적기(Eye-tracking)를 활용하여 측정한 자료에 의하면 미국인들은 중국인들에 비해 중심 대상을 더 많이 응시하였고, 더 빨리 중심 대상을 찾은 반면 중국인들은 미국인들에 비해 배경을 더 많이 응시하는 것으로 나타났다(Chua et al., 2005). 미국인들은 중국인들에 비해 중심 대상을 더 많이 응시하였고, 더 빨리 중심 대상을 찾은 반면 중국인들은 미국인들에 비해 배경을 더 많이 응시하는 것으로 나타났다(Chua et al., 2005). 이러한 감정 지각에 있어서의 차이는 감정에 기초한 의사결정과 판단을 할 때 상이하게 영향을 미친다.

3.3 문화와 정보처리 및 의사결정

문화는 소비자들의 정보처리 및 의사결정에도 전반적으로 영향을 미친다. 유럽계 북미 미국인들은 중심이 되는 대상과 그 대상의 특질(features)에 초점을 맞추어서 분석적으로(analytically) 정보처리를 하고 사고하는 경향이 있는 반면 동아시아인(한국인, 중국인, 일본인)은 맥락(context)에 초점을 맞추고 맥락과 그 대상 간의 관계에 초점을 맞추어서 종합적으로(holistically) 정보처리를 하고 사고하는 경향이 있다. 이러한 분석적 정보처리 및 사고체계와 종합적 정보처리 및 사고체계는 소비자들의 감각, 주의, 이해, 기억 등 정보처리 과정 전반과 의사결정 전반에 영향을 미친다(Ji and Yap, 2016; Ji et al., 2004; Nisbett et al., 2001; Yang, Chen et al., 2013; Yang, Li et al., 2013).

(1) 문화와 감각

감각기관의 지각에 관한 비교문화적 차이 연구는 시각, 후각, 청각 분야에 집중되어 있다. 상이한 문화적 환경에서의 특수성은 다양한 다른 자극에 대한 지각과 친숙성이 영향을 미친다.

소비자들은 문화적으로 더 친숙한 냄새를 더 잘 지각하는 것으로 나타났다. 예컨대 일본인과 독일인은 각각 문화적으로 더 친숙한 냄새를 더 잘 인식하는 것으로 나타났다(Ayabe-Kanamura et al., 1998).

또한 소비자들은 문화적으로 더 친숙한 음악을 더 잘 지각하는 것으로 나타났다. 예컨대 서양인들은 자신들이 가지고 있는 고유의 멜로디, 문화적으로 친숙한 멜로디를 동양인에 비해 더 쉽게 이해하는 것으로 나타났다(Curtis and Bharucha, 2009).

(2) 문화와 주의

동양인들이 서양인들에 비해 복수의 대상물을 추적하는 안구움직임에 있어서는 더 빠르게 반응을 한 반면, 주의를 분산시키는 동일한 대상물이 포함된 복수의 움직이는 대상물을 추적하는 것에 있어서 미국인들은 아시아인보다 평균적으로 더 많은 대상물을 성공적으로 추적을 함으로써 아시아인에 비해 성과가 더 좋은 것으로 나왔는데, 이러한 결과가 나타난 이유는 중심 대상물에 집중하고 집중 대상물과는 관련이 없는 대상물은 무시하는 성향이 더 강한 데서 기인한 것으로 보는 견해도 있다(Savani and Markus, 2012). 원형(prototypic) 얼굴을 식별하도록 요청받은 경우 일본인들은 미국인에 비해 특질 정합성(feature matching)을 활용하기보다는 전반적으로 외형(configural)이 얼마나 닮았는지를 더 활용하는 것으로 나타났다(Miyamoto et al., 2011).

(3) 문화와 이해(지각적 조직화 및 해석)

문화는 개인과 개인을 둘러싸고 있는 환경을 바라보는 방법에 있어서 차이를 가져오며, 이러한 차이는 자극물에 대한 지각적 조직화 및 해석에 영향을 미친다.

동양인과 서양인은 지각 지향성, 즉 지각이 향하고 있는 것이 특정대상과 그 대상을 둘러싸고 있는 환경을 포함한 것을 전체적으로 보려고 하는 것을 지향하는 것인지 혹은 특정대상을 중심으로 그 대상을 분석적으로 보려고 하는 것을 지향하는 것인지에 있어서 차이를 보이고 있다(Kastanakis and Voyer, 2014). 동양 사람에게 있어서 환경 안에 있는 대상물은 그 수가 많고, 더 복잡하며, 대상물들이 서로 개입된 것으로 보는 경향이 있으므로 대상물과 배경 간의 구분이 모호해져서 대상물과 배경 요소들과의 관계가 상대적으로 중요해진다. 서양 사람들은 가장 현저하게 부각되고 차별화된 대상을 중심으로 하여 배경이나 관계보다는 중심 대상에 더 주목을 한다. 따라서 분석적 사고자(북미 미국인)에 비해서 종합적 사고자(동아시아인)는 사물을 전체로서 지각할 가능성은 높은 반면, 중심 대상물에 주목을 할 가능성은 낮다(Noguchi et al., 2014). 이것은 주변환경에 각각 자기 중심적 시각 혹은 집단 중심적 시각이 반영되어 있기 때문이다.

수중 장면에서 무엇을 보았는지를 묘사해 보라고 한 실험에서 일본인들은 미국인에 비해 배경에 해당하는 대상물들을 더 많이 언급하였다(Masuda and Nisbett, 2001). 아시아 문화에 속한 사람들은 맥락 혹은 배경에 면밀하게 주의를 기울여서 전체적인 시각을 가지려고 하는 반면, 서양 문화에 속한 사람들은 직접적으로 중심 대상물에 대해 주로 주의를 기울여서 분석적 시각 혹은 초점을 맞춘 시각을 가지려고 한다(Nisbett and Masuda, 2003).

인물지각 과업에서 미국인들은 초기효과(primacy effect), 즉 표적 대상자의 행동에 대한 세부적인 사항을 학습하기 이전에 초기 정보에 더 많은 영향을 받는 반면, 일본인들은 미국인에 비해 전반적인 정보에 더 균등하게 주목을 하는 것으로 나타났다(Noguchi et al., 2014).

Masuda, Gonzalez et al.(2008)은 심미성(aesthetic)에 대한 선호도는 각 집단의 제품에 그대로 반영되어 있다고 보았다. 예컨대 동양의 인물화 혹은 사진은 중심 인물의 크기와 현저성이 모두 감소하는 반면, 배경을 중요시 하는 경향이 있다. 이러한 발견사항은 광고, 커뮤니케이션, 소매에서의 심미성에 관한 연구에 정보를 제공하고 있다. 왜냐하면 이러한 발견사항은 소비자에게 가장 친숙하고 더 쉽게 콘텐츠에 관한 정보를 처리할 수 있는 유형이 무엇인지를 나타내기 때문이다.

(4) 문화와 판단

문화는 대상을 판단하는 데에도 영향을 미친다. 먼저 아시아인들은 서양인들에 비해 타인의 입장에서 판단을 하려는 경향을 지닌다. 아시아인들이 서양인들에 비해서 조망수용(perspective taking), 즉 타인의 감정, 생각 등을 자신의 시각이 아닌 그 감정, 생각 등을 하는 그 사람(타인)의 입장에서 지각하고 이해하고 해석하려는 것을 더 잘 하는 사람이 되도록 만드는 원인은 상호의존적 문화의 영향을 받은 것이다(Shali and Keysar, 2007; Wu and Keysar, 2007). 그러나 서양인들은 타인에 대해 추론하고 타인의 반응을 해석함에 있어서 자기중심적 오류를 범하는 경향이 있다. 미국인들은 자기가 타인과 얼마나 유사한지에 기초하여 평가하기보다는 타인이 자기와 얼마나 유사한지에 기초하여 평가를 하는 것을 더 많이 한다. 이것은 미국인들에게 있어서 자기 자신은 타인과의 유사성을 비교할 때 관행적인 기준점 역할을 수행하기 때문이다(Wu and Keysar, 2007).

Cohen and Gunz(2002)는 사람들이 주목의 중심에 서 있었던 상황을 기억하고 기술해 보도록 하였는데, 미국인들은 그 이벤트를 1인칭(first-person perspective), 즉 자기 시각에서 발표를 한 반면 중국인들은 제3자 시각에서 발표를 하였다.

사람들이 이벤트의 원인에 대해 상황적 혹은 기질적 판단을 하는 방법에 초점을 맞춘 연구에서는 문화적 차이가 있음을 제안하고 있다. 서양 사람들은 기본귀인오류(fundamental attribution error) 성향이 높음을 보여주었다. 기본귀인 오류는 다른 사람의 행동을 설명할 때 기질적 귀인은 산정하고 상황적 귀인은 무시하려고하는 사람의 성향을 묘사한 인지적 편향을 의미한다(Ross, 1977).

기본귀인오류는 서양 문화에서 더 보편적으로 나타나는 현상인데, 그 이유 는 서양 문화에서의 규범과 가치는 경쟁의 중요성을 강조하고, 자족(self-suffi-ciency), 자율성(autonomy), 자기증진(self-promotion)을 촉진하는 데 있기 때문이 다(Hofstede, 2001). 한편 동양 문화에서는 기본귀인오류의 수준이 낮음을 보여 주고 있는데, 동양 문화에서의 규범과 가치는 연계성(relatedness)과 상호의존성 그리고 개인의 목표 위에 집단의 목표를 두는 것을 촉진하는 데 더 가치를 두 고 있다. 이러한 성향은 자연스럽게 타인의 시각에 맞추어 적응하려는 사람들 의 능력과 서로 관계를 맺고 있다. 만일 사람들이 폭넓은 시각을 가진다면 기질 적 귀인을 덜 할 가능성이 높다.

(5) 문화와 기억 및 추론

문화는 인과관계 추론(causal reasoning), 예측하기 등에서도 차이를 가져왔 다. 아시아 사람들은 행동을 기절적인 것뿐 아니라 상황적이거나 맥락적인 요 인들이 서로 복합적으로 상호작용을 한 결과로 이해한다. 서양 사람들은 행동 을 행위자의 기질이 직접적으로 표출된 것으로 본다. 전자는 현상을 전체적인 시각으로 조명하려는 종합적 사고 유형인 반면, 후자는 대상물에 초점을 맞춘 시각으로 조명하려는 분석적 사고 유형이라고 할 수 있다. 전자는 어떤 대상물 이 위치하고 있는 장소(field)에 주목을 하여 인과성을 대상물과 장소 간의 관계 에서 인과성을 찾고 원인 작용 관계를 돌리려고 하는 반면, 후자는 대상물에 중 점을 두고, 대상물의 속성을 범주화하며 인과성을 대상물에 직접적으로 돌리려 고 한다. 귀인에 있어서의 문화적 차이는 내적 요인을 무시한다기보다는 상황주 의가 동양이 더 강력하기 때문일 가능성이 높다(Norenzayan and Nisbett, 2000). Choi et al.(2003)은 미국인에 비해서 한국인은 인과적 판단을 함에 있어서 관 련된 정보를 더 많이 고려한다는 것을 발견하였다.

(6) 문화와 개인적 요인

❶ 자기관

긍정적 자기관은 보편적인 동기부여의 원천이다. 그러나 자존감에 있어서
도 문화적 차이는 있다(Heine et al., 1999). 북미 사람들은 문화적 규범으로서의
독립성의 영향을 받고 있는데, 이들은 자기를 긍정적 시각으로 보려는 욕구가
강한 것으로 나타났고 자존감 척도에서 이론적인 중간점수보다 더 높은 점수를
부여하는 것으로 나타났다. Hamamura et al.(2009)은 미국인들은 동기이론에
입각한 접근지향적 정보에 더 세심한 주의를 기울이는 반면 동아시아인들은 회
피지향적 정보에 더 세심한 주의를 기울임을 발견하였다.

❷ 자기고양

자기고양 편향(self-serving bias)은 보편적으로 발생하는 편향이기도 하지
만 문화적으로도 차이가 있다. 이 편향은 사람들이 자신의 내적 기질(예컨대 창
의적 생각)이 긍정적 결과(예컨대 창의적 생각으로 업무처리를 해서 많은 비용을 절감하
였다)를 만들었다고 지각하는 경우에 발생하며, 상황적 요인(예컨대 펀드에 가입했
는데 금융위기가 발생함)이 부정적 결과(예컨대 펀드에 가입했는데 손실이 발생한 것)
를 만들었다고 지각할 때 발생한다. 아시아계 학생들은 시험을 잘 본 경우 서양
학생들에 비해서 상황적 귀인을 더 많이 하는 것으로 나타났다(Fry and Ghosh,
1980). 예컨대 시험을 잘 본 것을 자신이 열심히 공부했기 때문(기질적 기인)이라
기보다는 그 날의 시험과목이 한 과목뿐이어서 (상황적 기인) 잘 보았다고 평가
하는 것이다. Morris and Peng(1994)은 유사한 범죄를 묘사할 때 중국어 신문
은 상황적 귀인을 많이 드러낸 반면, 영어 신문은 기질적 귀인을 더 많이 드러
내고 있음을 보여주었다.

❸ 자기표현

사람들이 자기표현을 표출하는 데에도 차이가 있다. 홍콩, 싱가폴, 대만의
중국인 페이스북 사용자들은 미국인 페이스북 사용자에 비해 자신의 프로파일
에서 자기의 얼굴은 강조를 덜 하고, 얼굴표현에 있어서도 강도가 약하며, 배경
맥락을 부각하는 경향이 높은 것으로 나타났다(Huang and Park, 2013). 동아시아
인들은 풍부한 맥락을 가진 문화적 산출물을 선호하는 것으로 보인다. 예컨대

동아시아인은 북미 미국인에 비해 컨퍼런스 포스터에서 정보가 풍부하게 담겨져있는 디자인과 웹페이지를 더 만들어 내었을 뿐 아니라 정보가 풍부한 디자인을 정보처리하는 데 있어서 미국인에 비해 속도가 더 빨랐다(Wang et al., 2012).

제4절 사회계층

4.1 사회계층의 성격

사회계층(social class)은 소비자 심리 및 행동을 이해하는 데 있어서 필요한 중요한 특성들을 가지고 있다. 사회계층이 소비자 심리 및 행동에서 주목을 받은 이유 중 하나로 Coleman(1983)은 Warner(1941) 등이 미국의 사회계층을 분석하면서 내 놓은 사회계층의 성격, 공동체(community)에 대한 존중, 사회화 과정, 기대되는 행동이 유사한 사람들로 구성되어 있음을 보여준 것을 지적하고 있다(Coleman, 1983). 그들의 주장에 의하면 사회계층은 미국인들이 자기와 공동체에 대해 가지고 있는 감정 혹은 존중(respect)에 대한 가장 기본적인 순위를 나타낸다는 것이다. 이러한 사회계층의 성격은 소비자 심리 및 행동 측면에서 서로 다른 사회계층에 속한 사람들은 서로 다른 구매 목표와 쇼핑 행동을 보일 가능성이 높다는 것으로 받아들여져서 소비자 심리 및 행동에서 주목을 받게 되었다(Coleman, 1983). 소비자 심리 및 행동에서는 사회계층을 한 사회 구성원들의 상대적인 위치(Sheth and Mittal, 2004) 혹은 '한 사회 내에서 거의 동일한 지위에 있는 사람들로 구성된 집단'(이학식 등, 2015: 385)을 의미하는 것으로 보기도 한다.[1] 현대사회에서의 사회계층은 몇 가지 특징을 가지고 있다(이학식 등, 2015; Sheth and Mittal, 2004).

첫째, 사회계층은 지위와 관련이 있다. 한 사회 구성원들의 상대적인 위치

---

[1] 표준국어대사전에서는 사회계층(社會階層)을 "한 사회 안에서 재산, 교육, 직업, 주택, 명성 따위의 기준에 의하여 구별되는 인간 집단. 상류층·중류층·하류층 따위로 나누어지며, 특유한 생활 태도나 의식·관습 따위를 공유한다"고 기술하고 있다.

를 나타내는 사회계층은 사회적 지위에 따른 상대적인 순위의 성격을 가지고 있다. 따라서 사회계층은 계층적 구조를 가진다.

둘째, 사회계층은 다차원의 요소가 반영되는 복합적인 성격을 가지고 있다. 현대사회에서 사회계층은 소득, 교육, 직업 등 다양한 요인들이 다차원적으로 반영되는 복합적 성격을 가지고 있다. 즉, 현대사회에서 소득은 개인의 사회계층을 나타내는 중요한 지표이지만 유일한 지표라고는 할 수 없고, 학력과 직업 등이 복합적으로 반영되는 개념이기도 하다. 예를 들면 소득이 낮은 경우에도 존경받는 직업을 가지고 있는 사람들은 높은 사회계층에 속해 있다고 여겨지기도 한다.

셋째, 사회계층은 동태적 성격을 가지고 있다. 사회계층은 매일매일 바뀌기는 어렵지만 사회계층 간 이동의 기회는 열려 있으므로 사회계층은 동태적인 성격을 가지고 있다. Sheth and Mittal(2004)은 사회계층이 상대적으로 지속성을 가지고 있으나 세대 간 이동성을 함께 가지고 있는 것으로 보고 있다.

넷째, 사회계층 내에서 동질성이 있다. 동일한 사회계층에 속하는 사람들은 직업 등에 있어서 유사한 경우들이 있다. 예컨대 카드사에서 제공하는 프리미엄 고객을 위한 서비스들은 이들의 라이프스타일을 반영한 것이라고 볼 수 있다.

다섯째, 사회계층은 행동에 대한 구속력을 일정 부분 지닌다. 사회계층은 사회적 지위와 관련되어 있으므로 사람들은 사회적 지위에 부합하는 행동을 하고자 한다.

사회계층의 성격과 관련하여 한 가지 주목해야 할 사항은 개인이 속한 객관적 사회계층과 주관적으로 지각하는 사회계층은 같은 경우도 있지만 다른 경우도 있다는 점이다. 객관적 사회계층에 비해 주관적 사회계층이 더 높다고 지각하는 경우 혹은 주관적 사회계층이 더 낮다고 지각하는 경우에는 소비 패턴에 있어서 차이를 보일 가능성이 있다.

4.2 사회계층의 분류

사회계층을 분류하는 방법은 주로 사회학자들에 의해 이루어져 왔으나 소

표 13.1	사회계층구분
Warner 지표 (Warner, 1941, Rossiter, 2012 에서 재인용)	사회계층을 6가지 계층으로 구분 상상층: 전통적인 부유층(Old Money) 상하층: 신흥부유층(Nouveau Riche) 중상층: 전문가 및 관리자 중하층: 중층(Middle Class) 하상층: 근로계층(Working Class) 하하층: 빈곤계층(Poverty Class)
Coleman-Rain water의 사회위치계층위계 (Coleman et al., 1978, Coleman, 1983재인용)	상류층 미국인 상상층(0.3%): 부를 물려받음 상하층(1.2%): 신흥 사회적 엘리트 중상층(12.5%): 대학학력 수준의 관리자와 전문가 중류층 미국인 중산층(32%): 평균연봉을 받는 화이트칼라 근로계층(38%): 평균연봉을 받는 블루칼라 하층 미국인 최하는 아닌 하층(9%): 차상위 빈곤층 실질적인 하하층(7%): 실질적인 빈곤층
수정된 사회위치계층위계 (Coleman, 1983)	상류층(Upper Americans): 사회위치계층위계에서 상상층, 상하층, 중상층이 하나로 통합된 계층구분으로 이들 계층은 luxury제품, 전문 품을 제외하고는 구매 패턴에서 유사성을 보임 중산층(Middle Class): 평균연봉을 받는 화이트칼라 근로자와 이들 의 블루칼라 친구들. 더 좋은 주거지에 거주. 공평한 것을 하려고 함. 대중적인 것을 구매함. 근로계층(Working Class): 평균연봉을 받는 블루칼라 근로자. 소득, 학력, 직업에 관계없이 근로계층 라이프스타일(가족 및 가까운 친인 척과 주로 만남. 국가와 이웃에게 헌신하려고 함)을 유지하려고 함. 근로와 레저는 꾸준히 관심을 가지고 있는 분야임. 하층(Lower Americans): 사회위치계층위계에서 최하는 아닌 하층과 실질적인 하하층이 하나로 통합된 계층구분
가치에 기반을 둔 사회계층 (Rossiter, 2012)	호주인 대상으로 구분한 사회계층 X계층: 지위로 구분되기 보다는 자기실현으로 설명가능한 계층 상상층: 전통적인 부유층 가문 상하층: 자수성가형 부유층 중상층: 전문직 혹은 고위급 경영층

	중하층: 중산층 하상층: 근로계층 하하층: 빈곤층
통계청(2016)	주관적 계층의식 계층의 단위를 가족으로 보고 가구주 및 가구원을 대상으로 "귀하는 사회경제적 지위(소득, 직업, 교육, 재산 등을 고려)는 어디에 속한다고 생각하십니까?"라고 질문하여 ① 상상 ② 상하 ③ 중상 ④ 중하 ⑤ 하상 ⑥ 하하 6분법으로 조사 사회적 이동 가능성에 대한 태도 사회적 이동은 사회적 지위의 변화를 의미하는 것으로 낮은 계층에서 높은 계층으로의 이동의 가능성을 세대간(세대와 세대 사이) 이동과 세대 내(당대) 이동으로 구분하여 가구주를 대상으로 조사

출처: 통계청(2017), Coleman(1983), Rossiter(2012)

비자 심리 및 행동을 다루는 학자들과 마케팅을 다루는 학자들에 의해서도 사회계층을 분류하려는 시도가 이루어지고 있다. 사회계층지표는 전통적으로는 사회인구통계적 변수(예컨대 소득, 직업, 학력)에 중점을 두었으나 사회인구통계적 변수와 라이프스타일이 함께 고려되는 것으로 변화하였다. 특히 사회계층의 핵심으로 라이프스타일을 지적하기도 하였다.

소비자 심리 및 행동 그리고 마케팅 분야에서 사회계층 분류로 가장 많이 언급되는 분류기준은 Coleman 등이 구분한 사회계층 구분을 들 수 있다(Coleman, 1983). Coleman 등은 시민 중 중간 정도에 해당되는 다수가 자신과 비슷한 사람들이 있고, 자신보다 나은 사람, 자신보다 못한 사람이 있음을 언급하는 것을 통해 상, 중, 하와 같은 개념으로 사회계층을 구분하게 되었다(Sheth and Mittal, 2004). 상류층은 품질 위주의 제품을 구매하고, 지위를 나타내는 브랜드를 선호하며, 고상한 취미에 지출을 하는 경향이 있다.

중산층은 올바른 것을 하기를 원하며 대중적인 것을 구매한다. 중산층은 상류층의 라이프스타일을 동경하여 배우려고 하고, 이러한 결과로서 문화의 낙수현상(trickle-down)이 발생하게 된다. 중산층은 운동을 중요하게 여기는데, 그 이유는 활동을 통한 즐거움이 소유를 통한 자부심을 대신하기 때문이다. 하층의 경우 가족과 친인척의 정서적 지원과 심리적 지원에 크게 의존한다. 지리적인 측면에서는 전국적인 뉴스 보다는 지역 뉴스에 더 관심을 갖는 등 협소한 성향을 가지고 있다. 이것은 주택의 선택 등에 영향을 미친다.

4.3 사회계층과 마케팅

사회계층은 지위(prestige)와 관련이 깊으므로 지위에 따른 마케팅은 사회계층적 요소를 다수 반영하고 있다고 보는 것이 타당할 것이다.

또한 문화의 낙수효과(trickle-down effect)와 같이 시장 초기에는 초고가 프리미엄 제품으로 인정되던 것들이 제품수명주기에 따라 가격이 하락하면서 고급제품으로 포지셔닝되는 현상들도 사회계층의 요소를 반영한 것으로 해석될 수 있다.

또한 미국사회를 대상으로 진행된 연구이기는 하지만 중산층과 근로계층은 제품선택을 함에 있어서 상당한 차이를 보인다는 점을 밝힌 연구들도 있다. 이들 연구에 의하면 미국의 중산층은 개인주의적 맥락에서 의사결정을 하는 반면, 근로계층은 상호의존적 맥락에서 의사결정을 한다. 중산층은 선택은 다수의 대안을 통해 자유롭게 이루어진다고 보는 반면, 근로계층은 선택은 환경의 제약을 받는 제한된 대안을 통해 이루어진다고 본다. 중산층은 목표를 설정할 때에도 개인적 목표, 욕구, 욕망을 세우는 반면, 근로계층은 관계적 목표, 타인의 욕구를 반영하는 목표를 설정한다. 그리고 중산층은 다름 및 톡특함에 초점을 맞추는 반면, 근로계층은 유사성 및 연계성에 초점을 맞춘다.

가구수명주기단계는 가구의 수명주기에 따라 욕구가 서로 상이하므로 가구수명주기 중 어느 단계에 위치하고 있는지를 파악하는 것은 특정 제품범주를 구매할 것인지를 예측하는 데 주요한 지표가 될 수 있다(Wilkes, 1995). 한편 가치를 기준으로 구분한 사회계층은 가구주가 어떤 소매업체에 충성도를 보일 것인지 그리고 어떤 브랜드를 주로 구매할 것인지를 예측하는 데 중요한 지표로 활용될 수 있다(Rossiter, 2012).

토론 주제

- 귀하가 생각하는 동양문화와 서양문화의 차이점은 무엇입니까? 그리고 그것이 소비자 심리 및 행동에는 어떻게 영향을 미칠 것이라고 생각하십니까?

- 강남스타일을 부른 싸이를 비롯하여 방탄소년단(BTS), 비, 동방신기, 샤이니, 소녀시대, EXO 등 한류를 주도하는 뮤지션들이 세계인들로부터 좋은 반응을 얻는 이유를 문화적인 관점에서 설명해 보십시오.

- 대장금을 비롯한 한국의 전통문화를 다룬 드라마가 해외에서 좋은 반응을 얻는 이유는 무엇일까요?

- 귀하의 기업에서 관리하는 제품 혹은 서비스(특정 기업에 속하지 않은 경우 관심있는 제품 혹은 서비스)를 대상으로 사회계층 상 최상위계층을 대상으로 마케팅을 하고자 합니다. 해당 제품 혹은 서비스와 관련된 최상위계층의 욕구는 무엇이라고 생각하십니까? 마케팅 대상을 어떻게 선정하시겠습니까? 그리고 접근(approach)은 어떻게 하며, 제품 혹은 서비스는 무엇에 주안점을 두시겠습니까? 이들을 대상으로 마케팅을 할 때 유의해야 할 사항은 무엇일까요?

참고문헌

이학식·안광호·하영원 (2015), 소비자행동: 마케팅전략적 접근, 학현사.

통계청 (2017), 2016 한국의 사회지표. 대전광역시: 통계청.

하영원 (2017), 한국형 소비자 의사결정 연구를 위한 서설: 비교 문화적 접근을 중심으로, 경영학연구, 46(5), 1229−1246.

Aaker, Jennifer L. and Angela Y. Lee (2001), "I" seek pleasures and "we" avoid pains: the role of self−regulatory goals in information processing and persuasion, *Journal of Consumer Research*, 28(1), 33−49.

Ayabe−Kanamura, S., I. Schicker,, M. Laska, R. Hudson, H. Distel, T. Kobayakawa, and S. Saito (1998), Differences in perception of everyday odors: A Japanese−German cross−cultural study, *Chemical Senses*, 23(1), 31−38.

Briley D, R. S. Wyer Jr, and E. Li (2014), A dynamic view of cultural influence: a review. *Journal of Consumer Psychology*, 24(4), 557−571.

Briley, Donnel A. and Robert S. Wyer, Jr. (2002), The effect of group membership salience on the avoidance of negative outcomes: implications for social and consumer decisions, *Journal of Consumer Research*, 29(3), 400−415.

Choi, I., R. Dalal, C. Kim−Prieto, and H. Park (2003), Culture and judgment of causal relevance. *Journal of Personality and Social Psychology*, 84(1), 46−59.

Chua, Hannah F., Julie E. Boland, and Richard E. Nisbett (2005), Cultural variation in eye movements during scene perception, *Proceedings of the National Academy of Sciences of the United States of America*, 102(35) 12629−12633.

Cohen, D. and A. Gunz (2002), As Seen by the Other... : Perspectives on the Self in the Memories and Emotional Perceptions of Easterners and Westerners. . *Psychological Science*, 13(1), 55−59.

Coleman, Richard P. (1983), The continuing significance of social class to marketing, *Journal of Consumer Research*, 10(3), 265−280.

Curtis, Meagan E. and Jamshed J. Bharucha (2009), Memory and musical expectation for tones in cultural context, *Music Perception*, 26(4), 365-375.

Dash, S., E. Bruning, and M. Acharya (2009), The effect of power distance and individualism on service quality expectations in banking: a two-country individual- and national−cultural comparison, *International Journal of Bank Marketing*, 27(5), 336−358.

Dash, S., E. Bruning, and Kalyan K. Guin (2006), The moderating effect of power distance on perceived interdependence and relationship quality in commercial banking: a cross-cultural comparison, *International Journal of Bank Marketing*, 24(5), 307−326.

Fry, P. S. and R. Ghosh (1980). Attribution of success and failure: comparisons of cultural differences between Asian and Caucasian children. *Journal of Cross−Cultural Psychology*, 11(3), 343-346.

Hamamura, T., Z. Meijer, S. Heine, K. Kamaya, and I. Hori (2009), Approach−avoidance motivation and information processing: a cross−cultural analysis, *Personality and Social Psychology Bulletin*, 35(4), 454−462.

Heine, S. J., D. R. Lehman, H. R. Markus, and S. Kitayama (1999), Is there a universal need for positive self−regard?, *Psychological Review*, 106(4), 766-794.

Hofstede G. (1980), *Culture's consequences: international differences in work−related values*, Beverly Hills: Sage.

Hofstede, G. (1997), *Cultures and organizations: software of the mind*, New York: McGraw−Hill.

Hofstede, G. (2001). *Culture's consequences: comparing values, behaviors, institutions, and organizations across nations*, Newbury Park, CA: Sage.

Huang, J.−H., C.−T. Huang and S. Wu (1996), National character and response to unsatisfactory hotel service, *International Journal of Hospitality Management*, 15(3), 229−243.

Huang, C.−M. and D. Park (2013), Cultural influences on Facebook photographs, *International Journal of Psychology*, 48(3), 334−343.

Ji, Li−Jun and Suhui Yap (2016), Culture and cognition, *Current Opinion in*

Psychology, 8, 105－111.

Ji, L. J., Z. Zhang, and R. E. Nisbett (2004), Is it culture, or is it language? examination of language effects in cross－cultural research on categorization, *Journal of Personality and Social Psychology*, 87(1), 57－65.

Kastanakis, M. N. and G. Balabanis (2012), Between the mass and the class: antecedents of the "bandwagon" luxury consumption behavior, *Journal of Business Research*, 65(10), 1399-1407.

Kastanakis, Minas N. and Benjamin G. Voyer (2014), The effect of culture on perception and cognition: A conceptual framework, *Journal of Business Research*, 67(4) 425-433.

Kim, H. and H. R. Markus (1999), Deviance or uniqueness, harmony or conformity? a cultural analysis, *Journal of Personality and Social Psychology*, 77(4), 785-800.

Markus, H. R. and S. Kitayama (1991), Culture and the self: implications for cognition, emotion, and motivation, *Psychological Review*, 98(2), 224-253.

Markus, H. R., and S. Kitayama, (2010), Cultures and selves, *Perspectives on Psychological Science*, 5(4), 420-430.

Masuda, T. and R. E. Nisbett (2001), Attending holistically versus analytically: comparing the context sensitivity of Japanese and Americans, *Journal of Personality and Social Psychology*, 81(5), 922-934.

Masuda, T., P. C. Ellsworth, B. Mesquita, J. Leu, S. Tanida, and E. Van de Veerdonk (2008), Placing the face in context: Cultural differences in the perception of facial emotion, *Journal of Personality and Social Psychology*, 94(3), 365-381.

Masuda, T., R. Gonzalez, L. Kwan, and R. E. Nisbett (2008), Culture and aesthetic preference: comparing the attention to context of East Asians and Americans, *Personality and Social Psychology Bulletin*, 34(9), 1260-1275.

Mattila, Anna S. and Paul G. Patterson (2004), The impact of culture on consumers' perceptions of service recovery efforts, *Journal of Retailing*, 80(3), 196－206.

Miyamoto Y., S. Yoshikawa, S. Kitayama (2011), Feature and configuration in face processing: Japanese are more configural than Americans, *Cognitive*

Science, 35(3), 563−574

Morris, Michael W. and Kaiping Peng (1994), Culture and cause: American and Chinese attributions for social and physical events, *Journal of Personality & Social Psychology*, 67(6), 949−971.

Muthukrishnan, A. V., L. Wathieu, and A. J. Xu (2009). Ambiguity aversion and preference for established brands, *Management Science*, 55(12), 1933−1941.

Nisbett, R. E. and T. Masuda (2003), Culture and point of view, *Proceedings of the National Academy of Sciences of the United States of America*, 100(19), 11163−11175.

Nisbett, R. E., K. Peng, I. Choi, and A. Norenzayan (2001), Culture and systems of thought: holistic versus analytic cognition, *Psychological Review*, 108(2), 291−310.

Noguchi, K., A. Kamada, and I. Shrira (2014), Cultural differences in the primacy effect for person perception, *International Journal of Psychology*, 49(3), 208−210.

Norenzayan, A. and R. E. Nisbett (2000), Culture and causal cognition, *Current Directions in Psychological Science*, 9(4), 132−135.

Patterson, Paul G., E. Cowley, and K. Prasongsukarn (2006), Service failure recovery: the moderating impact of individual−level cultural value orientation on perceptions of justice, *International Journal of Research in Marketing*, 23(3), 263-277.

Reimann, M., Ulrich F. Lünemann, Richard B. Chase (2008), Uncertainty avoidance as a moderator of the relationship between perceived service quality and customer satisfaction, *Journal of Service Research*, 11(1), 63−73.

Ross, L. (1977). The "false consensus effect": An egocentric bias in social perception and attribution processes, *Journal of Experimental Social Psychology*, 13(3), 279-301

Rossiter, John R. (2012), A new measure of social classes, *Journal of Consumer Behaviour*, 11(2), 89−93.

Rouziès, D., V. Onyemah, and D. Iacobucci (2017), A multi−cultural study of salespeople's behavior in individual pay−for−performance compensation systems: when managers are more equal and less fair than others, *Journal of*

Personal Selling & Sales Management. 37(3), 198 – 212.

Savani, K. and H. R. Markus (2012), A processing advantage associated with analytic perceptual tendencies: European Americans outperform Asians on multiple object tracking, *Journal of Experimental Social Psychology*, 48(3), 766 – 769.

Schepers, Donald H.(2006), Three proposed perspectives of attitude toward business' ethical responsibilities and their implications for cultural comparison, *Business & Society Review*, 111(1), 15 – 36.

Shali, W. and B. Keysar (2007), The Effect of Culture on Perspective Taking. l., *Psychological Science*, 18(7), 600 – 606.

Shavitt, S., A. Lee, and T. P. Johnson (2008). Cross – cultural consumer psychology. In C. Haugtvedt, P. Herr, & F. Kardes (Eds.), Handbook of consumer psychology (pp. 1103 – 1131). Mahwah, NJ: Erlbaum.

Sheth, Jagdish N. and Banwari Mittal (2004), Customer behavior: a managerial perspective, South – Western: NB.

Simonson, I., Z. Carmon, R. Dhar, and A. Drolet (2001), Consumer research: in search of identity, Annual Review of Psychology, 52, 249 – 275.

Singelis, T. M. (1994), The measurement of independent and interdependent self – construals, *Personality and Social Psychology Bulletin*, 20(5), 580-591.

Triandis, H. C. and M. J. Gelfand (1998), Converging measurement of horizontal and vertical individualism and collectivism, *Journal of Personality and Social Psychology*, 74(1), 118 – 128.

Wang, H, T. Masuda, K. Ito, and M, Rashid (2012), How much information? East Asian and North American cultural products and information search performance, *Personality and Social Psychology Bulletin*, 38(12), 1539 – 1551.

Wilkes R. (1995), Household life – cycle stages, transitions, and product expenditures, *Journal of Consumer Research*, 22(1), 27 – 42.

Wong, Nancy Y. and Aaron C. Ahuvia (1998), Personal Taste and Family Face: Luxury Consumption in Confucian and Western Societies, *Psychology & Marketing*, 15(5), 423 – 441.

Wu, S. and B. Keysar (2007), The effect of culture on perspective taking, *Psychological Science*, 18(7), 600 – 606.

Wyer, Robert S., Jr. and Alison Jing Xu (2010), The role of behavioral mind−sets in goal−directed activity: Conceptual underpinnings and empirical evidence, *Journal of Consumer Psychology*, 20(2), 107−125.

Yang, L., W. Chen,, A. H. Ng, and X. Fu (2013), Aging, culture, and memory for categorically processed information, *Journals of Gerontology, Series B: Psychological Sciences and Social Sciences*, 68(6), 872−881.

Yang L., J. Li, J. Spaniol, L. Hasher, A. J. Wilkinson, J. Yu, and Y. Niu (2013), Aging, culture, and memory for socially meaningful item−context associations: an East−West cross−cultural comparison study, *PLOS ONE*, 8(4:e60703), 1−7.

[13장 참고 인터넷 기사 및 자료]

견다희(2017), '김포족' 잡아라, 김치시장 새내기 신세계푸드 전략 바꿨나, 2017.12.27, 이코노믹리뷰, http://www.econovill.com/news/articleView.html?idxno=329114

국립국어원, 표준국어대사전, http://stdweb2.korean.go.kr/

권혜련(2017), 해외에서 더 사랑받는 한국 식품, 2017.07.13, http://news.chosun.com/ site/data/html_dir/2017/04/25/2017042502138.html

대상 종가집 홈페이지(http://www.jongga.co.kr)

대유 위니아 홈페이지(딤채 김치냉장고)(http://www.dayou−winia.com)

비비고 홈페이지(http://www.bibigo.com)

이선애(2017), '숲치'에 '포장김치' 들썩 … 대상 '청정원' vs CJ '비비고' 더 매운 전쟁 아시아경제, 22017.09.21. http://www.asiae.co.kr/news/view.htm?idxno=2017 091813525712851

최현주(2017), 김장김치 똑 떨어지고 배추값은 치솟고 … '포장김치 사먹자', 중앙일보, 2017.09.18, http://news.joins.com/article/21947113

정서

- A씨는 아침 출근길에 자기가 즐겨듣던 노래가 나오자 이 노래를 흥얼거리면서 따라 부르기 시작하였다. 이 노래가 끝난 이후에도 이 노래가 자꾸 입안에 맴돌면서 하루 종일 따라 부르게 되었는데, 무엇 때문인지는 모르지만 기분은 흥겨워졌다. A씨의 동료인 B씨는 A씨에게 무엇이 그리 좋은지 물어 보았지만 A는 딱히 할 말은 없었다. 점심시간이 되자 A와 B는 같이 점심을 먹으로 나갔는데, A씨는 점심값을 흔쾌히 자신이 지불하겠다고 하였다.

- C씨는 아침 출근길에 옆에 서있던 사람으로부터 발을 밟혔는데, 발을 밟은 사람이 미안하다는 얘기는 한 마디도 하지 않아서 매우 불쾌한 기분이 들었다. 이후 직장에서 상사가 C씨를 불러 업무가 완료되지 않은 것에 대하여 꾸중을 들었는데, C씨는 직장 상사의 꾸중이 오늘따라 매우 불쾌하게 들렸다.

정서(affect)는 소비자 심리 및 행동에 크게 영향을 미친다. 예컨대 아동학대 반대 공공서비스 발표에서 감정적 소구를 하는 것이 합리적 소구를 하는 것보다 더 효과적이었음을 보고한 문헌도 있다(Bagozzi and Moore, 1994).

정서는 인지(cognition)와 대비되는 개념으로 보는 시각도 있었고 소비자의 합리적 의사결정에 해롭다는 견해를 가진 경우도 있었다. 그러나 감정요소를 담고 있는 마케팅 소구와 비감정적 소구 혹은 합리성에 기초한 소구를 비교함으로써 감정요소 대 합리성이 소비에 미치는 영향을 파악하려는 시도들이 보여 준 결과들은 정서가 인지와는 독립적으로 의사결정에 긍정적인 영향을 미치는 경우도 있다는 점과 정서가 인지와의 상호작용을 통해 의사결정에 영향을 미친다는 것을 발견하였다는 점이다.

정서와 관련된 용어들은 정서 이외에도 감정(emotion), 기분 혹은 느낌(mood, feeling) 등이 엄밀한 의미에서는 서로 다른 의미를 지니고 사용되고 있으나 사용하는 학자와 용어가 사용되는 상황에 따라서 혼용되어 사용되는 경우를 볼 수 있다.[1] 이것은 정서가 그 만큼 다양하고 복잡한 성격을 지니고 있음을 나타내는 것이라고 하겠다.

소비자 심리 및 행동에서도 정서와 관련된 다양한 정의들이 있지만 본서에서는 정서를 감정, 기분, 느낌 등을 포괄하는 용어로 사용하고자 한다.

제1절 정서/감정의 성격

정서(affect)는 정보처리, 의사결정을 비롯하여 인지와의 결합을 통해 소비자 심리 및 행동의 여러 분야에 영향을 미친다(Cohen et al., 2008). 정서는 감정이 환기된 상태를 의미하는 경우도 있는데, 감정(emotions)은 다음과 같은 몇 가지 성격을 가지고 있다.

① 감정은 소비자들이 자신을 둘러싸고 있는 사회적 및 물리적 환경과 어떠한 관계를 가지고 있는지를 보여주는 것이다(Lambie and Marcel, 2002). 예를

---

1 표준국어대사전(http://stdweb2.korean.go.kr)에서는 정서를 "사람의 마음에 일어나는 여러 가지 감정 또는 감정을 불러일으키는 기분이나 분위기"라고 기술하고 있으며, 이러한 정서에 대한 묘사에 등장하는 개념으로 감정, 기분, 분위기가 있는데, 감정은 "어떤 현상이나 일에 대하여 일어나는 마음이나 느끼는 기분", 기분은 "대상·환경 따위에 따라 마음에 절로 생기며 한동안 지속되는, 유쾌함이나 불쾌함 따위의 감정", 분위기는 "주위를 둘러싸고 있는 상황이나 환경, 어떤 사람이나 사물이 지니는 독특한 느낌"으로 설명하고 있다. 이외에도 느낌은 "몸의 감각이나 마음으로 깨달아 아는 기운이나 감정", 정동은 "『심리』에서 희로애락과 같이 일시적으로 급격히 일어나는 감정. 진행 중인 사고 과정이 멎게 되거나 신체 변화가 뒤따르는 강렬한 감정 상태"를 말하는 것으로 설명하고 있는 등 정서와 관련성이 있는 다수의 용어들이 활용되고 있다.

들면 음식점에서 종업원으로부터 부당한 대우를 받은 경우 소비자는 불쾌감과 모욕감을 동시에 느낄 수도 있는데, 이와 같은 경우에는 환경과 부정적 관계를 가지고 있다고 할 수 있다.

② 감정은 단일 차원일 수도 있으나 여러 가지 기분이 복합적으로 작용하는 다차원적 성격을 가지는 경우도 있다. 앞의 예에서 불쾌함과 모욕감을 함께 느끼는 경우가 여기에 해당된다.

③ 감정은 단순히 어떤 기분을 느끼는 데 그치지 않고 그 감정이 발생하도록 원인을 제공한 사회적 및 물리적 환경에 대해 소비자가 내리는 해석에 관한 정보도 담고 있다. 예를 들면 해당 음식점의 종업원으로부터 부당한 대우를 받았으므로 해당 음식점은 고객만족을 제대로 실현하지 못하는 음식점이라는 평가를 내리는 것을 의미한다.

④ 감정은 인지적 평가가 수반되기도 한다. 개별적인 감정들이 가져다주는 기분은 평정(appraisal), 즉 평가를 경유하여 어떠한 결론에 도달하려는 작업이 이루어지기도 하는데, 이것을 감정에 대한 인지적 평가(Smith and Ellsworth, 1985)라고도 한다.

⑤ 감정은 방향성을 가지고 있다. 이와 관련된 것은 다음 절에서 자세히 설명하고자 한다.

제2절 정서/감정의 방향성과 의사결정

정서 및 감정이 소비자 심리 및 행동에 미치는 영향에 관한 연구들은 전통적으로 정서/감정의 방향성(valence), 즉 좋은 기분과 나쁜 기분을 대조시켜서 정서적/감정적 상태가 소비자 심리 및 행동에 어떻게 차별적으로 영향을 미치는지에 대하여 주목해 왔다.

감정은 일반적으로 감정이 활성화된 정도(활성화 정도 높음 대 활성화 정도 낮음)와 감정의 방향성(유쾌함 대 불쾌함)에 따라 감정의 유형을 구분하기도 한다. 이것을 정서원형모형(Barrett and Russell, 1999; Russell and Barrett, 1999)이라고 하는

데 유쾌한 방향성을 가지고 있으면서 활성화가 높은 정서 유형으로는 민첩한
(alert), 흥분된(excited), 의기양양한(elated), 행복한(happy) 등이 있으며 유쾌한 방
향성을 가지고 있으면서 활성화가 낮은 정서 유형으로는 만족한(contented), 평온
한(serene), 느긋한(relaxed), 차분한(calm) 등이 있다. 불쾌한 방향성을 가지고 있
으면서 활성화가 높은 정서 유형으로는 긴장한(tense), 신경쓰이는(nervous), 부
담스러운(stress), 속상한(upset) 등이 있고 불쾌한 방향성을 가지고 있으면서 활

표 14.1 대한민국 국민의 정서 유형

최해연, 최종안 (2016)	긍정 정서	애정	사랑스럽다, 반하다, 설레다, 정겹다
		성취	뿌듯하다, 자랑스럽다, 보람차다
		재미	재미있다, 유쾌하다, 즐겁다
		평안	평화롭다, 편안하다, 홀가분하다
		감동·감사	공감하다, 고맙다, 감탄하다, 감동하다
	부정 정서	슬픔·우울	우울하다, 상실감, 서럽다, 슬프다, 외롭다
		분노·혐오	증오, 괘씸하다, 역겹다, 약오르다, 화나다
		불안·걱정	불안하다, 초조하다, 근심걱정하다
		선망·질투	샘내다, 부럽다, 아쉽다
		수치·죄책	부끄럽다, 창피하다, 죄책감, 후회하다
		권태·싫증	귀찮다, 지겹다, 싫증나다
		미분화 괴로움	답답하다, 속상하다, 심란하다, 속타다
이준웅 등 (2008)	긍정	기쁨	기쁨, 통쾌
		긍지	감동, 행복, 긍지, 흥분
		사랑	안도, 사랑
	부정	공포	두려움, 놀람
		분노	질투, 혐오, 분노, 원망, 부럼
		연민	애틋. 연민
		수치	황당, 수치
		좌절	불안, 좌절
		슬픔	후회, 외로움, 슬픔, 야속

성화가 낮은 정서 유형으로는 슬픈(sad), 우울한(depressed), 무기력한(lethargic), 피곤한(fatigued) 등이 있다. Smith and Ellsworth(1985)는 감정을 구체적인 감정은 15가지로 분류하였고, 15가지 감정은 다시 6가지 차원으로 분류되는데, 이들이 구분한 6가지 감정 차원은 유쾌함(pleasantness), 확실함(certainty), 자기 책임감(self-responsibility), 예견된 노력(anticipated effort), 주의(attention), 상황 통제(situational control) 등이다.

우리나라 사람들이 경험하는 정서의 유형을 분류한 연구들에 의하면 우리 나라 사람들은 기본적인 정서에 있어서는 앞에 소개된 정서의 유형들과 비슷한 패턴을 보이지만 세부적으로는 차이가 있는 것으로 나타났다.

긍정적 정서와 부정적 정서는 소비자들의 정보처리에도 영향을 미치는 것 으로 보인다(Bless et al., 1998; Forgas, 1998). 일반적으로 긍정적 정서 상태에 있 는 사람들은 인지 과정에서 주변적 단서에 의존하거나, 유입 정보를 면밀하게 처리할 가능성이 덜 하고, 판단의 근거가 되는 정보처리 혹은 의사결정 대상을 단순화시키거나, 휴리스틱에 의존하여 정보처리 및 의사결정을 하도록 촉진하 는 경향이 있다. 예컨대 긍정적 정서는 새로운 정보를 부호화할 때에 스크립트 같은 사람들의 단순화된 지식 구조, 고정관념 그리고 판단 휴리스틱에 의존하 는 경향이 있다.

한편 부정적 정서는 중심적, 시스템적 혹은 깊이 있는 처리를 촉진하는 것 으로 보인다. 부정적 정서 상태에 있는 사람들은 유입 정보를 더욱 면밀하게 처 리하고 판단 근거를 단순화된 휴리스틱에 의존할 가능성이 적다. 예컨대 슬픈 기분은 사람들이 스크립트와 고정관념에 덜 의존하도록 이끌고, 근본적인 귀인 오류를 범할 가능성이 적으며, 후광효과에 영향을 덜 받는 경향이 있다.

정서와 소비자 심리 및 행동

정서가 소비자 심리 및 행동에 영향을 미치는 것과 관련하여 심리적 메커니즘을 규명하려는 시도가 있다. 정서는 인지적 작용과는 무관하게 소비자 심리 및 행동에 영향을 미친다는 의견도 있고, 정서는 인지적 평가 과정을 거쳐 반응이 나온다는 견해도 있다.

한편 정서는 의사결정과 관련된 정보를 처리하여 반응이 나타나는 경우가 있는 반면, 의사결정과 관련 없이 소비자들이 의사결정을 하기 이전에 경험한 것을 통해 받은 감정이 이월되어 의사결정에 영향을 미치기도 한다. 후자의 경우는 감정이 의사결정에 영향을 미치는 독특한 특징 중 한 가지라고 할 수 있다.

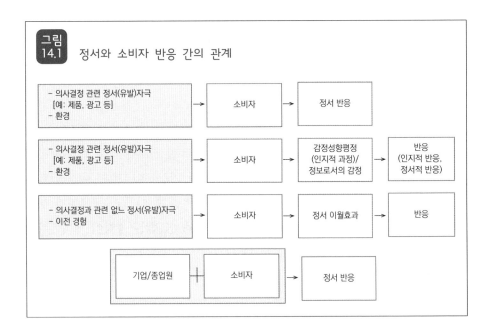

그림 14.1 정서와 소비자 반응 간의 관계

3.1 정서가 소비자 심리 및 행동에 영향을 미치는 메커니즘: 정서와 인지의 결합

다음 질문에 응답을 해 보십시오.

1번 질문) 당신은 얼마나 행복하십니까? : 1점부터 7점 사이에 점수를 매겨 보십시오.

2번 질문) 당신은 최근 1주일 이내에 데이트를 한 적이 있으십니까? : 있다, 없다.

질문의 순서를 바꾸어 보겠습니다.

1번 질문) 당신은 최근 1주일 이내에 데이트를 한 적이 있으십니까? : 있다, 없다.

2번 질문) 당신은 얼마나 행복하십니까? : 1점부터 7점 사이에 점수를 매겨 보십시오.

(1) 감정평정이론

감정은 인지적 평가가 수반되기도 한다. 감정을 인지적 요인과 결합하려는 시도는 감정을 평정의 대상으로 보는 것인데, 이러한 시도는 평정성향틀(Appraisal Tendency Framework: ATF)(Han et al., 2007; Pham, 2007)과 같은 감정을 인지적 평정으로 해석하려는 시도를 가져왔다. 평정성향틀에서는 소비자가 어떤 이벤트에 따라 특정한 감정을 경험했을 때, 이 감정과 관련된 평정은 개인이 경험한 이벤트와 관련이 없지만 이미 가지고 있는 감정의 방향과 같은 방향의 다른 감정으로 이월될 수 있음을 제안하고 있다. 예를 들면 불쾌한 이벤트를 경험한 소비자가 이러한 불쾌한 경험을 자신이 통제할 수 있는 수준이 낮다고 평가를 한다면 두려움(fear)이 발생하는 반면 불쾌한 이벤트에 대해 개인이 통제할 수 있는 수준이 높다고 평가를 한다면 분노(anger)가 발생한다는 것이다(Smith and Ellsworth, 1985).

평정성향틀은 연구자들이 심지어는 무관한 감정(즉, 일시적인 감정)이 의사결정에 영향을 미치는 메커니즘을 이해하는 데 도움을 준다. 일시적인 감정과 연관된 평정은 개인들이 특정 감정과는 무관한 이벤트를 특정 감정의 평정차원과 일치하는 방향으로 지각하는 경향을 가지도록 만든다. 이러한 감정 평정이 미치는 영향은 일시적으로 경험하는 감정에 따라서 동일한 메시지가 상이한 효과를 내는 이유를 설명할 수 있다. 예를 들면 일시적으로 긍정적 감정(예컨대 행복함, 평온함)을 경험하는 사람들은 감정 평정과 메시지 내의 준거인 간의 부합성이 메시지 효과성을 제고한다(Agrawal et al., 2007).

감정과 관련된 평정은 판단(judgment)과 관련하여 두 가지 방법으로 영향을 미친다.

첫째, 마케팅 소구(appeals)와 마케팅 맥락(즉, 광고, 브랜드, 범주)의 성격이 감정을 유도해 내고, 이것이 특정 대상 혹은 이벤트에 대한 인지적 평정을 거쳐서 소비자의 의사결정 과정에 영향을 미치는 방법이다. 예컨대 금연광고에서 공포에 소구한 광고를 본 소비자가 공포심을 느꼈는데, 그 공포의 원인이 담배 때문이라고 인지적인 평가과정을 거친 결과 담배를 끊어야겠다는 의사결정을 한 경우가 여기에 해당된다.

둘째, 선행 이벤트 혹은 소비자의 개성과 같이 관련성이 없는 두 가지 환경적인 요인들이 감정(즉, 부수감정)을 유도할 수 있고, 그것이 소비자들이 의사결정을 하는 방법에 영향을 미친다는 것이다. 그러한 부수감정은 그 감정과 관련된 평정성향을 활성화시키고, 다른 대상 혹은 상황에 대한 의사결정에 이월된다. 예컨대 아침이 집을 나와서 길을 걸어가다가 미끄러져서 넘어졌고, 회사에 가서 상사에게 업무를 정해진 시간 내에 완료하지 못한 것과 관련하여 꾸중을 들었으며, 기분 전환을 위해 회사에서 조금 멀리 떨어져 있지만 매운 음식을 잘 하는 음식점을 찾아가서 매운 음식을 먹었다고 가정해 보자. 어떤 사람은 아침부터 운이 나쁘더니 하루종일 운이 없다고 느낄 수도 있다. 이러한 예가 부수감정에 해당된다. 즉, 두 가지 관련 없는 일(아침에 넘어진 것과 일과 관련하여 상사에게 꾸중을 들은 것은 아무런 인과 관계가 없음)이 불쾌한 감정을 유발해 냈고, 그 사람은 그 누적된 불쾌한 감정을 해소하기 위하여 점심을 매운 음식으로 먹기로 의사결정을 했을 것이다. 그런데 만일 두 가지 관련없는 감정을 분리해서 생각했다면 이 사람은 상사에게 업무를 정해진 시간 내에 마치지 못한 것에 대한 꾸중을 들었으므로 업무를 마치기 위해서는 최대한 짧은 시간 내에 점심을 먹기 위해 구내식당을 이용하기로 결정했을 가능성이 있다. 이와 같이 감정에 따라 의사결정은 달라질 수 있다. 궁극적으로는 필수감정과 부수감정은 결합되어 인지평정을 거친 후 소비자들의 의사결정에 함께 영향을 미친다.

(2) 정보로서의 감정

감정을 인지와의 결합을 통해 이해하려는 다른 시도는 정보로서의 감정(affect-as-information)과 관련된 것이다. '정보로서의 감정'은 사람들은 자신의 기분을 면밀히 살펴서 당면한 문제와 관련하여 자신이 느끼고 있는 감정이 무엇을 의미하는지를 해석하여 판단하고 의사결정을 한다는 것이다(Schwarz and Clore, 2003).

이 이론에서는 정서의 방향성으로 유도된 정보처리 차이는 긍정적 정서 대 부정적 정서가 어떠한 신호(signal) 역할을 한다고 보고 있다(Schwarz and Clore, 2003). 즉, 부정적 정서는 현재 환경이 문제가 있음을 제기하고, 그 환경이 수정되어야 한다는 신호를 소비자에게 보내는 것인 반면 긍정적 정서는 현재 환경이 잘 되고 있다는 신호를 보내는 것으로 해석한다는 것이다. 그 결과 부정적 상태에 있는 개인들은 세부 지향적 정보처리, 체계적 정보처리를 하도록 동기부여가 되고, 정보를 모아서 그들의 상황을 어떻게 하면 개선할 수 있는지를 산정해 보는 반면 긍정적 상태에 있는 개인들은 노력을 들여 정보처리를 하므로 에너지를 투자할 이유가 별로 없다는 것이다.

3.2 정서가 소비자 심리 및 행동에 영향을 미치는 요인들

다음 상황을 생각해 보십시오.

당신이 방문한 금연 클리닉에서 공포(fear)를 유발하는 금연 광고를 본 후에 금연을 결심하였다.

달콤하지만 건강에 좋지는 않은 초코릿 케익을 먹은 후에 자선단체에 돈을 기부한다.

혐오스러운 영화 장면을 보는 동안 손에 들고 있는 음료수 병을 꽉 움켜쥔다.

출처: Achar et al.(2016).

감정적 소구가 소비자 의사결정에 영향을 미치는 요인들이 몇 가지 있다 (Achar et al., 2016).

첫째, 감정은 평정을 거쳐 반응이 나타난다는 것이다. 예컨대 어떤 감정은 책임감 평정을 거쳐 어떤 소구사항에 대해 순응하는 행동을 하도록 동기부여를 증가시킨다. 자기에 대한 책임감 평정과 관련된 특정한 감정(후회, 죄책감, 도전)을 활용한 햇볕화상방지제(sunscreen) 광고는 자기에 대한 낮은 책임감과 관련된 감정(두려움, 희망)을 유발하는 광고에 비해 햇볕화상방지제를 사용하려는 개인의 의도를 증가시킨다(Passyn and Sujan, 2006).

둘째, 감정 소구는 타인과 비교된 자기의 컨셉을 수정함으로써 차후의 의사결정에 영향을 미친다. 예컨대 사랑은 타인에 대한 보살핌 영역을 넓히고 연고(connection)감정을 연장한다. 그러므로 사랑을 유도하는 광고물을 본 참여자들은 국내 자선단체보다는 국제 자선단체에 기부할 가능성을 높여 줄 수 있다(Cavanaugh et al., 2015).

셋째, 감정은 연쇄파급효과(contagion effects)를 통해 소비자 행동에 영향을 미칠 수 있다. 개인들은 희생자들이 행복한 표정보다는 슬픈 표정이 얼굴에 나타나 있는 자선에 관한 소구를 보고, 그래서 감정이입을 더 느낄 수 있을 때 개인들은 더 슬픈 경험을 한다(Small and Verrochi, 2009).

넷째, 어떤 감정 소구는 그 소구가 제공하는 정보가 처리되는 방법을 변화시킴으로써 소비자들에게 영향을 미친다. 예를 들면 두려움이 크게 일어나도록 소구하는 방법(예컨대 금연광고)은 소비자가 방어적으로 해당 정보를 처리할 가능성이 있다. 그러므로 두려움을 크게 야기시키는 광고는 그 메시지가 타인을 준거점으로 활용하여 정교화시킴으로써 그 문제를 감소시킬 경우에 효과적이다(Keller and Block, 1996).

다섯째, 메시지 프레이밍은 초인지적 유창성(meta-cognitive fluency)에 영향을 미쳐서 감정 소구의 효과성을 제고할 수 있다(Duhachek et al., 2012). 예컨대 음주반대 소구는 부끄러움보다는 죄책감(guilt)으로 소구되었을 때 풍부하게 처리되었고 그 결과 과음의도를 감소시키는 데 더 효과적인 것으로 나타났는데, 그 이유는 죄책감이 문제에 초점을 맞춰서 대처하는 기능을 수행한 반면 부끄러움은 감정에 초점을 맞춰서 대처하는 기능을 수행하였기 때문이라고 보고 있다(Duhachek et al., 2012).

여섯째, 감정소구와 문화와의 적합성이다. 감정소구는 문화와의 적합성이 높은 경우 더 효과적이다. 그러나 문화와의 적합성이 떨어지는 감정 소구일지라도 참신함(novelty)이 있는 경우에는 효과적인 것으로 나타났다. 예컨대 일반적으로는 집단주의 문화의 구성원들은 개인중심적 감정소구보다는 타인중심적 감정소구가 더 효과적이지만 감정소구의 참신성이 있는 경우에는 집단주의 (대 개인주의) 문화의 구성원들은 감정이입(empathy)(타인중심적 감정소구)보다는 자부심(pride)(자기중심적 감정소구)에 더 설득되는 경우도 있다(Aaker and Williams, 1998).

일곱째, 개인적 특성으로서의 자기정체성을 들 수 있다. Coleman and Williams(2013)은 개인은 자신의 현저한 자기정체성과 일치하는 감성 메시지를 선호함을 보여주었다. 예컨대 운동선수(athlete) 정체성으로 점화된 개인은 분노(anger)가 운동선수에 대한 사회적 정체성의 고정관념과 일치하기 때문에 분노에 기초한 광고물에 가장 설득이 많이 되었다.

여덟째, 감정이 초점을 맞추는 시점에 따라 의사결정에 영향을 미친다. 감정이 초점을 맞추는 시점이 어디인지에 따라서 감정에 대한 평정의 영향력이 달라짐을 보여준 연구가 있다(Winterich and Haws, 2011). 현재(예컨대 자부심)에 초점이 맞추어진 평정과 관련된 감정에 비해서 미래(예컨대 희망)에 초점이 맞추어진 평정과 관련된 감정은 소비자의 자기통제(self-control)를 증가시켜서 소비자들이 건전한 선택을 하도록 이끈다.

아홉째, 감정의 원천은 의사결정에 영향을 미친다(Wilcox et al., 2011). Wilcox et al.(2011)는 자부심의 원천이 상이한 경우 의사결정에도 상이하게 영향을 미친다는 것을 보여주었다. 자기인식(self-awareness), 즉 자각이 강화되었을 때 경험하는 자부심은 도덕적인(virtuous) 선택을 하도록 이끄는 반면 자기성취(self-achievement)를 평정함에 따라 경험하는 자부심은 자유분방한(indulgent) 선택을 하도록 이끄는 경향이 있음을 발견하였다. 이러한 현상이 발생하는 이유는 전자의 경우에는 소비자들이 자신의 목표와 일치하는 행동을 하도록 동기부여가 되는 반면 후자의 경우에는 목표를 이미 달성하여 목표에서 자유로워졌기 때문이라고 보고 있다.

열째, 의사결정 상황에 따라 감정은 의사결정에 상이하게 영향을 미친다(Lee and Andrade, 2011). Lee and Andrade(2011)은 사람들은 동료가 주식의 가치를 결정한다고 믿게 된 때에는 일시적인 공포를 느끼는 경우에 주식을 조기에 매도하였으나 컴퓨터가 주식 가치를 결정한다는 말을 들은 경우에는 공포가 주식 매도에 미치는 효과는 발생하지 않았다.

3.3 정서와 설득

소비자들에게 감정을 유발하는 마케팅 자극물에 노출된다. 마케팅은 기대하는 소비자 반응을 얻기 위하여 감정을 체계적으로 묘사하고 환기하기도 한다. 예를 들면 마케팅 노력 중 브랜드, 광고물, 제품 포장, 이벤트, 디자인 혹은 스타일 등은 소비자에게 시각적 혹은 청각적 요소를 비롯하여 다양한 형태로 소비자의 정서를 유발하는 마케팅 자극에 해당된다(Bagozzi and Moore, 1994; Lee et al., 2013).

긍정적 대 부정적 정서는 소비자들이 설득 메시지를 처리하는 데 영향을 미친다. 설득 커뮤니케이션의 수용자는 메시지를 체계적으로 처리하는 경우가 있는 반면 휴리스틱, 즉 간단한 규칙을 통해 처리하는 경우도 있다. 전자는 메시지의 이점을 주의 깊게 고려하고 주장의 질을 세밀하게 검토하여 정보처리를 하는 것을 말하며, 후자는 메시지의 이점을 철저히 고려하지 않고 오히려 커뮤니케이터의 전문성 혹은 메시지의 순수한 길이와 같은 휴리스틱 단서에 의존하여 정보처리를 하는 것을 말한다(Petty & Cacioppo, 1986).

설득 커뮤니케이션 맥락에서 감정과 관련된 연구 결과에 의하면 사람들이 슬픈 기분인 경우에는 강한 주장에 노출된 후에는 그 주장이 충분성을 갖추고 있으면 그 이슈에 대해 호의적인 태도를 갖는다. 반면 사람들이 좋은 기분인 경우에는 그 주장 자체가 강하건 약하건 간에 관계없이 그 주장이 충분성을 갖추고 있기만 하면, 비교적 설득이 용이하게 이루어지는 경향이 있음을 보여주고 있다. 이와 같이 사람들의 감정 상태에 따라서 설득 효과가 다른 이유는 슬픈 감정 상태에서는 정보를 심도있게 처리하므로 약한 주장을 하는 경우 그 주장의 불충분성에 잘 드러나는 반면 행복한 기분 상태에서는 사람들이 간단한 휴리스틱을 활용하여 판단을 하기 때문에 약한 주장에도 설득되는 경향이 있다는 것이다(Bless, et al., 1992).

요플레의 소비자 감성 마케팅

빙그레는 소비자들이 요플레를 부담없는 간식이자 떠먹는 요구르트가 가지고 있어야 할 기본 편익인 '상큼한 기분전환'을 가장 잘 전달해 주는 브랜드로 받아들일수 있도록 커뮤니케이션 방향을 설정하였다. 또한 빙그레는 요플레의 핵심 브랜드 에센스인 'Joy of Life' 즉 건강하고 행복한 요플레만의 커뮤니케이션을 지속적으로 진행해 왔다. 2013년 광고에서는 1등 장수 브랜드의 '다양한 맛과 기분'을 강조하여 소비자와의 감정적 유대감을 형성하고 요플레를 통한 일상생활의 즐거움을 전달하기 위해 노력했다.

출처: 안희경, 김자연, 하영원(2014).

3.4 감정의 유형과 소비자 심리 및 행동

비록 감정과 사회 인지를 연구하는 대부분의 심리학자들이 감정 경험의 중심적 측면으로서 정서의 방향성(affect valence)을 강조하더라도 점차 다수의 연구들은 동일한 방향성을 가지고 있는 상이한 감정들이 상당히 다른 방법으로 인지에 영향을 미칠 가능성이 있음을 제안하고 있다(Lerner and Keltner, 2001).

(1) 감정의 유형과 정보처리 전략

소비자의 감정 경험의 원천과 각 원천이 의사결정과 어떠한 관계에 있는지에 기초하여 감정의 영향력은 크게 두 가지 범주, 즉 내장된 필수(integral)감정과 부수(incidental)감정으로 분류될 수 있다. 내장된 필수감정은 마케터가 마케팅 자극 혹은 특정 의사결정에 영향을 미칠 의도로 맥락(context)에 감정요인들을 내재화한 경우 소비자들이 경험하는 것이다(Pham, 2007). 부수감정은 특정 의사결정과는 관련이 없는 원천으로부터 발생하지만 차후의 의사결정에 이월되어 영향을 미치는 것을 말한다(Pham, 2007).

감정 정보처리 전략은 동일한 부정적 정보일지라도 상이하게 나타날 수 있다. 상이한 부정적 감정은 정보처리 스타일에도 상이한 효과를 가져오는 것으로 보인다. 슬픔과 공포는 체계적 처리를 촉진하는 것으로 보이는(이것은 정서 유인가를 강조하는 전통적 연구와 일치한다) 반면 분노와 혐오는 실제로 휴리스틱에

의 의존도를 높이도록 만드는 것으로 보인다.

(2) 공포와 분노

공포 혹은 분노는 위험 지각에 있어서도 차이를 가져온다. 공포(fear)는 사람들이 환경에서 위험을 더 크게 인식하도록 이끌어서 더 위험 회피적이 되도록 하는 반면 분노는 위험 인식을 방해하고 위험 추구를 촉진하는 것으로 보인다(Lerner and Keltner, 2001). 공포는 자신의 통제할 수 있는 수준을 넘어선 것이라고 평정하기 때문에 비관적인 위험 지각을 가져오는 반면 분노는 자신의 통제할 수 있는 수준 내에 있다고 평정하기 때문에 낙관적인 위험 지각을 하게 된다(Han et al., 2007).

(3) 불안과 슬픔

불안과 슬픔의 감정은 모두 부정적 감정 유형에 속하지만 의사결정에 미치는 영향을 상이한 것으로 나타났다. Raghunathan et al.(2006)은 불안한 기분, 슬픈 기분 그리고 중립적 기분에 놓여 있는 사람들이 그 기분의 원천과는 관계없는 의사결정을 어떻게 하는지를 알아보았다. 그 결과 불안 혹은 슬픔의 원천과 전혀 관련이 대안들 중에서 선택하는 의사결정이었음에도 불구하고 불안한 감정의 사람들은 저보상/저위험 대안을 더 선호한 반면 슬픈 감정의 사람들은 고위험/고보상 대안을 더 선호하였다. 중립적 기분의 피험자들은 양쪽의 중간에 해당되었다. 이러한 현상은 불안 혹은 슬픔의 원천이 중요하지 않을 때에는 매우 광범위하게 나타났으나 정서적 상태의 원천이 중요한 때에는 이러한 현상이 완화됨을 보여주었다. 이러한 현상이 나타난 원인은 불안한 느낌은 환경이 불확실하고 통제할 수 없다는 신호로서 해석되고 슬픈 느낌은 보상의 원천(예컨대 즐거움 편안)을 잃어버렸다는 신호로서 해석되므로 불안은 위험과 불확실성을 낮추는 대안에 관해 선호를 하도록 하는 반면 슬픔은 더 보상적인 대안에 관해 선호를 하도록 한다고 보았다.

(4) 죄책감과 수치심

죄책감(guilt)과 수치심(shame)은 의사결정에 상이하게 영향을 미쳤다(Han et al., 2014). Han et al.(2014)은 죄책감을 많이 느끼는 소비자는 제품을 선택할 때 주요 특질이 매력적이지 않더라도 부차적인 특질이 매력적인 제품을 선택할 가능성이 높은 반면 수치심을 많이 느끼는 소비자는 제품을 선택할 때 부차적인 특질이 매력적이지 않더라도 주요 특질이 매력적인 제품을 선택할 가능성이 높음을 보여 준 바 있다. 이러한 주장은 죄책감은 행동 특유의 평정(예컨대 나는 공부를 열심히 하지 않았다)으로부터 발생하는 반면 수치심은 전반적인 자기평정(예컨대 나는 똑똑한 사람이 아니다)으로부터 발생한다는 논리에 근거를 두고 있다. 그들의 결과에 의하면 죄책감을 느끼는 소비자는 대상에 대한 인지적 표상을 행동과 같이 구체화시키는 경향이 있으며, 제품도 MP3에서 카메라로 직접 업로드하는 기능과 같은 행위와 관련된 특질, MP3의 부차적인 특질에 관심을 두도록 만드는 반면 수치심은 소비자들이 대상에 대한 인지적 표상을 전체성과 같이 추상화시키는 경향이 있으며, 제품도 MP3의 저장용량과 같은 포괄적인 제품 특질, 제품의 중심적 특질에 관심을 두도록 만드는 경향이 있다는 것이다.

(5) 긍정적 감정 유형

긍정적 감정의 유형에 따라 미치는 영향이 차이가 있다는 연구들이 속속 등장하고 있다. Griskevicius et al.(2010)은 예견된 열성(anticipatory enthusiasm), 재미(amusement), 애착성 사랑은 약한 설득 메시지를 더 크게 수용하는 것을 촉진하는 경향이 있는 반면 경외(awe)와 양육(nurturant)사랑은 약한 메시지에 의해 설득이 감소됨을 보여주었다.

직무역량 강화를 위한 토론 과제

■ 소비자들이 정서에 영향을 많이 받아 구매가 이루어지는 제품은 어떤 제품입니까?

■ 소비자 정서에 초점을 맞춘 요소들이 들어있는 제품의 예를 들어보시고, 그 요소는 소비자의 어떤 정서 유형에 초점을 맞추고 있는지 논의해 보십시오.

■ 감성 마케팅이 성공할 수 있는 조건과 성공하기 어려운 조건은 무엇이 있는지 논의해 보십시오.

■ 우리나라 정서가 외국의 정서와 다른 점은 무엇입니까? 그리고 그것은 소비자 심리 및 행동에 어떻게 영향을 미치고 있다고 생각하십니까? 우리나라 특유의 소비자 정서를 반영한 제품 혹은 서비스에 대해 토의해 보십시오.

■ 각 국가가 가지고 있는 특유의 정서를 조사해 보시고,그것이 소비자 심리 및 행동에 어떻게 영향을 미치고 있는지를 조사해 보십시오. 그리고 그 나라 특유의 소비자 정서를 반영한 제품 혹은 서비스에 대해 토의해 보십시오.

참고문헌

안희경·김자연·하영원 (2014), ㈜빙그레의 요플레 마켓 리더십 강화 전략, Korea Business Review 18(4), 131－158.

이준웅·송현주·나은경·김현석 (2008), 정서 단어 분류를 통한 정서의 구성 차원 및 위계적 범주에 관한 연구, 52(1), 85－116.

최해연·최종안 (2016), 한국인의 정서 구조와 측정, 한국심리학회지: 사회 및 성격 30(2), 89－114.

Aaker, J. L. and P. Williams (1998), Empathy versus pride: the influence of emotional appeals across cultures, *Journal of Consumer Research*, 25(3), 241－261.

Achar, C., J. So, N. Agrawal, and A. Duhachek (2016), What we feel and why we buy: the influence of emotions on consumer decision－making, *Current Opinion in Psychology*, 10, 166-170.

Agrawal, N., G. Menon, and J. L. Aaker (2007), Getting emotional about health, *Journal of Marketing Research*, 44(1), 100－113.

Bagozzi, R. P. and D. J. Moore (1994), Public service advertisements: emotions and empathy guide prosocial behavior, *Journal of Marketing*, 58(1), 56－70.

Barrett, Lisa F. and James A. Russell (1999), The structure of current affect: controversies and emerging consensus, *Current Directions in Psychological Science*, 8(1), 10－14.

Bless, H., Diane M. Mackie, and N. Schwarz (1992), Mood effects on attitude judgments: independent effects of mood before and after message elaboration, *Journal of Personality & Social Psychology*, 63(4), 585－595.

Bless, H., N. Schwarz, G. L. Clore, V. Golisano, C. Rabe, and M. Wölk (1998), Mood and the use of scripts: does a happy mood really lead to mindlessness?, *Journal of Personality and Social Psychology*, 71(4), 665－679.

Cavanaugh, L. A., J. R. Bettman, M. F. Luce (2015), Feeling love and doing more for distant others: specific positive emotions differentially affect prosocial consumption, *Journal of Marketing Research*, 52(5), 657−673.

Cohen, Joel B., M. T. Pham, and Eduardo B. Andrade (2008), The nature and role of affect in consumer behavior, in *Handbook of Consumer Psychology*, eds. Curtis P. Haugtvedt, Paul M. Herr, Frank R. Kardes, NY: Psychology Press, 297−348.

Coleman, N. V. and P. Williams (2013), Feeling like myself: emotion profiles and social identity, *Journal of Consumer Research*, 40(2), 203−222.

Duhachek, A., N. Agrawal, and D. Han (2012), Guilt versus shame: coping, fluency, and framing in the effectiveness of responsible drinking messages, *Journal of Marketing Research*, 49, 928−941.

Forgas, J. P. (1998), On being happy and mistakes: mood effects on the fundamental attribution error, *Journal of Personality and Social Psychology*, 75(2), 318−331.

Griskevicius, V., Michelle N. Shiota and Samantha L. Neufeld (2010), Influence of different positive emotions on persuasion processing: a functional evolutionary approach, *Emotion*, 10(2), 190−206.

Han, D., A. Duhachek, and N. Agrawal (2014), Emotions shape decisions through construal level: the case of guilt and shame, *Journal of Consumer Research*, 41(4), 1047−1064.

Han, S., J. S. Lerner, and D. Keltner (2007), Feelings and consumer decision making: the appraisal−tendency framework, *Journal of Consumer Psychology*, 17(3), 158−168.

Keller, P. A. and L. G. Block (1996), Increasing the persuasiveness of fear appeals: the effect of arousal and elaboration, *Journal of Consumer Research*, 22(4), 448−459.

Lambie, J. A. and A. J. Marcel (2002), Consciousness and the varieties of emotion experience: a theoretical framework, *Psychological Review*, 109(2), 219−259.

Lee, C. J. and E. B. Andrade (2011), Fear, social projection, and financial decision making, *Journal of Marketing Research*, 48, S121−S129.

Lee, C. J., E. B. Andrade, and S. E. Palmer (2013), Interpersonal relationships and preferences for mood−congruency in aesthetic experience, *Journal of Consumer Research*, 40(2), 382−391.

Lerner, Jennifer S. and D. Keltner (2001), Fear, anger, and risk, *Journal of Personality and Social Psychology*, 81(1), 146−159.

Lerner, Jennifer S. and D. Keltner (2000), Beyond valence: toward a model of emotion−specific influences on judgement and choice, *Cognition & Emotion*, 14(4), 473−493.

Lerner, Jennifer S., Y. Li, P. Valdesolo, and Karim S. Kassam (2015), Emotion and Decision Making, *Annual Review of Psychology*, 66, 799-823.

Passyn, K. and M. Sujan (2006), Self−accountability emotions and fear appeals: motivating behavior, *Journal of Consumer Research*, 32(4), 583−589.

Petty, Richard E. and John T. Cacioppo (1986), The elaboration likelihood model of persuasion, *Advances in Experimental Social Psychology*, 19, 123−205.

Pham, M. T. (2007), Emotion and rationality: a critical review and interpretation of empirical evidence, *Review of General Psychology*, 11(2), 155−178.

Raghunathan, R., Michel T. Pham, and Kim P. Corfman (2006), Informational properties of anxiety and sadness, and displaced coping, *Journal of Consumer Research*, 32(1), 596−601.

Russell, James A. and Lisa F. Barrett (1999), Core affect, prototypical emotional episodes, and other things called emotion: dissecting the elephant, *Journal of Personality and Social Psychology*, 76(5), 805−819.

Schwarz, N. and Gerald L. Clore (2003), Mood as information: 20 years later, *Psychological Inquiry*, 14(3&4), 296-303.

Small, D. A. and N. M. Verrochi (2009), The face of need: facial emotion expression on charity advertisements, *Journal of Marketing Research*, 46(6), 777−787.

Smith, C. A. and P. C. Ellsworth (1985), Patterns of cognitive appraisal in emotion, *Journal of Personality and Social Psychology*, 48(4), 813−838.

Wilcox, K., T. Kramer, and S. Sen (2011), Indulgence or self−control: a dual process model of the effect of incidental pride on indulgent choice, *Journal of Consumer Research*, 38(1), 151−163.

Winterich, K. P. and K. L. Haws (2011), Helpful hopefulness: the effect of future positive emotions on consumption, *Journal of Consumer Research*, 38(3), 505−524.

[14장 참고 인터넷 기사 및 자료]
국립국어원, 표준국어대사전, http://stdweb2.korean.go.kr/

15

• ◆ ◆

옴니채널/멀티채널 소비자 심리 및 행동

■ 유통업 분야에서는 온라인과 오프라인 유통업의 경계가 점점 무너져 가고 있는 것으로 보인
다. 온라인 분야의 선두주자인 아마존은 온라인에서 주문한 제품을 오프라인 무인점포에서
가지고 갈 수 있는 '아마존 고'를 만든 데 이어 2017년 6월 오프라인 매점을 470여 개 보
유하고 있는 식료품 체인인 홀푸드를 인수하여 오프라인으로의 진출을 확대하고 있는 반면,
오프라인의 선두주자인 월마트는 오프라인 점포 중심 기업에서 전자상거래 매출을 2019회
계연도에는 40% 증가시키겠다는 계획을 발표한 바와 같이 온라인을 강화하는 방향으로 나
아가고 있다
출처: 한국경제(2017.10.11.).

■ 「카카오 프렌즈」와 「라인 프렌즈」의 캐릭터 비즈니스는 O2O (Online to Offline) 비즈니스
모델의 사례 중 한 가지이다. 카카오 톡과 네이버 및 라인 메신저에서는 자사 사용자에게 이
모티콘을 무료로 배포함으로써 온라인 상에서 캐릭터에 대한 친숙도와 호감도를 높인 후 오
프라인 점포 혹은 플래그십 스토어를 통해 캐릭터를 판매하였는데, 많은 소비자들이 관심을
보인 것으로 알려져 있다. 또한 삼립식품과의 협업(collaboration)을 통해 빵에 「카카오 프
렌즈」와 「라인 프렌즈」의 띠부띠부씰(띠고 붙이고 띠고 붙이는 씰)과 판박이씰 캐릭터 스티
커를 내장하여 소비자들로부터 상당한 관심을 끌기도 하였다.
출처: 이선영, 이승진(2016), 동아일보(2017.10.19.), 중앙일보(2017.11.14.).

■ 롯데그룹은 신성장동력 중 하나로 '옴니채널'을 들고 있다. 옴니채널전략은 온라인,모바일,

오프라인 점포 등 고객과의 모든 접점 채널들을 소비자 중심으로 통합하여 소비자들이 어느 접점과 거래(쇼핑)을 하든 동일한 사용자 경험을 하도록 융합하는 전략을 말한다.

출처: http://biz.khan.co.kr/khan_art_view.html?artid=201510282353345&code=920509# csidxdb648b7f37b2beda25593b4a6fa0c00

■ 미국 최대 완구전문점인 "Toy R us"는 2017년 9월 미국 버지니아주에 있는 연방파산법원에 파산보호 신청을 한 것으로 알려졌는데, 이 기업이 경영에 어려움을 겪게 된 이유 중 하나로 소비자들의 쇼핑이 온라인으로 흐름이 변화하는 현상에 제대로 대처하지 못했기 때문이라는 분석이 나왔다.

출처: 박현영·전영선(2017.09.20.).

제1절 온라인/모바일 관련 소비자 심리 및 행동

1.1 온라인 소비자 심리 및 행동의 이해의 중요성

인터넷이 태동함에 따라 소비자들의 구매 행동은 전통적인 오프라인 점포 중심에서 온라인 공간으로 많이 이동하게 되었고, 온라인 공간은 기업이 사업을 영위하는 데 효과적이고 효율적인 방법 중 한 가지로 자리매김하게 되었다 (Paterson et al., 1997).

온라인 공간에서 이루어지는 구매 행동은 전자상거래를 낳았는데, 전자상거래는 새로운 커뮤니케이션 기술을 활용하여 거래를 하는 것을 말한다. 초기에는 전자상거래를 원격 지불, 온라인 뱅킹, 온라인 소매 등이 포함된 것으로 이해하였으나(Gunasekaran et al., 2002) 오늘날에는 이보다 더 광범위한 분야에서 활용되고 있다.

온라인에서 사업을 영위하는 기업 혹은 마케터들은 오프라인에서 사업을 영위하는 기업 혹은 마케터들에 비해서 소비자 심리 및 행동을 더 잘 이해하고 더 정확히 이해해야 할 필요가 있다. 이렇게 온라인에서 사업을 영위하는 기업 혹은 마케터가 소비자 심리 및 행동을 더 잘 이해하고 정확히 이해해야 하는 이유는 다음과 같다.

첫째, 온라인은 오프라인에 비해서 소비자 의사결정과 관련된 각 변수들과 행동 간의 관계가 더 강한 것으로 보인다. 이것이 시사하는 바는 오프라인에 비해 온라인은 소비자를 일단 획득하고 나면 소비자들이 그 사이트에서 정보탐색을 할 가능성이 높으며, 그 사이트에 대해 호의적인 태도를 보이고, 그 사이트로부터 구매를 할 가능성이 높다는 것이다. 즉, 온라인이 사이트 간 전환이 용이해 보이기는 하지만 소비자들이 일단 특정 사이트에 대해서 만족하고 충성도를 보이는 경우에는 사이트 방문이 습관화가 된다는 점이다.

둘째, 오프라인에서는 사회적 상호작용, 특히 종업원과의 상호작용이 용이한 반면 온라인에서는 오프라인에 비해서 이러한 상호작용이 상대적으로 용이하지는 않다. 종업원과의 상호작용은 예컨대 소비자들이 구매 현장에서 소비자의 욕구를 파악하여 구매 제안을 수정하는 것이 용이한 반면 온라인에서는 소비자 자신이 이러한 것들을 스스로 처리해야 하므로 일상적인 경우에는 구매가 용이하게 이루어지지만 구매와 관련된 어떠한 문제에 직면했을 때에는 이 문제를 원활하게 해결하기가 쉽지 않다는 것을 의미한다. 물론 헬프데스크, FAQ 등을 통해 이러한 문제를 해결할 수는 있지만 오프라인에서와 같이 구매 현장에서 즉각적으로 문제 해결이 이루어지지는 않는 경우가 많다.

셋째, 온라인은 오프라인에 비해서 정보를 많이 탐색할 수 있다. 따라서 소비자들은 많은 정보를 온라인에서 얻을 수 있지만 만일 소비자의 구매목표가 명확하지 않으면 이와 같이 많은 정보들은 오히려 소비자를 정보과부하 상태에 놓이도록 만들어서 구매를 미루거나 구매를 했더라도 후회를 많이 하도록 만드는 요인이 될 수도 있다. 정보탐색은 소비자들이 구매에 필요한 대안을 평가하는 기준을 얻기 위한 과정으로 볼 수도 있는데, 정보과부하는 소비자들이 이러한 기준을 설정하는 데 오히려 어려움을 초래하도록 만드는 역할을 할 수도 있다는 의미이다.

넷째, 온라인 소비자 심리 및 행동은 오프라인 소비자 심리 및 행동에 비해 일반적으로 기술(technology)과 관련된 요소들이 더 많이 개입이 된다. 온라인 소비자 심리 및 행동을 다루어온 기존의 많은 연구들은 마케팅 관점에서 연구가 이루어진 것과 기술수용모형(Technology Acceptance Model: TAM)(Davis,

1989) 관점에서 이루어진 연구들도 상당 부분을 차지한다. 즉, 온라인 소비자 심리 및 행동은 기술적인 요인들이 소비자 심리 및 행동에 많은 영향을 미치고, 오프라인에서와는 다른 심리 및 행동을 보일 가능성이 있음을 시사하는 것이다. 이러한 관점에서 보면 아마존의 Dash 같은 매개체들은 오프라인과 같이 정보탐색 비용과 거래비용이 추가적으로 발생하지 않고, 소비자들이 기술적 요소에 대해서 알지 못하더라도 온라인에서 오프라인과 거의 같은 환경으로 구매가 이루어지도록 함으로써 온라인 상에서 이루어지는 소매의 혁신적인 매개체라고 할 수도 있다.

1.2 온라인 구매의사결정 과정 개요

온라인에서의 소비자 심리 및 행동은 오프라인에서의 소비자 심리 및 행동과 공통된 부분이 있는 반면 상이한 부분도 존재하는데, 상이한 부분이 발생하는 이유는 앞에서 언급한 바와 같이 온라인의 기술적 요소, 그리고 종업원과의 대인 간 상호작용이 크게 영향을 미치는 것으로 보인다.

소비자 의사결정 과정 관점에서 온라인에서의 소비자 심리 및 행동과 오프라인에서의 소비자 심리 및 행동을 간단한 모형으로 비교해 보았다.

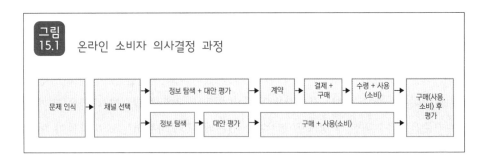

그림 15.1 온라인 소비자 의사결정 과정

먼저 소비자들이 문제를 인식하는 경우 이 문제를 해결하는 방법과 관련하여 직면하는 사항 중 한 가지는 이 소비자가 당면한 문제를 어떤 채널을 통해서 해결할 것인가이다. 통상적으로는 소비자들이 일상생활 환경을 통해서 마케팅 자극을 받기 때문에 오프라인을 통해서 문제를 자연스럽게 해결하려고 할 가능성이 높다. 그러나 소비자 성향에 따라서는 온라인을 통해 문제를 해결하고자 하는 욕구가 더 큰 경우들도 있다. 온라인으로 문제를 해결하기 위해서는 온라인을 통한 문제해결이 오프라인을 통한 문제 해결보다 더 효과적이거나 효율적이라는 소비자 믿음이 있어야 할 것이다.

　온라인에서의 정보탐색은 오프라인과는 대조를 이루는 경우들이 많다. 오프라인에서는 정보탐색을 통해 대안평가 기준을 마련하고 고려대안집합 내에 있는 브랜드들을 대상으로 평가하여 브랜드에 대한 태도를 결정하는 경우들이 많다. 그러나 온라인에서는 정보탐색과 대안평가가 동시에 이루어지는 것을 많이 본다. 예컨대 가격비교사이트에서는 가격뿐 아니라 제품의 속성까지 비교가 가능하도록 하나의 틀 속에 모두 제시해 주는 경우를 볼 수 있다. 또한 온라인에서는 다량의 정보를 검색하여 소비자 목적에 맞는 정보를 효과적이고 효율적으로 찾아주는 검색엔진 혹은 추천엔진들이 있다. 이것은 소비자들이 정보탐색과 대안평가에 투입되어야 할 소비자의 인지적 자원을 대폭 절감시켜주는 역할을 할 뿐 아니라 다량의 정보 검색을 통해 추출된 정보를 바탕으로 의사결정을 하므로 의사결정의 품질을 제고시킬 가능성이 있고, 제한된 합리성을 바탕으로 소비자 심리 및 행동을 이해하는 패러다임에도 큰 영향을 미칠 수 있다.

　한편 구매와 사용 혹은 소비단계에서도 오프라인과 온라인은 차이를 보인다. 통상적으로 오프라인은 구매와 결제 그리고 사용 혹은 소비가 동시에 이루어지는 경우들이 있는 반면 온라인은 계약에 따른 결제를 통해 구매가 이루어지며, 구매와 사용 혹은 소비 간에 시간적 간격이 존재하는 것들이 있다. 즉, 제품을 직접 보지 않은 상태에서 구매를 하는 것이므로 브랜드의 명성이 중요하고, 제품 구매에 대한 지각된 위험이 클 수 있다. 또한 구매한 제품이 소비자에게 전달되어야 비로소 사용 혹은 소비가 가능해지므로 전자상거래 웹사이트의 신뢰성 혹은 구매한 제품의 신뢰성이 중요하다.

제2절 온라인 구매의사결정 과정

2.1 문제인식과 채널 선택

소비자들이 문제를 인식한 경우 이 문제를 온라인을 통해서만 해결할 수 있는 문제가 아니라면 소비자들은 이 문제를 해결하는 방법을 온라인에서 찾을 수도 있고, 오프라인에서 찾을 수도 있다. 소비자들은 제품과 서비스를 여러 채널로부터 구매할 수 있다. 온라인은 사람과 기계가 상호작용을 하는 것이므로 전통적인 소비자는 전통적인 상점 혹은 오프라인 소매업자에게서 구매하는 것을 선호한다(Wen et al., 2014). 따라서 온라인은 소비자들이 문제를 인식했을 때 이 문제를 온라인을 통해서 해결하는 것이 더 효율적이고 효과적이라는 인식을 소비자들이 가질 수 있도록 조성하는 것이 중요하다. 즉, 왜 소비자들이 오프라인 상점 대신에 온라인 쇼핑채널을 선택해야 하는지에 대한 이유를 제공할 수 있어야 하므로, 온라인 쇼핑 채널은 오프라인 채널에 비해 소비자 입장에서 온라인 쇼핑 채널이 가져다 주는 편익에 대해 소비자들이 신념을 가질 수 있도록 마케팅을 하는 것이 필요하다.

문제인식 단계에서는 소비자들이 온라인채널을 통해 구매를 하도록 동기를 부여하는 것이 중요한데, 소비자들이 온라인채널을 이용하도록 동기를 부여하는 요인들은 소비자 행동 및 마케팅 관점과 기술적 관점으로 나누어 볼 수 있고 그 내용은 다음과 같다(Wen et al., 2014).

❶ 지각된 편리성

소비자들이 온라인 쇼핑이 편리하다고 지각하는 것, 즉 소비자들의 지각된 편리성은 소비자들이 구매를 하기 위해 투여해야 하는 인지적 자원을 절감하는 역할을 하므로 소비자에게 구매 가치를 증가시키는 중요한 구성요소가 된다. 지각된 편리성은 접근 편리성, 탐색 편리성, 시간 편리성(예컨대 어느 시간에든 쇼핑을 할 수 있다), 장소 혹은 공간 편리성(예컨대 집에서도 쇼핑을 할 수 있다)으로 구성되어 있는데, 소비자들이 온라인에서 쇼핑을 하도록 만드는 중요한 이유를 제공하며 온라인 쇼핑 만족에도 직접적으로 영향을 미친다(Jih, 2007; Madlberger, 2006; Zhang and Prybutok, 2005).

❷ 제품 구색과 선택의 다양성

오프라인 점포는 물리적 공간이 필요하고 재고 혹은 저장에 따르는 비용이 들어가게 되는데, 이것은 오프라인 점포의 제약요인으로 작용한다. 그러나 전자상거래 웹사이트는 이러한 제약요인이 오프라인 점포에 비해 상당히 완화되어 있어서 전자상거래 웹사이트는 오프라인 점포에 비해 제공하는 제품라인의 넓이, 길이, 깊이를 광범위하게 가져갈 수 있고, 주어진 제품 범주 내에서도 상당한 수준의 다양성을 갖출 수 있다(Srinivasan et al., 2002).

❸ 엔터테인먼트

소비자들이 오프라인에 비해 온라인 채널을 선택하는 중요한 이유는 오프라인에서는 경험하지 못하는 호감이 갈 정도로 매력적이고 재미가 있으며 즐거운 쇼핑 경험을 제공할 수 있기 때문이다. 쇼핑 경험은 전통적으로 온라인에 비해 오프라인 점포가 갖는 장점으로 인식되어 왔다. 그러나 온라인 소비자들은 인터넷을 편하게 느끼기 때문에 온라인 소매업체들이 정보기술을 활용하여 제공하는 모든 이미지와 정보로부터 전자상거래 웹사이트가 소구하고자 하는 것이 무엇인지를 쉽게 발견해 내며, 그것으로부터 매력과 즐거움을 느낄 수 있게 된다.

❹ 지각된 유용성

지각된 유용성(usefulness)은 정보기술의 활용과 관련된 사항으로 성과를 증가시키는 새로운 기술시스템을 활용하는 것(Davis, 1989)을 말한다. 전자성거래 맥락에서 지각된 용이성은 소비자들이 웹에 기반을 둔 상점에서 쇼핑을 하는 것이 자신의 쇼핑 경험을 개선할 것이라고 지각하는 정도(Wen et al., 2011)를 말한다. 지각된 유용성은 전자상거래 채널을 사용하려는 소비자 의향을 결정하는 요인 중 한 가지이며, 채널 만족과 선호에 중요한 선행요인이다(Devaraj et al., 2002).

❺ 지각된 사용용이성

지각된 사용용이성은 새로운 기술시스템을 특별한 노력을 하지 않고도 사용할 수 있는 경우를 말한다(Davis, 1989). 전자성거래 맥락에서 지각된 사용용이성은 소비자들이 전자상거래 웹 사이트와 서로 소통하는 것이 얼마나 용이하다고 지각하는지 그리고 많은 노력을 기울이지 않고도 쇼핑을 종료할 수 있는지의 정도(Wen et al., 2011)를 말한다. 지각된 사용용이성은 전자상거래 채널을 사용하려는 소비자 의향을 결정하는 요인 중 한 가지이며, 채널 만족과 선호에 중요한 선행요인이다(Devaraj et al., 2002).

2.2 온라인 정보 탐색 및 대안 평가

온라인 정보탐색에 영향을 미치는 요인들은 여러 가지가 있다.

① 온라인 환경에서는 소비자들이 지각하는 인지비용(cognitive costs)은 낮을 가능성이 높다. 왜냐하면 정보탐색을 위해 소비자가 수행해야 할 인지적 노력은 추천시스템을 비롯하여 정보기술이 일정부분 수행하고 있기 때문이다(Ratchford et al., 2007). 따라서 온라인 소비자들은 자신의 욕구에 부합하는 제품을 정확히 찾아내는 데 인지적 자원을 집중할 가능성이 높다.

② 시간비용은 온라인 소비자들의 정보탐색에 영향을 미친다. 시간비용이 높은 경우 탐색의 양을 감소시키는 반면 시간비용이 낮은 경우에는 탐색의 양을 증가시킨다. 온라인 소비자들은 시간 제약에 맞추어서 탐색과 평가를 하는 패턴을 보이는데, 전형적인 온라인 소비자는 시간을 절약하기 위해서 온라인에서 구매를 하며, 탐색과 평가를 지원하는 기술들은 탐색과 평가에 필요한 시간을 감소시켜줌으로써 탐색과 평가의 효과성과 효율성을 높일 수 있다(Ratchford et al., 2007; Sismeiro and Bucklin, 2004). 따라서 온라인 소비자는 정보탐색 활동을 할 때 시간비용을 많이 고려할 가능성이 높다.

③ 온라인 환경에서는 소비자들이 제품의 대안과 관련된 위험의 수준을 평가할 때 상대적 위험 수준 보다는 절대적 위험 수준에 더 중점을 두는 경향이 있다(Biswas, 2002; Biswas and Biswas, 2004). 그러므로 소비자들은 이러한 위험을 감소시키려는 노력을 하게 되는데, 온라인 환경에서 위험을 감소시키는 것으로는 브랜드명, 소매업자의 명성과 같은 신뢰와 연결된 요인들이 중요한 역할을 하며 이것 이외에도 추천시스템을 활용하거나 온라인 후기를 참조하여

의사결정을 하는 것은 위험을 감소시키기 위한 활동에 속한다.

④ 웹지식은 온라인에서 정보탐색의 효율성을 증대시킬 수 있다. 온라인 환경에서는 제공되는 정보가 풍부하므로 소비자들은 오프라인에 비해서 기억에 기초한 정보 탐색보다는 외적 탐색을 더 강화할 가능성이 높다(Alba et al., 1997). 어떤 소비자들은 욕구에 부합하는 최적의 제품을 찾는 데 필요한 검색 용어를 학습하는 데 어려움을 겪을 수 있으나 인터넷을 능숙하게 활용할 수 있는 소비자들은 제품에 관한 정보를 인터넷을 통해 탐색하며 인터넷을 중요한 정보 원천으로 인식한다(Ratchford et al., 2007). 그러므로 웹지식은 온라인에서 정보탐색에 영향을 미친다.

⑤ 검색엔진 활용능력은 가려내기 전략(screening strategy)의 효율성에 영향을 미칠 수 있다. 온라인 소매업자들은 제품라인의 넓이, 길이, 깊이 측면에서 광범위한 제품 구색을 오프라인에 비해서 온라인에서는 상대적으로 갖추기가 용이하기 때문에 가능한 한 다양한 제품 구색을 갖추고자 한다. 소비자들은 많은 정보 중에서 자신의 욕구에 맞는 정보를 찾아야 하는데, 온라인에서 이러한 정보를 찾는 방법은 자신이 직접 검색을 하거나 검색엔진이 제공하는 규칙의 활용을 통해 정보탐색의 지원을 받을 수 있다. 따라서 온라인에서 정보탐색을 하는 데에는 이러한 추천시스템을 활용하는 능력이 정보탐색의 질에 영향을 미칠 수 있다(Wu and Lin, 2006). 추천시스템은 정보를 걸러내는 용도로 활용될 수도 있고 정보를 통합하는 용도로 활용될 수도 있는데, 정보를 걸러내는 용도로 활용되는 경우에는 정보탐색의 효율성은 향상되는 반면 정보를 통합하는 데 활용하는 경우 정보탐색의 질이 향상될 수 있다(Olson and Widing, 2002).

전자상거래 웹사이트는 다양한 제품 대안들에 대해 사소한 정보까지 제공함으로써 더 많은 소비자들을 끌어들일 수 있다(Yang and Lester, 2004).

인터넷은 웹상에서 사업을 영위하는 기업이 증가하고 그 기업이 취급하는 제품 구색의 규모가 증가함에 따라서 소비자들이 최상의 가격을 탐색하는 것을 용이하게 만들었으며, 소비자의 욕구에 가장 적합한 속성을 가지고 있는 제품을 찾아내는 것도 용이해졌다.

한편 다양한 정보와 제품 구색 속에서 소비자들이 원하는 정보를 용이하게 탐색할 수 있도록 도와주는 여러 가지 추천시스템들이 도입되었다. 이와 같이 전자적인 혹은 기계에 의존하여 최적의 제품을 선택하도록 도움을 받게 됨에 따라서 소비자들은 온라인 쇼핑에서 추구하는 주요한 편익에 집중하여 구매의 사결정을 수행할 수 있는 여지를 많이 확보하였다(Punj, 2012).

온라인 구매 결정을 할 때에 홍콩 중국인과 같은 종합적 사고자들은 중요하게 여기든 그렇지 않든 관계없이 모든 정보에 주목하는 반면, 유럽계 캐나다인은 중요하다고 생각되는 정보에만 선택적으로 집중한다(Li et al., 2015).

큐레이션 사례

온라인 쇼핑몰인 미국 웹사이트 아마존닷컴에는 2015년 기준으로 4억 8,800만 개의 상품이 등록되어 있다고 한다. 소비자의 선택권이 넓지만 정보과부하에 놓일 수도 있는 상황이다. 캐노피는 아마존닷컴에서 제품을 골라 추천하는 업체이다. 이 업체는 알고리즘에 기초한 자동추천 시스템을 운영하는 업체가 아니다. 이 업체의 직원들은 제품 디자이너 출신들이다. 이들이 선정한 제품 목록은 간결하게 표시된다. 이들의 수익모델은 캐노피를 통해 제품이 판매되는 경우 일정 비율의 수수료를 아마존으로부터 받는 형태이다. 이들은 살 만한 것을 보여주는 것을 모토로 하고 있다.

이탈리아 유통 체인인 이틀리(Eataly)는 한 가지 분야에 집중해 제품/서비스를 추천하는 것으로 유명하다. 예들 들면 주방용품, 식자재, 요리 등은 부엌에서 이루어지는 것들인데, 이들을 하나로 묶어서 추천하는 형식이다.

출처: 조선일보(2016.12.16.).

2.3 온라인 구매

소비자의 전자상거래 채널 선호도는 소비자들이 이전에 온라인에서 쇼핑한 경험에 대해서 만족을 했는지의 영향을 받는다(Devaraj et al., 2002). 거래품질은 SERVQUAL(Parasuraman et al., 1988)을 이용하여 측정하고 전자상거래 맥락에서 수정된다.

온라인에서 구매단계는 세 가지 하위 단계로 구분할 수 있다. 즉, 계약(agreement), 전달(delivery) 그리고 환불(return)이다. 웹사이트 이면에서 벌어지는 소비자와 소매업자, 소비자와 서비스 제공자 간에 상호작용은 이 단계에서 일어난다.

소비자들은 먼저 계약을 하여 온라인 상에서의 거래를 종료한다. 이 절차에 친숙한 온라인 쇼퍼는 영업사원과의 상호작용 없이 웹사이트하고만 상호작용을 하고 전체 구매과정을 종료할 것이다. 기능적으로 보면 전자상거래 웹사이트가 거래가 이루어지는 동안 영업사원 역할을 한 것이다.

그리고 나서 소비자들은 제품이 전달되기를 기다린다.

만일 제품에 문제가 있는 것을 확인하면 소비자들은 온라인 소매업자에게 그 제품을 반품할 것이다. 이 단계에서 소비자들은 웹사이트 전자상거래와 관련하여 영업사원 혹은 고객서비스부서와 상호작용을 하는 것이 반영된다.

이 단계에서 온라인 소비자는 제공된 제품과 서비스에 대한 품질을 지각한다. 오프라인에서 영업사원이 서비스를 전달하는 것과 유사하게 온라인 소매업자가 전달하는 서비스의 신뢰성, 정확성, 전문성, 적시성에 대한 소비자의 지각이 개입된다. 구매 상태에서 쇼퍼는 단순히 웹사이트 사용자가 아니라 실질적인 구매자, 즉 소비자로 간주되므로, 이 단계에서는 서비스 품질이 매우 중요하다. 서비스 성과가 불량하다면 이것은 소비자를 잃거나 매출을 잃어버리는 결과를 가져올 것이다(DeLone and McLean, 2003).

Gefen(2002)은 전자상거래 맥락에서 서비스품질을 설명을 하고 있는데 그 내용은 다음과 같다.

① 유형성(tangibles): 웹사이트의 외양을 말하며, 소구하는 인터페이스, 사용용이성, 웹사이트 인터페이스의 이해용이성, 구매절차의 명확성.

② 신뢰성(reliability): 주문을 포함하여 서비스를 정해진 시간에 정확하게 제공하는 것.

③ 대응성(responsiveness): 소비자의 요구에 반응하는 서비스 제공 인력의 능력을 말하며, 이것에 속하는 매너로는 정확성, 실수를 하지 않음, 도움이 됨, 신속함 등이 있음. 여기에는 자동화된 시스템도 포함됨.

④ 보증(assurance): 지식이 풍만하고 시스템은 정중한 도움말화면(helpscreen)과 적절한 오류메시지 그리고 guidance box 등을 포함함.

⑤ 공감(empathy): 세분화된 콘텐츠, 개인적 문안(personal greeting), 개별화

된 이메일을 통한 개인 맞춤형 서비스 제공.

2.4 온라인 경험, 만족, 충성도

기업은 온라인 소비자의 온라인 쇼핑 경험으로부터 오는 만족, 재구매의
향, 충성도 등에 초점을 맞춰야 한다(Wen et al., 2011). 전자상거래 기업에서 소
비자를 유지하는 비용은 새로운 소비자들 획득하는 비용보다 훨씬 더 저렴한
것으로 추정된다(Olson and Boyer, 2005). 따라서 마케터는 소비자의 충성도를
창출해서 소비자들이 지속적으로 자사의 전자상거래 웹사이트를 사용하도록 만
들고, 경쟁적 우위를 강화하는 역량을 배양해야 한다(Paterson et al., 1997;
Reibstein, 2002).

온라인 쇼핑에 따른 구매 경험은 소비자들이 재구매를 결정하는 데 중요한
역할을 한다. 소비자들이 온라인 쇼핑에서 좋은 경험을 하기 위해서는 제품과
서비스를 정시에 전달하는 것, 소비자 지원을 양호하게 제공하는 것, 서비스와
제공물의 품질을 일정하게 확보하는 것이 필요하다(Reibstein, 2002).

2.5 웹사이트 품질

소비자들은 자신이 필요로 하는 것을 탐색하고 구매하기 위하여 웹사이트
를 방문한다. 소비자들이 웹사이트를 방문하는 동안 웹사이트는 온라인 벤더가
제품이나 서비스를 판매하는 플랫폼 역할을 한다. 이때 전자상거래 웹사이트는
적절한 수준의 품질을 갖추고 있어야 소비자들이 지속적으로 정보탐색 및 구매
행동이 이어질 수 있다. 전자상거래 웹사이트 품질은 네 가지 차원, 즉 시스템
품질, 정보 품질, 시각적 디자인, 정보보호와 보안(privacy/security)을 포함한다
(Wen et al., 2014).

① 시스템 품질은 웹사이트 안정성(stability)과 일정한 가용성(constant
availability)을 말한다. 이것은 소비자들이 웹사이트에 편리하게 접속할 수 있어
야 함을 의미한다. 예컨대 가용성과 같이 시스템이 장애없이 지속적으로 운영
되는지, 그리고 지속적으로 운영되더라도 여러 명의 접속자들이 원활하게 접속

할 수 있는지 등은 소비자 관점에서 중요한 시스템 품질 평가 요소가 될 것이다. 웹사이트는 구조가 잘 맞추어져 있어서 사용하기 편리해야 하며, 소비자들이 제품에 대해 검색하고 정보탐색하는 것을 지원하고 제품을 구매하고 종료하는 과정을 효과적이고 효율적으로 할 수 있는 내용을 포함하고 있어야 한다. 이러한 목적을 달성하기 위해서 웹사이트 시스템 품질은 효율성, 검색 용이성, 접근 용이성 그리고 유연성과 같은 객관적이고 기능적인 요소와 관련되어 있다 (Zeithaml et al., 2002).

② 정보 품질은 웹사이트가 제공한 제품/서비스 정보를 말한다. 정보 품질은 정확하고, 최신의 정보로 갱신되어 있어야 하며, 이해하기 쉽고, 적절하며, 소비자 욕구에 맞춤식으로 제공되어야 한다(Loiacono et al., 2007).

③ 웹사이트의 심미적 디자인은 웹사이트 품질에서 중요한 부분을 차지하고 있다. 웹사이트 시각적 디자인 품질은 심미적 외양을 말한다. 이것은 매력적인 웹사이트 디자인, 전문적인 디자인, 의미를 담고있는 그래프, 전반적인 시각적 소구 등을 포함한다. 웹사이트 상에서 그래픽과 문자를 표현하는 것은 소비자들이 그 사이트에 머무르고자 하는 의향, 구매 의향 등에 영향을 미친다. 웹사이트의 시각적 디자인은 중요하며, 시각적 소구는 전자상거래에서 소비자들의 전반적 품질 지각, 만족 그리고 충성도에 영향을 미친다. 전자상거래 웹사이트에서 그래픽 스타일, 디자인 심미성, 시각적 소구가 소비자들이 온라인에서 쇼핑을 하는 것에 대한 지각에 영향을 미친다(Zeithaml et al., 2002; Loiacono et al., 2007).

④ 정보보호(privacy)는 전자상거래 웹사이트가 안전하고 소비자 정보를 보호하는 것을 말한다. 그리고 정보보호에는 소비자 쇼핑행동에 대한 데이터가 타인 혹은 다른 주체와 공유되지 않는다는 것과 신용카드 정보가 안전하게 보호된다는 것을 전자상거래 웹사이트가 보증(assurance)하는 것을 포함한다 (Parasuraman et al., 2005).

온라인 소비자 심리 및 행동과 마케팅 전략

소비자 구매행동이 전통적인 오프라인 점포에서 온라인으로 다수 전환됨에 따라서 전자상거래는 마케터, 소매업자에게 자신의 사업을 전통적인 오프라인 점포 중심에서 온라인 공간에서의 점포, 즉 전자상거래를 하는 웹사이트를 구축하는 새로운 기회를 제공할 수 있다. 전통적인 소매업자가 전자상거래 영역에서 사업을 영위할 때 얻을 수 있는 장점은 다음과 같은 몇 가지로 요약해 볼 수 있다(Wen et al., 2014). 첫째, 전자상거래는 세계 각국의 소비자들과 항상 만날 수 있는 기회를 제공한다. 즉, 전자상거래는 기업으로 하여금 세계 여러 나라의 소비자들과 1년 365일(366일) 24시간 동안 접촉할 수 있도록 만들어 준다는 점이다. 둘째, 전자상거래는 생산과 구매주기를 줄여준다. 셋째, 전자상거래는 전통적으로 오프라인 상에서 점포를 운영하는 것에 비해 사업을 운영하는데 있어서 소요되는 비용을 절감할 수 있다. 절감이 가능한 비용 요소들로는 인력, 점포 임대료, 재고유지비용 등이 있다. 넷째, 전자상거래는 거래에 소요되는 시간은 줄이고 기업에게는 제품 회전율을 늘려준다.

온라인 판매와 구매가 증가함에 따라서 전자상거래를 통해 사업을 영위하는 기업들은 두 가지 형태로 나누어 볼 수 있는데, 하나는 순수하게 온라인에서만 사업을 하는 형태(예컨대 11번가, 옥션, 인터파크, 알라딘, eBay, and Groupon)이고, 다른 하나는 전통적인 소매업자가 온라인 채널을 함께 영위하는 사업형태(예컨대 신세계, 롯데쇼핑, 교보문고, Walmart, BestBuy, Barnes and Noble) 혹은 온라인에서 사업을 하는 기업이 오프라인 채널을 함께 영위하는 사업형태(예컨대 Amazon)이다. 후자와 같은 멀티채널업자 혹은 옴니채널업자들은 사업모델을 설계할 때 소비자들이 멀티채널 혹은 옴니채널 상황에서 어떻게 의사결정을 하는지를 고려해야 한다. 소비자들이 멀티채널 혹은 옴니채널 상황에서 의사결정을 하는 방법은 다음과 같은 세 가지로 요약될 수 있다. 첫째, 제품에 관한 정보를 온라인에서 먼저 검색한 후 점포에서 그 제품을 구매한다. 둘째, 온라인에서 정보탐색을 하고 온라인에서 구매한 후 점포에서 그 제품을 가져간다. 셋째, 제품을 온라인에서 구매하고 집에서 직접 수령한다.

따라서 멀티채널업자 혹은 옴니채널업자는 다음과 같은 비즈니스 모델을 가질 수 있다.

첫째, 제품에 관한 정보를 온라인에서 제공하고 점포에서 그 제품을 구매하는 모델

둘째, 제품에 관한 정보를 점포에서 제공하고 온라인에서 그 제품을 구매하는 모델

셋째, 제품에 관한 정보를 온라인에서 제공하고 온라인에서 구매한 제품을 점포에서 수령할 수 있도록 하는 모델

넷째, 제품에 관한 정보를 온라인에서 제공하고 온라인에서 구매한 제품을 원하는 곳(예컨대 집, 직장)으로 전달해 주는 모델

다섯째, 제품에 관한 정보를 점포에서 제공하고 점포에서 그 제품을 구매하는 모델(이것은 전통적인 소매업체의 모델과 동일하다)

또한 전자상거래를 영위하는 소매업자는 전통적인 오프라인 상점으로부터 소비자들을 더 많이 유치해야 할 필요가 있을 뿐 아니라 전자상거래를 하려는 소매 기업 간 경쟁이 증가함에 따라서 전자상거래를 영위하는 소매업자 간의 경쟁도 치열해 지고 있으므로 전자상거래를 영위하는 기업의 마케터들은 소비자들이 온라인 서비스 간에 전환행동을 촉발하는 것이 무엇인지를 이해해야 할 필요가 있다(Keaveney and Parthasarathy, 2001).

소매 상황에서의 소비자 심리 및 행동 이해

어떤 소비자들은 주로 점포에서 구매를 하는 반면 다른 소비자는 주로 온라인 혹은 모바일을 통해 구매를 한다. 마케팅의 목표와 성과를 측정하는 변수들은 다양하지만 소비자들이 구매를 해 주어야 매출이 발생하고 수익 혹은 이익이 산출된다는 점에서 구매(기업 입장에서는 매출)는 마케팅 성과를 나타내는

지표 중 매우 중요한 지표라고 하겠다.

소비자 심리 및 행동은 여러 가지 상황에 적용될 수 있는데, 마케팅에서 중요시 여기는 상황으로는 소매 상황을 들 수 있다. 즉, 소비자들이 구매 혹은 쇼핑을 하는 상황에서 나타나는 소비자 심리 및 행동을 이해하는 것은 마케팅 성과에 크게 영향을 미칠 수 있다.

4.1 쇼핑 스타일

소비자들의 쇼핑 스타일을 이해하는 것은 중요하다. 소비자들의 쇼핑 스타일을 이해하기 위한 시도들은 오래전부터 있어 왔다.

Stone(1954)은 소비자들의 쇼핑 스타일을 네 가지 유형으로 구분했었다.

① 경제적 쇼퍼(economic shoppers)는 좋은 조건으로 제품을 구매하는 데 초점을 맞춘다.

② 위락적 쇼퍼(recreational shopper)는 쇼핑을 즐기는 때문에 점포에서 구매를 한다.

③ 윤리적 쇼퍼(ethical shopper)는 자신의 가치에 응답하는 제품을 발견하는 데 동기부여가 된 쇼퍼이다.

④ 냉담한 쇼퍼(apathetic shopper)는 쇼핑을 싫어하는 쇼퍼다.

Tauber(1972)도 네 가지 유형으로 쇼핑 스타일을 구분하였다.

① 제품 품질 지향 쇼퍼(product quality shopper)

② 경제성 지향 쇼퍼(economic shopper)

③ 편리성 지향 쇼퍼(convenience shopper)

④ 경험 지향 쇼퍼(experience shopper)

Sproles and Kendall(1986)는 여덟 가지 유형으로 쇼핑 스타일을 구분하였고 현재 가장 많이 활용되고 있는 쇼핑 스타일 구분에 해당된다.

① 품질지향형(perfectionists/quality−conscious)

② 브랜드 지향형(brand conscious)

③ 진기함과 유행 지향형(novelty and fashion conscious)

④ 레크레이션과 쇼핑 지향형(recreational and shopping conscious)

⑤ 가성비 지향형(price conscious/value for money)

⑥ 충동 구매형(impulsiveness/careless)

⑦ 과다선택혼동형(confused by overchoice)

⑧ 습관형(habitual/brand loyal)

최근에는 오프라인(점포 등)과 온라인 그리고 모바일을 넘나드는 쇼핑 행동을 보여줌에 따라서 마케터는 이러한 채널을 넘나들며 쇼핑을 하는 소비자들에 대응하기 위한 전략으로 옴니채널(omni−channel) 전략을 활용하고 있다.

다채널 시대에 소비자들이 보여주고 있는 쇼핑 스타일 중 특징적인 것은 구매를 할 때 온라인, 모바일, 오프라인을 넘나들며 제품 혹은 서비스를 비교하여 선택하는 경향이 있다는 점이다. 이를 비교 쇼퍼(comparison shopper)라고 한다. 비교 쇼퍼는 그렇지 않은 쇼퍼에 비해 쇼핑을 즐기고, 타이트한 예산을 가지고 쇼핑을 한다. 비교 쇼퍼는 그렇지 않은 쇼퍼에 비해 자신을 현명한 쇼퍼라고 생각하고 있는 것으로 나타났다.

4.2 점포방문 동기

소비자들은 제품을 구매하기 위해 점포를 방문하기도 하지만 제품구매동기 이외에도 개인적 동기 혹은 사회적 동기로 인하여 점포를 방문하기도 한다. 점포를 방문하게 만드는 개인적 동기로는 역할수행, 기분전환 추구, 욕구불만 해소, 새로운 경향에 대한 학습, 신체적 활동, 감각적인 자극 등이 있으며, 사회적 동기로는 사회적 경험, 동호인 혹은 비슷한 관심을 가지고 있는 사람들과의 소통, 동료집단과의 일체감 형성, 자신의 지위와 권위의 추구, 가격흥정의 즐거움 등이 있다(이학식 등, 2015).

4.3 점포이미지

점포이미지(store image)는 소비자들에 의해 지각된 점포의 전반적인 인상을 말하는 것으로 점포 선택에 크게 영향을 미친다. 점포이미지는 기능적 특성에 해당되는 객관적 속성과 소비자가 느끼는 주관적 속성으로 구분해 볼 수 있다. 점포이미지를 결정하는 주요 요인들로는 제품 구색, 품질, 가격, 서비스, 점포 입지, 점포 시설 특성, 편의성, 광고 및 판촉, 점포분위기, 고객 특성, 점원 등이 있다(이학식 외, 2015). 특히 점포분위기는 점포의 물리적 특성과 관련된 것으로 소비자의 긍정적 정서의 유발을 통해 구매확률을 제고할 목적으로 점포구매환경을 설계하는 것을 말한다. 점포분위기 구성요소로는 배치(layout), 음향, 냄새, 소재, 건물의 설계 등이 있다.

4.4 쇼핑에 영향을 미치는 요인들

점포분위기와 점포 내에서의 여러 가지 마케팅 관련 자극들은 소비자들의 쇼핑행동에 영향을 미치는 것으로 나타났다. 일반적으로 점포분위기로부터 긍정적 정서를 경험한 소비자들은 점포 내에서의 쇼핑시간, 점원과의 대화시간, 계획 대비 구매 등이 긍정적 정서를 경험하지 못한 소비자들에 비해서 더 많거나 더 높은 것으로 나타났다(이학식 외, 2015).

진열은 쇼핑에 영향을 미친다. 소매 상황에서 소비자들은 제품이 동일한 제품범주에 속하는 제품들이 함께 진열되어 있는 경우를 볼 수도 있지만 동일한 욕구를 가진 제품들이 함께 진열되어 있는 경우를 볼 수도 있다. 예컨대 유기농 제품 혹은 프리미엄 제품들을 따로 진열하는 경우가 여기에 해당할 것이다.

제조업체 브랜드(National Brand: NB)와 유통업체 브랜드(Private Brand: PB)에 대한 평가가 진열 방식에 따라 달라질 수도 있다. 이승희 등(2017)은 PB제품의 전형성(typicality)에 따라 PB제품이 NB제품과 함께 평가가 이루어지는 것이 효과적인지 혹은 분리되어 평가되는 것이 효과적인지를 살펴보았다. 실험1의 결과를 보면 속성이 우수하다고 평가가 이루어진 PB제품(화장지를 NB제품은 3겹, PB제품은 4겹인데 소비자들은 겹 수가 높을수록 속성이 우수할 것이라고 응답)은 NB제품과 분리하여 평가가 이루어지는 것이 효과적인 것으로 나타났고, 실험2에 따르면 전형성이 높은 PB제품은 NB제품에 비해서 비호의적인 평가를 받는 반면 전형성이 낮은 PB제품은 NB제품에 비해 더 호의적인 평가를 받은 것으로 나타났다. 이러한 결과는 PB제품의 경우 NB제품과는 분리되어 진열되는 것이 효과적임을 시사하며, 만일 NB제품과 함께 진열이 이루어져야 할 경우에는 전형성이 낮은 제품을 함께 진열하는 것이 바람직하며, 전형성이 높은 제품을 NB제품과 함께 진열해야 하는 경우에는 제품의 속성으로 유도되는 전형성에 따른 비호의적인 평가를 상쇄할 요인(예컨대 가격)을 가지고 있어야 함을 시사한다고 하겠다.

　선택 대안 수, 즉 정보과부하 정도도 선택에 영향을 미친다. Iyengar and Lepper(2000)는 잼이 24개 제시된 상태보다 6개가 제시된 경우 구매를 더 많이 함을 발견하였다.

쇼핑몰 산업은 리테일이 아닌 엔터테인먼트 산업

　하남 스타필드 프로젝트 주식의 49%를 가지고 있는 터브먼사의 CEO인 로버트 터브먼 회장이 한 말이다.

　유명한 스포츠 경기가 개최되면 미국에서는 쇼핑몰 매출이 줄어든다고 한다. 이것은 쇼핑몰의 경쟁상대가 스포츠 경기이며, 이 둘 간의 관계는 즐거움으로 표현될 수 있다. 따라서 쇼핑몰은 소비자들이 집에서와는 다른 새로운 경험을 하는 공간으로 만들어 주어야 한다는 것이다.

　터브먼사는 쇼핑몰 설계를 할 때 자연채광과 기둥을 없애는 것이 특징이라고 한다. 자연채광을 통해 고객들이 시간이 지났음을 알고 빨리 떠나는 부정적인 효과보다는 외부 풍경을 볼 수 있어서 체류시간도 길어졌고, 고객이 행복해 하며, 그 결과 매출도 증가한다는 것이다.

　터브먼사는 쇼핑몰 분야에서 2층 쇼핑몰, 푸드코드, 멀티플렉스 등을 도입한 것으로 유명하다. 이 모든 것은 결국 쇼핑몰을 방문하는 고객은 즐거움과 유익함이라는 경험을 쇼핑몰이 제공하려는 것에서 추진된 것으로 보인다.

출처: 조선일보(2016.11.25.).

　North et al.(1999)은 슈퍼마켓에서의 배경음악이 소비자 선택에 미치는 영향을 보고한 바 있다. 그들의 연구에 의하면 소비자들은 와인을 구매할 때 프랑스 음악이 나오는 경우에는 프랑스산 와인, 독일 음악이 나오는 경우에는 독일산 와인을 더 많이 구매한 것으로 나타났다.

4.5 멀티채널 마케팅과 옴니채널 마케팅

온라인과 모바일 등으로 소비자 접점이 확대됨에 따라서 소비자들은 자신의 채널 선호도 혹은 상황에 따라서 점포 혹은 온라인 혹은 점포와 온라인을 함께 거래하는 경우가 발생하였다. 기업 입장에서 멀티채널(multi-channel) 마케팅은 복수의 채널을 통해서 제품과 서비스를 소비자에게 제공하고 커뮤니케이션하는 것과 관련된 마케팅 활동을 말한다. 멀티채널 마케터의 목표는 소비자의 채널 선호도에 근거해서 고객과의 관계를 효과적으로 관리하는데 두고 있다. 채널은 오프라인과 온라인, 모바일 등을 포함한다. 복수의 채널을 이용하는 소비자들은 일반적으로 평생가치(lifetime value)가 크고 지갑점유율(share of wallet)이 높은 것으로 알려져 있다. 예컨대 소비자가 대형마트에 자동차를 가지고 가지 않은 경우 부피가 큰 제품 혹은 무거운 제품은 구매하기를 꺼려할 가능성이 많으므로 구매를 하지 않는다면 대형마트 입장에서는 판매 기회를 상실하게 되지만 온라인 채널을 함께 운영하는 경우 소비자는 온라인 채널을 통해 해당 제품을 구매할 수도 있다. 그런데 멀티채널 마케팅은 조직에서 채널을 관리하는 주체가 상이할 경우 소비자와 커뮤니케이션을 수행하는데 문제가 발생할 수도 있다. 예컨대 점포에서 제품을 살펴보면서 구매는 온라인으로 하는 쇼루밍(showrooming) 현상 혹은 정보탐색은 온라인에서 하고 구매는 점포에서 하는 역쇼루밍 현상 등이 발생하는 경우 소비자는 기업과 거래를 하고 있음에도 불구하고 기업의 채널 관리자들은 소비자가 이탈 혹은 신규 구매한 것으로 판단하여 고객관계를 적절히 하지 못하는 현상이 발생할 수도 있다. 이 경우 소비자는 하나의 기업과 거래를 함에도 불구하고 기업은 채널별로 소비자를 파악하므로 인하여 소비자를 이해하는데 어려움이 발생할 수도 있다. 옴니채널(omni-channel) 마케팅은 멀티채널 마케팅의 문제점을 소비자 관점에서 해결하여 소비자가 기업의 어느 채널로 거래를 하든 관계없이 기업에서 소비자가 단일의 브랜드 경험을 할 수 있도록 소비자 접점들을 통합하는 것을 말한다.

직무역량 강화를 위한 토론 과제

■ 멀티채널(혹은 옴니채널)을 운영하고 있는 기업의 마케터가 소비자 경험을 제고하기 위해서 해야 하는 일은 무엇인지 논의해 보십시오.

■ 오프라인 소매점이 온라인에 비해 가지고 있는 강점은 무엇입니까? 혹은 온라인 소매업체가 오프라인 소매점에 비해 가지고 있는 강점은 무엇입니까?

■ 아마존닷컴과 같은 곳에서 시행하고 있는 Dash, Echo 등과 같은 신기술을 적용하여 소비자 경험을 제고하려는 시도에 대해 조사해 보시고, 이것이 소매점과 관련된 소비자 심리 및 행동에 어떻게 영향을 미칠 것인지를 논의해 보십시오.

참고문헌

이선영·이승진 (2016), 디지털캐릭터 O2O에 따른 캐릭터산업의 가치네트워크 분석, 애니메이션연구, 12(1), 69−83.

이승희·박세훈·손용석(2017), 따로? 혹은 같이? 제품전형성의 조절역할을 중심으로 유통업체 브랜드에 대한 상대적 선호에 관한 연구, 소비자학연구, 28(1), 1−20.

이학식·안광호·하영원 (2015), 소비자행동: 마케팅전략적 접근, 학현사.

Alba, J., J. Lynch,, B. Weitz,, C. Janiszewski, R. Lutz, A. Sawyer, and S. Wood (1997), Interactive home shopping: consumer, retailer, and manufacturer incentives to participate in electronic marketplaces, *Journal of Marketing*, 61(3), 38-53.

Biswas, D. (2002), Economics of information in the web economy towards a new theory?, *Journal of Business Research*, 57(7), 724-733.

Biswas, D. and A. Biswas (2004), The diagnostic role of signals in the context of perceived risks in online shopping: do signals matter more on the web?, *Journal of Interactive Marketing*, 18(3), 30-45.

Davis, F. D. (1989), Perceived usefulness, perceived ease of use, and user acceptance of information technology, *MIS Quarterly*, 13(3), 319−340.

DeLone, W. H. and E. R. McLean (2003), The DeLone and McLean model of information systems success: a ten−year update, *Journal of Management Information Systems*, 19(4), 9−30.

Devaraj, S., M. Fan, and R. Kohli (2002), Antecedents of B2C channel satisfaction and preference: validating e−commerce metrics, *Information Systems Research*, 13(3), 316−333.

Gefen, D. (2002), Customer loyalty in e−commerce, *Journal of the Association for Information Systems*, 3(1), 27−51.

Gunasekaran, A., H. B. Marri, R. E. McGaughey and M. D. Nebhwani (2002), E−commerce and its impact on operations management, *International Journal of Production Economics*, 75(1/2), 185−197.

Iyengar, S. S.and Lepper, M. R.(2000), When choice is demotivating: can one desire too much of a good thing?, *Journal of Personality and Social Psychology*, 79(6), 995-1006.

Jih, W. (2007), Effects of consumer−perceived convenience on shopping intention in mobile commerce: an empirical study, *International Journal of E−Business Research*, 3(4), 33−48.

Keaveney, S. M. and M. Parthasarathy (2001), Customer switching behavior in online services: an exploratory study of the role of selected attitudinal, behavioral, and demographic factors, *Journal of the Academy of Marketing Science*, 29(4), 374−390.

Li, L. M. W., T. Masuda, and Matthew J. Russell (2015), Culture and decision−making: investigating cultural variations in the East Asian and North American online decision−making processes, *Asian Journal of Social Psychology*, 18(3), 183-191.

Loiacono, E. T., R. T. Watson, and D. L. Goodhue (2007), WebQual: an instrument for consumer evaluation of web sites, *International Journal of Electronic Commerce*, 11(3), 51−87.

Madlberger, M. (2006), Exogenous and endogenous antecedents of online shopping in a multichannel environment: evidence from a catalog retailer in the German−speaking world, *Journal of Electronic Commerce in Organizations*, 4(4), 29−51.

Mittal, Banwari (2016) Psychographics of comparison shoppers, *Journal of Consumer Marketing*, 33(1), 20−31.

North, A. C., D. J. Hargreaves, and J. McKendrick (1999), The influence of in−store music on wine selections, *Journal of Applied Psychology*, 84(2), 271−276.

Olson, E. L. and R. E. Widing II (2002), Are interactive decision aids better than passive decision aids? a comparison with implications for information providers on the Internet, *Journal of Interactive Marketing*, 16(2), 22-33.

Olson, J. R. and K. K. Boyer (2005), Internet ticketing in a not−for−profit, service organization: building customer loyalty, *International Journal of Operations & Production Management*, 25(1), 74−92.

Parasuraman, A., V. A. Zeithaml, and L. L. Berry (1988), SERVQUAL: A Multiple-Item Scale for Measuring Consumer Perceptions of Service Quality, *Journal of Retailing*, 64(1), 12-40.

Parasuraman, A., V. A. Zeithaml and A. Malhotra (2005), E-S-QUAL: a multiple-item scale for assessing electronic service quality, *Journal of Service Research*, 7(3), 213-233.

Paterson, R. A., S. Balasubramanian, and B. J. Bronnenberg (1997), Exploring the implications of the internet for consumer marketing, *Journal of the Academy of Marketing Science*, 25(4), 329-346.

Punj, Girish (2012), Consumer decision making on the web: a theoretical analysis and research guidelines, *Psychology and Marketing*, 29(10), 791-803.

Ratchford, B. T., D. Talukdar, and M. S. Lee (2007). The impact of the internet on consumers' use of information sources for automobiles, *Journal of Consumer Research*, 34(1), 111-119.

Reibstein, D. J. (2002), What attracts customers to online stores, and what keeps them coming back?, *Journal of the Academy of Marketing Science*, 30(4), 465-473.

Sismeiro, C. and R. E. Bucklin (2004), Modeling purchase behavior at an e-Commerce web site: a task-completion approach, *Journal of Marketing Research*, 41(3), 306-323.

Sproles, G. B. and E. L. Kendall (1986), Methodology for profiling consumer decision-making styles, *Journal of Consumer Affairs*, 20(2), 267-279.

Srinivasan, S. S., R. Anderson, and K. Ponnavolu (2002), Customer loyalty in e-commerce: an exploration of its antecedents and consequences, *Journal of Retailing*, 78(1), 41-50.

Stone, G. P. (1954), City shoppers and urban identification: observations on the social psychology of city life, *American Journal of Sociology*, 60(1), 36-45.

Tauber, E.M. (1972), Why do people shop?, *Journal of Marketing*, 36(4), 46-59.

Wen, C., V. Prybutok and C. Xu (2011), An integrated model for customer online repurchase intention", *Journal of Computer Information Systems*, 52(1), 14-23.

Wen, C., V. R. Prybutok, C. Blankson, J. Fang (2014), The role of E−quality within the consumer decision making process, *International Journal of Operations & Production Management*, 34(12), 1506−1536.

Wu, L. L. and J. Y. Lin (2006), The quality of consumers' decision−making in the environment of e−commerce, *Psychology and Marketing*, 23, 297-311.

Yang, B. and D. Lester (2004), Attitudes toward buying online, *CyberPsychology & Behavior*, 7(1), 85−91.

Zeithaml, V. A., A. Parasuraman, and A. Malhotra (2002), Service quality delivery through web sites: a critical review of extant knowledge, *Journal of the Academy of Marketing Science*, 30(4), 362−375.

Zhang, X. and V. R. Prybutok (2005), A consumer perspective of e−service quality, *IEEE Transactions on Engineering Management*, 52(4), 461−477.

[15장 참고 인터넷 기사 및 자료]

경향비즈 (2015), 롯데그룹 … 쇼핑환경·경험 결합해 '옴니채널'로, 경향비즈, 2015.10. 28, http://biz.khan.co.kr/khan_art_view.html?artid=201510282353345&code=920509#csidxdb648b7f37b2beda25593b4a6fa0c00

박현영(2017), 토이저러스의 몰락...아마존에 단물 빨리고, 디지털 대응 늦고, 중앙일보, 2017.09.20, http://news.joins.com/article/21952026

이창균 (2017), K팝 안 부러운 '캐릭터 한류' … 광군제 하루 매출 46억, 중앙일보, 2017.11.14, http://news.joins.com/article/22111290

임현석 (2017), 네이버−카카오 '캐릭터 승부', 동아일보, 2017.10.19., http://news.donga.com/3/all/20171019/86821240/1#csidx15b3a586f69c58ebc03743c6e57afc4

조선일보 (2016.12.16), 소비자에게 '꼭 필요한 것' 파는 전략으로 … 비즈니스 공식 바꾼 추천 서비스: 큐레이션으로 성공한 기업들, 조선일보, 2016.12.16, http://biz.chosun.com/site/data/html_dir/2016/12/16/2016121601744.html#csidx980feecfd1cea3ca55b4bc5f9a219a3

조선일보 (2016.11.25), 쇼핑몰엔 왜 자연채광이 없나, 기둥은 왜 필요한가 … 우린 禁忌(금기)를 깼다, 조선일보, 2016.11.25, http://biz.chosun.com/site/data/html_dir/2016/11/25/2016112501591.html#csidx836dd3318c3eb46851eca86e19a1ca7

한국경제 (2017.10.11), 아마존−월마트 전쟁에 유통업계 온·오프라인 격변, 한국경제, 2017.10.11, http://news.hankyung.com/article/201710112405Y

국문색인

저자 약력

김영두는 서강대학교 경영학과를 졸업하고 동 대학원에서 경영학석사(마케팅 전공) 그리고 마케팅 전공으로 경영학박사를 취득하였다. 대우증권에서 마케팅을 담당하였고 CRM 파트장을 역임한 바 있다. 서강대학교 경영전문대학원 경영컨설팅학과 겸임교수, 서강대학교 경영전문대학원 연구교수, 동양미래대학교 경영학부 겸임교수와 조교수를 거쳐 현재 한세대학교 국제경영학과 조교수로 재직하고 있다. 소비자행동, 마케팅관리론(마케팅원론), 마케팅조사, 글로벌시장조사론, 영업인력관리, 촉진관리(판매촉진론), 소매업경영, 고객관계관리 등의 과목을 강의하고 있거나 강의한 경험이 있다. 학창시절에는 광고회사에서 주최한 광고제에서 입상을 한 바 있고, 산업체 근무 시절에는 장관 표창을 수상한 바 있으며, 학술분야에서는 한국소비자원의 소비생활지표 공모에서 우수상을 받은 바 있다. 저서로는 중소기업을 위한 컨설팅방법론 입문서(공저)가 있다. 저자가 쓴 논문은 Marketing Letters, Asia Marketing Journal, 경영학연구, 소비자학연구, 고객만족경영연구, 마케팅관리연구, 소비자문제연구, Financial Planning Review, 경영교육연구, 대한경영학회지 등에 게재된 바 있다.

직무능력중심
소비자심리 및 행동의 이해

| 초판발행 | 2019년 6월 30일 |
| 중판발행 | 2020년 3월 10일 |

| 지은이 | 김영두 |
| 펴낸이 | 안종만 · 안상준 |

편 집	전채린
기획/마케팅	김한유
표지디자인	조아라
제 작	우인도 · 고철민

펴낸곳	(주) **박영사**
	서울특별시 종로구 새문안로3길 36, 1601
	등록 1959. 3. 11. 제300-1959-1호(倫)
전 화	02)733-6771
f a x	02)736-4818
e-mail	pys@pybook.co.kr
homepage	www.pybook.co.kr
ISBN	979-11-303-0465-6 93320

copyright©김영두, 2019, Printed in Korea

정 가   28,000원